C. U. Wiesner · Leb wohl, Rapunzel!

C. U. Wiesner

Leb wohl, Rapunzel!

Elf Kapitel
aus der Jugendzeit

Eulenspiegel Verlag Berlin

Illustrationen von Manfred Bofinger

ISBN 3-359-00211-3

Leb wohl, Rapunzel!

(Eine Vorbemerkung)

Wenn ich mich recht entsinne, ist in dem Grimmschen Märchen von einer schönen blonden Jungfrau die Rede. Ein böses altes Weib hält Rapunzel in einem Turm unter Verschluß und bedient sich ihres langen Zopfes, um die Zinne zu erklimmen.

Hinter dieses Geheimnis kommt ein junger Königssohn und entbrennt in heißer Liebe zu der anmutigen Hexengefangenen. Statt der alten Knuspermutter wird eines Tages er unter dem Turmfenster stehen und kühn hinaufrufen:

Rapunzel, Rapunzel,
laß dein Haar herunter!

Wir wollen dem Kind mit dem vegetarischen Namen so

viel Verstand zutrauen, daß es vorsichtshalber in die Tiefe geschaut habe, als es die fremde Stimme vernahm. Also kann es kein Irrtum gewesen sein, daß Rapunzel dem Prinzen Gelegenheit bot, den seltsamen Vorläufer eines Personenaufzuges zu benutzen, ja, wir müssen sogar sagen, sie habe den Grund allen späteren Leides eigenhändig an den Haaren herbeigezogen.

Vorerst aber wird weder von Kummer noch von Leid die Rede sein. In der vielleicht sogar mit Bärenfellen behaglich ausgestatteten Kemenate herzen und küssen die beiden einander – wie es in Märchen immer so züchtig heißt – mit großem Verlangen. Doch wohin soll das führen? Da wir geneigt sind, weder Rapunzeln noch den Prinzen bei aller Liebestollheit für völlig bescheuert zu halten, sollten wir annehmen, daß sie in den unvermeidlichen Pausen zwischen all dem Herzen und Küssen auch einmal über ihre persönliche Perspektive nachgedacht hätten.

Wer will bezweifeln, daß sich auf einem Turm fernab einer geschäftigen und der Liebe nicht immer holden Welt gut schmusen läßt? Aber die Frage beutelt uns geradezu: Wie, ja wie denn nur wird es mit den beiden weitergehen?

Daß sich Rapunzel und ihr Gespons nur im Turmzimmer getroffen hätten, ist nichts als eine Legende. Mit der Zeit wurde dem Königssohn der Aufstieg viel zu sauer; schon als Oberschüler hatte er es in den Fächern Seil- und Stangenklettern nur zu einem Mangelhaft gebracht. Lag es nicht viel näher, Rapunzeln, die übrigens ein durchaus sportlicher Typ war, zu überreden, sich wie ein Bergsteiger am Seil an ihrem eigenen Haar herabzulassen?

Es dauerte nicht lange, da übertraf sie an Gewandtheit und Kraft jenen Baron von Münchhausen, der sich wer weiß was auf die armselige Fertigkeit einbildete, sich am eigenen Zopf aus dem Sumpf herausziehen zu können.

Gekriegt haben sich Rapunzel und der sogenannte Prinz freilich nie.

In unserem Falle begegnete nach siebenundzwanzig Jahren der nicht mehr junge Prinz seinem Rapunzel von einst wieder. An einem Sonnentag im Mai umrundeten sie den märkischen wie auch Westberliner Schlachtensee, nicht mehr Hand in Hand wie damals, sondern sorgfältig die Worte wählend und setzend.

Vorschlag an den Leser: Wir nennen Rapunzel im folgenden meistens Luise, obwohl sie eigentlich ganz anders hieß und heißt, und finden uns damit ab, daß sie uns erst in einem späteren Kapitel des Buches wieder über den Weg läuft.

Übrigens wird auf den folgenden Seiten so manche Figur oder Institution einen anderen Namen tragen als in der Wirklichkeit.

Als erste Entschlüsselungshilfe: Die Stadt B. liegt an der Havel, verfügt über einen Roland sowie ein Stahlwerk; ein Barbier namens Fritze Bollmann pflegte auf dem dortigen Beetzsee zu angeln.

Als die Familie noch Kreise zog

Ein verführerischer Duft von Zwiebeln und Knoblauch kitzelt meine Nüstern. Claudia bereitet das Essen für morgen vor; wir bekommen Besuch. Schalet gibt es leider nur, wenn wir Besuch bekommen. Für zwei lohne der Aufwand nicht, meint Claudia, außerdem werde man vom häufigen Schaletessen zu fett.

Man gibt in einen großen Topf: ein Pfund eingeweichte braune Bohnen (die man sich am besten von Freunden aus Ungarn mitbringen läßt; zur Not, aber nur zur Not tuns auch einheimische weiße Bohnen), zwei bis drei Pfund grobgeschnittenes Kaßlerfleisch, sechs große Zwiebeln, mindestens zwölf Knoblauchzehen, eine Tasse Gerstengraupen, einen Eßlöffel Zucker, einen Eßlöffel edelsüßen Paprika, einen Teelöffel schwarzen Pfeffer, einen Teelöffel gemahlenen Kümmel, einen Teelöffel scharfen Paprika und Salz nach Belieben. Das Ganze läßt man eine Stunde auf dem Herd bei kleiner Flamme unter ständigem Umrühren kochen, fügt drei bis vier Gläser Rotwein hinzu und stellt den Topf in die vorgeheizte Backröhre. Dort gewährt man dem Schalet – wiederum bei kleiner Flamme – zwei bis drei Stunden zum eigentlichen Reifen. Vor dem Essen reicht man ein Gläschen Kirschwasser, Slivowitz oder Adlershofer Wodka, zum Essen Weißbrot, Gewürzgurke, Bier oder Selters, danach einen Mokka, von dessen Trokkensubstanz pro Tasse Frisör Kleinekorte und seine Frau eine Woche lang ihren Morgenkaffee bereiten würden. Gute Gastgeber haben selbstverständlich eine Lage Verdauungstabletten wie Cholecysmon oder das im Volksmund Pupirol genannte Mezym forte zur Hand.

Und wann fängst *du* heute endlich an zu arbeiten? fragt Claudia; ihre Stimme klingt noch immer freundlich.

Jetzt, sage ich und reiße mich von den Küchendüften los.

Was verstehst du unter Familie?

Friedrich Engels, sagt sie lustlos, Keimzelle der Gesellschaft. Ehemann, Ehefrau, falls vorhanden – Kinder.

Falls aber kein Ehemann vorhanden?

Trotzdem Familie, entscheidet sie.

Wenn man aber von Familienfesten spricht?

Dann gehört noch mehr dazu: Tanten, Onkels, die ganze bucklige Verwandtschaft, die Sippe kurzum.

Wer gehört zur Familie, bohre ich weiter, wer zur Sippe?

Wie so oft, wenn wir uns klein und dumm vorkommen, schlagen wir in gescheiten Büchern nach.

Der Herr Brockhaus schreibt in seinem Konversations-Lexikon von 1894: *Auch bei uns hat das Wort Familie verschiedene Bedeutungen. Im engern Sinne bezeichnet es die Genossenschaft zwischen den Ehegatten und deren Kindern, im weitern Sinne den Kreis der Verwandten, welche durch gemeinschaftliche Abstammung verbunden sind, ohne Unterscheidung, ob die Verwandtschaft durch Männer oder Frauen vermittelt ist.* Das beruhigt uns insofern, als Onkel Oswald wenigstens nicht zum harten Kern unserer Genossenschaft gezählt werden muß, sondern allenfalls zur Sippe.

Unter diesem Stichwort klärt uns Herr Meyer in seinem Neuen Lexikon von 1975 auf. Erstens bedeutet es etwas Biologisches, aber das wollen wir gar nicht so genau wissen. Zweitens hat Sippe was mit Völkerkunde zu tun und meint *sich aus kleineren vater- oder mutterrechtlichen Verwandtengruppen zusammensetzende Gruppe von Verwandten, deren Mitglieder in der Regel nicht zusammen wohnen.* An dem Deutsch merkt man, daß Goethe 1894 erst 62, 1975 hingegen schon 143 Jahre tot war.

Das heißt also, kommentiert Claudia, Verwandtschaft besteht aus einem Klumpen Verwandtschaft, der aus mehreren Klumpen Verwandtschaft besteht. Bloß gut, daß sie wenigstens in der Regel nicht zusammen wohnen, das fehlte noch.

Karl Kraus hat es zwar wissenschaftlich ungenauer, dafür aber um so treffender ausgedrückt: *Das Wort Familienbande hat einen Beigeschmack von Wahrheit.*

Bei der Genossenschaft im engern Sinne, in der ich vom Knaben zum Jüngling aufwuchs, spielte der Begriff Familie noch eine gewichtige Rolle. Familie – das waren sämtliche Verwandten, zu denen man mehr oder weniger Kontakt hielt, die Mischpoke, wie sie mein Vater zuweilen nannte, ohne sich bewußt zu sein, daß er da ein jiddisches Wort im Munde führte. Amtlich aber bestand die Familie Wiesner aus Vater Ewald (Jahrgang 1907), Mutter Lotte (1911) und den Kindern Ulrich (1933) und Peter (1936).

Der Genossenschaftsvorsitzende galt bei uns, wie damals allgemein üblich, als Respektsperson, als unumschränkter und keineswegs kritisierbarer Herrscher. Ruhe,

Vater schläft! Wer hätte da gewagt, auch nur zu flüstern? Nicht mal die Frau des Genossenschaftsvorsitzenden. Wenn ihm was zu bunt wurde, konnte er sogar mit der Faust auf den Tisch hauen, daß die Tassen aus seinerzeit spottbilligem Tuppack-Porzellan klirrten. Und selbstverständlich stand ihm bei den Mahlzeiten das größte Stück Fleisch zu.

Das alles galt freilich nur für die Friedenszeit, als man die Kleinbürgerwelt noch als heil empfand, vielleicht noch bis in die ersten Kriegsjahre hinein, solange uns die Fanfare des Reichsrundfunks Siegessondermeldungen am laufenden Band zu verkünden hatte. Später hat mein Vater auf all seine Vorrechte verzichtet und von seinem kleineren Stück Fleisch noch die Hälfte für seine Söhne abgeschnitten.

Bei näherem Nachdenken komme ich zu der Überzeugung, daß unsere engere Verwandtengruppe nur nominell vaterrechtlich, in Wirklichkeit aber mutterrechtlich orientiert war. Um einen moderneren Vergleich zu gebrauchen: Wenn Vater der offizielle Genossenschaftsvorsitzende war, so kam Muttern der Rang eines inoffiziellen Parteisekretärs zu, das heißt die Machtfrage wurde oft entschieden, ohne daß Vater es merkte.

Ich könnte mich schon wieder auf Klassiker Engels beziehen und den Anteil der Arbeit an der Menschwerdung der Hausfrau erwähnen. Vater verdiente in den braungoldenen Vorkriegszeiten zuwenig Geld. Er brachte es im Rathaus zu nichts, da er sich zuwenig für die neuen Herren engagierte. Vater war da – zum Leidwesen seiner Frau – eher mißtrauisch denn ehrgeizig.

Mutter mußte also seit 1937 dazu beitragen, das erforderliche Geld zusammenzukratzen. Sie begann als Aushilfsverkäuferin im Kaufhaus KEPA. Das hatte noch kurz vorher EPA geheißen, was soviel bedeutete wie Einheitspreise. Die Artikel kosteten zehn, zwanzig oder fünfzig Pfennige, einsfünfundvierzig oder dreifünfundneunzig beispielsweise. Das klang schön billig, trug dem Unternehmen aber den Ruf eines Ramschladens ein. Wahrscheinlich benannte es sich deshalb in KEPA um: *Keine* Einheitspreise. Ein Ramschladen blieb es trotzdem – zur Freude der kleinen Leute mit dem permanenten Loch im Portemonnaie.

Mutter arbeitete in der Vorweihnachtszeit in der Spielwarenabteilung. Wenn ich sie als knapp Fünfjähriger hinter dem Ladentisch walten sehen durfte, avancierte sie für mich zur feenhaften Herrscherin über ein Märchenreich von Autos, *Märklin*-Metallbaukästen, Soldaten, Pferdewagen und Teddybären. Im Gegensatz zur Fee selber war das Märchenreich unerreichbar. Nur ein kleines rotweißes aufblasbares Gummikrokodil vermochte die Grenze zu überschreiten. Aber Dinge, die man aus der Traumwelt herüberzuholen trachtet, verlieren in der Realität nur allzu schnell ihr Wesen. Dem Schwimmtier fehlte das Ventil. Band man ersatzweise ein Stück Bindfaden um den Schwanz, so entwich dennoch mit einem peinlichen Piepen die Luft aus dem Reptil, und es schrumpelte zu einem armseligen Gummischlauch zusammen, bis ich ihm schließlich mit der Schere (die wie Messer, Feuer, Licht nicht für kleine Kinder war) den Gnadenstoß versetzte.

Im Gegensatz zu ihrem Mann hat meine Mutter immer eine gehörige Portion Selbstbewußtsein und Optimismus lockermachen können, aber vielleicht ist das eine Grundeigenschaft des sogenannten schwachen Geschlechtes: Wenns wirklich brenzlig wird, haben die Frauen die stärkeren Nerven, die bessere Übersicht und überhaupt mehr Kraft. In unserer kleinen Genossenschaft zeigte sich das sehr deutlich, als es 1945 zu jenem Zusammenbruch kam, von dem wir erst nachträglich erfuhren, daß es eigentlich ein Anfang sei. Was dem Kaiserdeutschen einst Hermann der Cherusker, Karl der Große, Reitergeneral von Seydlitz, der Kolonieneroberer Carl Peters oder der Unternehmer August Borsig waren, sind uns sozialistischen Deutschen die Aktivisten der Ersten Stunde. Von den Trümmerfrauen des Jahres 1945 wird aber keine namentlich im Geschichtsbuch geführt. Es gibt zu denken, daß nie von Trümmermännern die Rede ist.

Mutters Arbeit hatte einen Nachteil für die Familie. Da Krippen und Kindergärten für jene Gesellschaft trotz allen völkischen Mutterschaftsgeblökes nahezu Fremdwörter waren, mochte Lotte sehen, wo sie ihre Sprößlinge ließ. So wuchsen mein Bruder Peter und ich jahrelang meist voneinander getrennt auf. Während ich das Glück hatte, von einer richtigen Bilderbuchgroßmutter behütet zu werden, bekam mein kleiner Bruder mal von den wenig kinderfreundlichen anderen Großeltern, mal von Tante Trudchen oder gar von einer bezahlten Ziehmutter zunächst seinen Brei und später seine Stullen vorgesetzt. Wenn wir einander im Elternhaus begegneten, waren wir uns meistens ein wenig fremd und rauften und bissen uns mehr, als unseren Eltern lieb war. Bei allen Streitereien gaben sie gern dem Kleineren recht. Vielleicht war da ein bißchen schlechtes Gewissen mit im Spiel.

Mein Bruder hat von seiner Mutter den Sinn für die Realitäten des Lebens geerbt. Als er im Winter 1945 verdreckt und struppig wie ein kleiner Köter vom Güterbahnhof nach Hause kam und unter einem Sack geklauter Kohlen fast zusammenbrach, da mußte ich doch versuchen, ihm sein bißchen Schau zu stehlen, dazu noch mit mottenfräßigen Gemeinplätzen vom ehrlichen deutschen Wesen. Er aber packte seelenruhig seine Beute aus und sagte trokken: 'n warmen Arsch willste ooch haben!

Wir waren beide von Hause aus programmiert. Ich galt als klug, weil ich schon in der Vorschulzeit lesen konnte und die Hauptstädte Europas zu nennen wußte. Dafür hat mir mein Vater eingeredet, ich sei nicht in der Lage, einen Nagel gerade einzuschlagen. Vielleicht habe ich nur deshalb eine Scheu vor allem, was Nagel heißt. So ein Ruf kann einem zeitlebens anhaften. Greife ich wirklich mal guten Willens zum Hammer, so sagt meine Frau mit nachsichtigem Lächeln: Gib schon her, das wird doch nichts! Heimlich träume ich davon, mir als Rentner eine klitzekleine Bretterlaube zu bauen, ganz allein und ohne daß mir jemand zusieht und hämisch fragt: Na, wirds denn werden? Mein Bruder Peter hat frühzeitig gelernt, Nägel einzuschlagen, als Tischler. Zwar übt er diesen raren Beruf längst nicht mehr aus. Aber im Gegensatz zu mir ist er in der Lage, in seiner Freizeit Schrankwände, Wandverkleidungen und Fensterrahmen zu bauen.

Auf meine Freizeit spekuliert man anders: Herr Wiesner, hier ist die Gewerkschaftsbibliothek Kloppenhagen. Könnten Sie nicht zu unserer Frauentagsfeier was vortragen? Es müßte aber richtig lustig sein.

In Zeiten materieller Not – wie wir sie uns tunlichst gar nicht erst ausmalen sollten – würde ich meinem Bruder gegenüber vermutlich um soviel älter aussehen, wie ich es wirklich bin.

Die Familie, ich meine jetzt wieder die Sippe im Sinne der sich aus kleineren vater- oder mutterrechtlichen Verwandtengruppen zusammensetzenden Gruppe von Verwandten, deren Mitglieder in der Regel nicht zusammen wohnen, traf sich Ostern, Weihnachten, bei Beerdigungen oder zu Geburtstagen.

Eigentlich gab es zwei Familien, zu denen wir gehörten, wobei es nicht wie bei Herrn Brockhaus ohne Unterscheidung war, ob die Verwandtschaft durch Männer oder Frauen vermittelt sei.

Die von Vater vermittelte, also die Wiesnersche, stand aus gewissen Gründen höher in unserer Rangordnung als die von Muttern vermittelte Bergemannsche. Als Kind hatte ich stets den Eindruck, Mutter müßte überhaupt froh sein, aufgrund ihrer Heirat aus den Niederungen ihrer Herkunft zu den lichten Höhen einer Frau Wiesner aufgestiegen zu sein.

Erst anläßlich meiner Konfirmation raffte sich – im Alter von 78 Jahren – Vaters Mutter dazu auf, Mutters Mutter das Du anzubieten. Bis dahin hatte ich es als natürlich empfunden, daß sich die Konversation meiner Großmütter in solchen Bahnen bewegte: Guten Tag, Frau Altmann. Wie gehts Ihnen? – Danke, Frau Muschert, und Ihnen?

Aus den Namen ließe sich schon schließen, daß sie beide das gleiche Los getroffen hatte. Beide hatten ihren ersten Mann verloren – noch dazu im selben Jahre 1916, aber darüber wird noch zu reden sein.

Beide hatten wieder geheiratet, die eine jedoch einen Gastwirt, genauer gesagt, einen Kneipenpächter, die andere nur einen ungelernten Arbeiter, der mit der Stullenbüchse aus Aluminiumblech und der emaillierten Kaffeeflasche bei der Fahrrad- und Kinderwagenfabrik *Brennabor* auf Arbeit ging. Opa Muschert wurde als Prolet bezeichnet. Er war also ein Arbeiter, der sich gerade noch so benehmen konnte. Arbeiter, die das nicht konnten, hießen bei besseren Leuten Boofkes oder Pachulken.

Etwas Besseres zu sein spielte bei Kleinbürgern eine bestimmte Rolle. Auch meine Mutter hielt ihren Mann und sich für etwas Besseres als die Proleten, Boofkes oder Pachulken, und ihr Lebensziel war es, die Kinder so zu erziehen, daß sie es einmal besser hätten als die Eltern, sprich: etwas Besseres werden sollten.

Wenn Mutter diese Zeilen liest – und sie wird es sich nicht entgehen lassen –, mag sie für zehn Minuten eingeschnappt sein. (Es juckt mich nicht, denn ich kenne kaum einen Menschen, der so wenig nachtragend und übelnehmerisch ist wie sie.)

Meine beiden Großmütter unterschieden sich sehr voneinander. Wenn ich die alten Fotos betrachte, muß Großmutter, wie ich Vaters Mutter nannte, vor Zeiten eine stattliche Erscheinung gewesen sein. Etwas Respekteinflößendes hatte sie noch bis ins hohe Alter hinein. Als Knirps hütete ich mich davor, ihr zu widersprechen, sie zu ärgern oder gar anzuschwindeln.

Die Sprache der Gassenjungen, die ich heimlich perfekt beherrschte (Ene mene mopel, wer frißt Popel? Alle süß und saftig – für eene Mark und achtzig.), war ihr zuwider.

Sie selbst sprach ein ordentliches Deutsch mit dem ausgeprägten Akzent ihrer schlesischen Heimat.

Einmal waren wir beide bei einer befreundeten Familie – ebenfalls was Besseres – zum Kaffee eingeladen. Ich, fünf Jahre alt, verspürte ein natürliches Bedürfnis. Aber es galt als unnatürlich, dasselbe zu äußern. Ich hatte jedoch keine andere Wahl, denn ich trug eine Strickhose, eine von Großmutter selbstgefertigte. Das Ding war etwas schwierig zu bedienen, jedenfalls dort, wo es über das sogenannte kleine Geschäft hinausging. Diskret meldete ich zwischen Streusel- und Pflaumenkuchen mein kreatürliches Verlangen an: Großmutter, ich muß mal!

Sie warf mir einen ärgerlichen Blick zu: Bischt stille, heerscht doch, daß die Großen reden!

Brav, wie ich war, ermahnte ich das Tier in meinen Eingeweiden zur Friedfertigkeit, doch fürchtete ich, es nicht mehr lange bändigen zu können. Leise, aber schon dringlicher: Großmutter, ich muß austreten!

Zischelnd wurde mir Ruhe und Verhaltung befohlen.

Immer unglücklicher rutschte ich auf meinem Stuhl hin und her, bis mein Benehmen der Gastgeberin auffiel und sie mit gespitztem Mündchen fragte: Na, was will denn der kleine Mann?

Ich deutete auf Großmutter und erklärte vernehmlich: Wenn se jetzt nich mit mir uffs Klo jeht, scheiß ick mir inne Hosen!

Heutzutage habe ich oft genug Mühe, im Dunkeln die Tür zum geruhsamen Schlaf zu ertasten. Wenn ich Glück habe, erscheint mir die weißhaarige Großmutter, die mit den Jahren immer kleiner wird, im Traume. Ich kuschle mich auf dem grünen Plüschsofa, das mit den Jahren für mich immer kürzer wird, zusammen wie eine Katze, eine runzlige Hand streicht mir über die Stirn, höchster Beweis von Zärtlichkeit: Schlof ok, Junge!

Großeltern sind sehr, sehr notwendig. Solange es noch möglich ist, soll man sie hegen und pflegen wie der Müller in der Sage seinen Kobold, der dafür sorgt, daß die Mühle immer genug Korn zu mahlen hat und nicht abbrennt. Eltern, mit den Tagesproblemen befaßt, haben oft weniger Muße für ihre Kinder als die Alten. Just in diesen Tagen hat mein dreiundzwanzigjähriger Studentensohn ein kleines Sorgenpaket aufzuknüppern. Er ruft mich an, teilt mir sachlich seine Lage mit, aber dann heißt es, überraschend, wie in Kindertagen: Wär ganz schön, wenn Oma und Opa ein paar Tage kommen könnten!

Sie werden die Reise über Hunderte Kilometer nicht scheuen, denn wenn einer meint, die zwei Alten seien noch zu etwas nütze, schrecken sie aus dem tiefsten Winterschlaf auf.

Wieviel Behaglichkeit und Geborgenheit erfuhr ich bei meiner Großmutter. Und wie gerecht sie war. Den französischen Zwangsarbeiter, der uns die Winterkartoffeln anliefern mußte, lud sie zur Bohnensuppe ein und schenkte ihm eine Strickjacke. Der Blockleiter, glücklicherweise nur ein mäßiger Nazi, machte ihr darob schlimme Vorhaltungen. Großmutter aber erwiderte mit ihrem Altfrauencharme: Ich tu halt nur, was der Führer gesagt hat: Keiner soll hungern und frieren.

Bis in die Kriegsjahre hinein habe ich bei ihr nie etwas von Mangel gespürt. Nach der Inflation hatte sie sich etwas Geld gespart, das war ein willkommener Zuschuß zu der spärlichen Witwenrente. Die Scheine, von denen niemand außer ihr jemals wußte, wie viele es gewesen waren, verwahrte Großmutter in einem ledernen Täschchen, zu dem sie den Schlüssel im Portemonnaie trug. Das Ledertäschchen steckte sie in einen lilafarbenen Strickbeutel mit messingnem Bügelverschluß, und den Beutel verbarg sie zwischen ihren Hüten in jenem Spiegelschrank, der nun in unserer Wohnung seinen Platz gefunden hat. Meine Frau verwahrt darin nichts als unsere Wintersachen, denn sie bringt der Sparkasse unseres Landes unbegrenztes Vertrauen entgegen – im Gegensatz zur Großmutter, deren Leben reich an schlechten Erfahrungen war.

Fleißigere Literaten als ich hätten über dieses deutsche Schicksal längst einen Roman geschrieben. Es begönne fast wie bei Ganghofer ...

Irgendwo im Niederschlesischen liegt der Hof des reichen Wiesenbauern John. Auf fettem Boden gedeihen ihm Zuckerrüben und Weizen. Eine ansehnliche Kuhherde grast auf den ebenen Weiden. Dennoch wird der Wiesenbauer seines Lebens nicht froh. Er hat keinen Namenserben. Die Bäuerin kränkelt dahin, tröstet sich damit, daß die Pauline schon den rechten Mann finden wird. In den Schränken stapeln sich die Wäschestücke, Laken, Tafeltücher; auch an Silber und Porzellan fehlt es nicht. Auf der Bank in Sprottau hat sich eine erkleckliche Zahl von Goldfüchsen angesammelt. Eine gute Partie wäre sie schon, die Pauline. Aber jeden Freier, der den Eltern nur recht wäre, schlägt sie aus. Eines Tages kommt ihr der Vater auf die Sprünge. Seine Tochter hat sich mit dem Kutscher Adam vom gräflichen Gut eingelassen, einem Kerl wie eine deutsche Eiche, nach dem sich alle Mägde die Hälse verrenken. Adam will jedoch höher hinaus, will einen eigenen Hof und nicht irgendeinen.

Nun können wir uns die fürchterliche Szene so richtig ausmalen: John kommt am Markttag frohgemut aus Sprottau zurück. Gutes Geld für zwei Bullenkälber klingelt im Beutel. Warum soll da der Wiesenbauer nicht im Kretscham, wie man die Schänke in Schlesien heißt, einkehren? John trinkt drei Stonsdorfer mehr als sonst, und dabei erfährt er, was alle Leute im Dorfe schon lange wissen, nur er nicht, er, der Bauer. Noch ehe er die Pferde ausschirrt, stellt er Pauline zur Rede, gleich in der Fliederlaube vorm Hause.

Wer ist Adam? Ein Habenichts! Pfeifend fährt die Peitschenschnur dem Mädchen über die Hände, mit denen sie das Gesicht zu schützen sucht. Schlag dir den Kerl aus dem Sinn, oder ...

Ist es nun Trotz oder wirklich die große Liebe? Pauline entscheidet sich für das Oder. Am andern Tage fährt der Bauer abermals nach Sprottau. Auf dem Gericht verfügt er, daß sie zu enterben sei. Bei seiner Rückkehr hat die Tochter den Hof für immer verlassen. Die Mutter stirbt an Herzeleid, nachdem sie gehört hat, daß ihr Einziges in die ärmliche Kate bei der Ziegelei gezogen ist und ein Kind von dem Wüstling Adam erwartet.

Bei Ganghofern würde der grausame Wiesenbauer nun in sich gehen und die verlorene Tochter samt Bankert und Gutskutscher Adam an sein Herz drücken und sich selber aufs Altenteil zurückziehen. Nicht also geschieht es in der Wirklichkeit. John nimmt sich eine neue Frau, eine rechte Schlampe. Mit ihr zusammen vertrinkt er in wenigen Jahren das reiche Anwesen und verschwindet mit ihr aus dem Dorf und aus unserer Geschichte.

Auch Adam hat sich sein Leben anders vorgestellt. Eine Hoferbin wollte er heiraten, nicht aber eine Davongejagte, die nichts hat als das Hemd überm Hintern. Doch soll keiner sagen, des Grafen Kutscher sei ein Unmensch! Er behält die Johnsche in der Kate. Die wird immer enger, denn Adam macht dem armen Weiblein hintereinanderweg noch vier uneheliche Bälger dazu. Die Kleinen fürchten sich genauso wie ihre Mutter vor dem finsteren Riesen mit dem dichten schwarzen Bart. Kartoffelsprit ist billig, der Graf läßt ihn selber brennen. Wenn Adam aus dem Kretscham kommt, schreit er seine Enttäuschung über das gottverdammte Hundeleben gegen die kahlen Lehmwände der Kate. Eines Frühlingstages reitet er bei Hochwasser allen Warnungen zum Trotze zwei Pferde in die Schwemme. Als man Pauline den ertrunkenen Mann ins Haus trägt, berichten ihr die Knechte, der Graf sei außer sich über den Verlust der beiden Trakehnerhengste, die der Bober mit seinen reißenden Fluten davongeführt hätte.

In jener Kate ist meine Großmutter aufgewachsen. Die Lebensweise der Dorfarmut zu der Zeit, die man im Deutschen Reiche die goldene, die Gründerzeit nannte, wurde oft und hinlänglich beschrieben.

Die junge Anna John war froh, als sie mit achtzehn Jahren dem Elend entfliehen konnte und nicht mehr sommers auf dem gräflichen Rübenacker und winters in der gräflichen Ziegelei schindern mußte. Von dem Mann, der meine Großmutter zur Frau nahm, vermag ich mir kein rechtes Bild zu machen. Auf Fotografien der Jahrhundertwende scheinen alle deutschen Männer einer einzigen Familie zu entstammen – so eine Ähnlichkeit!

Da steht er also, der vergilbte unbekannte Großvater, eine Hand gequält lässig auf die Lehne des Korbsessels im Atelier gestützt, in der anderen hält er die Handschuhe. Über die Weste spannt sich die Uhrkette, vermutlich eher aus Tombak denn aus Gold. Auf dem Haupt trägt er einen weichen Filzhut, wohl um die frühe Glatze zu verbergen, ein Wiesnersches Erbe, bei dessen Verteilung auch ich nicht zu kurz gekommen bin. Klare, große Augen mit kühnem Blick schauen mich an, nein, nicht mich. Sie starren in das Objektiv der Plattenkamera. Großvater muß in seiner angestrengten Pose ausharren, bis der Fotograf unter seinem schwarzen Tuch bis zehn gezählt und seufzend verkündet hat: So, das wärs, mein Herr!

Großvater Wiesner war Arbeiter, Facharbeiter sogar, gelernter Strumpfwirker. Gewirkte Wollstrümpfe kennt heute kein Knabe mehr, glücklicherweise. Ich habe sie noch tragen müssen. Sie wurden mit Gummibandstrumpfhaltern an einem unsäglich weibischen, hinten zu knöpfenden Barchentleibchen befestigt. Erst die uniformmäßigen, aber praktischeren Skihosen des Nazijungvolks lösten jenen peinlichen Kinderschrecken ab. Wer in den Kriegsjahren noch mit gewirkten oder gestrickten, am Ende sogar schwarzen Beinlingen auf dem Schulhof gesichtet wurde, dem scholl der Schmähruf entgegen:

Lange Strümpfe stecken an.
Morgen fängt der Winter an!

Großvater muß als junger Mann ein übermütiger Bursche gewesen sein. In das schlesische Städtchen Friedeberg am Queiß, wo er mit seiner neugegründeten Familie lebte, kamen eines Tages Seiltänzer. Sie trieben – so hat es mir Großmutter geschildert – mancherlei Allotria, zur Freude der vielen Kleinstädter, die sich auf der abendlichen Uferwiese eingefunden hatten. An zwei Masten war ein Hochseil über den quirligen Gebirgsfluß gespannt.

Der Prinzipal dieser Truppe trat im Harlekinskostüm auf und sang:

Jetzt mach ichs ganz genau
mit meiner lieben Frau:
Bei der Frau, bei der Magd, bei der Bank vorbei –
eins, zwei, drei!

Und schon schlug er mitten auf dem Seil einen Purzelbaum über seine tiefgebückte dicke Prinzipalin. Doch war das noch längst nicht der Höhepunkt des sensationellen Abends. Damen und Herren! schrie der Prinzipal in sein Sprachrohr. Gesucht wird der Friedeberger, wo sich hat greeßten Mut und Courage dazu. Zehn gute Mark wird zahlen die Direktion demjenigen, wo sich laßt tragen auf meine zwei Schultern hoch auf die Seil quer ieber die wilde Wasser!

Großvater Max zog den weichen Hut tiefer in die Stirn, zwirbelte seinen Schnauzbart, gab seiner fassungslosen Anna Jackett, Portemonnaie sowie Uhr samt Kette zur Aufbewahrung. Wenns weiter nichts ist, erklärte er lässig. So schnell verdien ich nie wieder mein Geld.

Applaus. Trommelwirbel. Langes Schweigen. Wieder Applaus. Gesehen hab ich nichts von dem Spektakel, hat mir Großmutter erzählt. Unser Berthold lag noch in der Wiege, und die Meta strampelte mir schon im Bauch herum. Ich hielt mir Großvaters Jacke vors Gesicht und wurde erst wieder, wie er dicht neben mir sagte: Gib ok her, Anna, 's is a kiehler Obend!

Fünfundfünfzig Jahre lang bewahrte sie den Lohn der Angst in Gestalt eines blanken Goldstückes sorgsam auf, bis sie es im kalten Winter 1945 auf ihren schon arg wackligen Beinen zum Milchhändler Katzwedel trug. Dafür durfte sie sich einen Monat lang täglich einen Viertelliter blaßbläulicher Magermilch holen. Von der dünnen Suppe, die sie davon kochte, hat auch mir so mancher Tellervoll die Eingeweide gewärmt.

Noch vor der Jahrhundertwende zieht die Familie Wiesner nach Wangen im Allgäu. Großvater Max übernimmt dort eine Strumpfwirkerei – als Einmannunternehmer mit einer mitwirkenden Ehefrau. Wieder vermag ich mir kein rechtes Bild von ihm zu machen. Max war damals schon eingeschriebenes Mitglied der Sozialdemokratischen Partei, die nach der Aufhebung des Sozialistengesetzes wieder kräftig von sich reden machte. In der Wiesnerschen Stube hing ein Bild von August Bebel, so hat es mir die Großmutter erzählt. Zu der Zeit war es Überzeugungssache, persönliches Bekenntnis, das Porträt *seines* Politikers ständig vor Augen haben zu wollen.

Wie aber hat die Familie, zu der sich inzwischen fünf weitere Kinder gesellt hatten, gelebt, in jener stockkatholischen Kleinstadt, die mit ihren 3182 Einwohnern immerhin württembergische Oberamtsstadt war? Alle, die darüber Auskunft geben könnten, sind verstorben.

Ratlos gehen wir fast neunzig Jahre später an einem heißen Septembertag durch die paar Straßen der Altstadt von Wangen mit ihren prächtig bemalten Häusern. Zweckloses Unterfangen, einen Menschen unter den inzwischen 23800 Einwohnern aufzuspüren, der sich noch an die Zeiten erinnern könnte. Selbst das Schulkind von einst wäre heute an die hundert Jahre alt. Wo mag die Strumpfwirkerei gelegen haben? Eher wohl am Flüßchen Argen in der Vorstadt als in der sich patrizierhaft gebenden Herren- oder Paradiesstraße. Der Kaffee im dortigen Restaurant ist gut. Unser Tischnachbar, biederer Einkäufer eines Wangener Unternehmens, schwärmt uns auf gut schwäbisch von seinem Urlaub in Algerien: Die Weiber, die Weiber dort ... und allweil, wenn wir Deutsche komme ...

Dieses Restaurant war gewiß nicht das Zahllokal der Sozialdemokraten von 1895. Großmutter hat mir erzählt, die Jahre in Wangen seien ihre schönste Zeit gewesen. Ihr Mann habe dort auch Kaninchen gehalten, echte Deutsche

Widder, aber er sei zu stolz gewesen, seine Kinder katholisch taufen zu lassen, sonst wäre man vielleicht nie aus Wangen weggegangen.

Da es in Wangen gerade Sonntag ist, bekommen wir keine Ansichtskarte zu kaufen; da fühlen wir uns einen Moment wie zu Hause.

Ist ja ganz nett, dein nostalgisches Wangen, bemerkt Claudia, aber hier möcht ick nich mal dot überm Zaun hängen.

Es gibt kein bleibendes Zeugnis von unserer Stippvisite in jenem Allgäustädtchen. Unsere Pentacon K 16 sah sich nicht in der Lage, den Film vorschriftsmäßig zu transportieren.

Bei der Frage, warum die Familie mit sieben Kindern an einem Wintertag des Jahres 1904 das herzige Wangen verlassen hat, sind wir wieder nur auf Mutmaßungen angewiesen. Gab es politische Gründe? Stimmt es, daß Verwandte dem Max Wiesner verlockende Angebote vom schnellen Weg zum Wohlstand in der Reichshauptstadt gemacht haben? Wie hat die Familie in ihrer winzigen Wohnung in der Kronprinzenstraße (der heutigen Jeßnerstraße) gelebt?

Die größeren Kinder begannen bald, Geld zu verdienen. Großmutter betrieb in jener Proletengegend kurzzeitig eine Milchhandlung. Dann war sie einen Winter lang als Garderobenfrau auf der Eisbahn am Rummelsburger See tätig, während sich ihr Mann mittels Schlittschuhverleihs wieder als Kleinunternehmer betätigte. Inzwischen kam noch ein Kind auf diese widersprüchliche Welt, mein Vater.

Max jedoch begann in Heimarbeit wieder, wollene Strümpfe zu stricken oder zu wirken, denn der Kaiser dachte fürsorglich an seine Helden des künftigen Krieges: Kaltes Blut, aber warme Füße.

Max als Anhänger des großmäuligen Monarchen? Das kann und darf nicht stimmen. Später erfuhr ich von Großmutter, daß die Familie Wiesner kurz vor dem ersten Weltkrieg einen russischen Revolutionär behaust hätte. Er habe einen Bart und einen Zwicker getragen. Man habe ihn Saul genannt, und alle Kinder hätten strenges Verbot gehabt, über den seltsamen Untermieter auch nur ein Sterbenswörtchen verlauten zu lassen.

Stell dir vor, das wäre Lenin gewesen, sagte mein Sohn neulich, dann bekämen wir jedes Jahr eine Einladung nach Moskau, an den Baikalsee oder nach Alma Ata. Dort steig ich die Gangway hinab, und schwarzbezopfte Komsomolzinnen umarmen mich drushbarufend.

Kannste stecken lassen, erwidere ich. Lenin hatte in den fraglichen Jahren in Krakow zu tun. Wer jener Saul war, werden wir nie erfahren. Besorg dir deine Reise bei Jugendtourist!

Max Wiesner hat das Ende des Kaiserreiches nicht mehr erlebt. Vielleicht war es die Enttäuschung über das Versagen der Partei, vermutet mein Vater.

Jeden Tag ging Max zum Bahnhof Frankfurter Allee, wo die Verlustlisten aushingen. Sein ältester Sohn, stolzer Zahlkellner im Hotel Kaiserhof, kehrte als Kriegsversehrter heim und konnte seinen Beruf nicht mehr ausüben.

Alle Räder stehen still, wenn dein starker Arm es will. Er glaubte nicht mehr daran.

Andere Genossen haben gekämpft, durch alle Tiefen hindurch. Ich hätte schon ganz gern einen kämpferischen proletarischen Großvater vorzuweisen, doch zum dritten Male wird mir sein Bild unscharf. Zwei der Söhne fanden ihn erhängt in seiner Laube. Sie stand etwa dort, wo sich heute die Leninallee mit der Ho-Chi-Minh-Straße und der Jaques-Duclos-Straße kreuzt. Großmutter bewahrte in einer messingnen Tabakdose einen bleistiftgeschriebenen Zettel auf: *Liebe Anna! Sei nicht böse. Ich kann nicht mehr.*

Großvater war kein Kämpfer. Mir steht es nicht zu, nachträglich über ihn zu richten.

Ein bißchen aber, so scheints, hat seine politische Überzeugung doch Spuren in der Familie hinterlassen.

Meinen Vornamen bekam ich nach meinem Onkel Ulrich – ich kenne ihn wie seinen Vater nur von einer vergilbten Fotografie her.

Ulrich hatte das Formerhandwerk erlernt und wurde 1914 zur Kaiserlichen Kriegsmarine eingezogen. Als Seiner Majestät Kreuzer *Frauenlob* im Skagerrak abgesoffen war, äußerte der durchnäßt aufgefischte Heizer Ulrich Wiesner seine Abneigung gegen den Krieg, der nie sein Krieg gewesen war. Kaiserliche Kriegsgerichtsräte werteten solches als Meuterei und verbrachten den unbotmäßigen Heizer auf die Festung Köln. Das Todesurteil wurde in eine Haftstrafe umgewandelt, blieb aber dennoch ein Todesurteil.

Als Ulrich im November 1918 mit Gewehr und roter Armbinde in das heimische Berlin zurückkehrte, hatten die Tuberkelbazillen schon seine Lungen zerfressen. Großmutter versteckte das Gewehr auf dem Dachboden, sonst hätten die Noskesoldaten noch den Sterbenden auf dem Hof der Scharnweberstraße 4 exekutiert.

Ich habe fast nie Tränen in den Augen meiner Großmutter gesehen. Aber wenn sie mir, was selten vorkam, in ihrem Lehnstuhl sitzend, jenes Lied vorsang, wußte ich als kleiner Enkelsohn, daß ich jetzt eine Weile zu schweigen hatte:

Köln am Rhein, du stolzes Städtchen,
Köln am Rhein, du stolze Stadt,
und darinnen eine Festung,
die so hohe Mauern hat.
Manchmal fragen mich die Leute:
Was mag wohl darinnen sein?
Und die Antwort darauf lautet:
Hier sperrt man Soldaten ein.

Hans, der zweitjüngste Wiesnersohn, damals gerade achtzehn Jahre alt, schleppte in Mutters Aufwischeimer das Kühlwasser für das Schwere Maschinengewehr heran, mit dem sich die Spartakisten am Ringbahnhof Frankfurter Allee gegen die Soldaten der Reaktion wehrten. Vielleicht ist es nur ein Zufall, daß sein Name nicht auf der Gedenktafel in dem winzigen Lichtenberger Park steht, in dem die Spartakistengruppe erschossen wurde.

Deutsche Entwicklungen verliefen nur selten geradlinig. Onkel Hans wurde später Nationalsozialist. Das Konfektionsgeschäft seines Brotherrn in der Frankfurter Allee soll er laut Familienfama nur deshalb erworben haben, damit der jüdische Kaufmann mit Hilfe dieses Geldes noch rechtzeitig das rettende Exil erreichen konnte. Von nun an wurden in dem Laden neben Oberhemden und Krawatten auch Uniformen und Ehrenzeichen feilgeboten.

Onkel Hans hatte es zu was gebracht. Alle Wiesners schauten zu ihm auf, dem Sturmführer im Nationalsozialistischen Kraftfahrerkorps, wenn er mit seiner rassigen Beiwagenmaschine, bald sogar mit einem schmucken Kleinauto über die Straßen des Führers brauste.

Onkel Hans war proletarischer Armut entwachsen, war etwas Besseres geworden. Das gab den Ausschlag für manchen in der Familie. Stolz trug meine Großmutter nun das Goldene Mutterkreuz, einen Orden, mit dem sich dank unermeßlicher Führerhuld alle reinblütigen deutschen Frauen behängen durften, die mindestens sechs Kindern das Leben geschenkt hatten. Wie der nämliche Führer diesen Kindersegen auf drastische Art zu reduzieren wußte, ist selbst den jüngeren Lesern aus der Geschichte des letzten Weltkrieges bekannt.

Von Großmutters Stolz war nur noch wenig übrig, als sie im Februar 1952 die Augen schloß. Vier ihrer Kinder waren ihr vorausgegangen. Gegen das Sterbenmüssen hat die Zweiundachtzigjährige bis zuletzt qualvoll angekämpft. Sie war neugierig aufs Leben und hätte gern noch erfahren, was aus ihren Enkeln einmal werden würde. Als ich das letzte Mal an ihrem Bett saß, murmelte sie: Ich seh mich als Kind ... in Schlesien. Flachskopp ham se mich geheißen ... wegen meiner gelben Haare. Gespielt haben wir mit abgeschlagenen Topphenkeln aus der Müllgrube ... das war unsere Kuhherde. Weißte, Ulrich, ne scheene Zeit wars halt doch.

Onkel Hans war fünfundvierzig Jahre alt und demobilisierter Leutnant, als er im Braunschweigischen seine Nullachtpistole mit der Axt vertauschte und als Holzfäller ein neues, friedliches Leben begann. In dreiundzwanzig Jahren zäher Arbeit verstand er es, sich sein Scheibchen vom sogenannten Wirtschaftswunder abzuschneiden. Er verstarb als geachteter Geschäftsmann und hinterließ seinem Sohn eine gutgehende Textilfirma und jene Prinzipien bundesdeutscher Tüchtigkeit, die einer braucht, um dort drüben voranzukommen.

Jedes Jahr, wenn meine Eltern von ihrer Rentnerreise zurückkehren, berichten sie uns, daß mein Cousin Helmuth tatsächlich tüchtig ist, auch wenn ihm in letzter Zeit die Absatzkrise ein wenig zu schaffen macht. Sollten wir uns irgendwann doch mal wiedersehen – ob wir da Verständigungsschwierigkeiten hätten, zum Beispiel bei dem Wort Tüchtigkeit?

Nun bin ich schon arg ins Schwatzen geraten. Und doch muß ich aus Gründen der Parität und weil meine liebe Mutter sonst gekränkt wäre, noch ein paar Auslassungen über die mütterliche, die Bergemannsche Sippe hinzufügen.

In meiner Heimatstadt war man vor hundert Jahren entweder rot oder kaisertreu bis in die Knochen. Im Hause meines Urgroßvaters wurde bei Familienfeiern die Arbeitermarseillaise intoniert. Der Zimmermannspolier und eingeschriebene Sozialdemokrat gehörte zu der Handvoll Leute, die in der Gründerzeit die Brandenburger Brennaborwerke aufgebaut haben. Als er gestorben war, entblößte der Fabrikherr Adolf Reichstein das Haupt vor der roten Fahne, die über dem Sarge wehte. Wenn wir voraussetzen, daß zu dieser Stunde nicht gerade Hagelschauer herniedergingen, tat ihm diese Geste nicht weh, im Gegenteil: sie half den Arbeitsfrieden sichern und bewahrte selbst nach Jahren noch dem Commerzienrat hohes Ansehen bei den Nachfahren seines toten Klassengegners.

Sein Sohn, der Maurer Otto, war als Roter erzogen

worden, fand jedoch nur noch wenig Zeit, im Sinne seines Vaters zu wirken. Die spärlichen Feldpostkarten verraten deutlich, was er vom Kriege seines Kaisers hielt. Ein französischer Granatsplitter enthob den jungen Mann nahe der Stadt mit dem wohlklingenden Namen St. Quentin all seiner Gewissensnot.

Als meine Großmutter erfuhr, daß am 20. Mai 1916 der Pionier Otto Bergemann – angeblich für Kaiser, Gott und Vaterland – gefallen sei, war sie eine grazile, hübsche Frau von fünfundzwanzig Jahren, alleinstehend nun, Kriegerwitwe mit drei Kindern, fünf, vier und drei Jahre alt, in stolzer Trauer, wie man das wohl schon damals nannte. Wie die Großmutter es geschafft hat, ihre Familie über die beiden schrecklichen letzten Kriegsjahre hinwegzuretten, ist mir ein Rätsel. Andeutungen glaube ich zu entnehmen, daß es damals noch so etwas wie Sippensolidarität gegeben hat.

Ein Jahr nach dem Kriege – Oma ging gern tanzen; wer wollte ihr das verdenken in dem Alter und bei ihrem Aussehen? – lernte sie auf einem Vergnügen im Hohenzollernpark den flotten Gustav vom Radfahrerverein kennen, meinen nachmaligen Opa Muschert. Er trug einen pomadegewichsten Poposcheitel und einen aufgezwirbelten Schnurrbart und muß eine Ausstrahlung von brutalschöner, leicht gewöhnlicher Männlichkeit verbreitet haben. Der zierlichen Witwe Berta gefiel das offenbar, und alles Weitere ergab sich in Bälde. Die drei minderjährigen Kriegerwaisen störten den flotten Gustav zwar ein wenig, aber dafür bot ihm das neue Verhältnis auch Vorteile: ein warmes Bett nebst Inhalt, den Siphon mit hellem Bier zum Feierabend sowie die blankgewienerten Schuhe und das frischgestärkte Hemd, wenn er des Sonntags wie zuvor den Geselligkeiten des Radfahrervereins oblag. Geheiratet wurde selbstverständlich in den nächsten Jahren nicht, denn sonst wäre die Witwenrente flötengegangen.

Berta hatte genau wie zuvor allein für Kinder und Haushalt zu sorgen und obendrein als Kammgarnspinnerin das Vermögen des Fabrikanten Kummerlé zu vermehren –

aber sie besaß einen Mann, auch wenn der die lästigen Kinder mit einem Einfallsreichtum drangsalierte, wie ihn dem stumpfen Kerl niemand zugetraut hätte.

In meiner Erinnerung begegnet mir Opa Muschert frühestens an meinem vierten Geburtstag: Ein etwas unbeholfen und unbedarft, aber nicht unfreundlich zu nennender Mann, der nach Priemsaft und Bier riecht, hebt mich mit seinen muskulösen, schwarzbehaarten, tätowierten Armen auf das Dreirad, das er für mich gekauft hat. Zu später Stunde soll er sich so besoffen haben, daß er einen Rohrstuhl in der guten Stube mit dem eine halbe Treppe tiefer liegenden Klosett verwechselte und durch das Maschengeflecht schiß. Dieser Stuhlgang im wörtlichen Sinne wurde zu einer unerschöpflichen Quelle der Heiterkeit. Darüber lachte die Familie, ihn immer wieder weidlich ausschlachtend, auf ihren kärglicher werdenden Festen noch lauthals, als die Bomben schon auf nahe gelegene Großstädte fielen. Über was anderes vermochte kaum noch jemand zu lachen.

Letzte Momentaufnahme von Opa Muschert: Als Rentner sitzt er – Jahre nach dem Kriege – auf der Steintorbrücke, einer stark frequentierten Örtlichkeit meiner Heimatstadt. Neben der Blumenfrau Peters, die Astern verkauft und gleichzeitig die heute noch einzige Bedürfnisanstalt der Stadt verwaltet, hockt er auf seinem Anglerschemel und bietet gebündelte Kienspäne zum Feueranmachen an, det Bund zu fuffzich Fennje. Um diese Ware in Umlauf zu bringen, ist er zehn Kilometer weit mit dem Handwagen in die Neustädtische Forst gefahren, hat Stubben gerodet, sie daheim mit Keilen aufgespalten, zersägt und mit dem Beil in dünne Späne gehackt. Zwei Dinge hat Opa Muschert nie gelernt: Nachdenken und Nichtstun.

Oma Muschert hat ihren einst so flotten Gustav um Jahre überlebt. Sie war zu einem fadendürren Persönchen zusammengeschrumpft, meist unzufrieden mit Gott und der Welt, mißtrauisch stets und sich die schlimmstmöglichen Folgen jeder Sache ausmalend. Von einer inneren Unruhe getrieben, rannte sie andauernd im Ring, wie mein

Vater es nannte, wenn sie von einem Verwandten zum andern lief und mancherlei Unheil mit dem unerbetenen Weiterreichen von Informationen über die lieben Nächsten anrichtete. Einige Male habe ich sie dennoch in Fröhlichkeit aufblühen sehen. Hatte sie auf Familienfeiern ein paar Gläschen Wein oder Likör intus, so brauchte man sie nicht lange zu nötigen, und sie holte ihr reichhaltiges Repertoire an Küchenliedern und Gassenhauern hervor. Dann kannte sie keine Hemmungen mehr und sang mit so viel naiver Inbrunst, daß selbst die von mir hochverehrte Gisela May andächtig gelauscht hätte.

Der Pfannenflihicker schwenkt seinen Hut:
Adjöh, adjöh, Madamm, der Flick war gut!

Bei diesem und ähnlichen Titeln angekommen, war der weitere Verlauf des Geburtstagsabends schon meist programmiert. Die Mütter zogen die Kinder aus dem Verkehr, die Väter die Korken aus den nächsten Flaschen. Hundemüde, aber mißmutig – immer wenns spannend wird, stecken die Großen son schlaues Kind ins Bette! – starrte ich auf den hellen Spalt in der Wohnzimmertür. Gar zu gern hätte ich gewußt, wieso das Kichern und Kreischen der Frauen, das Grölen der Männer immer lauter tönte. Warum, zum Teufel, dauerte es so lange mit dem Erwachsenwerden?

Ein paar Jahre später stand mir die Tür offen. Welche Ernüchterung! Das Kaffeetrinken kenne ich ja schon. Immer hat die Hausfrau zuviel gebacken. Oma Muschert erbietet sich, meiner Mutter in der Küche beim Kaffeeaufbrühen behilflich zu sein, willkommene Gelegenheit, ihr unter dem Siegel strengster Verschwiegenheit anzuvertrauen, daß das Kind von Tante Trudchens bester Freundin Lieschen genauso abstehende Ohren habe wie ihr Gartennachbar Wettstedt, jawoll, der mit dem Holzbein, dem sie beim Erntedankfest in der Kolonie die Karnickel geklaut haben. Unterdessen reden die Männer von ihrer Arbeit und von Kollegen, die kaum einer der Anwesenden kennt.

Sind wir hier, um zu feiern oder um zu arbeiten? fragt mein Vater grantig, worauf das Thema gewechselt wird. Man geht zur Politik über, mit der man sich leider weder früher noch später genug befaßt hat. Noch 1948 erörtert man in dieser Runde begierig das Gerücht, daß die Stadt an der Havel in vier Zonen geteilt werden solle: Die Russen behalten die Neustadt, die Engländer bekommen die Altstadt, die Amerikaner den Stadtteil Görden und die Franzosen die Walzwerksiedlung.

Bleibt noch die Dominsel übrig, werfe ich ein, und die kriegen die Eskimos, weils da nachts kälter ist als draußen.

Misch dich nicht ein, wenn Erwachsene reden! weist mich Vater zurecht. Son Quatsch lernste wohl auf deiner Oberschule?

Laß ihm doch! Opa Muschert nimmt mich in Schutz. Ick wär seinerzeit jerne uff son Schimmnasium jegangen, mir hamse bloß nich jelassen. Und det mit die Eskimos wär jar nich so verkehrt. Da brauchten wa keene Kohlen mehr. Die Brüder heizen nämlich bloß inwendig, mit Lebertran und Schnaps.

Dieses Wort leitet zum nächsten Generalthema der Runde über: Erinnerungen – nicht an ein Ballerlebnis, nein, an bedeutende Sauftouren von früher, als ein Bier und ein Korn nur fümmenzwanzig Fennje gekostet haben. Während Opa Muschert gerade zu einer Schilderung der Brandenburger Halbwelt von einst anhebt, kommt seine Frau noch rechtzeitig aus der Küche zurück. Nu hältste aber die Luft an, du oller Suffkopp! Et reicht woll noch immer nich, wat man mit dir früher hat mußten durchmachen! Wollen wa nich lieber wat Scheenet singen?

Vater klappt den Klavierdeckel auf, und Onkel Waldemar stimmt an:

Märkische Heide,
märkischer Sand
sind des Märkers Freuheude,
sind sein Heimatland.
Steige hoch, du roter Adler,
hoch über Sumpf und Sand,

hoch über dunkle Kiefernwähälder!
Heil dir, mein Brandenburger Land!

Auch ich habe diese märkische Nationalhymne aus voller Kehle mitgeschmettert. Sie paßte schon damals nicht mehr in die Landschaft, obwohl oder vielleicht *weil* sie gar nicht so uralt war; ihr Verfasser soll noch heute irgendwo in der Bundesrepublik leben – kann sein, daß sie ihn auf obskuren Heimattreffen herumschleppen.

Die Mark Brandenburg wurde – nicht zu Unrecht – die Wiege Preußens genannt. Wann ist Preußen gestorben? Am 20. 7. 1932, als der Herrenreiter und Reichskanzler Franz von Papen durch eine Handvoll Reichswehrsoldaten die rechtmäßige, von der SPD beherrschte preußische Regierung absetzen ließ? Oder am 25. 2. 1947, als der Alliierte Kontrollrat durch das Gesetz Nr. 46 den preußischen Staat, der de facto längst nicht mehr existierte, de jure auflösen ließ?

Der preußische Adler galt aller Welt als Symbol für Reaktion und Militarismus. Preußen war historisch überfällig, zum Hauptschuldigen an zwei Weltkriegen geworden. Was wäre wohl geschehen, hätte damals einer den Gedanken geäußert, aus Gründen historischer Gerechtigkeit auch gleich noch den Freistaat Bayern als Wiege des Nationalsozialismus aufzulösen? Preußen ist tot, auch wenn wir Hinterbliebenen mit großen Kinderaugen in den Truhen des unselig Verblichenen herumkramen und so manche staunenswerte Entdeckung machen, die wir mühsam in unser festgefügtes Geschichtsbild einzuordnen haben.

Im Sommer 1952 ging der neue deutsche Staat daran, einen weiteren Abschied von der Vergangenheit zu vollziehen. Die bisherigen Länder Brandenburg, Mecklenburg, Sachsen-Anhalt, Sachsen und Thüringen wurden aufgelöst und in die noch heute bestehenden vierzehn Bezirke umgewandelt. So recht habe ich den Sinn und Nutzen dieser Verwaltungsreform bis heute nicht begriffen, aber das mag daran liegen, daß ich nie eine Verwaltungsakademie noch eine Hochschule für Ökonomie absolviert habe und mir nicht genug Gedanken über die Landwirtschaft mache, weil ich mein Brot in kleinbürgerlicher Weise noch immer direkt vom Bäcker, dazu noch von einem privaten beziehe.

Ein bißchen mehr Ahnung hab ich schon vom Fußball. Da könnte man meinen, man habe seinerzeit die Verwaltungsreform durchgeführt, um jedem der neuen Bezirke eine Oberligamannschaft zuzugestehen. Aber auch diese Mutmaßung geht nicht auf, denn in unserem – international gesehen – mit dem Flair des Provinziellen behafteten Fußball dominieren, zumindest zahlenmäßig, von Anfang an die Sachsen.

Und da haben wir schon den Salat. Ungeniert spricht jeder bei uns von den Sachsen, den Thüringern (die, auch wenn sies nicht wahrhaben wollen, vorwiegend mit sächsischer Zunge reden) und von den Mecklenburgern, allenfalls noch von den Berlinern, die sich aber in ihrer angeborenen Bescheidenheit gegenüber ihren anderssprachigen Landsleuten kaum zu mucksen wagen. Sogar von den Sorben spricht man oder von den Vogtländern, von den Harzern und Erzgebirglern. Von den Sachsen-Anhaltern redet keiner – zu Recht –, denn ein Land dieses Namens hat es in alten Zeiten nie gegeben: Es gab das kleine Herzogtum Anhalt, bei dem man sich nicht lange aufhalten muß, und die Provinz Sachsen, die aber gehörte schon wieder zu Preußen.

Und was ist mit den Märkern? Nur die bedeutende Bezirkszeitung *Märkische Volksstimme* hält an diesem anachronistischen Begriff noch fest, vielleicht weils bisher keiner gemerkt hat. Die Mark Brandenburg ist die Wiege des preußischen Staates, des Militarismus und der Reaktion Hort! Was bin ich? Ein Preuße? Ein Märker? Pfui dich der Schand! Ein gebürtiger Einwohner des Bezirkes Potsdam? Den gabs jedoch bei meiner Geburt noch nicht.

Vogtländer, Erzgebirgler, Thüringer, Mecklenburger und sogar Sachsen haben ihre Heimatlieder. Was aber sollen wir heimlichen Märker singen? Fritze Bollmann bliebe uns immerhin, der ist jedoch regional beschränkt und wird in Liederbüchern unseres Landes als *Berliner Volkslied* eingestuft. Trauriges Fazit: Wir Märker sind der verlorene Haufen unserer Republik. Sogar das Wappen der einstigen Chur- und Hauptstadt haben die neuen Stadtväter verändert. Vorher war es ein Doppelwappen: hier vier, dort fünf mittelalterliche Türme, darüber eine Krone. Sie erinnerte daran, daß schon einmal die Staatsmacht in Bestehendes eingegriffen hat. 1715 hatte der sogenannte Soldatenkönig Friedrich Wilhelm I. die ewigen Zänkereien zwischen den Pfahlbürgern der bis dahin selbständigen Altstadt und Neustadt satt und vereinigte beide Städte kurzerhand durch höchstderoselbigen Federstrich, was der Entwicklung keineswegs geschadet haben soll und auf jeden Fall zu einer Einsparung von Verwaltungspersonal geführt haben dürfte. So ein Wappen wußte viel zu erzählen, genauso wie die vielen Straßennamen, die man heute nur noch auf alten Stadtplänen und in alten Adreßbüchern aufzuspüren vermag.

Jede neue Zeit führt zwangsläufig ihre Bilderstürmer im Gefolge, und Jahrzehnte später kommt man sich klein und häßlich vor, wenn man darüber zu rechten sucht. Oft waren es die militärischen wie historischen Sieger der Geschichte, die uns als erste darin unterwiesen, wie wir unser Kulturerbe zu bewahren und nicht zu demontieren hätten. Oberleutnant Jewgeni Fjodorowitsch Ludschuweit, zuständig für Kulturfragen im sowjetischen Armee-Oberkommando, wird in Potsdam der Retter von Sanssouci genannt. Eine Straße in der Bezirkshauptstadt trägt seinen Namen. Wenns nach mir ginge, stünde eine Marmorstatue von ihm auf der Terrasse vor dem friderizianischen Lustschloß. Über die Zeit unmittelbar nach den Kampfhandlungen berichtet er:

Oft stand ich nachts auf, um zu kontrollieren, ob auch alles in Ordnung war. In der Zwischenzeit gingen die Arbeiten in und an Sanssouci weiter. Wir besorgten solche Kostbarkeiten wie Zement, begannen die Kuppel des Schlosses auszubessern . . .

Leider hatte ein Oberleutnant Ludschuweit nicht die

Überreichweite, in dem verwüsteten Lande allerorten nach dem Rechten zu sehen.

Das Wappen meiner Heimatstadt zeigt heute wenigstens noch drei Türme, dazu vier qualmende Fabrikschornsteine. Auf die Schornsteine können wir schon stolz sein, mit dem Qualm sollten wir weniger prahlen.

Thöma verfählt, lieber Wiesner, würde jetzt Pupe Halter, mein Deutschlehrer der 9. Klasse, anmerken, das Thöma lautätä: Meinä Familiä! Gewiß, und ich bitte um Entschuldigung, aber ohne das Umfeld der Mark Brandenburg und ihrer Hauptstadt wären die meisten meiner Anverwandten kaum denkbar. Wieso Hauptstadt? höre ich jetzt einen Zwischenruf. Den muß ich schnell noch beantworten. Die Havelstadt war die ranghöchste des Kurfürstentums. Ihr Bürgermeister hatte das Recht und die Pflicht, bei der Einführung eines neuen Kurfürsten die Huldigungsrede zu halten. So besagte es das Protokoll, und das nahm man damals schon genauso ernst wie heutzutage bei uns. Nun wird erzählt – ich kann es freilich nicht belegen, vielleicht ists auch nur so eine Sage –, daß irgendwann im sechzehnten Jahrhundert ein Bürgermeister an der Havel regierte, so einen heftigen Sprachfehler sein eigen nannte. Der arme Kerl soll also knallroten Kopfes vor dem Berliner Schlosse, seligen Angedenkens Amtssitz der Kurfürsten, gestanden sein. Die Rede hatte er sich zwar von seinem Secretarius schriftlich ausarbeiten lassen – wer spricht bei so hohem Anlasse schon frei? –, aber er ahnte nichts Gutes und bat deshalb seinen Berliner Kollegen: A-a-ach, k-k-könnt Ihr n-n-nicht an m-n-meiner St-st-st . . .? Weiter kam er nicht. Der Berliner nahm ihm das Pergament aus der Hand, denn er witterte eine ungeahnte Chance. Karrierismus war damals schon bekannt. Die Bürgermeister vom Havelufer haben niemals wieder eine entsprechende Huldigungsrede gehalten, und so wurde Berlin klammheimlich die Hauptstadt der Wiege Preußens.

Was wäre wenn? Vielleicht hätten die Russen tatsächlich die Neustadt, die Engländer die Altstadt besetzt. Weniger Baumaterial wäre 1961 verbraucht worden, denn die Havel bildet eine natürliche Grenze. Berlin fristete als unbedeutende Industriesiedlung sein Dasein, und Opa Muschert hätte seinen Lebensabend tatsächlich in einem eigens für ihn errichteten Iglu auf der Dominsel verbringen dürfen. Doch mit der Geschichte Mächten, Verzeihung, Herr von Schiller, ist kein ewger Bund zu flechten.

Oma Muschert dämmerte jahrelang in einem Pflegeheim vor sich hin. Eine ihrer letzten wichtigen Fragen lautete: Jott, wie hieß denn bloß der Feinkosthändler inne Hauptstadt, wo immer die Hasen und Fasanen draußen zu hängen hatte? Jekooft ham wa da nie, aber wissen möcht icks doch zu jerne ...

Kein Roman über die Muscherts, nicht mal ein trivialer, aber sie gehören dazu, wenn ich von mir erzähle. Ein kleines, armseliges Leben voller Ängste und Sorgen. Von den Freuden wissen wir zuwenig.

Die Familie der Kinder- und Jugendjahre ist zusammengeschrumpft. Wohnorte haben gewechselt. Wollte man alle, die es da noch irgendwo gibt, zusammenholen, wo sollte man sie unterbringen? Kein einheimischer Leser wird mich der Sippenbarbarei zeihen, denn er kennt die Hotelsituation hierzulande.

Mein bißchen Familienchronik muß Stückwerk bleiben, sonst könnte sie ins Haveluferlose führen. Oder soll ich vielleicht noch meinen Großonkel Josef erwähnen, den notorischen Frühnazi? Er hats nicht verdient. Mein Vater siezte ihn beharrlich, wenn es sich nicht umgehen ließ, daß man einander die Tageszeit entbot.

Dann wohl lieber meinen Großonkel Carl, der ein feiner, liebenswürdiger Mensch und ein echter Proletarier war, was er aber nie zugegeben hat, denn er war streng deutschnational erzogen worden und hatte während des ersten Weltkrieges im Artillerieregiment *Generalfeldzeugmeister* als Fahnenschmied gedient. Da seine Ehe mit Tante Martha ungesegnet blieb, adoptierten die beiden schon etwas ältlichen Leutchen ein Kindlein namens Benno und gaben damit der Familienmafia genügend Garn zum Hecheln: man weiß doch nie, was für Blut in sonem fremden Balg steckt, und rote Haare hats obendrein.

Gar meterweis wurde das Hechelgarn gesponnen, als der ungeratene Ziehsohn auf Abwege, also über die Staatsgrenze der DDR und – wie sich später herausstellte – in die Fänge eines westlichen Geheimdienstes geriet. Sehr fundiert kann die Ausbildung nicht gewesen sein. Benno wurde von unseren Behörden arretiert und nach einer gewissen Zeit amnestiert. So hat unsere Sippe sogar einen eigenen Spion aufzuweisen, aber der lebt seit vielen Jahren als Fach- und Bestarbeiter mit seiner selbstgegründeten Familie in – aus Geheimhaltungsgründen werde ich mich hüten, den Ort zu nennen.

Onkel Carl hatte wider Willen so etwas wie Klassenbewußtsein. Wenn seine Schwester, also meine leibliche Oma Muschert, auf Familienfesten auf ihren gemeinsamen Vater zu sprechen kam und in mühsamem Hochdeutsch erklärte, der sei Rohproduktenhändler gewesen, pflegte Onkel Carl aufzufahren: Wat war der? Lumpenhändler war er, unser Vater Lück. Mitm Hundewagen und ne kleene Flöte isser durch de Stadt jezottelt: *Lüdelüdelück*! Det kann ick leiden – wenn eener nich mehr weeß, woher er jekommen is!

Die meisten der Sippe von einst könnte ich ohnehin nicht mehr herbeizitieren. Die Zeit ist im wahrsten Sinne des Wortes über sie hinweggegangen.

Allenfalls von Onkel Oswald, dem jüngsten Bruder meiner Mutter, wäre zu reden. Er lebt noch in seiner und meiner Heimatstadt, hat einen Garten, seine Kinder und seine Enkelkinder, die ich schon nicht mehr kenne. Mutter erzählt mir, Onkel Oswald habe mich in seiner Arbeitslosenzeit täglich im Kinderwagen auf der Wallpromenade spazierengefahren. Muß ich ihm dafür nach neunundvierzig Jahren noch dankbar sein?

Onkel Oswald geriet – beides ohne sein Zutun – an die Ostfront und in sowjetische Kriegsgefangenschaft, kehrte, verlaust, abgemagert und mit einer Steckschußnarbe versehen, in die Arme der Familie zurück. Er trat wieder der SPD bei, der er schon vor 1933 angehört hatte, und wurde Angehöriger der Stadtpolizei, einer lokalen Vorläuferin der Volkspolizei. Tante Trudchen blühte sichtbar auf. Als ich einmal nach meinem Onkel Oswald fragte, warf sie sich in die Brust und verkündete von oben herab: Du weißt doch, mein Mann is um diese Zeit ins Amt. Jetzt sind wir auch mal was Besseres.

Onkel Oswald ließ sich von seinem neuen Amt nie zum Hochmut verleiten, das lag ihm nicht. Ihm fehlte es auch an der erforderlichen Härte, denn er hatte in seiner eigenen Kindheit gelernt, daß Hunger weh tut. So mancher Sack Kartoffeln, so mancher Korb Kirschen erreichte unbeschlagnahmt den Keller der kleinen Hamsterer.

So bekam Onkel Oswald, wie später dieser oder jener Trainer der Fußballoberliga, dessen Mannschaft nicht das erforderliche Punktekonto einbringt, eine andere verantwortliche Funktion. Er war von Natur aus ein fröhlicher Mensch, der auch gerne mal einen zur Brust nahm. Dann pflegte er sinnenfrohe Lieder zu intonieren, sich den Filzhut über die Ohren zu ziehen und zu behaupten, er sei der bekannte Komiker Carl Napp. In solchen schwerwiegenden Fällen demaskierte ihn Tante Trudchen, indem sie ihm den Hut vom Kopfe riß und schrie: Oswald, der gute Hut! Oswald, wir gehn! Dann warf er ihr einen scheelen Blick zu, murmelte: Du bütterböses Weib! Folgte ihr aber wie ein Hündchen auf dem Fuße zur Haustür. Nicht etwa der seelengute Onkel Oswald, nein, das bitterböse Tante Trudchen wurde zur Zielscheibe unseres Bubenspottes. Vielleicht ist sie nur deshalb eines Tages bitterböse zu unserm Teil der anverwandten Genossenschaft geworden. Ich habe mittlerweile gelernt, solche Dinge zu verschmerzen.

Onkel Oswald und Tante Trudchen sind längst Rentner und damit reisemündig. Ab und an besuchen sie Tante Gerda, die Frau meines verstorbenen Onkel Waldemar, in Westberlin, ohne zu bedenken, daß der Klassenfeind nie schläft.

Onkel Oswald feiert seinen siebzigsten Geburtstag. Am späten Vormittag kommen die ersten Gratulanten, um einen Schnaps mit dem Jubilar zu trinken. Im Radio plätschert Musik. Keiner nimmt Notiz davon – bis auf Tante Gerda, die immer wieder auf ihre Armbanduhr blickt. Die Szene betritt, mit Blumengebinde, Präsent und Urkunde, der Parteisekretär des Betriebes, um seinem ehemaligen Leitungsmitglied in würdiger Form zum Ehrentage zu gratulieren. Lieber Genosse Oswald, hebt er an, als ihn meine Tante Gerda unterbricht: Verjiß mal deine Rede nich und mach Sendepause! Jetzt kommt nämlich det Wichtigste. Hab ick eijenhändig beim Sender Freiet Berlin für mein lieben Schwager bestellt.

Und schon erschallt die sonore Stimme: Grüße von Ost nach West! Frau Gerda aus Steglitz gratuliert herzlich ihrem lieben Schwager, dem Gartenfreund Oswald in der Havelstadt B., zu seinem siebzigsten Geburtstag.

Ob sie anschließend die Tulpen aus Amsterdam gespielt oder den Wunsch nach einem Gartenzwerg fürs Rosenbeet geäußert haben, wurde mir genausowenig hinterbracht wie eine Schilderung des parteisekretärlichen Mienenspiels. Mit den bewußten Klassenkämpfern in unserer Familie ist das so eine Sache ...

Die Familie ist klein geworden, reduziert auf die Notwendigen, die Wichtigen, diejenigen, mit denen wir auch reden und feiern würden, wären wir nicht mit ihnen verwandt. Vielleicht wird sie eines Tages wieder ein bißchen größer, wenn mein Sohn in Bälde eine eigene Genossenschaft mit allen Folgen gründet.

Manchmal träume ich davon, noch einmal ganz klein zu sein – wer träumt das nicht? Dann sitzen sie alle um den großen Ausziehtisch herum, die Großmutter, Oma und Opa Muschert, Onkel Waldemar und Tante Gerda, Onkel

Oswald und Tante Trudchen, Onkel Carl und Tante Martha mit ihrem kleinen Familienspion. Und sie fressen und saufen, klönen und klatschen, singen und grölen wie ehedem. Und ich schleiche mich auf Zehenspitzen an die Tür und öffne sie ein klein wenig, um besser zuhören zu können.

Det kann ick leiden, wenn eener nich mehr weeß, wo er herjekommen is.

Wie wir unser Ende überlebten

Selbst wenn der unwahrscheinliche Fall eintreten sollte, daß mir am 1. Januar 2033 der Berliner Oberbürgermeister mit Blumenstrauß und Präsentkorb zum hundertsten Geburtstag gratulieren muß, werde ich mich auch dann noch mit so detailgetreuer Schärfe an das Jahr 1945 erinnern können wie an kein anderes in meinem Leben. Ähnlich geht es vermutlich allen Bewohnern unseres Landes, welche die Ereignisse damals bewußt miterlebt haben. In den Büchern wurde vieles über diese Zeit erzählt und dennoch viel zuwenig. Vermöchten doch mehr sogenannte einfache Leute ihre Erinnerungen zu Papier zu bringen, anstatt sie mit ins Grab zu nehmen! Pflichtgemäß erteilte Geschichtsstunden lassen allenfalls erahnen, was in den Köpfen, Herzen und – Mägen der Menschen rumorte, als jene Entscheidungen fielen, deren Folgen noch heute auf jeden von uns weiterwirken.

Im Mai 1945 begann eine neue Zeitrechnung, erkennbar an den Begriffen *vor dem Umbruch* und *seit dem Umbruch*. Von Befreiung und neuer Zeit sprachen nur überzeugte Antifaschisten, und die konnte so mancher in seiner Bekanntschaft nicht mal an den Fingern einer Hand abzählen. Die meisten Deutschen hierzulande spürten, daß da etwas in Scherben gefallen war, was keine Macht der Welt mehr zusammenkitten konnte noch wollte, und begriffen sogar, daß es unnütz, ja töricht wäre, diesem Etwas nachzuweinen. Wie es mit ihnen weitergehen sollte und ob überhaupt mit ihnen, das wußten sie nicht so recht.

Im Februar 1945 war ich Schüler der Klasse 2 c an der Werner-Mölders-Schule. Sie trug ihren Namen nach dem derzeit berühmtesten Sohn der Stadt, einem schneidigen Jagdflieger, der im Luftkampf vierzig feindliche Flugzeuge abgeschossen hatte. Dafür war ihm vom Führer Adolf Hitler als erstem Deutschen das Ritterkreuz mit Eichenlaub und Schwertern eigenhändig um den Hals gehängt worden. Nun aber weilte Kamerad Mölders nicht mehr unter den fliegenden Helden und war nicht mal im männlichen Luftkampf gefallen. Besagter Führer mochte nun mal keine Offiziere, die sich widerspenstig aufführten, nicht mal, wenn sie ein noch eleganteres Schnurrbärtchen trugen als er selber. Das Idol der deutschen Jugend in ein Konzentrationslager einzusperren wäre nicht sehr klug gewesen. Also mußte ein kleiner Luftunfall herhalten. Der Reichssender Berlin mit allen anderen angeschlossenen Reichssendern übertrug das feierliche Staatsbegräbnis auf dem Invalidenfriedhof. Ich hatt' einen Kameraden, einen bessern findst du nit . . .

An unserer Hauptschule sollte unsereins mit sechzehn

Jahren die Mittlere Reife erwerben. Mit der Mittleren Reife konnte man die Mittlere Beamtenlaufbahn einschlagen. Ich wollte – was sonst? – erst mal Jagdflieger und nach dem Endsieg Förster werden. Großdeutsche Jagdflugzeuge sah man um diese Zeit seltener am Himmel als heutzutage einen Sputnik. Mit dem Endsieg war das so eine Sache. Im Gegensatz zu meinem Vater glaubte ich noch fest daran. Wie sollte ich sonst zum Nachfolger von Werner Mölders werden?

An den Lokomotiven der Deutschen Reichsbahn prangte in weißer Schrift die Losung: Räder müssen rollen für den Sieg! Schon Jahre vorher hatte eine andere Losung gelautet: Kanonen statt Butter! Die war in die Tat umgesetzt worden. Ob die Räder noch für den Sieg rollten? Am 24. Januar wurde erst mal im gesamten Reich der D-Zug- und Eilzugverkehr eingestellt. So kam es, daß in diesem kalten und schneereichen Februar die Flüchtlingsfamilien aus Ost- und Westpreußen unsere Stadt nicht in gutgeheizten Schlafwagen, sondern nach tagelanger Fahrt in zugigen, notdürftig mit Stroh ausgelegten Viehwaggons erreichten. Daraus roch es nicht gerade nach Endsieg. Das kann ich bezeugen.

Als Pimpf des Fähnleins 8/35 *Lützow* war ich zum Empfang der Volksgenossen, welche die kalte Heimat verlassen mußten, auf den Güterbahnhof kommandiert worden. Es ging nicht sehr feierlich zu. Kein Goldfasan krähte eine Durchhalterede. Fahnen und Blaskapellen fehlten. Damen von der NS-Frauenschaft schenkten heißen Tee aus. Abwarten und Tee trinken. Auch an Krankenwagen, Ärzte und Rotkreuzschwestern erinnere ich mich. Die fremden Volksgenossen, dick vermummt, fast nur Frauen, Kinder und alte Leute, deren breiten Dialekt ich unter anderen Umständen als komisch begrinst hätte, waren wenig gesprächig. Sie taten mir leid. Ich verspürte jungdeutschen Groll gegen die russischen Untermenschen artfremden Blutes, die meine Landsleute von der angestammten Scholle vertrieben hatten.

Ich renne den Bahnsteig entlang und schreie: Familie Jakubeit aus Elbing! Hierher! Wichtigtuerisch schwenke ich meinen Einweisungsschein für das Quartier und kann schließlich die armselige Habe der Jakubeits auf unseren Handwagen laden. Zwei Koffer, zwei Taschen, einen Korb und einen wurmstichigen Teddybären.

Dat ist nu alles, wat wir noch haben, sagt die Großmutter. Dahäim in Albing jeheerte uns äin scheenes, nättes Restorangchen, mitten auf de Jrienstraße, wissen Se, wo die zwäi Oleanderbäime im Kiebelchen davorjestanden haben.

Sie redet mich mit Sie an, was mir wohltut.

Jetzt sind wir nix wie Bättelläite.

Jott, wens träfft, fügt die Mutter schicksalergeben hinzu. Das blonde Mädchen, etwa in meinem Alter, hält ihren kleinen Bruder fest, der auf dem Gepäck kauernd eingeschlafen ist, und flennt leise vor sich hin. Ich habe keine Ahnung, wie man sich da als deutscher Junge verhalten müßte. Mein Taschentuch kann ich ihr schlecht anbieten, es ist nicht sauber genug.

Heul man nicht! sage ich. Wenn erst der Führer seine Geheimwaffe einsetzt, sollst mal sehen, wie der Russe dann wetzen tut! Aber diese dumme ostpreußische Gans flennt weiter. Das Haus auf dem Einweisungsschein entpuppt sich als eine weiße Villa in der Havelstraße. Besitzer ist ein Fabrikant, dessen Erzeugnisse sich sogar in meiner Spielzeugkiste befinden.

Ich reiße den rechten Arm hoch, knalle die Hacken zusammen und rufe mit heller Knabenstimme: Heil Hitler! Pimpf Ulrich Wiesner meldet sich mit vier Mann Einquartierung zur Stelle!

Obwohl in diesen Tagen mehr als sonst von der verschworenen Schicksalsgemeinschaft die Rede ging, mußte die Frau Fabrikbesitzerin davon nicht ein Wörtlein vernommen haben. Sie hätte keine Lust, sich von solchen Leuten womöglich Ungeziefer ins Haus schleppen zu lassen, keifte sie. Ich aber verspürte die Macht meiner Uniform und drohte lautstark mit der Persönlichkeit des Kreisleiters, den ich – vermutlich im Gegensatz zu der aufgedonnerten Schraube – gar nicht kannte, und verursachte schließlich einen solchen Auflauf in der sonst so stillen Havelstraße, daß der Frau Fabrikantin nichts übrigblieb, als die ungebetenen Gäste mürrisch ins Haus zu bitten und dem Dienstmädchen anzuweisen, sie solle ein Zimmer frei machen, selbstverständlich im Souterrain.

Monate später, also kurz nach dem *Umbruch*, traf ich Frau Jakubeit wieder. Wir standen in derselben Schlange nach Brot an. Mit hochrotem Kopf erkundigte ich mich nach ihrer blonden Tochter. Die gab es nicht mehr. Kurz nach dem Transport war sie an Lungenentzündung gestorben.

Noch aber ist der Februar 1945 nicht zu Ende. Noch haben wir Schulunterricht wie in Friedenszeiten. Noch lernen wir Englischvokabeln – für den Fall, daß der eine oder andere von uns mal Regierungsrat auf der Insel des besiegten schnöden Albions oder Aufseher in den zurückeroberten überseeischen Kolonien wird. Eines unserer Aufsatzthemen lautet: *Wie kann die Heimat auch in ihren Feldpostbriefen ihre soldatische Haltung beweisen?*

Mein Aufsatz gerät so gut, daß ich ihn vor der Klasse vorlesen darf. Hätte der Krieg noch zehn Jahre gedauert, so wäre ich vielleicht Frontberichterstatter geworden. Wie hätte ich so was vor meinen Nachfahren rechtfertigen sollen? Nein, liebe Freunde meines Jahrgangs, wir sind keine geborenen Antifaschisten, Friedenskämpfer und Kommunisten. Glück, unsagbares Glück haben wir gehabt, daß alles anders kam, als man es uns vorherbestimmt hatte.

Noch schreiben wir ein Befriedigend in Mathematik, auch wenn der Voralarm immer häufiger die Schulstunde beendet als das reguläre Klingelzeichen. Noch funktioniert die Luftwarnung. Wenn die Sirene einen dreimaligen Dauerton von sich gibt, so sind die feindlichen Kampfverbände erst im Anflug auf den Raum Hannover–Braunschweig. Im Dauerlauf erreichen wir den heimischen Luftschutzkeller, bevor der auf- und abschwellende Sirenenton uns wissen läßt, daß der Feind in Kürze unsere Stadt überfliegen wird, um bald darauf über der heldenhaft den angloamerikanischen Terrorangriffen trotzenden Reichshauptstadt seine todbringende Last abzuwerfen.

Mit johlendem Freudengeschrei begrüßen wir den Sirenenklang, grinsen über die verstörten Gesichter der Pauker. Wer geht in diesem Alter schon gern zur Schule?

Hoffentlich dauert der Krieg noch eine Weile! Hoffentlich behält Vater in dieser Frage unrecht! Ich will Jagdflieger werden, in einer *Messerschmitt hundertneun* oder in einer *Focke-Wulf hundertneunzig* mit luftgekühltem Sternmotor den feindlichen Bombern mit meinen Bordwaffen die Kiste vollrotzen, bis sie abschmieren!

1945 war schon eine Zeitenwende.

Noch lassen sie mir Zeit, mich auf meine Jagdfliegerlaufbahn zumindest theoretisch vorzubereiten. In der Neuendorfer Straße, gegenüber dem Haus, in dem Oma und Opa Muschert wohnen, entdecke ich in der Papier- und Schreibwarenhandlung Hermann Kagels einen ungehobenen Schatz. Dort kann man für nur fünfzig Reichspfennige ein Mäppchen mit zehn Originalfotos (6 x 9 cm) deutscher Flugzeugtypen erwerben, schön geordnet nach Firmen.

Ein paar davon weiß ich noch heute zu nennen. *Dornier:* Die stellten Aufklärungs- und Bombenflugzeuge her. Vor wenigen Wochen bin ich an einem Werktor bei Friedrichshafen am Bodensee vorbeigefahren: *Dornier AG.* Die haben den Krieg, die Demontage und die Entnazifizierung überstanden. *Messerschmitt,* einst Erzeuger des schnittigen Jagdflugzeugs Me 109, das Werner Mölders flog. In Bayern ist heute das Hauptquartier des mächtigen Konzerns *Messerschmitt-Bölckow-Blohm.* Die produzieren, wenn ich mich nicht gewaltig irre, keine Rasenmäher oder elektronischen Sahnesiphons. Wo jedoch ehedem in Warnemünde der *Heinkel*-Konzern sein praktisches Bombenflugzeug He 111 montieren ließ (vier Mann Besatzung: Flugzeugführer, Beobachter, Funker und Bordmechaniker, liegend in der sogenannten Bodenwanne und gehalten, das dritte

Maschinengewehr zu bedienen), werden auf dem heutigen Gelände der Warnowwerft Frachtschiffe gefertigt, unter anderm für die Sowjetunion, deren Namen wir damals voll Ignoranz und Überheblichkeit, bald aber mit scheißernder Angst nannten.

Noch zähle ich in der Neuendorfer Straße meine Barschaft. Einsfuffzig. Damit kommt man nicht weit. Notgedrungen lasse ich meinen Freund, den kapitalkräftigeren Malermeistersohn Hansi einsteigen. Eiskalt kaufen wir alle zehn Serien und zeigen sie am nächsten Tag in der Klasse herum. Fast alle Mitschüler wollen die Bilder auch haben. Sie bieten Stullen, Lineolsoldaten, Fotos von Ritterkreuzträgern und Schläge, falls nicht ... Ich bin kein Geschäftsmann und werde auch nie einer werden, fange also arglos an, die begierig hingehaltenen Fünfziger einzusammeln. Moment, sagt Hansi, det machen wir janz anders.

Wir kaufen einen größeren Posten Flugzeugserien bei Herrn Kagels, der sich ein wenig wundert. Er wundert sich eben nur ein wenig, denn auch im letzten Kriegsjahr bleibt er Geschäftsmann. Den Absatz dieser schon etwas heißen Ware hätte er sich nicht erträumt. Leider läßt er sich das anmerken.

Wenn wir Ihnen fuffzig Serien abkoofen, sagt Hansi, kriejen wir fümwe als Rabatt, also umsonst.

Vermutlich ist Herr Kagels froh, das Zeug endlich loszuwerden. Hansi aber geht noch weiter. Auf dem Mäppchen steht: 10 Fotos – 0,50 RM. Mit seinem Füllfederhalter ändert er 0,50 RM in 0,60 RM, aus der Zehn macht er eine Neun und stellt triumphierend fest: Een Bild raus aus jede, denn ham wir jemischte Serien für die janz besonders Doofen.

Ich gestehe es freimütig: Ohne den baldigen Feindalarm hätte selbst ich als kaufmännischer Idiot es noch zum fetten Kriegsgewinnler gebracht.

Wer da meint, Hansi müßte heute mindestens Bankdirektor sein und ein Haus in Florida sein eigen nennen, irrt. In den siebziger Jahren ließ er sich bei einem Berlinbesuch hocherfreut von mir zu einem Essen bei Zenner in Treptow einladen. Als Einmannbetrieb zieht er in Freilassing bei München mit seiner Malerleiter von Haus zu Haus und hat statt Weib und Kind nur eine Freude noch auf dieser Welt: daß er in Freiheit leben darf.

Aber noch sind die Russen nicht da. Noch lesen wir im Stadtanzeiger von den Greueltaten der roten Soldateska: *In einem Dorf bei Schneidemühl ließen bolschewistische Kommissare die Kinder eines deutschen Erbhofbauern mit der Zunge am Tisch annageln.*

Unterdessen geht Dresden in Flammen auf. Die Kunde davon macht uns nur härter in unserm Haß auf den Feind. Der aber steht mit seinen Truppen schon am 3. März am wunderschönen deutschen Rhein, der laut Schunkellied aus Vorkriegszeiten ewig Deutschlands Zierde sein soll. Am 30. März hat Danzig aufgehört, eine deutsche Stadt zu sein. Ebendort hatte vor fünfeinhalb Jahren alles angefangen. Das Großdeutsche Reich schrumpelt ein wie unsere Winterkartoffeln, die ich alle vierzehn Tage im Keller sortieren muß. Immer mehr verfaulte Knollen, in die ich hineingrapsche.

Jetzt helfen nur noch die Geheimwaffen. Mit unerschütterlicher Gelassenheit wartet der Führer auf den rechten Moment, sie einzusetzen. Er wartet lange, aber er wird schon seine Gründe haben. Die Wunderraketen V 1 und V 2 hatten wohl eher eine moralische als eine militärische Wirkung auf das perfide Albion. Die V 3 jedoch wird ganz Großbritannien in eine Wüste verwandeln, gegen die selbst Dresden und Berlin noch blühende Oasen sind.

Quatsch, sagt Vater, wir werden eingehen wie die Primeln. Frage vor dem Einschlafen: Wer hat recht, Vater oder der Führer? Und noch immer findet Schulunterricht statt. Kein Mensch sagt: Hört doch auf mit dem Quatsch! Der Russe steht vor der Tür! Die Mölders-schule ist jetzt ein Reservelazarett. Wir werden in preußischer Ordnung umquartiert, dürfen im Schichtunterricht die geheiligten Räume des Gymnasiums an der Havelbrücke betreten. Dort noch bimst uns, auf dem Klavierschemel wie auf einem Throne sitzend, Musiklehrer Flemming das Lied ein:

Wir tragen den silbernen Adler am Rock,
im Herzen die Freiheit und Ehre.
. . . .
Ja, wir sind Soldaten, wollen Soldaten sein
und bleiben treue Kameraden,
Kämpfer für das Vaterland.

Als später die Bomben auf das Gymnasium fielen, saßen wir glücklicherweise in den heimischen Luftschutzkellern, sonst wären wir genauso elend erstickt wie der Herr Gymnasialdirektor mit seiner Familie und etliche Fahrschüler, die nie wieder ein Kleinbahnzug in ihr Dorf bringen sollte.

Ostern 1945 ereilte unsere Stadt der erste schwere Luftangriff. Welch trauriger Osterspaziergang! Er führte zum lange schon stillgelegten Nikolaifriedhof. In langen Reihen waren die Toten aufgebahrt. Welches Entsetzen, wenn die barmherzige Pferdedecke kurz angehoben wurde und das Befürchtete zur Gewißheit wurde!

Unsere Familie hatte Glück, wenn man in jenen Zeiten dieses Wort noch nennen durfte. Oma und Opa Muschert waren nur ausgebombt worden. Eine Bombe hatte das Haus gegenüber dem Flugzeugserienverkäufer Kagels längs gespalten; es glich nun einem arg ramponierten Puppenhaus. Oben, in der halbierten Mansarde, heulte zum Gotterbarmen Omas Terrier Flocki, der ohnehin als feige Töle galt. Mein sportlicher Onkel Waldemar turnte mit halsbrecherischer Gewandtheit die Trümmer hinauf, rettete als erstes das arme Hundevieh, dann erst das Volksempfänger genannte Kleinradio, Geschirr und Besteck, Bettwäsche und Handtücher, zuletzt noch, überflüssigerweise, den kümmerlichen Gummibaum. Der ging wenig später sowieso ein.

In der Nacht vom 13. zum 14. April flogen 750 britische Bombenflugzeuge vom Typ *Lancaster* und *Halifax* ihr Ziel an. Die Engländer kamen fast immer im Schutze der Dunkelheit. Vermutlich war der verantwortliche Luftmarschall der Royal Air Force stolz auf den Einfall, kurz vor Toresschluß das historische Potsdam des einstigen Verbündeten, Friedrichs des Großen, auszulöschen. Tote kann man nicht noch einmal töten. Die Bomben vernichteten zwar die Garnisonkirche, in der zwölf Jahre zuvor der senile Feldmarschall von Hindenburg den *unsäglichen böhmischen Gefreiten* in den Augen des preußischen Offiziersadels salonfähig zu machen versucht hatte. Sie trafen nicht die Särge Friedrichs und seines Vaters – die kostbaren Leichen waren bombensicher ausgelagert worden –, dafür aber ungezählte Häuser mit Frauen und Kindern, die genauso sehnlich auf das Ende des grausamen Krieges gewartet hatten wie die wehrpflichtigen englischen, schottischen, walisischen oder nordirischen Piloten, Funker und Bordschützen.

Meine Heimatstadt B. liegt nur vierzig Kilometer von Potsdam entfernt. Die Katastrophe ließ sich nicht verheimlichen. Obwohl auf allen heilgebliebenen Schaufenstern die Gestalt eines schwarzen Schattenmannes mahnte: *Pst! Feind hört mit!*, war die Gerüchtemacherei an die Stelle der ohnehin unglaubhaften Nachrichten des Reichsrundfunks getreten. Potsdam ist hinüber, morgen kommen wir dran, hieß es eines Apriltages.

Mein Vater, von Natur aus nicht zum Heldentum neigend und aufgrund seiner Zweidrittelblindheit kriegsdienstuntauglich, wie es wohl amtlich hieß, bekam es mit der Angst zu tun und wurde zum kurzzeitigen Deserteur. Mutter und mein kleiner Bruder Peter durften den bombensicheren Hochbunker aufsuchen. Vater, als Mitglied eines Reichsluftschutztrupps, und ich als dessen Melder und amtlicher Verbindungsmann zur Ortsgruppenleitung der Partei, besaßen dieses Vorrecht nicht.

Lange jeht die Scheiße sowieso nich mehr, sagt Vater, los, pump die Räder auf! Wir machen heut abend ne Landpartie!

Vater ist eine bedeutendere Persönlichkeit als der großmäulige Ortsgruppenleiter Weber. Vater hat ein Abenteuer zu bieten, der uniformierte Affe nur Durchhaltesprüche.

In der Abenddämmerung fahren wir stadtauswärts. Ohne Licht. Jeder Lichtstrahl, und sei es der spärliche Schein aus dem amtlich zugelassenen Schlitz der mit schwarzem Papier verklebten Fahrradlampe, ist gefährlich und kann Verdacht erregen. Sind das noch Zeiten für Radfahrer! Nicht ein Auto auf der Landstraße! Wir biegen in die Neustädtische Forst ein. Vor einem Jahr haben wir dort mit unserem Fähnlein 8/35 *Lützow* eine Schnitzeljagd veranstaltet.

Die Füchse hatten ihre Spuren mit Pfeilen aus Sägemehl gekennzeichnet. Als die zehn Jungs von den Verfolgern aufgespürt wurden, kam es zu einer handfesten Keilerei. Die Füchse schmissen den Jägern das restliche Sägemehl in die Augen. Wehlaute erschollen auf beiden Seiten, während mein Freund Hansi und ich uns ins Gebüsch drückten und vorsichtig versuchten, ein Glühwürmchen zu fangen. Die wahren Anwärter auf das Ritterkreuz des Führers waren wir beide nicht.

Jetzt mußte mich lotsen, sagt Vater, weißt ja, ich seh nachts so gut wie gar nischt.

Eine große Aufgabe für mich. Vor mir, auf dem Waldweg, der zwischen den dunklen Baumkronen als heller Streifen erscheint, ein pendelnder Strich. Ich stehe auf der Kommandobrücke des Schlachtschiffes *Scharnhorst* und vergesse, daß es schon vor sechzehn Monaten auf der Fahrt nach Murmansk versenkt worden ist.

Hart steuerbord! kommandiere ich, und nu zwei Strich backbord! Kurs liegt an!

So kreuzen wir durch den Neustädtischen Forstozean, bis Vater an einer Lichtung anhält und absteigt.

Hier bleiben wir, entscheidet er, hier schmeißense keine Bomben.

Während ich ihm mit der schnirpsenden Dynamotaschenlampe, einer batteriesparenden Kriegserrungenschaft, mehr symbolisch als nutzbringend leuchte, holt er die Hängematte aus dem Rucksack und befestigt sie zwischen zwei dünnen Kiefernstämmen. Vater wickelt mich in eine Decke ein und gibt mir einen Becher heißen Tee mit Rum aus der Thermosflasche zu trinken. Dann kuscheln wir uns auf der engen Hängematte aneinander.

Irgendwo knackt und knistert es immer in einem nächtlichen Wald. Ich habe Angst. Meine Füße werden kälter.

Schlaf doch endlich! sagt Vater seufzend. Mußt morgen pünktlich zur Schule.

Durch die windstille Frühlingsnacht klingt das Heulen der Sirenen von der Stadt herüber.

Müssen sie jetzt alle sterben? frage ich schläfrig. Ich spüre, wie Vater den Kopf schüttelt.

Im Bunker werden sies überleben.

Erst einige Tage später kam unsere Stadt an die Reihe. Es war der 20. April. Geburtstag des Führers. Der hatte noch genau zehn Tage zu leben, aber wer wußte das schon? Und wenn sie es gewußt hätten – wären die Henker im Zuchthaus davor zurückgeschreckt, noch an diesem Morgen 28 Antifaschisten hinzurichten?

Wir hatten mittlerweile Einquartierung im Hause, die Familie des heldenhaften Idols Onkel Hans, der gerade dabei war, sich mit seiner Einheit befehlsgemäß nach Westen abzusetzen; davon ahnten wir damals nichts. Tante Selma, Cousin Helmuth und Cousine Heidrun hatten das als bombensicher geltende Schlesien räumen müssen, ausgerechnet den Ort, an dem fast ein Jahrhundert zuvor der gemeinsame Ururgroßvater, der böse Wiesenbauer John, seine Tochter Pauline verstoßen hatte. Die sowjetische Armee besaß wenig Sinn für Familientraditionen und wollte ihren Großen Vaterländischen, unseren Scheißkrieg so schnell wie möglich beenden.

Mein Bruder Peter und ich nahmen, wie gewohnt, unser Notgepäck auf und begaben uns – auch ich, trotz meines Melderamtes – in den schützenden Hochbunker am Hauptbahnhof, Tante Selma mit ihren Abkömmlingen im

Gefolge. Ein Fliegeralarm, so dachten wir, wie wir ihn hundertfach schon überstanden hatten.

Der sechsgeschossige Betonklotz, der sinnigerweise unmittelbar am Neustädtischen Friedhof lag, war wie immer überfüllt. Ich weiß nicht mehr, wieviel Stunden wir auf den trostlosen Holzbänken zugebracht haben.

Fünf Bomben trafen den Bunker. Es dröhnt entsetzlich. Ein Blindgänger streift mit gräßlichem Kreischen die Betonwand. Die Insassen heulen und jammern. Das Jüngste Gericht scheint angebrochen zu sein. Die Beleuchtung fällt aus. Dünne Strahlen von Taschenlampen und schnirpsenden Handdynamos zucken durch die immer enger werdenden Räume. Der Sauerstoff nimmt ab, ängstliche Volksgenossen haben die Luftventile bis aufs äußerste zugewürgt. Die Temperatur steigt. Schnell pflanzt sich die Kunde von Stockwerk zu Stockwerk: Sämtliche Bunkerausgänge sind verschüttet.

Tante Selma aber holt ein Glas Kirschen aus dem Notgepäck und löffelt die köstlichen, erfrischenden Früchte aus unserem Garten ihren, nur ihren Kindern in den Mund. Als wir im September 1983 auf der Bundesautobahn von Bremen nach Helmstedt heimwärts fuhren, waren wir dem braunschweigischen Städtchen, in dem die inzwischen greise Tante Selma und ihr Sohn Helmuth leben, bedenklich nahe. Neugierig wäre unsereins schon gewesen. Aber vielleicht trug auch die Erinnerung an ein Glas eingeweckter Schattenmorellen dazu bei, daß wir auf dem kürzesten Wege unsere Pankower Wohnung zu erreichen wünschten. So nachtragend sind manche Kinder!

Auch die Wohnung in der Großen Gartenstraße (heute Ernst-Thälmann-Straße) erreichten wir am späten Nachmittag von Führers Geburtstag einigermaßen unbeschadet. Vater mußte zwar Bretter vor die nun scheibenlosen Fenster nageln, aber wir waren noch einmal davongekommen – im Gegensatz zu den 1652 Bewohnern der Stadt, die bei den beiden Luftangriffen dieses Frühjahres ihr Leben eingebüßt hatten.

Am übernächsten Tag durfte ich Vater zu seinem Skatfreund, dem Margarinegrossisten Birkholz, begleiten. Allerdings wurde an diesem Abend nicht ein einziger Grand Hand angesagt.

Man redete über die politische Lage. Sie schien ernst, aber nicht hoffnungslos, jedenfalls nicht für Friedhofsinspektor Tennert, der in dieser Runde eigentlich nichts zu suchen hatte. Er führte das große Wort:

Der Russe ist fix und fertig. Der Führer lockt ihn jetzt in die Falle. An der Reichshauptstadt beißen sich die Untermenschen die Zähne aus. Ich habe ein Maschinengewehr organisiert und hole mir den Volkssturm zusammen. Wir müssen den Bahnhofsbunker bis zum letzten Blutstropfen verteidigen. Das ist eine Schlüsselstellung.

Wo hab ick denn den Hausschlüssel? murmelte mein Vater. Entschuldigt, mein Junge muß ins Bette.

Ich war tatsächlich hundemüde, aber noch am selben Abend verbrannte Vater unser Hitlerbild, und ich mußte mich widerstrebend von meinen Lieblingsbüchern trennen: Günter Prien, *Mein Weg nach Scapa Flow* (Lebensgeschichte des berühmten U-Boot-Kommandanten und ersten Ritterkreuzträgers, der übrigens ein ähnliches Ende fand wie der Jagdflieger Werner Mölders) und Elly Beinhorn, *Mein Mann, der Rennfahrer* (Geschichte vom tollkühnen Autorennfahrer Bernd Rosemeyer, der bis zu seinem tragischen Ende dem Führer zur Ehre alle Geschwindigkeitsrekorde brach). Auch die Kiste mit den Lineolsoldaten sollte dem väterlichen Zweifel am Endsieg geopfert werden, jene Gebilde aus Asche, Leim und Draht, die jedes jungdeutsche Knabenherz entzückten.

Zwei Tage danach heulten die Sirenen das Signal *Feindalarm.* Nun wußten wir, daß nicht mehr viel zu retten war. Tante Selma hatte sich mit ihren Kindern vorausschauend in jenes havelländische Dorf abgesetzt, das Onkel Hans nun doch nicht mehr wie ursprünglich vorgesehen bis zur letzten Patrone verteidigen konnte.

Vater raste mit dem Fahrrad vom Rathaus heim, hochrot im Gesicht. Seine Wut übertraf seine Angst.

Die Nazibonzen sind alle abgehauen, schrie er, der

Oberbürgermeister, der Kreisamtsleiter und noch so großmäulige Schweine. Heidewitzka! Ab! Richtung Elbe!

Schon seit Tagen hatten wir fernen Kanonendonner gehört und uns damit getröstet, daß es vielleicht gar keiner wäre. Es soll ja auch im Frühjahr hin und wieder Gewitter geben. An diesem Vormittag konnten wir den Kopf nicht mehr in den Sand stecken.

Die hoch gelegenen Rattenlöcher in unserem Mietshaus, ehemalige Kellerwohnungen, schienen nur geringe Überlebenschancen zu bieten. Wir stopften unser Bettzeug in Kartoffelsäcke und luden sie nebst den anderen notwendigsten Habseligkeiten auf den kleinen Leiterwagen, mit dem ich vor wenigen Wochen noch das Gepäck der Flüchtlingsfamilie Jakubeit transportiert hatte. Meine Eltern bewahrten bei diesem Aufbruch jene erstaunliche Ruhe, die sie als disziplinierte Deutsche für die erste Bürgerpflicht hielten. Dabei wußten sie nicht, ob sie dieses Haus jemals wiedersehen würden.

Der einzige, der eine Art Panik verbreitete, war ich. Mutter hatte mich bei dem Versuch erwischt, meinen heißgeliebten Kater Ieze als blinden Passagier in unserem Brötchenbeutel zu verstauen. Die Vorstellung, den armen Kerl in der leeren Wohnung zurücklassen zu müssen, schüttelte mich in diesem Augenblick heftiger als der Schiß vor den Russen. Ich wurde überstimmt und finde das heute vernünftig. Der Kater wäre gewiß lieber freiwillig der Roten Armee entgegengerannt, als sich von mir in das enge Leinengefängnis pferchen zu lassen.

Unsere erste Fluchtetappe führte nur schräg über die Straße. Die Gewölbe unter der Parterrewohnung seines Skatbruders Birkholz hielt Vater für ein beschußsicheres Refugium.

Ich muß mühsam nachrechnen, wenn ich sagen soll, wie lange wir in diesen Kasematten gehockt und gelegen haben. Ich komme auf fünf Tage und fünf Nächte.

Damals hatte ich jegliches Zeitgefühl verloren. Die Sonne ging nicht mehr auf, sie ging nicht mehr unter. Alles war anders als bei einem Fliegeralarm, bei dem die Frauen noch munter miteinander geplaudert hatten. Längst war das elektrische Licht erloschen. Endlos lange stand ein Panzer vor dem Haus, ein deutscher oder gar schon ein feindlicher? Überlaut hallten die Schüsse aus seinem Geschütz durch den Keller. Ein Mann schrie immer wieder: Sanitäter! Sanitäter! Helft mir doch!

Niemand von uns wagte einen Ausfall aus der Festung. Jeder war sich selbst der Nächste. Nach einer Weile wurden die Schreie schwächer und verstummten. Nur wenige Meter von uns entfernt mag ein Mensch verblutet sein.

Später, als sich der Schlachtenlärm aus unserer Straße zur Innenstadt hin verzog, kam meine Mutter auf den Einfall, daß wir doch Hunger haben müßten. Es stimmte. Unsere eiserne Luftschutzkellerration ging zur Neige. Mutter und eine andere mutige Frau stiegen hinauf in Birkholzens Küche und kochten einen großen Topf Kartoffelsuppe mit kleingeschnippelter Dauerwurst. Wir Kinder waren die einzigen, die es fertigbrachten, in dieser Stunde einen Teller Suppe auszulöffeln. Die Erwachsenen waren viel mehr mit dem Problem beschäftigt, wer wohl die Suppe auslöffeln sollte, die ihnen der Führer da eingebrockt hatte. Dem Fettsack Birkholz rollten immer wieder blanke Zähren über die rötlichen Hamsterwangen.

Warum bin ick Arschloch bloß inne Partei rinjejangen? stöhnte er. Als Jeschäftsmann blieb einen doch jar nischt weiter übrig. Dabei war ick von Anfang an dajejen.

Prschakrew, das feige Saustick! knurrte der Pole Hendryk.

Soll er ßeißen in sein braune Hose! pflichtete ihm der Niederländer Jan bei. Ich grinste beifällig, was mir einen strafenden Blick meiner Mutter einbrachte. Mit Jan und Hendryk hatte ich inzwischen beinahe Freundschaft geschlossen. Wer mit mir und meinem Bruder in dieser Situation Schwarzer Peter spielte und ab und zu sogar einen Scherz machte, konnte kein minderwertiger Untermensch sein. Soviel wußte ich schon von Onkel Carl und Onkel Waldemar, den Werkmeistern im Flugzeugwerk: Die sogenannten Fremdarbeiter waren ganz normale Menschen, die man aus ihrer Heimat weggeholt hatte. Als Kriegsverlierer waren sie eben gezwungen, uns bei der Erringung des Endsieges zu helfen. Daß man sie dabei Kohlendampf schieben ließ, sei eine Schande, und für einen anständigen Deutschen gehöre es sich geradezu, ihnen was zu essen zuzustecken.

Jan und Hendryk und zwei freundliche Polenmädchen arbeiteten in einem der Kleinbetriebe unserer Straße. Sie müssen dort glimpflich behandelt worden sein, denn alle vier zeigten nicht die Spur von Rachegelüsten gegen uns todesängstliche Überlebensanwärter des Dritten Reiches.

Was wollen? sagte Alzbieta lachend. Krick vorbei! Alle nach Hause, tralali und tralala!

In diesen Gesang vermochte keiner der anwesenden Erwachsenen einzustimmen. Für sie war eine unheldische, alles andere als wagnerhafte Kleinbürgerdämmerung hereingebrochen.

Mein Vater sprach kaum noch. Husten und Fieber plagten ihn, eine ausgewachsene Rippenfellentzündung. Wir hatten das schon einmal bei ihm erlebt, aber damals konnte ihn noch der Hausarzt Dr. Haller kurieren, indem er ihm unbedingte Bettruhe, Aspirin und einen kräftigen Grog verordnete.

Ein Schluck Rum wär schon gut, sagte Mutter zu Vaters Skatfreund Birkholz, du hast doch bestimmt noch ne Flasche?

Der Dicke kniff die Schweinsäuglein zusammen.

Im sechsten Kriegsjahr. Wo denkst du hin, Lotte?

Erst viel später erfuhr ich, was in diesen Stunden in Vater vorgegangen war. Als er so um das Jahr 1930 noch blutjunger Pächter der Eckkneipe „Zum Blauen Affen" gewesen war, hatte ein Stammgast seine Zeche nicht bezahlen können. Selbst ein Vertreter der havelländischen Unterwelt besaß Ehrgefühl. Vorsichtig legte er seinen Trommelrevolver auf die Theke.

Nimm den solange! Ick lös ihm ein, wenn ick wieder Zaster habe.

Klamotten-Ede hat nie mehr das Lokal betreten. Er muß

wohl verschüttgegangen sein. Mein dem Dasein gegenüber meist mißtrauischer Vater lieferte den Ballermann mit dem gefüllten sechsschüssigen Magazin nicht etwa ab, wie es schon damals seine Pflicht gewesen wäre. Hinter dem zerfledderten Liebeslehrbuch des Herrn Doktor Vandervelde verwahrte er ihn heimlich im Nachttisch.

Man kann nie wissen, wozu man so was noch mal braucht, flüsterte er, als er mir in einem schwachen Augenblick die Waffe zeigte und mir strengstes Stillschweigen auferlegte.

Am Vormittag des 24. April 1945 hatte er sich den Trommelrevolver in die Jackettasche gesteckt, ohne daß wir es bemerkten.

Wenn der erste Russe den Keller betrat, gestand er mir lange danach, wollte ich zuerst euch, dann mich erschießen.

Ich erzähle das nicht, um meinen Vater kleinzumachen. Gewiß, er hätte etwas klüger sein müssen, denn er genierte sich keineswegs, wenn die Luft rein war, die Feindsender London und Moskau zu hören. Die allmächtige Manipulationsmaschine des Reichsministers für Volksaufklärung und Propaganda Dr. Joseph Goebbels hatte es indes geschafft, daß wir bereit waren, in jedem Iwan, Boris oder Fedja unseren personengebundenen Todesengel zu sehen.

Der finstere Entschluß kann nicht allein an Vaters Unfähigkeit, eine Handfeuerwaffe zu bedienen, gescheitert sein. Mochten die Deutschen noch soviel Mist gemacht oder Mistmachen geduldet haben — ein kreatürlicher Überlebenstrieb hat sie glücklicherweise davon abgehalten, sich mit ihrem Führer auf den gemeinsamen Schicksalsweg ins altgermanische Walhalla zu begeben. So siehste aus!

Und nun ist plötzlich der erste Russe da! Mitten in unserem Keller steht er. Vielleicht so alt wie heute mein Sohn: dreiundzwanzig. Ich betrachte den Kerl in der verdreckten Uniform mit ungläubigem Blick. Verdammt noch mal, das ist doch kein slawischer Typ! Alle rassischen Merkmale — wir mußten sie im Lebenskundeunterricht auswendig lernen – deuten auf einen nordischen Menschen hin: blond (trotz der Stoppelfrisur klar erkennbar), blauäugig, langschädlig, breitschultrig, schmalhüftig. Die polnischen Mädchen fallen ihm abwechselnd, heulend und lachend um den Hals, aber das hat ja noch Zeit. Erst mal fuchtelt er bedrohlich mit seiner Kalaschnikow herum und ist die Sowjetmacht persönlich: Wo Faschist? Wo Soldat?

Wir haben wieder mal Glück. Der Pole Hendryk vermag dem Sieger in seiner Landessprache klarzumachen, daß sich unter den Jammergestalten in diesem Keller kein gefährlicher Feind befindet. Fast hätte uns noch der fette Birkholz ins Unglück geritten. Er fällt doch tatsächlich vor dem jungen Mann auf die Knie und winselt: Rußki gut! Hitler böse!

Der stößt ihn weg und knurrt voller Klasseninstinkt: Du Kapitalist!

Dann geht er mit Jan und Hendryk das Haus inspizieren.

Sehr vorsichtig atmen wir auf. Offenbar werden wir nicht gleich an die Wand gestellt.

Ich Idiot! jammert Birkholz. Jetzt finden die Hunde bestimmt mein Jeheimlager für schlechte Zeiten. Schokolade, Kakao, Wein, echten französischen Cognac und Rum. Mensch, Ewald, warum ham wir det nich lieber selber jesoffen?

Mein Vater schweigt. Es geht ihm wirklich nicht gut. Strahlend kommt unser Russe Nummer eins in den Keller zurück. Aus einem Pappkarton verteilt er Kekse und Schokolade. Ich greife zu und beiße kräftig ab. Kann sein, daß in genau dieser Minute die Friedenszeit für mich beginnt. Während ich gierig kaue, genieße ich nicht ohne Schadenfreude, wie dem dicken Birkholz, der meinem kranken Vater den Schluck Rum aus dem Hamsterlager nicht gegönnt hat, von einem Russen die eigenen Butterkekse aufgedrängt werden.

Nicht immer wurden in den Feindalarmkellern meiner Heimatstadt Butterkekse dargeboten. Ein blutiges Kriegsende ist etwas anderes als ein offizielles Freundschaftstreffen. Das sollten die Nachgeborenen wissen. Ohne Zweifel hat es den romantischen Sascha gegeben, der Machorka aus den Manteltaschen fischt, Kascha aus der Feldküche verteilt und wehmütige Lieder zur Ziehharmonika singt. Aber gleich neben ihm steht Boris, dem sie die blondzöpfige Katja in das Flugzeugwerk an der Havel verschleppt haben. Nun hat Boris das Havelufer erreicht. In einem Keller unweit der Havel begegnet er der blondzöpfigen Jungmädelführerin Reinhild, Ebenbild seiner Katja. Sollen wir verschweigen, welche Heineverse den Germanistikstudenten aus Kiew zu einer etwas unüberlegten Handlung hinreißen lassen? Es steht uns und der Landsergeneration schon gar nicht zu, in diesem heiklen Punkte auch nur die Nase zu rümpfen, aber wir sollten auch nicht so tun, als hätte es diesen heiklen Punkt nie gegeben.

Unser nächster Russe war ein junger Leutnant. Er zeigte uns als vertrauensbildende Maßnahme die Fotos seiner Frau und seiner beiden Kinder und versorgte uns mit Dauerwurst, Butterschmalz und Rotwein aus den Birkholzschen Beständen. Was dann noch blieb, wurde auf den Lieferwagen des Grossisten verladen. Bevor das Gefährt mit einem sowjetischen Chauffeur am Lenkrad auf Nimmerwiedersehen den Hof verließ, mußten Herr und Frau Birkholz schön säuberlich die Scheiben polieren. Und wieder bekam ich von Mutter einen Rippenstoß, weil ich vor angestautem Gelächter fast zerplatzt wäre.

Bald gab es keinen Grund mehr zum Lachen. Leutnant Sergej erläuterte uns besorgt die Lage. Die Faschisten leisteten noch immer erbitterten Widerstand. Ihr Kampfkommandant war ein Schmiedemeisterssohn. Als er sich ungeschoren nach dem Westen absetzte, hatten es ihm die Bürger seiner Heimatstadt zu verdanken, daß es das Paulikloster, das gotische Rathaus, ganze Straßenzüge nicht mehr gab, daß die Einwohnerzahl dieser Stadt von hunderttausend auf siebzigtausend zurückgegangen, daß fast die Hälfte aller Wohnungen beschädigt oder total zerstört worden war.

Mit unseren Handwagen verließen wir die Stadt, deren Luft noch immer eisenhaltig war. Leutnant Sergej hatte uns das dringend angeraten. Am Bahnhof sah ich den ersten Toten in meinem Leben. Ein Sowjetarmist. Er lag auf dem Rücken, mitten auf dem Pflaster, und hielt seine Maschinenpistole umklammert. Sein Gesicht unter dem etwas schiefsitzenden Stahlhelm war weder heldisch noch traurig, nur sehr gelblich. Unterhalb des linken Mundwinkels klebte ein schon angetrockneter Blutfaden. So etwas vergißt man nie.

Wohin wir sollten, mußten, wollten, das wußte keiner von uns. Wir waren nicht die einzigen Ratlosen. Hunderte Havelstädter, die noch vor Wochen beiseite geschaut hatten, wenn ihnen eine Kolonne Kriegsgefangener oder politischer Häftlinge begegnet war, trotteten nun in langem, ungeordnetem Zuge an zerschossenen Häusern vorbei hinaus in Gottes schöne Welt – lebewohl ade! Vor Jahren hatte Vater mit uns einen Sonntagsspaziergang in diese Gegend unternommen. Auch damals blühten auf den überschwemmten Wiesen die Sumpfdotterblumen, zwitscherten die Lerchen über dem saftiggrünen Winterroggen. Fröhlich hatten Vater und Mutter gesungen:

Hinaus in die Ferne!
Fürn Sechser fetten Speck,
den essen wir so jerne,
den nimmt uns keener weg.
Und wer das tut,
dem haun wir auf den Hut,
dem haun wir auf die Neese,
det se blut'!

Diesmal hatte man uns mehr weggenommen als fürn Sechser fetten Speck, aber wir mochten keinem auf den Hut hauen. Wir waren froh, wenn uns nicht noch jemand auf die Nase haute. Die sowjetischen Soldaten, deren Pferden und Autos wir respektvoll auswichen, waren ohnehin anderweitig beschäftigt. Noch mußten sie den ungeratenen

Schmiedemeisterssohn gewaltsam von der Meinung abbringen, er könne mit seiner Handvoll SS-Männer und Fallschirmjäger den Ausgang dieses Krieges beeinflussen.

Im zweiten Dorf hinter der Stadtgrenze ging meine Mutter – wer sonst – von Gehöft zu Gehöft, um ein Notquartier für uns zu erbitten. Von ihrer Arbeitsstelle her, der Kranken- und Sterbekasse für Handwerker und Gewerbetreibende, kannte sie ja viele der Bauern ganz gut, aber nicht gut genug. Sie verriegelten die Hofpforte und erklärten sich für Flüchtlingsfragen nicht zuständig. Ja, wenn da eine Anweisung vom Ortsbauernführer vorläge ... Das war freilich in diesem Augenblick schon der blanke Hohn – oder noch schwachsinnige politische Verbohrtheit.

Von einer Anhöhe aus sahen wir in der Ferne die Stadt brennen. Rauchschwaden verdunkelten die untergehende Sonne.

Uns überholte ein schmucker Kutschwagen, von zwei Apfelschimmeln gezogen und mit internationaler Besatzung. Als uns Hendryk erkannte, hielt er an und beschenkte uns Kinder mit Himbeerbonbons aus den Birkholzschen Vorräten.

Tralali, tralala! jubelte Alzbieta fröhlich. Krick ist vorbei! Alle nach Hause! Jan, der einen Zylinderhut wie bei einer Herrenpartie zu Himmelfahrt trug, reichte eine Schnapsflasche herum. Die zweite Polin tätschelte meiner Mutter die Wangen: Nicht weinen, Frau, alles wieder gutt!

Vorläufig wurde gar nichts wieder gut. Auch im nächsten Dorf fanden wir keine Herberge. Vater konnte vor Schmerzen kaum noch atmen. Der dicke Birkholz ächzte und stöhnte noch ärger. Er war es nicht gewöhnt, seinen breiten, mit feinen Lackkoffern und allem möglichen Krempel hochbepackten Plattenwagen stundenlang durch märkische Heide, märkischen Sand zu ziehen, die ja bekanntlich nicht nur des Märkers Heimatland, sondern auch seine Freude waren.

Weit schafften wir es in der Dunkelheit nicht mehr. Irgendwo im Wald fanden wir endlich den verlassenen Schießstand, den ich von einem Geländespiel her kannte.

Wer die Hoffnung auf vier Wände und ein Dach aufgegeben hat, dem erscheinen drei Wände und kein Dach noch als Luxusbehausung. So kam es, daß mir der deutsche Wald binnen kurzem abermals ein Nachtlager gewährte. Ich empfand eine Art abenteuerlichen Spaß an der traurigen Sache. Unweit von hier hatten in der Bronzezeit die Germanen noch Elch und Bär gejagt, den einäugigen Wodan und die edle Frigga angebetet. Ich fühlte mich meinen wehrhaften mutmaßlichen Ahnen ungemein nahe.

Über uns braust der Frühjahrssturm durch die Wipfel. Ich weiß genau, es ist niemand anders als Wodan, der Wilde Jäger, der mit seinem Heer durch die Lüfte zieht. Er allein könnte uns noch helfen und die Fremdvölkischen zurück nach Osten werfen. Was rumort in der Ferne? Ist es der Aufprall des Hammers, den der Donnergott Thor geschleudert? Oder schießen die feindlichen Batterien, die vorhin auf einem Acker Stellung bezogen haben? Warum bin ich nicht als blondhaariger hünenhafter Germane vom Stamme der Semnonen geboren? Die kannten noch keine Panzer und Geschütze, kämpften mit Speer und Schwert ehrlich Mann gegen Mann. Jetzt ein Feuer entzünden wie zur Sonnenwendfeier! Wabernde Lohe, stürm himmelan!

Freiheit ist das Feuer,
ist der helle Schein.
Solang sie noch lodert,
ist die Welt nicht klein.

So hatte ich noch selber mit dem Deutschen Jungvolk gesungen. Das immer wieder beschworene Feuer des großen Koklers loderte nun zur Genüge. Mit der Freiheit hatte es genausowenig zu tun wie ehedem. Und die Welt war sehr klein geworden. Augenblicklich bestand unser Semnonenstamm nur noch aus dem dicken Birkholz und seiner bleichsüchtigen Gattin Hertha, dem Invaliden Wudicke nebst Frau, Tochter Erdmute, die andere Kinder Erdnudel nannten, Sohn Alwin, der zwar bis drei, aber nicht viel weiter zählen konnte und deshalb nie eine Uniform hatte tragen dürfen – und aus unserer Familie, zu der wir noch den Kläffer Steppke rechnen mußten. Aber der war in jener Nacht ohne strategische Bedeutung, denn Mutter hatte ihm aus Sicherheitsgründen die Schnauze mit einem Leukoplaststreifen zugeklebt.

Als wir am nächsten Morgen den spätsemnonischen Campingplatz verließen, hatte der Stammesrat einen bedeutsamen Entschluß gefaßt: Wir schlagen uns nach Westen durch. Von Schlagen konnte eigentlich nicht die Rede sein, denn die Mannen besaßen weder Wehr noch Waffen. Selbst Klamotten-Edes Trommelrevolver war in einem Gully versenkt worden. Allein der Anblick unserer vier Krieger hätte jeden Feind eher zum Lachen denn zum Fürchten gebracht.

Zu unserer Überraschung waren die ersten Bewaffneten, die uns auf der nahen Autobahn begegneten, zwei Landsleute in Tarnuniform. Sie fuchtelten ein bißchen mit den Maschinenpistolen herum und erklärten, sie seien der Werwolf und würden die Stellung halten. Wir sollten uns keine Sorge um den Ausgang des Krieges machen, die Entsatzarmee Wenck sei schon unterwegs und werde bald zum vernichtenden Gegenschlag ausholen. Ich schöpfte noch einmal Hoffnung. Also gab es ihn wirklich, diesen geheimnisvollen Kampfbund. Das mußten andere Kerle sein als die Hasenfüße vom Volkssturm, die offenbar nicht mal mit dem Maschinengewehr den Bahnhofsbunker verteidigt hatten, wie es ihnen vom Führer und von Friedhofsinspektor Tennert befohlen worden war.

Idioten! sagte mein Vater, aber erst, als wir außer Hörweite waren. Bloß gut, daß die uns nicht noch einkassiert haben!

Was wir im Westen wollten, wenn wir uns durchgeschlagen hätten, wußte keiner so recht, ja nicht mal, wo denn nun der Westen anfinge, denn eine Demarkationslinie war noch nicht gezogen worden. Von den abgehauenen Nazigrößen hatte Vater immerhin aufgeschnappt, daß es gut wäre, erst einmal die Elbe zu überqueren. Mit jenen Leuten verband ihn nichts außer seinem zeitweiligen Irrtum, daß es ein kleineres Übel sei, von den Amerikanern besiegt zu werden als von den Russen.

So zogen wir denn etliche Tage durch märkische Dörfer, die bisher weder der Feind erobert noch die Rote Armee befreit hatte, was damals die wenigsten zu unterscheiden wußten. Noch waren die paar Gemeinden fest in deutscher Hand, zwar nicht in militärischer, wohl aber in der des Ortsbauernführers und seines Bürgermeisters. Nichts funktionierte bis zuletzt so gut wie die großdeutsche Bürokratie. Unser zehnköpfiger Stamm vertriebener havelstädtischer Semnonen bekam jeweils einen Quartiereinweisungsschein und einen Berechtigungsschein zum Erwerb von Lebensmitteln.

Der Margarinegermane Birkholz kauert mit seinem blassen Weibe auf der Bank unter der Dorflinde und jammert flennend: Meechen, mit uns und Deutschland jehts zu Ende. Am besten, wir hängen uns heut noch uff!

Mein Bruder feixt, die Erdnudel kichert, der schlichte Alwin patscht sich vergnügt in die Hände: Ich stehe hinter dem Dicken und schwenke den Zugstrick seines Plattenwagens.

Keine Angst um Birkholzens! Sowie meine tatkräftige Mutter die amtlichen Dinge geklärt und Brot, Butter, Fleisch und Wurst herbeigeschafft hatte, flackerte das schier verglommene Lebenslicht wieder kräftig auf. Im Quartier, das immer nur aus der Scheune bestand, belegten die beiden Todeskandidaten in Windeseile den besten Platz, und beim Essen langten sie so gierig zu, daß wir Mühe hatten, auch noch etwas abzubekommen. Mit der deutschen Volks- und Schicksalsgemeinschaft ging es sichtlich zu Ende, und nicht nur mit ihr.

Ausgerechnet am 1. Mai geschah es. In des Bauern guter Stube hörte ich zum letzten Male die Nachrichten des Reichsrundfunks. Eine blecherne Stimme verkündete, daß unser geliebter Führer Adolf Hitler an der Spitze seiner um die Reichshauptstadt kämpfenden Truppen gefallen sei.

Wie er genau krepiert ist, darüber streiten noch heute die Historiker. Mir ist es scheißegal, ob er erst Gift geschluckt und sich dann erschossen oder sich erst erschossen und dann Gift geschluckt hat.

Das da hätt einmal fast die Welt regiert ...

Damals war ich nur betroffen, nicht traurig. Vater hatte sich oft mißliebig über den Herrn aller Bonzen geäußert.

Ein Volk, ein Reich, ein Führer! hatten wir als Pimpfe brüllen müssen. Was nun? Wenn es keinen Führer mehr gab, gab es dann noch ein Reich und ein Volk? Vater und Mutter taugten in diesen Tagen nicht als Partner für tiefsinnige Erörterungen. Sie hatten mit dem Überleben zu tun. Mir blieb kein anderer Gesprächspartner als der nicht sehr kluge Alwin. Den hatte ich mittlerweile ein bißchen schätzengelernt, und ich hatte mir vorgenommen, ihn nicht mehr zu verspotten. Alwin hielt sich gesittet zurück, wenn das Essen verteilt wurde, half unser Gepäck schleppen und hatte immer Zeit, wenn ich mal mit jemand reden wollte. Er spielte sogar mit uns beiden Jungen im Wald Soldaten und überließ mir das Kommando und den Rang eines Oberleutnants, obwohl er sieben Jahre älter war als ich.

Unweit des Dorfes bauen wir uns aus Reisig ein MG-Nest. Ein Kiefernast ist das Maschinengewehr. Kienäppel sind die Handgranaten. Alwin soll den angreifenden Russen darstellen. Mein Bruder und ich wollen ihn unter Beschuß nehmen. Der Russe hat keine Lust zum Kampf. Er hockt in unserem MG-Nest und raucht eine Zigarette, obwohl das im Wald verboten ist. Na gut, meinetwegen erst mal Waffenruhe.

Du, Alwin, ich plaudere ein militärisches Geheimnis aus, der Führer ist gefallen.

Wudicke junior raucht schweigend weiter.

Wie kann man schweigend weiterrauchen, wenn doch der Führer tot ist? Alwin, wie findesten das?

Prima find ick det! erklärt er begeistert. Wenn der dot is, kann ick ruhig weiterleben.

Wieso?

Mein Papa hat heimlich zu Mamman jesagt, aber ick habs genau jehört: Wenn Hitler nich bald abkratzt, holt er unse Alwinchen noch wech und laßt ihm dotmachen.

Verstört lege ich ihm den Arm um die Schulter. Aber warum denn, Alwin?

Zwei dicke Tränen rollen über sein Holzpuppenkaspergesicht. Det wißta doch alle selber: weil ick ein münderwertiger Schwachkopp bin.

Als ich am Abend des 1. Mai 1945 auf meinem Strohlager einschlafe, bin ich sehr froh, daß der Führer den Alwin nun nicht mehr wegholen kann.

Von der Elbe waren wir noch immer ein gehöriges Stück entfernt. Einem Dichter wie Peter Hacks würde vielleicht das mythologische Bild vom Flusse Acheron einfallen, jenem Gewässer, über das der Fährmann Charon die Verblichenen zu rudern hat – in die Unterwelt, in den Hades. Aber wie siehts da aus? Wie auf Böcklins Toteninsel? Im Lexikon kann ich leider nicht nachschlagen, die Seiten vom Stichwort Hacks bis zum Stichwort Hades fehlen in meinem Exemplar. Dem Flusse Elbe fehlten im Mai schon fast alle Brücken zwischen Dresden und Wittenberge, aber das wußten wir damals genausowenig, wie wir uns das Leben am anderen Ufer vorzustellen vermochten.

Die Elbe sah ich erst Jahre später, und da war sie zum Teil ein Grenzfluß. Schon am 25. April 1945 hatte eine historische Begegnung an der Elbe, bei Torgau, stattgefunden. In dem Augenblick, da ich diese Zeilen schreibe, kann ich nur hoffen, daß es an einem bekannten Gewässer in der Schweiz noch viele Begegnungen zwischen den Begegnern von einst geben möge.

Aber lassen wir die leidige Elbe. Der Semnonenstamm machte schneller kehrt, als es einer von uns erwartet hätte. Fluchtartig verließen . . . nein, das stimmt nicht. Richtig getürmt sind die letzten Wehrmachtsfiguren, die mit uns im Dorfe B. lagen. Sie hatten Kübel-, wir nur Handwagen.

Jetzt hats keinen Zweck mehr, entschied mein Vater und wandte die Deichsel nach Nordosten.

Plötzlich waren wir wieder mitten im Kriege. Ein paar graugrüne Fahrzeuge donnerten heran. Mit Bewunderung sah ich, wie die entsprechenden Fachleute blitzschnell ihre Kanonen feuerfertig zu machen verstanden. Dann krachte es auch schon. Die Schüsse trafen einen Waldstreifen, von dem wir glücklicherweise weit genug weg waren.

Wir schlugen uns in die Büsche und erreichten ein abgelegenes Dörfchen, so eines, vor dessen Spritzenhaus damals noch gewisse Tiere einander den Gutenachtgruß entboten. *Kein Hauch der aufgeregten Zeit drang noch in diese Einsamkeit* – bis plötzlich, man verzeihe mir den unpassenden Vergleich, wie Ziethen aus dem Busch eine sowjetische Reiterpatrouille die ansteigende Dorfstraße heraufsprengte. Wie klapperten die Hufe! Wie stob der märkische Sand! Wie blitzten die Säbel! Wie töricht blickten die Bäuerlein drein, die in ihren grünen Joppen wie Darsteller aus Strittmatters Katzgraben aussahen, wie sie da so vor ihrer Hofpforte standen. Ich aber sah ein Reiterkunststück, wie es mir kein Zirkus der Welt mehr bieten könnte. Mitten im Vorbeijagen, in vollem Tempo, bückten sich die kühnen Kavalleristen und rissen den Hofbesitzern die Uhr samt Kette von der Weste. Mein Bruder, die Erdnudel, und ich schrien und lachten vor Begeisterung, der arme Alwin klatschte lautstark in die Hände. Die Reiter, erfreut über den Applaus wie jeder Artist, sahen sich von uns zu einem Dacapo aufgefordert. Sie machten kehrt, wiederholten die Nummer auf der anderen Seite der Dorfstraße und verschwanden, ohne sich vor ihrem dankbaren Publikum zu verbeugen. Ich verspürte ebenfalls ein Klatschen, und zwar auf beiden Wangen. Vater haute mir links und rechts eine runter. Man sollte ihm das im nachhinein nicht verdenken. Er wußte nur allzugut, daß wir an diesem Tage unsere Handwagen noch etliche Kilometer weiter durch den märkischen Sand ziehen und schieben mußten. Es hätte uns nach dieser Vorstellung schlecht angestanden, bei deutschen Landwirten um Quartier zu bitten, die zwar ahnten, was die Stunde geschlagen hatte, die aber nicht mehr in der Lage gewesen wären, uns die genaue Uhrzeit zu sagen.

Zwei Tage später kamen wir in unsere Stadt zurück. Sie stank nach Brand und Verwesung, aber die Überlebenden begannen schon aufzuräumen – unter der Leitung eines sowjetischen Stadtkommandanten und eines kommunistischen Bürgermeisters. Unser Haus war stehengeblieben. Und nicht einmal meinen Kater Ieze hatten die Russen weggefangen.

Wie ich mühsam eine bestimmte Armbewegung verlernte

Das Rathaus stand nicht mehr. Die Stadtverwaltung war behelfsmäßig in einem Haus der Hauptstraße untergebracht worden, die noch vor Tagen Adolf-Hitler-Straße geheißen hatte.

Sie werden mich nicht wieder nehmen, erklärte Vater kleinlaut, ich war immerhin in der Partei.

Du mußt es versuchen, meinte Mutter, schließlich hast du dir nichts zuschulden kommen lassen.

Da von Schule noch längst nicht die Rede war, begleitete ich Vater ein Stück. Beim Pferdeschlächter sollte es angeblich heute irgendwann Fleisch geben. Da stellte man sich am besten gleich morgens an. Unterwegs trafen wir das neue Stadtoberhaupt, einen Gemüsehändler, den Vater gut kannte.

Selbstverständlich fangen Sie gleich bei uns an, sagte der Herr Bürgermeister, ich weiß genau, daß Sie alles andere als ein richtiger Nazi waren.

Aufatmend verabschiedeten wir uns, Vater mit Handschlag, ich aber hob den rechten Arm und rief: Heil Hitler!

Vater wäre am liebsten in einem Gully versunken, doch der künftige Chef grinste nur: Junge, du wirst mächtig umlernen müssen.

Am Nachmittag kam ich nach Hause, ohne Pferdefleisch. Es war gerade vor mir alle geworden. Mutter übernahm die erste Umschulungsstunde. Schlimm, daß wir erst jetzt, als er beinahe arge Folgen gehabt hätte, über den sogenannten *Deutschen Gruß* nachdachten.

Heil Hitler! (gesprochen Heitler!) Eigentlich war das doch eine Aufforderung, den Herrn Hitler zu heilen. Aber wer sollte ihn heilen und wovon? Wie wir nun so langsam erfuhren, waren Größenwahn und Menschenverachtung in einem so fortgeschrittenen Stadium nur noch durch Zyankali, eine Bleikugel und 180 Liter Benzin heilbar, nicht aber durch millionenfaches Hochreißen des rechten Armes. Diesen Blödsinn hatte der Führer von seinem etwas gebildeteren italienischen Komplizen Mussolini aufgeschnappt. Der wußte, daß sich die römischen Gladiatoren mit dieser Geste im voraus für die Gnade ihres Imperators bedankten, sich ihm zu Ehren gegenseitig abschlachten zu dürfen.

So gesehen, war der *Deutsche Gruß* kein völliger Blödsinn, aber er war eben auch kein deutscher Gruß, denn der bestand seit Jahrhunderten darin, daß man einander höflich Guten Morgen, Guten Tag oder Guten Abend und beim Abschied Auf Wiedersehen wünschte, und genau das bimste mir meine liebe Mutter nun ein. Ich mußte sogar lernen, daß man dazu eine leichte Verbeugung, einen sogenannten Diener, zu machen hatte, was bis dato für mich der Inbegriff weibischen, also unvölkischen Benehmens gewesen war.

In den nächsten Wochen unterlief es mir trotzdem noch einige Male, daß mir der rechte Arm hochfuhr wie von dem Faden eines Marionettenspielers emporgezogen. Im letzten Augenblick konnte ich gerade noch so tun, als wollte ich mir den Kopf kratzen.

Wir ziehen durch, wir ziehen durch,
durch die goldne Brücke.
Sie ist kaputt, sie ist kaputt,
wir wolln sie wieder flicken.
Der erste kommt, der zweite kommt,
der dritte wird gefangen.

Mit den Havelbrücken war es im Mai 1945 kein Kinderspiel. Der Schmiedemeisterssohn und Kampfkommandant hatte sie in letzter Minute sprengen lassen. Altstadt und Neustadt waren wie bei ihrer Gründung im 12. Jahrhundert durch den Fluß getrennt, den die Einwohner allenfalls mit dem Fritze Bollmannschen Angelkahn überqueren konnten. Sowjetische Pioniere errichteten Notbrücken über die Wasserläufe.

Als mein Vater eines Morgens mit anderen nichtsahnenden Männern eine solche Holzbrücke überschreitet, um zur Arbeit zu gehen, steht am anderen Ende ein Rotarmist und zählt: Ras, dwa, tri.

Vater ist Numero tri und muß beiseite treten. Drei Köpfe hatte der Sage nach der slawische Chefgott in der einstigen Kultstätte oberhalb der Stadt. Deshalb hieß er Triglaw. Die ängstlichen Männer wären froh, wenigstens ihren einzigen Kopf retten zu dürfen.

Entweder nach Sibirien – oder jleich Jenickschuß, orakelt einer.

Frau Wiesner! berichtet kurz darauf eine Nachbarin. Ihren Mann haben die Russen verhaftet. Abjeführt mit uffjeflanztes Bajonett! Wäre uns damals schon das schöne russische Volkslied *Kalinka* bekannt gewesen, wir hätten es in diesem Augenblick nicht gesungen. Der finstere Hirte aus Sibirien – vielleicht kam er auch bloß aus Pizunda am

Schwarzen Meer und leitet heute dort mit seinen sechzig Jahren ein Internationales Urlauberhotel – marschiert unterdessen mit seinem Dutzend deutscher Schafe durch die Stadt und schnurstracks zum Mühlenbetrieb der Fa. Thiede. Dort reicht er eine Schachtel Papyrossi herum und erteilt das erstemal in seinem Leben Russischunterricht: Rabotta, rabotta, dawai, dawai!

Nachdem die Männer etliche Stunden lang Mehlsäcke auf Lastwagen verladen haben, dürfen sie eine weitere Russischvokabel lernen: Kascha. Heiße Grütze mit fettem Fleisch. Es schmeckt schon nicht mehr nach Henkersmahlzeit. Gegen Abend gibt es wieder Papyrossi und dazu die Frage: Du kleine Kind?

Alle, selbst der Frisörgehilfe Ziebart, von dem man sagt, er sei andersrum, haben selbstverständlich kleine Kind, denn nun werden Brot und Schokolade – wie unermeßlich müssen die Birkholzschen Bestände gewesen sein! – ausgeteilt. Mit dem Rufe: Damoi Dawai! ist die erste Russischlektion beendet.

Erleichtert strebt Vater mit seinem Kumpel Papendorf, der ebenfalls sein Trimester hat absolvieren müssen, dem heimischen Herde zu. Am Mühlentorturm begegnet ihnen ein Rotarmist, der offenbar ein wenig Schnaps getrunken hat. Auch Rotarmisten tranken manchmal ein wenig Schnaps, das ist historisch verbürgt. Jener gehört zu der Sorte, die der Schnaps in so menschenfreundliche Stimmung versetzt, daß sie ihr letztes Hemd verschenken. Sein Hemd braucht er noch, es ist wirklich das einzige. Aber die zwei Pferde, die er am Zügel hält, braucht er offenbar nicht mehr. Nehmen wir einmal an, er sei ein Sohn der legendären Scholochowschen Kosaken, so können wir erst das Ausmaß seiner Güte ermessen. Er umarmt meinen Vater, drückt ihm jenen Doppelschmatz auf die Wangen, an dem wir uns in der Neuzeit gelegentlich bei gegebenem Anlaß am Bildschirm erfreuen, und drängt meinem fassungslosen Vater die Zügel auf, ist nicht mehr dazu zu bewegen, sie zurückzunehmen, verschwindet wie der gütige Zauberer im Märchen.

Wat nu? sagt Vater. Man hat ihn nie davon überzeugt, daß das Glück der Erde auf dem Rücken der Pferde läge.

Papendorf denkt weiter.

Mann, Ewald, det ist die jroße Schangse. Wir jründen ein Fuhrgeschäft. Denk bloß mal an die Trümmerklamotten, die wechjekarrt werden müssen.

Wo willste denn die Jäule lassen? In meinem Holzstall oder in deinem Keller? Und womit willste se füttern? Und wo krichste 'n Wagen her?

Denn bringen wir se ebent zu Schlächter Liere. Der jibt se eens vorn Nüschel, und wir ham for de nächsten Monate ausjesorcht. Stell dir mal die Buletten vor!

Der Plan hat bei aller Tierliebe etwas für sich, kommt indessen nie zur Ausführung. Schon etwa hundert Meter weiter, am Neustädtischen Markt, begegnet den beiden Roßkämmen ein weiterer Sohn der Scholochowschen Steppe, und der hat keinen Schnaps getrunken. Er gebraucht jenes gräßliche russische Schimpfwort, das wörtlich ins Deutsche zu übertragen sich selbst ein preisgekrönter Übersetzer nicht getrauen würde, und nimmt den Vertretern des deutschen Volkes, das noch nicht in der Lage ist, selber die Zügel zu führen, diese wieder aus der Hand.

Noch heute, wenn in einem Fragebogen der Beruf des Vaters anzugeben ist, bin ich versucht hinzuschreiben: *Zeitweiliger Pferdebesitzer.*

Wohl selten hat Besitz so hurtig gewechselt wie in jener ersten Nachkriegszeit. Unser Nachbar Ehlers, ein windiger Bursche, gerade dem Heldenklau entgangen, weil er einen Arzt kannte, der ihm einen Dachschaden bescheinigt hatte, verspürte wenig Lust, die neue Zeit nach dem Rabottadawaisystem begründen zu helfen.

Wer heute noch sein Leben liebt,
der schiebt.

Wem Ehrlichkeit im Blute rauscht,
der tauscht,
wem beide Wege sind verbaut,
der klaut.

Wenn man mal von der ebenfalls noch vorhandenen Möglichkeit harter, ehrlicher, aber schlecht bezahlter Arbeit absieht, so bringt dieses Sprüchlein im wesentlichen das zum Ausdruck, was in vielen betrogenen, irregeführten, unrechtduldenden oder nutznießenden Vertretern des deutschen Volkes vorging.

Seinem kleineren Teil, der genaue Vorstellungen hatte, wie man den Karren aus dem Dreck ziehen müsse, sind die entsprechenden Seiten im Geschichtsbuch gewidmet worden. Damals wurden sie als Russenknechte beschimpft. Machen wir es uns nicht zu einfach, wenn wir die Beschimpfer, die Väter und Mütter vieler heutiger Generaldirektoren, Wissenschaftler, Staatsanwälte, Künstler, Bürgermeister, Majore der Nationalen Volksarmee, der Cheftrainer des Deutschen Turn- und Sportbundes, der Stillen im Lande, die über dessen Sicherheit wachen, wenn wir deren Vorfahren in der ersten Generation unter den Teppich des historischen Materialismus zu kehren suchen? Als man mir das Denken beibrachte, lernte ich, daß bei geschichtlichen Vorgängen Widersprüche aufträten.

Um auf unseren Nachbarn Ehlers zurückzukommen: Er lieh sich unsere beiden Fahrräder aus, um auf den benachbarten Dörfern sogenannte Fettigkeiten zu organisieren. (Für die minderjährigen Leser: Fettigkeiten waren Luxusartikel wie Butter, Schmalz, Speck, aber auch Kartoffeln, Milch oder Eier. Organisieren hieß je nachdem erbetteln, besorgen oder klauen.)

Ehlers kam ohne Fettigkeiten, aber auch ohne unsere Fahrräder zurück. Die hätte ihm der Russe abgenommen. Das glaube ich dem Ehlers, der kurz danach, wie es im

Sprachgebrauch hieß, nach dem Westen machte, bis heute nicht.

Andererseits klauten die Russen, also die einfachen sowjetischen Soldaten, gelegentlich tatsächlich deutsche Fahrräder. Stadtkommandant Wolkow erteilte seinen Soldaten im Juni einen Befehl, der nicht in der offiziellen Stadtchronik vermerkt ist. Sinngemäß mag er gelautet haben: Wir sind Sieger und keine Plünderer. Wenn ihr der Bevölkerung nicht augenblicklich die geklauten Fahrräder zurückgebt, holt euch der neunmal geschwänzte Satan! So kam es, daß an unserer Straßenecke für etwa eine Stunde der allererste Selbstbedienungsladen eröffnet wurde. Der Geschäftsführer hatte einen genauso prächtigen Schnauzbart wie der Milizionär, den ich dreißig Jahre später auf einer Kreuzung in Duschanbe den Verkehr regeln sah. Nach einer knappen halben Stunde war der Laden ausverkauft. Wir hatten vier guterhaltene Fahrräder ... nun ja ... erworben. Zwei davon wurden uns übrigens ein paar Wochen später auf einer Hamsterfahrt geklaut.

Über das subjektive Zeitempfinden ... In den fünfziger Jahren gab es für mich Monate, die nur aus den vier Sonntagen bestanden, an denen ich tun und lassen konnte, wozu ich gerade Lust hatte. Der Mai 1945 dagegen muß mindestens sechzig Tage gehabt haben, so viel – nicht immer Erfreuliches – ereignete sich in jenem Monat.

Ich könnte von meiner vierzehntägigen Laufbahn als Rhabarberfäller in der Gärtnerei Meier erzählen. Meine Eltern hatten mir die Stelle vorsorglich verschafft, als es in einer Bekanntmachung hieß, alle Knaben vom zwölften Lebensjahr an hätten sich dann und dort zu nicht näher bezeichnetem Arbeitseinsatz einzufinden. Täglich riß ich Hunderte der rötlichen Stiele aus den Stauden, schlug mit einem Haumesser die Blätter ab. Roher Rhabarber ist ein höchst ungeeignetes Mittel gegen Hunger und Durst; das merkte ich erst, als mir die Oxalsäure Gaumen, Zunge und

Lippen gründlich verätzt hatte. Seitdem habe ich ein gestörtes Verhältnis zu diesem fragwürdigen Mittelding zwischen Obst und Gemüse.

Auch von Vaters Verhaftung wäre zu reden. Eine Nachbarin, die noch Wochen zuvor stolz darauf gewesen war, das größte Hitlerbild des Hauses vorweisen zu können, hatte ihn als angeblich führenden Nazi denunziert. Als man Vater mit etlichen blauen Flecken entließ, an denen keine Rotarmisten schuld waren, erging es ihm noch besser als Hermann Kants Mark Niebuhr. Ein sowjetischer Offizier entschuldigte sich für den Irrtum und sagte tröstend in gutem Deutsch: Wo gehobelt wird, fallen Späne.

Das stimmte. In der Zwischenzeit hatte der Reviervorsteher der deutschen Stadtpolizei eine sogenannte Haussuchung bei uns vorgenommen und sich ungeniert aus Mutters Wäscheschrank bedient. Später ging der Ordnungshüter der ersten Stunde als politischer Flüchtling über die grüne Grenze. Doch warum dabei verweilen?

In unseren Geschichtsbüchern heißt es sinngemäß: Schon im Sommer dieses Jahres begann sich das Leben weitgehend zu normalisieren.

Mutter arbeitete wieder in ihrer Handwerkerkrankenkasse, die wurde bald in die Landesversicherungsanstalt übergeführt. Eine von Mutters Kolleginnen, ein ältliches Weiblein, frönte so ausschweifend ihrem einzigen Laster, dem Rauchen, daß sie in kurzer Zeit das Haus ihrer Väter veräußern mußte. Dazu gehörte nicht viel; eine Zigarette der Marke *Chesterfield* kostete auf dem Schwarzen Markt neun bis zehn Reichsmark. Eine andere Kollegin, die bildhübsche Lucie, gewann im amerikanischen Sektor von Berlin das Herz eines überseeischen Siegers. Im Staate Missouri wurde sie mit ihm getraut und schrieb uns, sie verkaufe nun an einem Stand an der Autobahn Hamburger. Ich war empört. Einen Amerikaner zu heiraten, fand ich schon schlimm genug, aber nun auch noch gefangene hamburgische Landsleute womöglich als Sklaven an Besitzer von Baumwollplantagen zu verkaufen! Und so was hatte ich mal geliebt!

Selbst für die Mitläufer, wie man die ehemaligen nominellen Nazis nannte, gab es nun keinen Platz mehr in der neuen Stadtverwaltung. Vater bekam eine andere Arbeit zugewiesen: als Holzfäller in der Neustädtischen Forst. Wo gehobelt wird, fallen Späne. Und wo Schrotsäge und Axt hinlangen, fallen märkische Kiefern. Vielleicht hat Vater sogar jene beiden Stämme gefällt und entästet, die noch vor Wochen unsere Hängematte gewiegt hatten. Er beklagte sich nie über die ungewohnte Rackerei, im Gegenteil: Zum Roh- und Werkstoff Holz gewann er eine innige Zuneigung, und die hat er sich bis zum heutigen Tage bewahrt. Jedes Brettchen wird aufgehoben, weil man es immer mal gebrauchen kann. Jeder Ast des abgehauenen Kirschbaums wird als Kleinholz aufbereitet und in dem winzigen Schuppen neben der baufälligen Laube sorgfältig gestapelt. Das Kleinholz in Schuppen und Keller reicht schätzungsweise bis zur Jahrtausendwende.

Es war keine schlechte Zeit da im Wald, sagt Vater, den ganzen Tag an der frischen Luft. Am liebsten wäre ich dabeigeblieben.

Das ging freilich nicht. Irgendwann lief die Förderung der Braunkohle wieder an, und man besann sich darauf, daß man den märkischen Wald nicht nur verheizen durfte.

Das wahre Opfer der einsetzenden Normalisierung war ich. Im Sommer verbreitete sich unter uns Halbwüchsigen die gräßliche Nachricht: Die Schule fängt wieder an. Zuerst hatten die Lehrer Mühe, uns überhaupt zu beschäftigen; es gab noch keine Lehrpläne und nur unklare Vorstellungen über den künftigen Unterricht. Wir wurden in Horden durch die Städtischen Grünanlagen bewegt, mußten Bombentrichter und Splittergräben zuschaufeln, wieder und wieder die Wege harken und die Häufchen der paar Köter beseitigen, die noch nicht in der Bratpfanne gelandet waren.

Doch war der Tag nicht mehr fern, an dem wir die

Bänke der Theodor-Körner-Schule, die wenige Jahre nur Werner-Mölders-Schule geheißen hatte, folgsam zu drükken hatten wie vor dem Umbruch. Mitglieder der Nazipartei waren aus dem Schuldienst entfernt worden. Unbelastete durften weiter unterrichten.

Zu den Belasteten gehörte Mittelschullehrer Erpel, ein skurriles Männlein mit viel zu großem Kopfe, um den samt Kragen er sich in den Jahren zuvor fast geredet hatte, wenn er die großmäuligen Hitlerpimpfe großmäulige Hitlerpimpfe schalt und uns düster verkündete, der Spuk sei bald zu Ende. Erpel mußte eine Arbeit als Hucker auf dem Bau annehmen. Vergeblich hatte uns der kleine Mathematikpauker den Dreisatz zu lehren versucht: Wenn drei Hucker in einer Stunde siebenhundert Ziegel elf Meter hoch tragen, wie lange benötigt dann ein Hucker, um die gleiche Menge null Komma siebenundzwanzig Meter hoch zu tragen?

Der alte Mann benötigte nur wenige Wochen, um soundsoviel Ziegel soundsoviel Meter hochzuschleppen. Dann hatte er sein bißchen Mitschuld abgetragen und starb trotz der Lebensmittelkarte für Schwerarbeiter an Entkräftung.

Zu den Nichtbelasteten gehörte Mittelschullehrer Felix Tetzner. Vor dem Umbruch, den sein Kollege Erpel schon vorausahnte, war der bei allen Schülern verhaßte Tetzner wie immer mit verspanntem, aufrecht soldatischem Gang vor unsere Klasse getreten: Heil Hitler! Setzen!

Wem die Mundwinkel auch nur um weniges verrutschten, wurde unweigerlich zum ersten Opfer. Ich habe es bis heute nicht gelernt, in bestimmten Situationen meine Gesichtszüge zu disziplinieren.

Die eckigen Brillengläser – komisch, daß ich mich an die erinnere, nicht aber an die Augen – funkeln mich an. Felix Tetzner und ich mögen einander nicht. In einer seiner Deutschstunden verlangt er von mir, ich solle ihm Wörter mit X nennen.

Felix! sage ich und bekomme unter dem prustenden Gelächter meiner Mitschüler eine gewaltige Backpfeife und den Hinweis, man habe seinen Lehrer nicht mit dem Vornamen anzureden.

Diesmal fordert er mich auf: Nenne mir ein Gedicht unseres Führers Adolf Hitler!

Gedichte kenne ich mehr, als man von einem Hauptschüler verlangt, ich lerne sie gern und spielend auswendig. Mit Chamisso könnte ich dienen oder mit Storm, aber zwischen Goethe und Lenau klafft in meinem Alphabet eine Lücke. Vor meinem geistigen Auge sehe ich unseren Führer, den großen Feldherrn in seiner Wolfschanze bei Rastenburg in Ostpreußen. Am 20. Juli hat ihn die Vorsehung vor dem verbrecherischen Mordanschlag einer kleinen ehrgeizigen Kamarilla gerettet. Ruhelos schreitet der einsame Retter aller Deutschen vor dem noch leicht angesengten Kartentisch auf und ab. Er sinnt auf den Endsieg. Dieser Recke und Gedichte schreiben wie der Herr Geheimrat, der im Gegensatz zum Führer immer nur Weiber im Kopf gehabt hat? Felix Tetzner unterbricht meine Meditationen, haut mir links und rechts eine herunter, so daß ich vorsichtig mit der Zunge fühle, ob noch alle Backenzähne an ihrem Platze sitzen.

Du Schweinehund willst ein deutscher Knabe sein? Ich kenne alle Gedichte unseres heißgeliebten Führers!

Im Sommer 1945 rannte Lehrer Tetzner mit einer roten Armbinde durch die Schule und warb für seinen Aufklärungsvortrag *Geschichtsfälscher im Dritten Reich.* Von meinen Mitschülern weiß ich nicht einen, der von Felix (Lateinisch: der Glückliche) behaupten würde, er hätte ihm den Blick in die neue Zeit eröffnet.

Was war das Wesen der neuen Zeit?

Überall regt sich Bildung und Streben . . .
Auf freiem Grund mit freiem Volke stehn . . .

Gewiß, Herr von Goethe hat uns sowohl die Schul- als auch die Bodenreform geweissagt, denn er war unser, wie

Schiller und nach achtunddreißig Jahren Bedenkzeit sogar wie Luther. Herr von Goethe war aber schon dem Herrn Propagandaminister Goebbels seiner gewesen, wenn es galt, den Dichterfürsten als Kronzeugen im Kampf gegen das Weltjudentum anzurufen. O was waren wir Knirpse mißtrauisch geworden!

Fort mit den Trümmern
und was Neues hingebaut!
Um uns selber müssen wir uns selber kümmern,
und heraus gegen uns, wer sich traut!

Der Brecht, wäre es ihm möglich und ratsam gewesen, gleich nach dem *Umbruch* und vor dem MacCarthy-Prozeß wegen unamerikanischen Verhaltens bei uns einzureisen, der hätte uns schon etwas sagen können.

Es gab die Aktivisten der ersten Stunde, es gab den antifaschistisch-demokratischen Block, aber die Mehrzahl der Bevölkerung in der Ostzone scherte sich wenig um Politik. Arbeiten war man gewohnt, arbeiten mußte man, um seine Lebensmittelration empfangen zu dürfen. Man sah sogar ein, daß man den Dreckhaufen der Vergangenheit abtragen mußte, den sichtbaren jedenfalls. Den Dreck aus den Köpfen zu kehren erwies sich als schwieriger.

Die ideologischen Kaminkehrer griffen mit Recht zu drastischen Maßnahmen. Seht her, sprachen sie, eure tausendjährige Stadt hat nicht nur mittelalterliche Backsteingotik, den Roland und den Barbier Fritze Bollmann sowie Kasernen und gepflegte Grünanlagen vorzuweisen gehabt! Mit ihrem Namen verbunden sein wird auf alle Zeit das Zuchthaus, in dem eintausendachthundertundsieben Antifaschisten hingerichtet wurden.

Das Fallbeil hatten die Henker im See versenkt.

Nun aber stand es, allen Einwohnern dieser Stadt deutlich sichtbar, auf einem Platz, der nach einem mittelalterlichen Pestfriedhof Trauerberg hieß. Auf meinem täglichen Schulweg mußte ich, ob ich wollte oder nicht, daran vorbeigehen.

Als ich nach Hause kam, bedrängte ich meinen Vater mit Fragen: Hast du das gewußt?

Belogen hat er mich nicht.

Ja. Einmal ist ein offener Lastwagen an mir vorbeigefahren. Darauf standen notdürftig aus Brettern gezimmerte Särge. Sie wurden zum Krematorium gebracht. Junge, was sollte ich denn machen? Hätte ich auch nur einen Ton gesagt, wäre ich auf einem der nächsten Lastwagen gelandet.

O Deutschland, bleiche Mutter ...

Der Mensch lebt nicht von Brot allein, sagt der Apostel Matthäus. Hinwiederum verkündigt der Apostel Brecht: Erst kommt das Fressen, dann kommt die Moral!

Als Zwölf- oder Dreizehnjähriger holte ich mir die Werke des erst jüngst wieder salonfähig gewordenen Klassikers der deutschen Literatur Karl May aus der privaten Leihbücherei in der Steinstraße. Ein paar Jahre später nahm ich an einem Streitgespräch im überfüllten Saal des Altstädtischen Rathauses, das jetzt sinnigerweise Haus der Kultur hieß, teil: *Für und wider Karl May!* Da konnte man noch unterschiedlicher Meinung sein über die Moral des edlen Kara Ben Nemsi und seines arabischen Dieners Hadschi Halef Omar Ben Hadschi Abu Abbas Ibn Hadschi Dawuhd Algossarah oder Winnetous und seines weißen Blutsbruders Old Shatterhand. Bald danach mußte die Inhaberin der Leihbibliothek, wenn ich nach dem *Schatz im Silbersee* fragte, bedauernd die Schultern zucken.

Hat der Staat verboten, junger Mann, Gott, Sie wissen doch, wie das ist.

Zugegeben, der Karl aus Radebeul liest sich leichter als der Karl aus Trier, aber Karl Marx hatte uns ostzonalen Deutschen damals wirklich mehr zu sagen als Karl May, auch wenn jenen nur eine Minderheit las, von der ihn nicht einmal alle verstanden.

Daß erst das Fressen und dann die Moral käme, ist doch nichts als die vulgäre Übersetzung des Marxschen Satzes: Das Sein bestimmt das Bewußtsein.

Man hätte ihn damals nicht öffentlich zerpflücken dürfen und hütete sich mit Recht und ohne Brecht davor. Man mußte, um aus dem Dreck herauszukommen, den Satz sogar umdrehen, sonst wäre es 1948 nie zur Gründung der Aktivistenbewegung gekommen.

Die sogenannte Magenfrage bestimmte in einem ungeheuren Maße das Leben der Einwohner von Mecklenburg, Sachsen, Brandenburg, Thüringen, Sachsen-Anhalt und des Sowjetischen Sektors von Großberlin. Die wöchentlichen Lebensmittelzuteilungen waren unterschiedlich. Sie wurden jeweils amtlich bekanntgegeben. Laut offizieller Chronik meiner Heimatstadt wurden in der Woche vom 11. bis 17. Juni 1945 verabfolgt:

1500 g Brot
62,5 g Kaffee-Ersatz
500 g Gemüse
100 g Salz
100 g Fleisch oder 200 g Pferdefleisch
50 g Schmelzkäse oder 62,5 g Sauermilchkäse

Offizielle Chroniken pflegen stets günstige Beispiele auszuwählen.

Bevor ich auf die legendäre Hamsterzeit der Nachkriegsjahre komme, will ich noch schnell vom Weihnachtsfest des Jahres 1945 erzählen. Die nachgeborenen Leser sollen nicht annehmen, die Vorläufer der DDR-Bürger hätten nur aus ewig kämpfenden und ringenden Aktivisten der ersten Stunde einerseits und einer halbvertierten freßsüchtigen Meute andererseits bestanden.

Weihnachten lassen wir uns nicht nehmen, hatten Vater und Mutter einmütig beschlossen. Einmal wenigstens sollen die Kinder vergessen, in was für schweren Zeiten sie leben.

Ich weiß nicht, ob Stadtkommandant Wolkow Kinder

hatte. Wenn ja, weiß ich immer noch nicht, ob deren Mutter genügend Mehl und Zucker im Schranke hatte, um Großväterchen Frost zu Ehren Piroggen oder Russischbrot zu backen.

Desungeachtet ließ Oberst Wolkow eine Sonderzuteilung ausgeben: Pro Person 500 g Weißmehl (aus Roggenkörnern zu 70 % ausgemahlen) und 250 g Zucker oder Zuckerwaren.

Mutter hat Kekse gebacken. In der Röhre brutzelt ein fettgefüttertes Karnickel. Zwischen Couch und Kommode steht wie in all den Jahren zuvor der Weihnachtsbaum. Die kleine Fichte durfte sich Vater mit Genehmigung seines Försters selber abhacken. Da der sorgsam gehütete Baumschmuck abhanden kam, schmücken nur Flocken von Verbandwatte aus der Luftschutztasche die Zweige. Die Kerzen habe ich aus Stearinresten und Wollfäden zusammengekokelt. Vater ist leider nicht unter uns. Man habe ihn, sagt Mutter, zum Kohleausladen auf den Güterbahnhof geholt. So was konnte ehemaligen Mitläufern damals durchaus noch passieren.

Nun muß man wissen, daß mein neunjähriger Bruder Peter sich vor nichts fürchtete, vor keinen Kellergespenstern und vor keiner sowjetischen Streife, wenn er für uns alle auf dem Güterbahnhof Kohlen oder Kartoffeln klaute. Nur vor einem hatte er noch immer scheißernde Angst: vor dem klassischen deutschen Weihnachtsmann. Wir sind nicht allein an diesem Weihnachtsabend. Mutter hat eine Nachbarin, das betagte Muttchen Spielhagen, eingeladen, unserer Weihnachtsfreude teilhaftig zu werden. Diese rüstige Rentnerin war es, die unseren ersten Nachkriegsheiligabend zu einem Fiasko werden ließ. Sie fand es albern, daß unser wackerer kleiner Kohlenklau noch immer an unzeitgemäße Fabelwesen glaubte. Das Licht der Aufklärung sollte die schwächlich blakenden Baumkerzen überstrahlen. Ich setze mich mit frischgewaschenem Hals ans Klavier. Wir singen:

Süßer die Glocken nie klingen
als zu der Weihnachtszeit,

's ist, als ob Engelein singen
wieder von Friede und Freud.

Heftiges Pochen an der Tür unterbricht den Gesang. Eine gebeugte Gestalt mit weißem Wallewallebart und Holzfällerjoppe stampft ins Zimmer und setzt zu strengem Spruche an.

Muttchen Spielhagen aber hat meinen Bruder einen andern Spruch gelehrt:

Fürcht dich nicht vorm Schwarzen Mann!
Dein Vater ist der Weihnachtsmann!

Als sie ihm zublinzelt, nimmt Peter all seinen Mut zusammen, springt auf den Weihnachtsmann zu und reißt ihm den Bart aus Verbandwatte vom Gesicht. Mein Vater hat nicht geschimpft. Er war nur ein bißchen still und traurig an diesem Weihnachtsabend.

Auch für mich hatte sich wieder einmal eine Tür geschlossen, die zum Kinderland, dessen Bewohner wohl als einzige – außer gläubigen Christen und bodenständigen Erzgebirglern – so etwas wie richtige Weihnachtsstimmung zu empfinden vermögen.

Tannenduft, Kerzenschein, Leise rieselt der Schnee, Heimlichkeiten, ein Hauch von Pfefferkuchen, strahlende Kinderaugen, O du fröhliche. Das ist das eine.

Herumgerenne nach siebenundzwanzig Geschenken, zwei struppige Besen, aus denen mittels Fuchsschwanz und Bohrer ein baumähnliches Gebilde gebastelt wird, das nicht in den Ständer passen will, eine erschöpfte Hausfrau, deren schönes Engelshaar nicht nach Äpfeln, Nuß und Mandelkern, sondern nach brenzligem Gänsebratfett riecht, Gastgeber, die bis kurz vor Mitternacht in die Röhre kucken, weil sie keiner selbstbestrittenen Unterhaltung mehr fähig sind, Völlegefühl und verdorbene Mägen, der verstohlene Wunsch, es möge bald wieder Alltag sein. Das ist das andere.

In den zwanziger Jahren hat Opa Muschert mal seinem Unbehagen brutal Luft gemacht. Der kärgliche Braten war im Herd schon völlig zusammengeschnurrt, als sich endlich schwere Tritte auf der Treppe vernehmen ließen. Der Weihnachtsmann! jauchzte das Knäblein, das später mein Onkel Waldemar werden sollte. Ahnungsvoller Engel! Opa, dessen Frühschoppen ein wenig zu lange gewährt hatte, polterte in die Stube, schrie, er habe den ganzen Schwindel satt, riß den Lichterbaum vom Tisch und warf ihn sicherheitshalber auch noch aus dem Fenster. Heulend gingen seine drei Stiefkindlein zu Bett. Stille Nacht, heilige Nacht . . .

Kinder haben Anspruch auf ihren Weihnachtsbaum, ihre Weihnachtsüberraschung, ihren Weihnachtsmann.

Die Staatsmacht in unserm Lande, so will mich bedünken, hat – ähnlich wie viele ihrer Bürger – ebenfalls ein gespaltenes Verhältnis zu dem deutschesten aller Feste, wenn auch aus anderen Gründen. Wäre Weihnachten nur ein Fest für die Christen, gut, das könnte, das müßte man verfassungsmäßig akzeptieren. Aber diese merkwürdige, zugegeben historisch gewachsene Erscheinung, die sich aus christlichen wie auch germanischen Bräuchen zusammenfügt, ergreift ja auch die nichtgläubigen Massen. Da gibt es Leute, die längst aus der Kirche ausgetreten sind und immer noch die Christvesper besuchen, weil es da feierlicher zugeht als auf einer Gewerkschaftsversammlung. Wie würden andererseits HO und Konsum ihre Umsatzpläne erfüllen, gäbe es nicht den festlich gedeckten Gabentisch?

Ich weiß nicht, wie unser Staatsoberhaupt den sogenannten Heiligabend verbringt. Steht im Wandlitzer Häuschen vielleicht doch ein Weihnachtsbaum? Bekommt unser Generalsekretär einen neuen Schlips? Bevorzugt Frau Margot Karpfen blau, oder brät sie lieber eine knusprige altdeutsche Gans? Alle Leute in diesem Land würden so was gern wissen, aber es steht zuwenig in den Zeitungen.

Im Dezember 1983, da ich diese Zeilen schreibe, gibt es in der Hauptstadt nicht nur wie alle Jahre wieder den beliebten Weihnachtsmarkt am Alex; die Innenstadt hängt voller Lichterketten. Das ist gut so. Damit zeigen wir, das Leben geht weiter, und das Leben wird schön sein, auch wenn uns ungute Kräfte jenseits des Ozeans in diesem traurigen Herbst weismachen wollen, daß dieses Leben stündlich und dann gleich für alle beendet sein kann. Es geht immer weiter. Wir Fünfzigjährigen wissen das, denn wie oft sah es für uns so aus, als würde nichts mehr weitergehen. Es ist dennoch weitergegangen, weil diejenigen, die gerne leben möchten, noch immer die stärkeren gewesen sind.

Weihnachten ... Ich gebe zu, daß ich mich selber oft bei dem Wunsche ertappe, diese ominösen drei Tage einfach ausfallen zu lassen, aber es gibt Traditionen in einem Volke, die sind stärker als unsere individuellen Launen und Wünsche ...

Irgendwann in den fünfziger Jahren gab es so einen untauglichen Versuch, wider die alten Bräuche anzustinken. Irgendwer erschuf aus der Retorte irgendeiner Sitzung einen Homunkulus, der den guten alten Weihnachtsmann verdrängen sollte: Das *Solimännchen.* Es spukte irgendwo herum. Ich habe es nie leibhaftig zu Gesicht bekommen. Ich stelle es mir als eine Art Rumpelstilzchen mit dem Emblem der Volkssolidarität auf einer Bauchbinde vor. Sein Erdenwallen war kurz und ohne Ruhmestaten. Wir wollen ihm anstandshalber stets ein ehrendes Gedenken bewahren und es folglich schnellstens vergessen.

In unserem Fernsehen heißt das Programm der Feiertage seit Jahren schamhaft *Jahresendprogramm*, und das Wort *Jahresendflügelfigur* für den Weihnachtsengel ist leider keine witzige Erfindung des Eulenspiegel-Mitarbeiters Ernst Röhl, sondern eine offizielle Prägung des sozialistischen Handels, der es zur Weihnachtszeit auch nicht immer leicht hat.

Vor ein paar Jahren dekorierte ein privater Berliner Gemüsehändler sein Schaufenster mit Kerzen und Weihnachtsschmuck. Vom Rat des Stadtbezirks wurde ihm darob bedeutet, er solle diese Beleuchtung schleunigst entfernen, sonst müsse man ein ernstes Wörtlein mit ihm reden.

In diesem Jahr hatte er sein Schaufenster gar nicht geschmückt. Da fuhren die staatlichen Handelsherren vor, empfahlen ihm dringlichst, Weihnachtsschmuck und Kerzen zwischen die Porreestangen und Havelobsterzeugnisse zu drapieren, weil sie andernfalls ein ernstes Wörtlein mit ihm und so weiter.

Rin in die Kartoffeln, raus aus die Kartoffeln . . ., damit sind wir groß geworden, und meine Generation kann immerhin sagen: langweilig ist es bei uns in den letzten achtunddreißig Jahren nie gewesen.

Weihnachten 1945. Es folgte ein ungewöhnlich harter Winter, in dem man auch mal wieder dachte, es geht nicht weiter, aber niemand soll den Überlebenswillen eines Volkes unterschätzen, dem seine eigenen Führer den Untergang prophezeit hatten! Damals klebte an den Litfaßsäulen und an Bretterzäunen meiner Heimatstadt vielfältig die Losung:

Die Hitler kommen und gehen,
aber das deutsche Volk, der deutsche Staat bleibt.
J. W. Stalin

Dies war eine der einprägsamsten und gescheitesten Losungen, die je an deutsche Litfaßsäulen geklebt worden waren, und zudem, glaube ich, war sie sehr ernst gemeint. Aus der heutigen Kenntnis nachfolgender Geschichte darf man unterstellen, daß J. W. Stalin einen einzigen deutschen Staat vor Augen hatte, dessen Bewohner aus den Fehlern ihrer Vergangenheit zu lernen imstande wären, daß er gar nicht ahnen konnte, wie die Existenz zweier deutscher Staaten das Leben von Generationen beeinflussen sollte.

Bei uns zu Hause wurde im Jahre 1946 nicht allzuviel von Politik geredet. Wie all unsere Nachbarn, Freunde und Verwandte beherrschte uns nur eine Frage: Was essen wir morgen?

Ich behaupte: Wäre es in jenen sogenannten Hungerjahren wirklich gelungen, die vorhandenen Lebensmittel gerecht zu verteilen, so wäre niemand verhungert. Wir hätten zwar alle den Riemen enger schnüren müssen, aber ab und zu auch mal an was anderes denken können als an Keller und Kochtopf. So aber beherrschten Schwarzer Markt, Tauschgeschäfte und Hamstertouren den Alltag. Freilich wurde auch gearbeitet, denn sonst wäre ringsum alles im Chaos versunken, aber wer von der Arbeit kam, hatte nur eines im Sinn: Wie läßt sich was organisieren? Natürlich gab es auch in unserer Stadt die Aktivisten der ersten Stunde, denen der Magen genauso knurrte wie uns, aber ich habe sie damals nicht gekannt und müßte heute ihre Namen in der Stadtchronik erfragen.

In dem Jahren 1945-48 mußten wir uns als Kinder und Jugendliche nicht den Kopf wegen unserer Freizeitgestaltung zerbrechen. Wir waren auf unsere Art Saisonarbeiter. Im Sommer, da heißt es wandern ... Man muß im Morgengrauen aufstehen, sonst sind die anderen schon da. Den Beutel auf dem Rücken, die Klampfe in der Hand, nein, das kam erst später. Wir trugen den Beutel vor dem Bauch, den Leinenbeutel, in den die Ähren des guten märkischen Roggens gesammelt werden mußten. Das ist ganz einfach. Man wandert etwa zehn Kilometer stadtauswärts, kuckt, wo ein Roggenfeld abgeerntet ist, überzeugt sich, ob da nicht schon hundert andere Hungrige herumstreunen. Dann betritt man sehr vorsichtig die Deutsche Scholle, denn die Stoppeln zerpiksen einem elendiglich die nackten Fußsohlen. Man gewöhnt sich als Schutzhaltung einen schlürfenden Gang an, wie ich ihn leider bis heute nicht verlernt habe, und bückt sich einzeln nach jeder liegengebliebenen Roggenähre, knipst sie mit dem Fingernagel vom Halm und versenkt sie im Beutel.

Ich habe nie die Kaltschnäuzigkeit der Stoppelmarder besessen, die mit dem Fahrrad heranfuhren, es umdrehten, eine Decke drunterlegten, die Roggengarbe ins Hinterrad hielten und durch schnelle Rotation der Pedale einen illegalen Dreschvorgang in Szene setzten.

Mein Bruder Peter und ich lieferten abends erschöpft unseren Ährenbeutel ab. Vater walkte mit einem Knüppel darauf herum. Wir bliesen die Grannen fort. Dann wurde das Ernteergebnis in die Wandkaffeemühle geschüttet und zu Schrot zermahlen. Wenn ich mich nicht sehr täusche, bildete dieses Roggenschrot neben den Kartoffeln jahrelang unsere Ernährungsgrundlage. Es wurde in einem riesigen Aluminiumtopf aus Onkel Waldemars Klempnerwerkstatt aufgekocht und je nach Saisonangebot mit Süßstoff, Rübensirup oder echtem Zucker als Hauptmahlzeit verzehrt.

Nahte der Herbst, so war ich drauf und dran, jenen Preußenkönig zu verfluchen, der seinen märkischen Bauern die Erdäpfel aufgenötigt hatte. Hätte er nicht lieber den Reisanbau in den Sümpfen des Oderbruches erzwingen können, anstatt sie zwecks weiterer Kartoffelpflanzungen trockenlegen zu lassen? Ein paar Pfund Reis im Rucksack wären transportfreundlicher gewesen als drei Zentner Kartoffeln auf dem Handwagen, der noch dazu über sandige Schleichwege gezerrt werden mußte, denn an den Chausseen lauerten die Hamsterjäger.

Ein Zentner Kartoffeln wurde in der ehemaligen Reichshauptstadt mit sechshundert Reichsmark gehandelt. Zukkelten wir mit unserer Fuhre durch die Neustädtische Forst, so fuhr der Zug mit den hungrigen Berlinern dicht an uns vorbei. Mit ihrer wertvollen Beute standen sie, an Haltegriffe geklammert, auf den Trittbrettern, hockten geduckt auf den Dächern. Einmal flog uns ein Sack Kartoffeln genau vor die Füße. Skrupellos legten wir ihn zum übrigen, auch wenn die Wagenräder nun kaum noch rollen wollten. An einer niedrigen Bahnbrücke mit gemauertem

Ziegelbogen hatten wir es besonders eilig. Mein Bruder und ich wagten kaum aufzuschauen, fürchteten wir doch, irgendwo seitab im Moos oder Unterholz die Köpfe zu erblicken, die der Brückenbogen dem Vernehmen nach schon etlichen armen Fernhamsterern bei der Dachfahrt von den Schultern gerissen habe.

Unsere Familie war noch besser dran als manche andere, denn wir hatten eine recht rührige Mutter. Sie agierte als Vorreiter unserer Handwagenspedition und tätigte die Geschäftsabschlüsse. Ihre Dienstkleidung bestand aus einem Schalturban, einer Zellwollstrickjacke, Trainingshose und Igelitstiefeln. Tasche und Rucksack, aus einem ehemaligen Fallschirm genäht, enthielten das Tauschgut: Onkel Waldemar, der sich als Klempner selbständig gemacht hatte, überließ uns solidarisch Kochtöpfe aus dem Blech von Flugzeugwracks und schwarzgebrannten Schnaps aus Melasse und Hefe.

Vater hatte eine neue Arbeit gefunden. Ein geschäftstüchtiger Zeitgenosse hatte sich ein uraltes Lastauto mit stinkendem und qualmendem Holzgasgenerator, eine transportable Kreissäge sowie einen Firmenstempel *Willi Tornow – Fuhrwesen* zugelegt. Als ich später in der Schule was von Lohnarbeit und Kapital, von Mehrwert und Ausbeutung hörte, hatte ich sofort das Fuhrwesen, wie wir den Kreissägenbesitzer nannten, vor Augen.

Mit seinem zweiachsigen Raddampfer schleppte er die Säge von einem Auftraggeber zum anderen, strich das dicke Geld für die hochbegehrte Dienstleistung ein und zahlte meinem Vater und dessen Kumpel einen schnöden Hungerlohn. Die beiden standen bei Wind und Wetter, Schnee und Frost an dem lärmenden Ungeheuer und wuchteten mit den grünen, zum Teil gefrorenen Kiefernstämmen und Stubben herum. Zweimal bekam Vater einen neuen Kumpel. Der eine hatte ihm wiederholt die Stullen aus dem Rucksack gestohlen, dem andern hatte das Sägeblatt die halbe Hand weggerissen; Arbeitsschutz war für das Fuhrwesen ein Fremdwort. Trotzdem hat es mein Vater dort an die zwei Jahre ausgehalten. Das Trinkgeld bestand täglich in einem Rucksack voll Holzkloben. Da und dort gabs sogar ein Stück Brot. Am schönsten war es, als die Säge etliche Wochen lang in der Großbäckerei einquartiert wurde. Es sei falsch, dem Ochsen, der da drischt, das Maul zuzubinden, meinten die Bäcker und bezogen auch die beiden ausgemergelten Holzwürmer in ihren Spruch mit ein.

Für Brot und Holz gab es bei den Spinnereiarbeiterinnen Zellwolle zu ertauschen. Diese wiederum wurde neben den Kochtöpfen und dem Schnaps zur heißen Ware auf dem platten Lande, wenn auch nur für kurze Zeit. Dann brauchten die Bauern nicht mal mehr Töpfe fürs Schweinefutter. Der milchige Melasseschnaps stand ihnen nicht an. Ja, wenns Wodka oder Weinbrand gewesen wäre! Und Zellwolle? Das holzige Kratzezeug mochten die Städter selber tragen. Auf dem Dorfe waren Kammgarn und echte Vorkriegsseide gefragt. Auch mit Damastwäsche, Meißner Porzellan und echten Orientteppichen konnte sich ein Stadtbewohner noch aufs Gehöft wagen, ohne daß der Besitzer gleich den Hund von der Kette ließ. Märkischen Bauern wurde der fromme Wunsch unterstellt: Nu bruken wi blot noch ’n echten Perzijaner för unsen Kauhstall.

Meine Mutter ließ sich nicht so leicht abweisen. Von ihrer Krankenkasse her kannte sie sich in etlichen Dörfern ganz gut aus und pflanzte sich bei den Bäuerinnen erst mal zum Klönen auf den Küchenstuhl.

Mit geheuchelter Anteilnahme erkundigte sie sich nach Großvadders Ischias. Gegen den gäbe es nun mal kein besseres Heilmittel als ihren wundersamen Melasseschnaps. Bauer Eichholz, drei Dörfer weiter, der sei schon an zwei Stöcken gegangen; jetzt schwinge er wieder die Mistforke wie in besten Zeiten. Das schöne an dem Schnaps sei ja, daß man ihn nicht nur zur Einreibung gebrauchen, sondern ihn auch trinken könne. Wenn die Frau Neddermeier vielleicht mal einen gratis probieren wolle. Die wurde darob sogar redselig, was bei märkischen Bäuerinnen selten vorkam. So konnte Mutter sie sehr gut über die Familienverhältnisse auf den Nachbargehöften ausholen.

In der nächsten Küche fiel sie schon wie eine alte Bekannte mit der Tür ins Haus: Nein, Frau Kabelitz, was für 'ne Freude, daß Ihr Ottchen endlich aus Gefangenschaft zurück ist! Da wird er doch bestimmt bald die Grete heiraten? Schade, daß Ihre Tante Alma das nicht mehr erleben kann. Hat sie denn sehr leiden müssen?

Die Bäuerin, richtig froh, sich mal mit einer gescheiten Person aussprechen zu können, kochte guten Kaffee, woran dank der Städter nie Mangel im Hause war. Nach einer Stunde zog meine Mutter mit sechs Eiern, zwei Pfund Quark und der Zusage ab, daß die Kinder morgen drei Zentner Zuckerrüben und dazu einen Sack Heu für die Kaninchen abholen könnten.

Traf Mutter jedoch nur den mißgelaunten Bauern an, der alle Verhandlungsversuche mit der Wendung durchkreuzte: Wir hebben allene nischt, uns hebbense allet affenommen!, so begann sie hemmungslos zu schluchzen und dem Bauern jegliche Verantwortung für den Fall in die Schuhe zu schieben, daß ihre sieben Halbwaisen daheim elend verrecken müßten.

Mutter kam nie mit leerem Schnappsack nach Hause.

Vater und sein Ältester taugten nicht zum Organisieren. Schickte Mutter uns wirklich einmal auf einen selbständigen Beuteritt in eines der Dörfer, so kehrten wir mit nichts als einem Bauch voll Zorn zurück. Spätestens nach dem dritten Hofbesuch, der wie die beiden vorherigen mit einer derben Abfuhr endete, hatten wir die Sache satt. Das nächste Mal, verkündete Vater finster, nehme ich mir Hammer, Nagel und Strick mit, und wenn mir der Bauer keine Kartoffeln verkauft oder eintauscht, schlage ich den Nagel ins Scheunentor und drohe, mich aufzuhängen.

Nun ja, Vater erfreut sich noch immer leidlicher Gesundheit und pflegt sein Bäuchlein, dem man die entbehrungsreichen Jahre nicht mehr ansieht.

Ich selber mauste eines Abends, um nicht als schändlicher Versager heimkehren zu müssen, einen kapitalen Weißkohlkopf von einem mondbeschienenen Felde, wurde jedoch meines Raubes mitnichten froh. Stöhnend und schweißgebadet wälzte ich mich im Schlaf herum, bekam keine Luft mehr. Eine Schlinge lag um meinen Hals. Über meinem Haupte krächzten die Raben. Diebe kommen an den Galgen. Als mich Mutter besorgt weckte, gestand ich ihr, daß ich den Kohlkopf gestohlen hätte. Mutter befühlte mir die Stirn, machte mir Wadenwickel und gab mir Kirschsaft zu trinken. Ihre Feststellung, der böse Bauer habe so viele Kohlköpfe, daß ihm der eine nicht fehlen werde, beruhigte mich nur bedingt. Unrecht Gut gedeihet nicht, das war das eherne Gesetz, das man mir eingebimst hatte. Allein der gestirnte Himmel über mir unterstand keiner Zwangsbewirtschaftung. Mag der Leser den Kopf über den kleinen Simplizius schütteln, ich zog mich an meinen puritanischen Wertvorstellungen aus dem Sumpf der Nachkriegsmoral wie ein gewisser Baron an seinem eigenen Zopf.

Meine Mutter habe ich ein einziges Mal beim Klauen erlebt, aber dafür müßte ich ihr eigentlich jedes Jahr einen zusätzlichen Blumenstrauß schenken. Eines Sonntags waren wir auf einen Bauernhof gefahren, um uns einen Sack Kartoffeln zu holen, Mutter, Vater und ich. Vier Stunden Weges mit dem Handwagen lagen hinter uns, vier weitere vor uns. Bauer und Bäuerin beendeten gerade ihr Mittagsmahl. Pökelfleisch gab es und Sauerkohl. Wir durften am Tische Platz nehmen und zusehen, wie den beiden das Fett über die Mundwinkel hinunter zum Kinn rann. Die Frau hatte eine Warze am Kinn. Die Fettschlieren nahmen einen Umweg über die Borsten auf der Warze, ehe sie auf den hölzernen Tisch tropften. Der Mann schlürfte die fettige Brühe in sich hinein, ein Schniepel Sauerkraut klebte an seiner Nasenspitze. Sobald er den Mund öffnete, sah ich einen einzigen schwärzlichen Schneidezahn und dachte so bei mir: Wenn der Bauer in einen Appel beißt, bleibt der olle Kuchenzahn drin stecken. Nachdem der Hausherr kräftig gerülpst hatte, öffnete er den obersten Hosenknopf und stapfte grunzend wie ein Schwein aus der Stube.

Meine Mutter packte demonstrativ unsere trockenen Stullen aus und legte sie auf den Tisch.

Tja, sagte sie nicht allzu herausfordernd.

Tja, entgegnete die Bäuerin unsicher und ging an die Anrichte, 'ne Portion Bröhe hätt ick man noch übrig.

Sie füllte jedem von uns eine Kelle Brühe auf den Teller. Dann kam eine Nachbarin und wollte was. Bevor unsere Bäuerin hinausging, hob sie den Topf auf und stellte ihn in die Ofenröhre. Mutter legte flugs den Finger an den Mund, übersah unsere ohnmächtigen Protestgebärden, holte den Topf in die Wirklichkeit zurück und fischte jedem von uns ein dickes Stück Pökelfleisch auf den Teller. Ich vergaß kurzzeitig das eherne Gesetz in mir und schlang und würgte die rosige Köstlichkeit in mich hinein.

Noch einmal schlug Mutter zu. Ihre Luchsaugen hatten in der Anrichte den Teller mit frischgekirnter Landbutter erspäht. Blitzschnell klatschte sie mindestens ein Pfund davon zwischen unsere verblichenen Brotscheiben und wikkelte die Beute hurtig in ihren Turbanschal ein. Die Bäuerin muß außer an ihrer riesigen Warze auch noch an Kurzsichtigkeit gelitten haben. Sonst wären ihr mein knallrotes Gesicht, mein verlegenes Gekicher aufgefallen, als sie mir in ihrer unendlichen Großmut zum Abschied eine Schnapsflasche voll Magermilch mit den Worten überreichte: Sone blassen Stadtkinner bruken ook mal wat Kräftiget!

Dieses Dorf haben wir seitdem gemieden.

An ein anderes Dorf, etwa dreißig Kilometer von unserer Stadt entfernt, haben Vater und ich auch nicht die besten Erinnerungen. Dort lebte Mutters Schulfreundin, eine Kleinbauersfrau, kugelrund und gutmütig. Im Februar 1947 hatte sie uns zur Taufe ihres Nachkömmlings eingeladen. Da Mutter ihres Magenleidens wegen ohnehin eine unbedarfte Esserin war, schickte sie Vater und mich los: Damit ihr euch wenigstens einmal den Bauch vollschlagen könnt.

Es war wieder ein sehr harter Winter. Alle zwei Kilometer lag bei dem Glatteis einer von uns auf der Nase. Alle drei Kilometer mußten wir Luft nachpumpen oder einen Schlauch flicken. In dem Dorfe aber erwartete uns das wahrhaftige Schlaraffenland. Mittags gabs Schweinebraten und gebratene Hühner. Eigentlich hätte das, was ich mir einverleibte, drei Schwerarbeitern für eine Woche gelangt.

Am Nachmittag wurden viele Bleche mit duftendem Kuchen aufgetragen. Es roch nach guter Butter. Hätte ich Rabelais' Vielfraß Gargantua dazumal schon gekannt, ich hätte ihm frech den Fehdehandschuh entgegengeschleudert. Zugegeben, die Kuchenstücke waren etwas kleiner als die von unserm Privatbäcker in Pankow heutzutage, aber ich schaffte immerhin vierundzwanzig und wurde nur von meinem Vater überboten, der es, angestachelt von den Dorfbewohnern, auf vierzig brachte. Zum Abendbrot gab es selbstgebackenes Bauernbrot mit hausschlachtener Leber- und Blutwurst . . .

Die Rückfahrt am nächsten Tag dauerte viele Stunden, aber das lag diesmal nicht an der Defekthexe unserer wurmstichigen Fahrräder. Den Vorsatz, uns einmal richtig satt zu essen, büßten Vater und ich unter ärztlicher Aufsicht eine Woche lang. Dann waren wir wieder in der Lage, normale Nahrung zu uns zu nehmen.

In unseren Buchhandlungen tauchen Jahr für Jahr in nicht geringer Auflage neue Kochbücher auf und werden trotzdem zur Bückware. Aus der Sicht einer Buchhändlerin käme ich zu der vereinfachenden Sicht: Die Republik studiert, bildet sich, heimwerkt und frißt.

Man kann vom Blatt fressen: ukrainisch, französisch, georgisch, skandinavisch und vogtländisch. Wo bleibt das Kochbuch für wirkliche Feinschmecker: Nachkriegsdeutsch?

Ich könnte da einiges beisteuern, die Pflastekawamesu zum Beispiel. Das war eine Suppe aus ausgekochten Pflaumensteinen (das Fruchtfleisch ging für Pflaumenmus weg) und Kartoffelwalzmehl, einer Substanz aus gemahlenen Kartoffelschalen.

Oder das Grießschmalz: Man nehme eine Zwiebel, bräune sie in einem Teelöffel Margarine, füge Majoran hinzu, fülle die Kasserolle mit Wasser auf, bringe das Ganze zum Kochen und dicke mit einem Eßlöffel Hefe und einem Eßlöffel Grieß an, worauf man den trefflichsten Brotaufstrich erhält.

Auch der falsche Kakao war gar nicht so übel. Man brauchte nur rote Bete auf der Reibe zu zerkleinern und die Masse in der Ofenröhre zu trocknen. Aufgebrüht mit Magermilch, ergab das ein Getränk, welches nur Kenner von Van Houtens Kakao hätten unterscheiden können. Kenner aber gab es nicht mehr.

Bratkartoffeln konnte man simulieren, indem man zwischen die Kartoffelscheiben Malzkaffee auf die heiße Pfanne träufelte. Meine Großmutter hatte die schwache Erinnerung über das Kriegsende gerettet, daß man Bratkartoffeln mit Fett zubereite. Sie opferte ein Fläschchen Rhizinusöl aus der Hausapotheke. Wir leerten mitsammen die ganze Bratpfanne. Hinterher mußte ich mit meiner Schulklasse Ebereschen sammeln, um die Marmeladenersatz-Versorgung der Stadt zu sichern. Als ich entnervt von zwei Freunden nach Hause gebracht wurde, roch ich nicht sehr gut.

Ich fahre mit Claudia wieder mal in die Heimatstadt, um meine Eltern zu besuchen.

Aus diesem Dorf, berichte ich, haben wir damals bei Nacht und Nebel drei Zentner Zuckerrüben in unsere Waschküche zum Sirupkochen abgekarrt.

Es müssen inzwischen schon dreißig Tonnen sein, sagt sie, so oft sind wir diese Strecke gefahren. Habt ihr damals nischt als Fressen im Kopp gehabt?

Sie selber wurde im Jahre 1948 geboren. Mittags schält sie stets zuviel Kartoffeln. Wir sind beide auf unsere Linie bedacht. Wenn meine Frau die überzähligen Salzkartoffeln in den Mülleimer schüttet, gibt es mir jedesmal einen Stich ins Herz.

Man könnte doch Bratkartoffeln oder Klöße . . ., murmle ich hilflos.

Hatten wir 1948 wirklich nischt anderes im Kopf als Fressen?

Am 23. Mai 1948 begann man in der sowjetisch besetzten Zone Unterschriften zum *Volksbegehren für Einheit und gerechten Frieden* zu sammeln. Meine Eltern unterschrieben, weil alle unterschrieben. Wer hatte schon was gegen Einheit und gerechten Frieden? Etwa die Westalliierten, weil sie am 20. Juni in ihren Besatzungszonen eine eigene Währung einführten?

Eine Woche später wollte Vater mit meinem Bruder und mir in die Blaubeeren fahren. Am frühen Morgen aber hieß es, wir hätten nun auch eine Währungsreform. Wir brachten mit Mühe und Not die sogenannte Kopfquote von siebzig Mark auf und fuhren anschließend Blaubeeren sammeln. Keiner von uns ahnte, daß spätestens an jenem 20. Juni die Teilung Deutschlands eingesetzt hatte. Meine Generation hat bis heute daran zu knabbern, auch wenn wir meistens so tun, als hätte uns das überhaupt nichts ausgemacht, wäre geradezu ein Glück für uns gewesen.

Die erste große Kraftprobe zwischen Ost und West begann. Flugzeuge des gleichen Typs, der unsere Stadt zerstört hatte, flogen nun in kurzen Abständen über das Havelufer gen Westen. Mit der sogenannten Luftbrücke wurde der Mythos von der Frontstadt Berlin geprägt, der Insel im Roten Meer. Niemand da drüben sprach mehr davon, daß die Sowjetunion sich verpflichtet hatte, die gesamte Versorgung der Westsektoren zu garantieren. Die andere Seite brauchte nun mal den Pfahl in unserem Fleisch, und sie hat ihn uns eingepflanzt. Wir haben damals nicht viel darüber nachgedacht. Als Schuljungen sangen wir, frei nach einem zeitgenössischen Schlager:

Auf der Straße nach Berlin
fliecht 'n Bomber mit Rosin', Angelina.

1948 war schon ein bedeutendes Jahr. In den USA begründet Norbert Wiener den Begriff der Kybernetik. Ein neues wissenschaftliches Zeitalter beginnt: Wissenschaft von den Steuer- und Regelungsvorgängen in der belebten und unbelebten Natur.

Wir habens unterdessen mehr mit den Vorgängen in der belehrten und unbelehrten Gesellschaft.

Der große und unfehlbare Generalissimus Stalin läßt einen gewissen Josip Broz Tito als Abweichler und Verräter anprangern. Das nimmt man zur Kenntnis und überlegt, ob die Karnickelricke Erna noch mal gedeckt werden oder gleich in die Bratpfanne wandern soll. Wer ist schon Tito? So richtig beantwortet wird diese Frage dem Fünfzehnjährigen von einst erst, als er fünfunddreißig Jahre später die historischen Operationsgebiete der Partisanen nahe der jugoslawischen Adriaküste besucht.

Am 13. 10. erfüllt der Bergmann Adolf Hennecke sein Steinkohlensoll mit 387 %. Darüber werden in den Kneipen und guten Stuben meiner Heimatstadt viele Witze gerissen.

Mag ja sein, daß es sich um eine gut vorbereitete Aktion zum Vorzeigen handelte, aber die Richtung stimmte, und sie stimmt bis heute. Als Deutschland geteilt wurde, kriegten wir, ökonomisch gesehen, das armseligere Päckchen ab. Wer aus fast nichts doch etwas machen wollte, brauchte ab und an ungewöhnliche Einfälle.

Mein Vater arbeitete zu dieser Zeit als Schleifer auf der Thälmannwerft. Das war eigentlich keine Arbeit für einen, der nur ein Auge, dazu ein sehschwaches, hat. Er polierte die Schiffsschrauben für Fischereifahrzeuge, die als Reparationslieferungen in die Sowjetunion gingen. Manchmal arbeitete er sechs Wochen nur in der Nachtschicht. Bevor er in die Werft ging, legte er mir den Plan seines mühsam aus einer Wiese kultivierten Gartens vor: Auf jedes Bohnenbeet kommen sechs Kannen Wasser, auf die Kartoffeln insgesamt zwölf Kannen, bleiben zwanzig Kannen für Sträucher, Gewürze, Kürbis und Gurken.

Ich nickte brav, lief im gestreckten Galopp die drei Kilometer zum Garten, Einsamkeit des Langstreckenläufers, schwenkte drei Kannen über den gesamten Garten, rannte zum Havelufer und holte dort alles nach, was ich in den Nachkriegsjahren der Wasserleichen wegen im Schwimmen versäumt hatte.

Vaters Kürbisse, Gurken, Bohnen und Kartoffeln gediehen prächtig. Am 20. Oktober wurde die HO gegründet.

Das war einer der grandiosesten Einfälle der Nachkriegszeit: Der Staat, den es ja noch gar nicht gab, bemächtigte sich kurzerhand des Schwarzmarkthandels und diktierte fortan die Preise, bemüht, sie möglichst niedrig zu halten und in den folgenden Jahren rasch zu senken. Mit fünfzehn schenkt man heute seiner Angebeteten eine Amiga-Platte von Udo Lindenberg. Das ist gar nichts. Ich bekam im Oktober 1948 mitten auf der Jahrtausendbrücke einen keuschen Kuß für ein Schweineohr mit Zuckerguß, das ich von meinen Ersparnissen im Werte von drei Mark erworben hatte. Man sieht, es lohnte wieder zu leben.

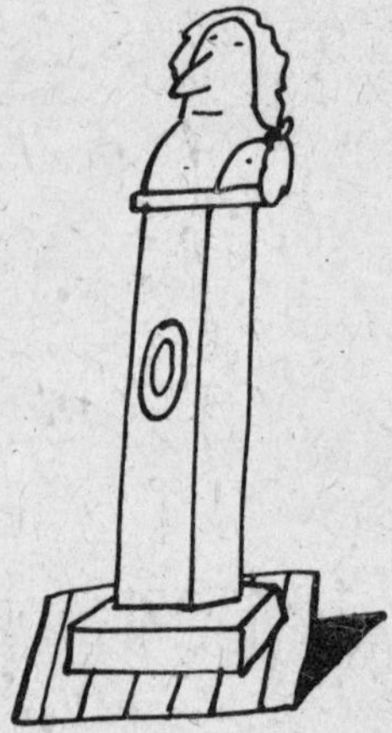

Wenn ich von meiner Fahrenszeit berichte

Eigentlich wollte ich dieses Geheimnis dereinst mit ins Grab nehmen. Es klingt einfach unglaubhaft, selbst für Freunde und Verwandte, aber ich schleppe es seit früher Kindheit mit mir herum, und nun muß es doch einmal heraus: Ich bin ein verhinderter Seemann.

Ein beachtlicher Teil meines reichhaltigen Traumlebens spielt heute noch auf und an den verschiedensten Gewässern. Ich stehe am Ruder eines Havelschleppers, bediene die Handkurbel einer alten Schleuse, hocke bei stürmischer See im Krähennest eines Piratenseglers, fange mitten auf dem Olympiakurs einen Krebs und bringe meinen Rudervierer damit um die Medaillenchance, versuche, unter einem Schleppkahn drunterweg zu tauchen und bleibe mit der Badehose an einem Nagel hängen, purzle von einem Floß herunter, gerate in den reißenden Strudel, höre die Glocken einer versunkenen Stadt und erwache stöhnend und schweißgebadet.

Ich gestehe freimütig, daß ich zeitweise, wenn auch nicht vorsätzlich, die amtlichen Bestimmungen für den Reiseverkehr im Traum verletze. Erst vor ein paar Tagen spuckte ich bei Mondschein immer wieder von der Rialtobrücke in den Canale Grande und wunderte mich, daß die Spucke nie das Wasser traf. Von der Wasa-Brücke in Stockholm war mir das neulich noch einwandfrei gelungen. Ganz gut kenne ich auch schon den Lofotenfjord, die Insel Bornholm und das Themseufer, ganz zu schweigen von den Amsterdamer Grachten und etlichen Häfen am Mittelmeer und am Atlantik. Leider lassen sich Träume nicht programmieren. Als ich mir unlängst aus reiner Neugierde eine Reise ins Sargassomeer vornahm, geriet ich zur Strafe für meine Vermessenheit in einen stinkenden Abwasserkanal, in dem zwischen leeren Bierflaschen und quietschenden Ratten meine aufgeweichten Manuskriptseiten schwammen. Ich hatte noch Glück, daß ich nicht in einer engen Betonröhre erstickte. Als Bürger dieses Landes kann man sich und seine maritimen Träume viel sicherer verwirklichen, indem man bei der Weißen Flotte in Berlin-Treptow ein Billett für eine Müggelseerundfahrt löst. Aber das bleibt einem ja immer noch, wenn die Traumbilder blasser zu werden beginnen.

Meine allerersten Krakeleien stellten neben den üblichen Männeken Dampfer und immer wieder Dampfer dar. Die Baukästen waren vor allem Rohmaterial zur Konstruktion aller erdenklichen Schiffstypen. Aus den gelochten Holzbrettchen der Firma *Matador* entstand ein Fischkutter. Die Firma *Märklin* lieferte die Metallspanten für eine Motoryacht. Das mochte noch angehen. Doch selbst die Ziegelchen des *Anker*-Steinbaukastens formte ich zu einem stolzen Schlachtschiff. Im Gegensatz zu seinen großen Vorbildern lief es nie vom Stapel, konnte daher auch nicht versenkt werden wie Jahre später die *Scharnhorst*, die *Admiral Tirpitz* oder die *Bismarck*.

Wenn mich die Leute auf Lesungen immer mal wieder nach meinem Werdegang fragen, kann es vorkommen, daß ich etwas kurz angebunden antworte. Ich ging zur Schule, lernte anschließend noch ein bißchen dazu, begutachtete und verbesserte anderer Leute literarische Produkte, bevor ich dazu überging, selber welche anzufertigen.

Für Freunde sensationeller Lebensläufe, schrieb ich 1963 im Programmheft zu einem Theaterstück, kann auf Wunsch folgende Variante geliefert werden: Ich wurde im Jahre 1233 als Sohn des Bischofs von Montsalvatsch und der Kammerzofe Franziska von Radebeul geboren, erwarb zu Bologna keinen Doktorhut, dafür aber die Gunst der Warnemünder Fischverkäuferinnen, schiffte mich am Kap der Guten Hoffnung mit der Fregatte August der Starke ein und gewann die Seeschlacht gegen den Piraten Schulze. Danach zog ich mich als personengebundener Spielmann des Fürsten Jaroslaw auf die Insel Rügen zurück, woselbst ich, kaum zwanzigjährig, einsam und von aller Welt betrauert, im Johanniterkloster zu Putbus die Schriften Emmerich Kálmáns ins Lateinische übertrug.

Man sieht, die Neigung zum Maritimen, einmal ins Kinderherz gesenkt, ist zählebig und kann einen schon über die Jahrzehnte hinweg begleiten. Wer die Karte meiner Heimatstadt und ihrer Umgebung betrachtet, wird mich begreifen. Überall blaue Flächen, Flecken, Streifen und Fäden. Rundherum ist es naß. Es gibt Seen, die Oberhavel, die Unterhavel, Kanäle, Bäche, Gräben, vollgelaufene Kiesgruben, Teiche und Tümpel. Über dreiunddreißig Brücken mußt du gehen, um allein die Gewässer im eigentlichen Weichbild der Stadt von allen Seiten zu sehen.

Zwischen der Luckenberger und der Jahrtausendbrücke lagen die Anlegestellen der vier Fahrgastschiffseigner, die sich laut Adreßbuch auch Dampferbesitzer nannten, wenn sie statt eines Dampfers nur ein Motorschiff besaßen. Das *nur* gebrauche ich subjektiv. Die Motorschiffe *Freya*, *Havelland*, *Sonnenschein II* waren ja technisch den jahrzehntealten Dampfern *Deutschland*, *Odin* und *Europa* um eine Generation voraus. Jene besaßen schon geschlossene und heizbare Passagierdecks, konnten also fahren, solange Fluß und Seen eisfrei waren. Die Dampfer hingegen hatten nur lose aufgebaute Sonnensegel und eine Art umlaufende Gitterreling, zwischen der die Bänke festgeschraubt wurden. Einen Ausschank wie auf den heutigen Motorschiffen der Weißen Flotte gab es nirgends. Das hätten sich die Besitzer der vielen Ausflugslokale, die von den Dampfern regelmäßig angelaufen wurden, sehr schön verbeten. Wahrscheinlich hätten sie eher die Stege vor ihren Bier- und Kaffeegärten abgerissen als solche fahrende Konkurrenz geduldet. Die Arbeits- und Profitteilung war streng abgegrenzt, und beide Seiten kamen zurecht.

Im letzten September habe ich mit meinen Eltern und Claudia eines der bedeutendsten Ausflugsziele meiner Kindheit besucht, mit dem Auto, nicht mit dem Dampfer. Es gibt keine Dampfer mehr auf unseren Seen, nur noch Motorschiffe der Weißen Flotte. Die haben den eigenen Mitropaservice an Bord, über den sich meine Eltern auf ihren Rentnerfahrten meistens die Platze ärgern.

Obwohl es ein freundlicher Spätsommertag ist, sitzen höchstens zwei Dutzend Gäste wie verloren unter den alten Bäumen des Kaffeegartens. Die Getränke müssen wir uns am Büfett selber holen und für die Biergläser Pfandgeld bezahlen.

Welcher Gast klaut schon sone angeknabberten Gläser? murrt Mutter.

Trink du ruhig auch 'n Bier mit! flüstert mir Claudia zu. Sonst schmeckts Vatern nicht. Ich fahr auch nachher.

Vater erinnert sich: Früher ließ der Pächter in jedem Frühjahr die Wege mit Kies bestreuen. Das sah ordentlich aus, und es staubte nicht so. Alle Tische und Stühle wurden frisch gestrichen. Zwischen den Bäumen hingen abends, wenn hier Tanz im Freien war, bunte Lichterketten. Ein Kellner stand immer auf Ausguck. Sah er die Rauchfahne eines Dampfers in der Ferne, ging hier das große Wirbeln los. Überall gab es Körbe mit Kaffeegeschirr. Kaum saßen die Ausflügler auf ihren Stühlen, da standen auch schon Bier, Weiße mit Schuß, Brause, Kaffee, Kuchen, Bockwurst mit Salat, Aal in Gelee mit Bratkartoffeln – je nach Wunsch – auf dem Tisch. Dahinten war der Kinderspielplatz. Und da – weißte noch: die Glucke aus buntem Blech? Da haste 'n Groschen reingesteckt, dann gackerte das Vieh und legte ein buntes Blechei, gefüllt mit kleinen Bonboneiern.

Und ob ich es noch weiß! In dieser Ausflugsgaststätte verkehrten wohl weniger die Fabrikbesitzer und andere Großkopfeten als vielmehr die Proleten aus den Brennaborwerken und die Jutespinnerinnen und die kleinen Angestellten und Gemüsehändler. Sicherlich hat der damalige Pächter genauso seinen Reibach gemacht wie die heutige HO-Gaststättenleitung. Der Pächter hatte nie die Chance, jemals Sieger im Sozialistischen Wettbewerb zu werden, doch in manchen Dingen, ich sags auch nur ganz leise, hinter der vorgehaltenen Hand, war die gute alte Zeit schon mal weiter als unsere neue, und wir wären gut beraten, wollten wir ab und zu ein wenig von ihr lernen. Aber ich will mich nicht in nostalgische Gedanken verlieren. Darum steige ich flugs in das Auto mit dem Berliner Kennzeichen und verzichte auf den Spaziergang am Seeufer hinter der Gaststätte, sonst müßte mir gleich das ohnehin nicht sehr schmackhafte Potsdamer Gebräu wieder hochkommen. Eines der schönsten Fleckchen der Umgebung, natürliches Naherholungsgebiet für die Arbeitenden der heutigen Stadt, ist bis zur Unkenntlichkeit verschandelt. Auf engstem Raum stehen die Buden, Baracken, Wohnwagen und Zelte aller möglichen Betriebe aus diesen und jenen Bezirken des Landes. Es sieht fast aus wie in einer Obdachlosensiedlung der zwanziger Jahre. Ich werde mich hüten, diese Örtlichkeit je im Hochsommer zu betreten. Gib Gas, Claudia! Den Kaffee trinken wir lieber in Vaters Garten und essen dazu Mutters selbstgebackenen Pflaumenkuchen.

Viele Jahre lang war ich so etwas wie Mitglied der Stammbesatzung auf unseren Dampfern, vom Frühling bis zum Herbst. Dann wurden die Passagieraufbauten entfernt, und die stolzen Dampfer mußten niedere Knechtsdienste als gewöhnliche Schlepper verrichten.

Meine Großmutter, dreiundsechzig Jahre älter als ich, war Rentnerin und hatte nichts zu versorgen als das der Baronin von Manteuffel abgemietete Zimmer am Altstädtischen Markt und ihren kleinen Enkelsohn. Wir beide machten uns das Leben so schön wie möglich, das heißt, wir fuhren Dampfer, wann immer es ging. Und es ging recht oft. Großmutter besaß eine Dauerkarte für zwei Reedereien und wurde von den Schiffseignern mit Handschlag begrüßt. Selbst wenn schon eine beachtliche Schar Fahrenslustiger am Salzufer oder am Spittaufer stand, wurden wir wie die Diplomaten am Grenzübergang an den gewöhnlichen Leuten vorbeigewinkt und betraten als erste das Schiff. War gutes Wetter, so nahmen wir auf dem offenen Vorderdeck unmittelbar hinter der Dampfermusik Platz. Die lebenden Musiker gehörten damals zum Dampfer wie heute das bierausschenkende Mitropapersonal zur Weißen Flotte. Die Kapelle bestand aus drei bis fünf Mann. Sie spielten je nachdem Trompete, Klarinette, Tuba, Posaune, Wald- oder Tenorhorn und waren die Stars des Schiffes. Für Stammgäste gehörte es sich, daß man den Musikern in der Ausflugsgaststätte eine Lage Bier oder Korn spendierte. Wie mir Vater gerade erzählt, rekrutierte sich die Dampfermusik aus dem Havelstädtischen Berufsorchester. Da hatten sich arbeitslose Musiker zu einer Art Genossenschaft zusammengefunden, die mit ihren Leuten öffentliche und Familienfeiern beschickte, Tanzveranstaltungen und Vereinsfeiern verschönte und auch dafür sorgte, daß auf den Dampfern kräftig geblasen wurde. Die Einnahmen kamen in einen gemeinsamen Topf und wurden am Monatsende geteilt.

Manchmal erscheinen mir die Dampfermusiker im Traum. Zuerst bringen sie ihre drei Tuten im leinenen oder ledernen Futteral an Bord. Dann hält ein Kombi am Salzufer. Sechs Techniker schleppen die Verstärkeranlagen auf das Vorschiff, vier riesige Lautsprecher, das Steuerpult, die Lichtorgel. Es ist kein Platz mehr. Sie müssen die Sitzbänke in die Havel schmeißen. Aufgeschreckt flattern die Schwäne davon. Immer neue Apparate werden aufgetürmt und verdecken dem Schiffsführer die Sicht. Plötzlich senkt sich der Bug des Dampfers *Odin*, das Heck steigt empor, ich klammere mich an den Schornstein und schreie: Aufhören! Da kommt der Heizer Krause und verfeuert den ganzen Koffer voll mit den Verträgen der Konzert- und Gastspieldirektion nebst den Fahrtkostenabrechnungen.

Nein, nein, es sind wirklich nur die drei Männer mit ihrem blanken Instrument, die sich da am Bug in Positur setzen. Der Schiffsjunge schiebt die zwei Meter lange Gangway an Land und stemmt mit seinem ganzen Körper das gewaltige Schiff vom Ufer ab, bis er waagerecht mitten über der Havel hängt. Obwohl ich das hundertmal erlebt habe, zittere ich jedes Mal von neuem. Wird es ihm diesmal gelingen, den Sprung auf den bereits ablegenden Dampfer zu schaffen? Jeder wird erraten, was mein nächster Berufswunsch ist. Alles Weitere spielt sich jetzt viel synchroner ab, als ich es schildern könnte. Der Dampfer tutet, und sämtliche Passagiere fahren zusammen, als vernähmen sie diesen Urlaut zum ersten Male. Der Maschinentelegraph klingelt, und der Dampferbesitzer, der olle Grüttge, murmelt ins messingne Sprachrohr: Steuerbord volle Kraft voraus, Backbord halbe Kraft rückwärts! Dampfer *Odin* muß mitten auf der Havel wenden, denn heute geht es zur Ausflugsgaststätte *Bollmannsruh.* Dampferbesitzer Stein hätte es einfacher, denn sein *Dampfer Deutschland* liegt am anderen Havelufer, also in Fahrtrichtung *Bollmannsruh.* Aber auch er muß eine halbe Stunde später wenden, denn *Deutschland* fährt heute zur *Plauer Schleuse, Odin* erst morgen, Abwechslung muß sein.

Aus dem Maschinenraum ertönt ein Stampfen. Ich beuge mich über die Reling. Mittschiffs fahren fauchend weiße Dampfstrahlen aus dem Rumpf. Bald werden sie in einen dicken Kühlwasserstrahl übergehen. Ich kenne das schon. Es sieht aus, als ob der dicke Belgerwallach von der Adlerbrauerei sein Wasser abschlägt. Auf der Jahrtausendbrücke drängen sich die Schaulustigen. Das Ablegemanöver eines Dampfers hat für einen Havelstädter nie etwas Alltägliches. Schließlich waren wir sogar mal Hansestadt. Nun setzt auch die Musik ein. Am Anfang wird immer das gleiche intoniert: *Wem Gott will rechte Gunst erweisen ...* Wir singen kräftig mit:

... den schickt er inne Wurschtfabrik.
Den läßt er vonne Wurscht abbeißen
und wünscht ihm guten Appetit.

Immer an dieser Stelle beginnt mir der Zahn zu tropfen, und ich blicke begehrlich auf Großmutters braunen Lederbeutel, aber die weist mich ab: Werscht ok warten kennen, bis wir aus der Stadt raus sind.

Ich renne mittschiffs. Wir müssen unter der Jahrtausendbrücke hindurch. Der Heizer zieht den Schornstein an einer Kette herunter. Das Schauspiel lasse ich mir nie entgehen. Gehorsam legt sich das gewaltige Rohr in die Horizontale. Dafür heben sich die Gewichte an seinem unteren Ende, die wie riesige Hämmer aussehen. Unheimlich qualmt es aus dem Stumpf, ehe sich der Schornstein hinter der Brücke langsam wieder aufrichtet. Großmutter schwatzt mit einer Bekannten. Ich brauche nicht brav auf meinem Platz zu sitzen. Ich bin ja hier zu Hause. Vorsichtig spähe ich in den Maschinenraum. Es riecht angenehm nach heißem Schmieröl. Maschinist Krause steigt die eiserne Leiter herauf. Er muß mal Luft schnappen. Ich bettle mit den Augen. Er versteht mich, nimmt mich vorsichtig auf den Arm und trägt mich hinunter in das Reich, das ich mit keinem Märchenwald vertauschen möchte. Alles hier ist aus Eisen oder aus blinkendem Messing. Die beiden Zwillinge: Backbordmaschine und Steuerbordmaschine. Sie müssen Maschinist Krause gehorchen. Er steht genau zwischen ihnen. Drückt er die beiden Hebel gleichzeitig nach vorn, so werden sie wütend und stampfen mit ihren langen Kolbenbeinen immer schneller. Drückt er die Hebel nach hinten, so beruhigen sich die Biester und werden langsamer. Ab und zu belohnt sie Maschinist Krause, indem er ihnen aus seiner Kanne einen Schluck Öl spendiert. Auf allerlei geheimnisvollen Uhren, die anders aussehen als die Uhr, die ich schon kenne, kann er ablesen, ob die beiden Ungetüme auch wirklich gehorchen und nicht nur so tun als ob. Der Heizer reißt eine eiserne Klappe auf. Wabernde Glut schlägt mir entgegen. Ich klammere mich an die schmierige Maschinistenjacke, wende aber gleich darauf voll ängstlicher Neugier den Kopf. Das da drin muß die Hölle sein. Ich wußte gar nicht, daß der Teufel so viele Feuerzungen hat. Der Teufel muß mächtigen Hunger haben. Eine Schaufel Kohle nach der anderen schmeißt ihm der Heizer ins Maul, dann macht er rasch die Klappe zu. Großmutter hat nie mit mir geschimpft, wenn mein weißes Kittelchen mit den gestickten Borten voller Ruß und Schmieröl war.

Großmutter wußte auch, daß ich nicht gern in den Ausflugsgaststätten am Kaffeetisch sitzen und mir das Gelaber der aalen Leite anhören mochte. Darauf stellte sie sich ein. Wir stiegen vom Dampfer ab und wanderten an die bewaldeten Strände. Ich durfte baden und auf die Bäume klettern wie ein kleiner Affe. Großmutter saß auf ihrem Reiseplaid, den Kneifer auf der Nase, studierte den Stadtanzeiger oder strickte mir neue Hosen oder einen neuen Pullover aus guter Wolle. Hatte ich mich ausgetobt, so gabs das Vesperbrot: Schrippen mit Butter und Schrippen mit Butter und Mettwurst, dazu aus dem Becher der Thermosflasche Kaffee, der für mich mit Milch verdünnt wurde. Ich habe nie wieder unterwegs so vortrefflich gegessen. Manchmal, wenn wir heutzutage auf einem unserer komfortablen Autobahnparkplätze picknicken – ohne nach rechts und links zu blicken allerdings –, schmecken die Wurstschrippen und der Kaffee aus dem Thermosflaschenbecher wenigstens so ähnlich wie damals am Ufer des Breitlingssees.

Nach dem opulenten Mahl aber kam die Arbeit. Großmutter und ich sammelten Kienäppel und dürre Äste. Die wurden in einen Beutel gestopft. Der Beutel wurde mit einer Schnur zugebunden und in das Reiseplaid gewickelt. Um das Reiseplaid wurde ein lederner Plaidriemen mit einem metallenen Griff geschlungen. Durch den Griff schob Großmutter ihren Krückstock, und den faßten wir jeder an einem Ende, wenn wir mit unserer Last dem Dampfer zustrebten. Es mußte ja niemand sehen, daß wir Feuerung gesammelt hatten. Ich glaube, Großmutter hätte sich das Brennholz auch kaufen können, aber wer in größter Armut aufgewachsen ist, wird zeitlebens ein sparsamer Mensch bleiben. Außerdem machte es uns beiden Spaß, von jedem Dampferausflug etwas mitzubringen: Brennholz, ein Eimerchen voll Brombeeren oder nur einen Strauß Kornblumen.

Abends, auf der Heimfahrt, war es kühler als am hellen Mittag. Nun hatten wir unseren Stammplatz über dem Maschinenraum, gleich neben dem Schornstein. Schläfrig döste ich vor mich hin. Meist fielen mir schon die Augen zu. Großmutter mummelte mich in ihr großes, graues Häkeltuch ein. Da konnte ich von innen her der Reihe nach alle zehn Finger durch die Löcher nach außen schieben und mir vorstellen, es wüchsen Mohrrüben – woran man sieht, daß ich ein Stadtkind war. Einmal schreckte ich heftig aus meinem Dämmerschlaf auf. Urplötzlich stand ein Gewitter über dem See. Sturmböen peitschten über das Wasser. Blitze zuckten, Donner grollte wie in Felsensteins Freischütz-Inszenierung. Der Dampfer stampfte und schlingerte. Frauen begannen zu kreischen. Gischtspritzer kamen über die Reling. Heizer und Schiffsjunge rollten die schützenden Persennings herab. Dann krachte es ungeheuerlich, und alle Angsthasen rannten trotz des Regens aufs Vorschiff. Im nahen Dorfe Kirchmöser hatte der Blitz in eine Scheune eingeschlagen. Knatternd und knisternd schlugen die hellen Flammen zum Himmel. Wer wollte sich dieses Schauspiel entgehen lassen? Noch ahnte keiner, daß in Bälde brennende Häuser zum deutschen Alltag gehören sollten.

Der Dampfer legt am Salzufer an. Die Musiker spielen als Dank an die Vorsehung, die uns vor dem Gewittertode bewahrt hat, noch ein beseeltes Abendständchen:

Guten Abend, gut Nacht,
mit Rosen bedacht,
mit Nelklein besteckt,
schlupf unter die Deck!
Morgen früh, wenn Gott will,
wirst du wieder geweckt.

Sehr sauber spielnse nich, bemerkt Rentner Flint, die hamse unterwejens zu ville Bier und Korn spendiert.

Mir ist das einerlei. Die wunderschöne Musik klingt noch nach, als wir mit unserer Kienäppelfracht den Altstädtischen Markt erreichen. Das Gewitter hat sich längst verzogen. Von unserem kleinen Balkon aus sehen wir, wie der Mond hinter dem Rathausturm hervorkrabbelt. Großmutter drückt mich an sich, was sie wohl in ihrem Leben höchstens dreimal getan hat, und sagt: an den Oabend werscht amal denken.

Sie hat recht behalten.

Auch als ich schon zur Schule ging, gab es noch hin und wieder Dampferfahrten für mich. Gleich nach dem Unterricht trabte ich zur Anlegestelle. Großmutter hatte mir das Mittagessen mitgebracht, in ihrem braunen Lederbeutel. Drei Exemplare des Stadtanzeigers und ein Handtuch hielten das Töpfchen warm. Ich durfte bei Maschinist Krause in der Kajüte essen und auch dort bis zur Abfahrt des Dampfers meine Schularbeiten machen. Dann war alles wie früher. Nur die Dampfermusik gabs nicht mehr. Der Trompeter blies vielleicht zum Sturmangriff auf die Maginotlinie. Der fingerfertige Klarinettist bediente in Jugoslawien ein Maschinengewehr. Der dicke freundliche Tubaspieler aber war als Heizer mit dem Schweren Kreuzer *Blücher* vor Norwegens Küste abgesoffen. 1943 wurde die Personenschiffahrt auf der Havel eingestellt, weil das deutsche Volk den totalen Krieg wollte.

Im Frühjahr 1945 schwamm das Wrack des Motorschiffs *Freya* vor der Jahrtausendbrücke kieloben auf der Havel.

Die Dampfer sind verschwunden. Irgendwann wurden sie im Zuge des technischen Fortschritts auseinandergeschweißt und verschrottet. Keiner hat daran gedacht, auch nur einen einzigen aufzubewahren, damit wir unseren Enkelkindern einmal zeigen können, wie ein richtiger Dampfer ausgesehen hat.

Nein, das stimmt nicht. Ein besessener Spinner hat den letzten Haveldampfer kurz vor dem Verschrotten aufgekauft, hat ihn liebevoll bis ins letzte Detail funktionstüchtig wieder hergerichtet. Noch im Vorjahr stand ich auf seinen Planken, bewunderte das blitzende Messing der Maschine, durfte die Schiffsglocke läuten. Der Besitzer wollte ein Gewerbe als Schiffsführer anmelden und seine Schlepperdienste der Binnenreederei anbieten. Er bekam zu spüren, daß man Traditionssinn nicht übertreiben soll. Noch ehe dieses Buch auf dem Ladentisch liegt, werden vermutlich die letzten Spanten des Dampfers *Nordstern* im Hochofen geschmolzen sein. Sollte ich zu pessimistisch gewesen sein, lasse ich mich gern zu einer Freifahrt einladen!

Kennt jemand das Gefühl: Du stehst an einer Reling und fährst an einer kleinen Bucht mit Weidenbäumen vorbei.

Dort baden Leute und winken dir fröhlich zu. Sofort möchtest du über Bord springen und zu den Leuten schwimmen, die dort unter den Weidenbäumen baden. Das Gefühl läßt sich umkehren: Du badest unter Weidenbäumen. Eine Sogwelle zieht das Wasser ein wenig vom Ufer ab. Dort, auf dem weißen Schiff, das in wenigen Minuten hinter der Flußschleife verschwunden sein wird, winken dir Leute fröhlich zu. Du winkst zurück. Viel lieber aber stündest du dort an der Reling, würdest den Leuten, die unter den Weidenbäumen baden, zuwinken und mit dem weißen Schiff hinter der Flußschleife eine neue Landschaft entdecken. In einem alten Kindervers heißt es:

Mein lieber Bruder Ärgerlich
hat alles, was er will.
Doch was er will, das hat er nicht,
und was er hat, das will er nicht.
Mein lieber Bruder Ärgerlich
hat alles, was er will.

Herr von Goethe hat das natürlich besser ausgedrückt:

Was ich besitze, seh ich wie im weiten.
Und was verschwand, wird mir zu Wirklichkeiten.

Aber es kommt nun mal aufs selbe raus. Kurz bevor der Krieg ausbrach, kaufte mein Vater ein gebrauchtes, aber guterhaltenes und schön geklinkertes Paddelboot. Da uns allen sein Name *Havelratte* zusagte, brauchte er nicht überpinselt zu werden. An einem Sonntag hell und klar stachen wir in See, das heißt, wir fuhren havelabwärts zur Mündung des Breitlingssees. Ganz vorn, zwischen den Schenkeln meiner Mutter saß ich, freute mich der Schwäne, Enten und Lietzen und träumte meine Piratenträume. Hinter Mutters Sitz kauerte mein Bruder Peter und streichelte arglos seinen Teddy. Ganz hinten im Cockpit thronte Kapitän und Steuermann Ewald und schnauzte seinen Schlagmann Lotte nur unwesentlich an, wenn sie mit dem ungewohnten Paddelgerät nicht zu Rande kam. Das Ganze ging gut, solange die See, sprich Havel, noch ruhig war. Gleich hinter dem kleinen Leuchtturm aber, wo der Fluß in den Breitlingssee mündet, benehmen sich die Wassergeister meistens etwas ungezogen. So trieben sie auch bei der ersten Ausfahrt der neuen Crew die Wogen kreuz und quer. Das Schiff begann heftig zu krängen und meine arme Mutter noch heftiger zu jammern. Erst jetzt erfuhr ich, daß sie des Schwimmens unkundig war – genauso wie mein Bruder und ich. Da ich Vater für einen erfahrenen Seebären hielt und ihm blindlings vertraute, hatte ich weder Angst noch die Vorstellung, unser Kapitän könne binnen weniger Minuten zum kinderlosen Witwer werden. Er rechtfertigte mein Vertrauen und zähmte hinfort seinen Leichtsinn. Meine Mutter hingegen zog keine Lehren aus jener Sturmfahrt; sie kann auch heute noch nicht schwimmen.

Die Ausflüge mit der *Havelratte* gehören zu den schönsten, sorglosesten Tagen meiner Kindheit. In meiner Erinnerung hat es nur ein einziges Mal schlechtes Wetter gegeben. Noch waren Donner und Blitz am Himmel natürlicher Herkunft. Vater steuerte unser Schiff unter den Steg des Buhnenhauses. Rund um uns rauschte der Regen in die Havel. Wir aber saßen in einem überdachten Hafen, und Vater erzählte uns Piratengeschichten. Eines meiner Lieblingsbücher hieß: *Der Admiral der roten Flagge* und war von einem Schriftsteller namens Reck-Malleczewen geschrieben, der, wie ich erst viel später erfuhr, mit den Nazis nichts im Sinne gehabt hatte und einer Konfrontation mit ihnen durch den Freitod entgangen war.

17. Jahrhundert. Auf der westindischen Insel Tortuga haben die Flibustier, kühne, freie Seeräuber, ihre Piratenrepublik errichtet und machen Jagd auf die spanischen Schiffe. Nach schwerem Beschuß entern sie die *Santa Maria.* Zwei junge deutsche Mitreisende, die Brüder Justus und Georg Owelglas werden gefangen, fügen sich aber, da ihnen nichts anderes übrigbleibt, ganz gut in die Welt der Piraten ein und nehmen an ihren Abenteuern teil,

ziehen schließlich selber die mit Stierblut (echtem, nicht dem gleichnamigen Wein aus der nordungarischen Stadt mit vier Buchstaben) gefärbten Hemden über, deren bloßer Anblick die Feinde in Schrecken versetzt.

Vater wurde für mich zum heldenhaften und gerechten Admiral de Graff. Ich selber war sein kühner wallonischer Lieutenant Lussan. Wir nahmen als Gute ein böses Ende. Deshalb war ich dann lieber Justus Owelglas, der den Schlamassel überlebte und in seine deutsche Heimat zurückkehren konnte.

Die Rolle des argen Gegenspielers, des Kapitän Morgan, hatte ich unserem Fleischermeister Schlichting aus der Großen Gartenstraße zugedacht, obwohl der nie von meinem privaten Besetzungsbüro informiert worden ist. Ich hatte bloß mal Vater sagen hören: Dieser Schlichting (übrigens ein echter Nazibonze) schreckt vor nichts zurück.

Wenn ich unser Viertel Leberwurst und Viertel Jagdwurst bei ihm kaufte, ließ ich mich weder durch sein joviales Grinsen noch durch die auf einem breiten Messer dargereichte Scheibe Landleberwurst korrumpieren. Ich starrte auf seine blutbefleckte Schürze und wußte mehr als er: Das ist er, Bloody Morgan. Bald wird er mit seinem Plündererzug die Kirchentüren Panamas aufbrechen, aber seine Goldgier soll ihm zum Verhängnis werden. Seine eigenen Leute werden ihm das heiße flüssige Gold in den Schlund gießen.

Unterdessen verläßt die *Havelratte* nur noch bei ruhiger See die Havelmündung. Nichts Bedeutendes geschieht. Der Ufersand knirscht, wenn Vater das Paddelboot in einer kleinen Bucht auf der Kanincheninsel an Land zieht. Mutter breitet eine Decke aus, auf der wir alle vier Platz finden. Es gibt Kartoffelsalat und kalte Buletten. Danach können wir baden oder Soldat spielen. Jeder Knüppel wird zur todbringenden Handfeuerwaffe, denn das heldenhafte Ringen um Deutschlands Weltgeltung hat begonnen. Gegen Abend fahren wir havelaufwärts. Zwischendurch legen Vater und Mutter die Paddel auf den Süllrand und lassen das Boot treiben. Es gibt – Entschuldigung, wenn ich mich dauernd beim Essen aufhalte, aber ich bin ein Kriegskind! – köstliche Stullen mit Eier- und Tomatenscheiben und kleinen Streifen von Matjesfilets, mit Schnittlauch bestreut, dazu grüne Waldmeisterbrause. Im Bootshaus Metz, wo nur Proleten und andere kleine Leute ihr Wochenendglück untergestellt haben, wird die *Havelratte* rücklings auf zwei hölzerne Böcke gelegt und sorgfältig geputzt, ehe sie in dem düsteren Bootsschuppen verschwindet. Mutter und mein müder kleiner Bruder fahren mit dem Rad schon heimwärts. Ich darf bei Vater bleiben. Der möchte gerne noch eine Pulle Bier trinken und eine Juno dick und rund rauchen. Der Bootshausbesitzer hat keine Schankkonzession, aber immer ein paar Kästen Bier in seinem Büro. Von den Wassersportlern wird ihn keiner verpfeifen.

Wie ich später erfuhr, gabs unter ihnen sogar heimliche Kommunisten. Nun wird die Weltlage erörtert. Leider weiß ich noch nicht, daß ich einmal ein Buch über diese Zeit schreiben werde, sonst würde ich besser die Ohren spitzen. Ich sammle die abgebrannten Streichhölzer und treibe sie wie Schustertekse mit Metzens Hammer in die Dielenritzen.

Am Himmel leuchten schon sämtliche Sternbilder – ich kenne aber nur den Großen Wagen –, als mich Vater auf den Kindersattel setzt. Die Nacht ist kühl. Vater mummelt mich in die Decke ein, auf der vor vielen Stunden noch die ganze Familie gesessen hat. Vater ist anders als sonst. Vielleicht liegt das daran, daß Bootshausbesitzer Metz den Männern immerzu die Gläser aus einer großen Flasche mit wasserheller Flüssigkeit gefüllt hat. Auf den paar Kilometern Heimfahrt gehen wir mehrfach zu Boden. Ich falle weich, es macht mir nichts. Vater drückt mich immer wieder an sich: Mein lieber, lieber kleiner Junge, sagt er, und wenn er mich an sich drückt, riecht sein Atem anders als sonst, später wernse mal sagen, dein Vater hätte schlauer sein und den janzen Mist rechtzeitig merken müssen, aber wat solln wir beede denn machen? Ick weeß et doch ooch nich.

Als wir endlich, vermutlich gegen Mitternacht, etwas dreckverschmiert, unser Domizil, die Zweizimmerwohnung in der Kleinen Gartenstraße, erreichten, saß meine Mutter aufrecht im Bett, sprang flugs wie eine wütende Katze meinem Vater an den Hals. Ich verkroch mich, ohne meine Sachen abzulegen, ins Kinderbett, das gleich neben dem kakaofarbenen Kachelofen stand. Eine der Kacheln hatte einen Sprung. Wenn man genau hinsah, erblickte man das Flugzeug, das ich mitten über dem Beetzsee hatte abstürzen sehen. Lieber sollte das Flugzeug noch einmal abstürzen, als daß Mutter so laut mit Vatern zackerierte.

Heute weiß ich, daß Mutter im Recht war, aber damals geriet Vater gerade infolge dieses Kraches bei mir in den Rang der Gottähnlichen. Von unserer frommen Nachbarsfrau Gränzer wußte ich immerhin, daß der Herr Jesus um der Gerechtigkeit willen viel Unrecht hatte erleiden müssen.

Mit dem Krieg um Deutschlands Weltgeltung begannen die Versorgungsschwierigkeiten. Der Admiral der roten Flagge vertauschte vorausschauend das Steuer mit dem Spaten, wurde landseitig seßhaft und erwarb zu meinem Unbehagen einen Kleingarten. Die *Havelratte* träumte im Bootshaus Metz von besseren Zeiten, während mein Bruder und ich aus Vaters frischumbrochener Scholle die Peeden genannten Unkrautwurzeln ziehen und mit dem Handwagen voll Karnickelmist durch die Stadt trotten mußten.

Die *Havelratte* hat ein unrühmliches, aber zeitgemäßes Ende genommen. Irgendein Kleingärtner hat die inzwischen morsch gewordenen Klinkerplanken in seinem Kanonenofen verheizt.

In meiner Fahrenschronik gibt es ein Loch bis zum Jahre 1949. Wer jetzt aufhorcht, den muß ich enttäuschen. Die Gründung einer Republik nahmen wir zur Kenntnis, nun ja, ein neuer Propagandatrick der Russen und Kommunisten auf dem Wege zu einer einheitlichen gesamtdeutschen Republik, die ja über kurz oder lang kommen mußte.

Ich aber trat in den Ruderklub unserer drei Oberschulen ein mit dem Vorsatz, ein echter Wassersportler zu werden. Zufällig besitze ich noch das Paßbild, das ich mir zu jenem Anlaß besorgen mußte. Das soll ich mal gewesen sein? Ein bleicher, hohlwangiger Knabe mit blondem Haar, dem noch immer die umgearbeitete Uniformjacke des Nazipimpfen paßt? In den Spiegel von einst starrt verblüfft ein bärtiger Glatzkopf.

Wir hatten damals einen rudersportbesessenen Mitschüler, nur wenig älter als wir selber. Der schwang sich zum Trainer auf und schaffte es, daß etliche Meistertitel in der Jugend- oder Juniorenklasse – so genau weiß ich das nicht mehr – an den kleinen Ruderclub unserer drei Oberschulen fielen.

Mir selber machte das Rudern ungeheuren Spaß, aber ich litt an einem Makel, der noch heute angehende Spitzensportler scheitern läßt: ich war zu klein geraten und brachte nicht die erforderlichen Hebel auf den Rollsitz. Einmal durfte ich bei einer internen Regatta als Steuermann im Riemenvierer fungieren. Ich brüllte zwar wie ein Ochse, versteuerte aber vor lauter Begeisterung, brachte meine Mannschaft um den sicheren Sieg und mußte meine Laufbahn als Rennruderer ruhmlos beenden. Das wurmte mich ungeheuerlich.

Allein in meiner fünfzehnköpfigen Abiturklasse gab es drei DDR-Meister im Rudern, zwei DDR-Meister im Kanusport und einen Landesmeister im Boxen. Ich durfte zwar hin und wieder, wenn gerade mal ein Boot frei wurde, zu einer Spazierfahrt mit auf den Plauer See rudern, aber ich fühlte mich ausgeschlossen – das Wort frustriert kannte man noch nicht – und zog mich zurück, um mit anderen Aktivitäten auf mich aufmerksam zu machen. Ich setzte mein Schiff, das ich nicht hatte, auf Sand, auf märkischen natürlich, wurde dem Wasser auf eine Zeit untreu und betätigte mich in meiner Freizeit nur noch landseitig, indem ich das Wandern zu Fuß und per Rad neu erfand. Innerhalb unserer FDJ-Schulgruppe gründete ich eine Art Wanderverein und gab ihm sogar einen eigenen Namen: *Roland – Arbeitsgemeinschaft für Heimatkunde.* Die Kreisleitung des Jugendverbandes stand dieser Unternehmung skeptisch, ablehnend, vor allem aber ratlos gegenüber, denn so richtig offiziell wurde das Wandern erst etwas später wieder gesellschaftsfähig.

Unser bedeutendstes Vorhaben war ein sechzehntägiger Fußmarsch durch den Thüringer Wald im Sommer 1950. Da sich der Verdacht nicht von der Hand weisen ließ, wir siebzehn Jungen und Mädchen wollten uns für diese Zeit der politischen Realität entziehen, nahm auch der FDJ-Sekretär der Schule an der Tour teil und unterwies uns des Abends in fast jedem der dreizehn Wanderquartiere zwischen Rudolstadt, Friedrichroda, Eisenach und Weimar in der wahren Lehre, so daß wir am Ende der Reise nicht nur von Schlössern und Burgen, Schluchten und Höhlen, Gipfeln und Tälern schwärmten, sondern auch die Prüfung zum Abzeichen für Gutes Wissen ablegen konnten. Nun hatten wir gewissermaßen Stalins Marschallstab im Tornister. Aber selbst der half uns wenig. Während es der steinerne Schutzpatron, der Roland meiner Heimatstadt, inzwischen auf ein reichliches halbes Jahrtausend gebracht hat, war unserer Wandergruppe nur eine kurze Lebensdauer beschieden. Die FDJ-Kreisleitung wurde uns Sektierern gegenüber immer unduldsamer, und das Abitur rückte näher. Eine ungünstige politische Beurteilung hätte sich ungut auf den weiteren Lebensweg ausgewirkt. War es Einsicht, Vorsicht oder Opportunismus? Ich erklärte die Arbeitsgemeinschaft für aufgelöst und tauchte mit meinen treuesten Anhängern in der Sektion Natur- und Heimatfreunde des Kulturbundes unter. Dort konnten wir offiziell weiterwandern und wurden sogar wegen unserer gesellschaftlichen Aktivität gelobt.

Man mag heute über uns romantisch angehauchte Natur- und Geschichtsschwärmer lächeln oder die Nase rümpfen. Das haben damals schon genug Gleichaltrige getan. Wir kletterten auf Berge und Kirchtürme und lernten auf Tausenden Kilometern Wegstrecke viel Schönes von unserem Land und seinen Bewohnern kennen. Dabei lebten wir nach heutigen wissenschaftlichen Erkenntnissen überaus gesund. Zigaretten, Bier und Schnaps waren verpönt. Tonträger waren nicht Kofferradio noch Recorder, sondern unsere eigenen Kehlen. Wir sangen mit der nämlichen Begeisterung Ännchen von Tharau wie die neuen Jugendlieder.

Im Regal neben meinem Schreibtisch steht das inzwischen vergilbte (da auf stark holzhaltigem Nachkriegspapier gedruckte) Liederbuch der FDJ LEBEN SINGEN KÄMPFEN, herausgegeben vom Zentralrat im Jahre 1949 . . .

Du hast ja ein Ziel vor den Augen,
damit du in der Welt dich nicht irrst,
damit du weißt, was du machen sollst,
damit du einmal besser leben wirst.
Denn die Welt braucht dich genau wie du sie.
Die Welt mag ohne dich nicht sein.
Das Leben ist eine schöne Melodie!
Kamerad, Kamerad, stimm ein.
Allen die Welt und jedem die Sonne.
Fröhliche Herzen, strahlender Blick.
Fassen die Hände Hammer und Spaten.
Wir sind Kameraden, schmieden das Glück.

Dieses Lied mit den Worten von Louis Fürnberg gefiel mir am besten, und trotzdem hatte ich, wie man noch sehen wird, kein klares Ziel vor den Augen, nur ein sehr unbestimmtes, und damit stand ich in jenen Übergangsjahren nicht allein. Allen die Welt und jedem die Sonne – das verstand ich. Einmal besser leben – das wollten wir alle, die Eltern, die Lehrer, sogar Onkel Oswald und Tante Trudchen, Oma und Opa Muschert. Das Leben ist eine schöne Melodie – so empfanden wir es, wenn wir durch die bunten Wälder trabten und das Knurren unseres Magens mit Gesang übertönten.

Ich erzähle selten von meiner Wanderburschenzeit. Die Atmosphäre von damals ist für die heutigen Achtzehnjährigen nicht mehr nachvollziehbar. Wollte man so einen Stoff auf Leinwand oder Bildschirm bringen, so könnte das Grinsen oder Unbeteiligtsein ernten. Wenn ich mit jungen Leuten rede, höre ich immer wieder den Vorwurf: Was kriegen wir denn von der Welt zu sehen? Wir möchten auch mal nach . . . na ja, die Wünsche sind da unterschiedlich. Wer betuchte Eltern hat, war vielleicht sogar schon mal am Baikalsee oder wenigstens in Nessebar. Dennoch kann ich mir die Frage nicht verkneifen: Und was kennt ihr von unserem Land? Da war die Klassenfahrt nach Wurzen und der FDGB-Urlaub in Kühlungsborn, die Besuche bei den Großeltern in Malchin, na, und sonst fahren wir mit den Eltern auf die Datsche.

Landschaft und Burgen und Dome liefert das Fernsehen frei Haus; es weckt neue Sehnsüchte nach fremden Ländern und befriedigt sie gleichzeitig ein wenig, aber nicht ganz.

Bei den Weltfestspielen 1973 debattierte auf dem Alex eine Gruppe junger Leute im Blauhemd mit einem Journalisten von der anderen Seite des Großen Flusses. Die Jugendlichen legten sich heftig ins Zeug, wollten sich ihren Sozialismus von dem da nicht schlechtmachen lassen. Der aber zielte mitten auf den wunden Punkt: Und ihr würdet nicht einmal nach Paris fahren, den Eiffelturm, den Louvre, den Montmartre, die Champs-Élysées sehen wollen?

Da trat ein Glatzkopf dazwischen. Seinen Bauch umspannte das Blauhemd, das er offenbar schon 1951 getragen hatte: Wir haben überhaupt kein Bedürfnis, uns diese Welt von vorgestern anzusehen. Unsere französischen Klassenbrüder haben auch andere Sorgen, wenn es um den Kampf ums Dasein geht.

Der Vertreter der Welt von vorgestern ward nicht mehr gesehen. Aber auch unsere jungen Friedenskämpfer hatten es eilig, zur nächsten Freilichtbühne zu gelangen.

In seinem wunderschönen, weisen Buch *Der Laden*

kommt Erwin Strittmatter immer wieder auf die sogenannten Belehrer zu sprechen. Sie haben – manchmal wohl in bester Absicht – viel Porzellan zerschlagen. Einige von ihnen waren seelisch gespalten.

Als fünfundzwanzigjähriges BGL-Mitglied fuhr ich mit meinem damaligen Verlagsleiter unser Kinderferienlager im Harz inspizieren. Zu der Zeit hatten Verlagsleiter noch einen Repräsentationsfonds für alle Gelegenheiten. Nachdem unser literarischer Oberhirte pflichtgemäß den Kleinchen die Köpfe getätschelt hatte, suchten wir das Dorfwirtshaus auf. Der heitere Teil des Abends begann. Ich versuchte, mich in dem Kreis der gestandenen Männer – Verlags-, Lager- und Wirtschaftsleiter – zu behaupten, indem ich nach der dritten Runde Weinbrand ebenfalls einen schweinischen Witz erzählte, aber den kannten sie schon. Außerdem waren sie längst bei einem anderen Thema angelangt. Es hatte sich herausgestellt, daß der Milchnudelboß des Ferienlagers und mein Chef zur selben Zeit bei – war es Woronesh, St. Malo, Narvik oder Monte Cassino – gelegen hatten. Ihre Augen glühten vor Begeisterung. Das Bier schwappte über, wenn die Geschützeinschläge ihrer Fäuste auf den Tisch krachten. Ich stand auf und ging zur Tür.

Wo waren wir stehengeblieben? Von meiner Fahrenszeit wollte ich berichten. Noch immer in meiner Oberschulzeit betrat ich die Planken eines Schiffes, der O-Jolle meines Schulfreundes Joachim. Er brachte mir die Grundbegriffe des Segelns bei. Endlich war es soweit, daß ich selber Schot und Pinne führen durfte. (Ich nehme an, man sagt so.) Kapitän Joachim war neben dem Schwertkasten eingedöst, als ich den stolzen Einmaster allein durch die tückischen Wogen des Havelgemündes zu steuern versuchte. Dort wäre ich, wie man sich erinnert, vor Jahren um ein Haar mit Mann und Maus, Vater, Mutter und Bruder abgesoffen. Da ich nun hinter dem Großsegel (O-Jollen haben nur ein

Großsegel, glaub ich) saß, übersah ich den Zehnerkanadier einer Betriebssportgemeinschaft, rammte ihn mit unserem Bugspriet (oder heißt es Vordersteven?) mittschiffs und knickte ihm etliche Spanten. Man stelle sich so eine Kollision vergleichsweise zwischen zwei Autofahrern vor! Aber Wassersportler sind da anders. Die jungen Kanuten nickten verständnisvoll: Kann ja vorkommen.

Bestürzt gab ich ihnen meine Adresse. Auf die Schadenersatzforderung warte ich noch heute. Geknickt waren nicht nur die Spanten, mein Selbstgefühl als Sonntagssegler war es noch mehr, und ich beendete auch diese Laufbahn.

Im Sommer 1953, ich lebte schon zwei Jahre in Berlin, bekam ich aus meiner Heimatstadt das Angebot, als Leiter der Gruppe Junge Historiker an der vierzehntägigen Havelexpedition teilzunehmen, die vom Haus der Jungen Pioniere veranstaltet wurde. Meinem Brötchengeber, dem Universum-Verlag, wußte ich überzeugend klarzumachen, daß es sich um eine wichtige gesellschaftliche Arbeit handelte, und ich erhielt die ersehnte Freistellung zum zweiwöchigen Zusatzurlaub. Mit Faltbooten und selbstgebauten plumpen Kähnen – *Admiral Nachimow* und *Admiral Ushakow* – paddelten wir eine Tagesreise lang zu unserem Zeltlager an einem kleinen See. Wir, das waren drei Dutzend Pioniere im zarten Alter von zwölf bis vierzehn Jahren, einige hauptamtliche Pionierleiter, älter als ich, und der Herr Hilfsredakteur des namhaften Universum-Verlages, nämlich ich. O was war ich für ein arrogantes Bürschlein! Was hatte ich diesen tumben Pileis nicht alles voraus: meine profunden Kenntnisse der Ortsgeschichte, erworben in Volkshochschullehrgängen von dem (wenn auch nur lokal) berühmten Ortshistoriker, der schon meine Mutter im Fache Heimatkunde unterrichtet hatte, mein Abitur und meine Parvenühaltung als frischgebackener Hauptstädter. (Dabei besaß ich nicht mal eine Zuzugs-, sondern nur eine Aufenthaltsgenehmigung!)

Obendrein mußte sich auch noch ein Reporter des Berliner Rundfunks in unser Expeditionslager verirren und mich als einzigen Sachkundigen interviewen, wie denn das Volkslied vom Fritze Bollmann entstanden sei. (Meine Auslassungen wurden auch tatsächlich gesendet.) Kein Wunder, daß mir der Kamm schwoll. Den Forschungsplan des Pionierhauses für meine Gruppe erklärte ich kurzerhand für Blödsinn. Ich sags auch nur ganz leise: Er war tatsächlich von wenig Sachkenntnis getrübt. Mein Gegenplan, mit dem ich die mir unterstellten Pioniere begeisterte, hätte mich zumindest in einem Punkte vor den Kadi führen können: Wir unternahmen – ohne das Landesamt für Denkmalspflege zu fragen – archäologische Ausgrabungen an einem vorgeschichtlichen Ringwall, fanden etliche Scherben, Knochen und verkohlte Holzreste. Die Funde ließ ich schlechten Gewissens wieder eingraben und baute mit meinen Pionieren das Modell des alten Ringwalls am Seeufer auf.

Jeder der drei Forschungsgruppen – Botaniker, Zoologen und Historiker – stand es frei, eine Sonderexpedition zu unternehmen.

Wir fuhren die Seenkette abwärts bis in die Nähe des Dorfes K. und schlugen auf einer Uferwiese unsere Zelte auf. Mein Forschungsziel war die Dorfkirche. Erst in der Dämmerung zogen wir mit mehreren Bootslaternen los.

Ich hatte dem Küster den Schlüssel abgeschwatzt. Im düsteren Kircheninneren hielt ich den Pionieren einen kurzen Vortrag über die Willkür der bösen Adelsherren, zeigte ihnen das kostbare Marmorepitaph, das sich der Gutsherr um das Jahr 1600 auf Kosten seiner geknechteten Leibeigenen hatte errichten lassen.

Und nun, ich kam zum Höhepunkt meiner Ausführungen, werdet ihr gleich sehen, was aus dem feudalen Unhold geworden ist.

Vorsichtig bewegte ich an einer bestimmten Stelle das Kirchengestühl. Dahinter erschien ein schwarzes Loch.

Die Bootslaternen! ordnete ich an. Dann ließen wir uns vorsichtig in die Familiengruft hinab. Schweigen. Nur einige Zahnreihen klapperten. Aber keiner meiner Pioniere wollte feige sein. Drunten standen einige verstaubte Särge.

Franz, sagte ich und trat an den größten der Särge, faß mit an! Franz wurde später Offizier unserer Handelsflotte und war schon mit vierzehn ein unerschrockener Mann.

In dem Sarge lag eine unappetitliche Mumie, die nicht viel besser aussah als der legendäre scheußliche Ritter Kahlbutz zu Kampehl in der Mark, der einst einen sogenannten Reinigungseid geschworen hatte, er wolle im Grabe nicht verwesen, wenn er einen ihm angelasteten Totschlag oder Mord begangen habe.

Im Mondschein wanderten wir zum Zeltplatz zurück. Die Pioniere fanden unser Abenteuer schau und Klasse oder wie damals die euphorischen Modewörter hießen. Vor den Zelten erwartete uns etwas ungehalten der Lagerleiter. Ich kannte ihn schon, als er zu meiner Pimpfzeit Jungzugführer gewesen war. Er hatte nicht zu den Scharfmachern gehört. Deshalb war ihm auch das antifaschistische Umlernen nicht schwergefallen. Eines aber besaß er nicht: Phantasie. Vor unserem Ausflug in das Reich der Feudalgespenster, den er nur mürrisch tolerierte, hatte er im Feldwebelton eine markige Ansprache an die Truppe gehalten: Nachtwachen seien aufzustellen. Er habe genau ausgerechnet, daß auf jeweils zwei Personen, also einen Doppelposten, eindreiviertel Stunden fielen. Jeder Posten habe nach seiner Wache den nachfolgenden Doppelposten zu wecken, zu melden, ob es etwaige Vorkommnisse gegeben habe, und sich auf dem Schlafplatz der soeben Geweckten zur Nachtruhe zu begeben. Ich nahm den Befehlshaber zur Seite: Ist doch Quatsch, laß die Kinder schlafen!

Wer ist hier der Lagerleiter! schnauzte er mich an. Hier herrscht Ordnung und Disziplin!

Gelernt ist gelernt. Vielleicht war das auch eine zentrale Pionieranweisung. Ich legte mich auf einen freien Platz im Zehnmannzelt.

Als ich gerade träumte, daß mich der mumifizierte Ritter zum Duell auf schwere Säbel herausfordert, weckt mich Franz, der nachmalige Seemann, und murmelt gähnend: Keine besonderen Vorkommnisse.

Ich wünsche meinem Lagerleiter eine lästige Hautkrankheit an den Hals und krieche im Trainingsanzug aus dem Zelt. Hundewache nennen die Seeleute die Wache zwischen zwei und vier. Meine Partnerin ist ausgerechnet Vera. Immer wenn ich in einem Kreuzworträtsel auf den Begriff *vollausgebildetes Insekt* stoße, muß ich an Vera denken. Vera ist die jüngere der beiden Pionierleiterinnen, ein wahres Imago an Weib, langbeinig, vollbusig, dazu die hohen Wangenknochen der alten Wenden, in deren Ringwall wir gestern noch geschnüffelt haben.

Da hab ick aber Glück, du kleener Professer, sagt sie lächelnd und breitet eine Decke auf der feuchten Wiese aus. Mit dir wollt ick ma schon lange mal unterhalten, mehr so als Mensch zu Mensch, wenn de mir verstehst, Mensch.

Kleener Professer ist eine Unverschämtheit. Vera kann höchstens zwei Jahre älter sein als ich. Ich setze mich auf den äußersten Rand der Decke.

Krauch ma int Zelt und hol noch eene, sagt Vera. Det kann ziemlich kühl werden.

Der Wunsch einer Dame, selbst wenn ich sie für ein Imago halte, ist mir Befehl, zumindest nächtlicherweile. Galant lege ich Vera die Decke um die Schultern. Nee, sagt das vollausgebildete Insekt, da mußte mit drunter und mir wärmen, sonst wird mir schudderig.

Mir ist, ehrlich gesagt, selber schon etwas schudderig. Man soll die sogenannten lauen Sommernächte nicht überschätzen.

Wir kuscheln uns aneinander, aber nur weil uns schudderig ist. Du bist ne komische Nudel, sagt Vera. Wie ick hörte, da kommt son echter Redakteur mit, da dacht ick wunder wat. Aber du interessierst da ja bloß for Leichen, wenn se schon mausedot sind.

Mir wird etwas unbehaglich zumute. Vera hat sich meinen rechten Arm gegriffen und ihn ein wenig um ihren Oberkörper herumgelegt. Ich weiß nicht so recht, wohin mit der Hand. Das Imago weiß es besser. Erschrocken stelle ich fest, daß unter der Trainingsbluse nichts ist, nein, das stimmt nicht, da ist schon was. Rasch ziehe ich die Hand zurück. Ich glaube, da ist Beträchtliches. Nein, ich will nicht. Vor zwei, drei Jahren hätte ich gern gewollt, aber da durfte ich in einschlägigen Situationen nicht. Jetzt bin ich kein flatterhaftes Wesen mehr. Ich bin verlobt, und zwar mit Rapunzel, der Titelfigur des Buches, das ich dreißig Jahre später schreiben werde.

Ich mache mich los und springe auf. Vera, wir müssen einen Kontrollgang ums Lager machen. Ich glaube, ich habe verdächtige Geräusche gehört!

Sie kriegt mich an der Hand zu packen. Mann, kannst einen ja richtig Angst einjagen. Horch mal, wie det Ding kloppen dut!

Gehorsam lege ich ihr die Hand aufs Herz und lausche verstört in mich hinein. Wetten, daß meins viel lauter klopft?

Da unten hörste nich richtig, flüstert das verdammte Imago. Faß mal 'n bißken höher!

Wenig später bin ich davon überzeugt, daß es doch eine laue Sommernacht ist. Vera streichelt mein noch volles Haar. 'n kleenet Dusseltier biste, sagt sie zärtlich, 'n Spinner. Ob de wirklich mal Professer wirst, wer weeß det? Aber een Rat jeb ick dir, jeh immer feste ans Leben ran, wie Stalin jesagt hat oder Karl Marx, ick hab ja man ooch bloß 'n janz kleenen Kopp und merk mir nich allet so jenau. Mit schlauet Jerede kommste nich weit, du mußt immer jenau in denselben Moment wissen, ob wat richtig is oder verkehrt. Im Herbst scheuchense ma uff de Fakultät, und denn soll ick studieren. Da kann ick dir später mal den janzen Zinnober wissenschaftlich bejründen. Komm, mein kleener Professer, wenn ick erst ne Studierte bin, hab ick womöglich Hemmungen!

Vera und ich wecken einige Zeit später die Anschlußwache und melden guten Gewissens die Unwahrheit: Besondere Vorkommnisse – keine! Dann betten wir uns irgendwo im Zehnmannzelt zur Ruhe. Uns trennen gegenwärtig mindestens drei schlafende Pioniere und der schnarchende Lagerleiter. Das Imago seufzt leise, ich denke an den herrlichen Schmetterling, wie er aus der Larvenhülle kriecht.

Plötzlich schreit eine Jungenstimme: Der Admiral Nachimow is geklaut und zwee Paddeln ooch noch!

Wir fahren hoch. Der Lagerleiter weckt die Mannschaft, läßt sie vor dem Zelt antreten. Dicht am Ufer liegen unsere Boote. Das Eigenbaupaddelboot, der Stolz des Pionierhauses, das Flaggschiff, fehlt. Sämtliche Wachen werden befragt. Keiner hat verdächtige Geräusche gehört. Alle haben pflichtgemäß ihre viertelstündlichen Kontrollgänge unternommen. Maßnahmen! Eine Bootsmannschaft paddelt zum Hauptlager. Vielleicht wollten die unsere Wachsamkeit auf die Probe stellen. Eine zweite Mannschaft fährt in die Stadt und verständigt die Wasserschutzpolizei. Der Rest der Truppe sucht die Umgebung ab. In der Morgendämmerung finden wir unser Boot wieder. Es liegt wenige hundert Meter entfernt mitten im Lager der benachbarten Segelsportler. Kleinlaut tragen wir *Admiral Nachimow* und die beiden Steckpaddeln zurück.

Unser Lagerleiter steht vor uns, die Hände in die Seiten gestemmt, und scheißt uns zusammen: Ihr Hornochsen, ihr Schlafmützen! Der Sozialismus verlangt wachsame Junge Pioniere, die imstande sind, ihr Vaterland und auch ihre Boote zu schützen. Ausgerechnet *Admiral Nachimow*! So haltet ihr den Gedanken der deutsch-sowjetischen Freundschaft hoch, ihr Kalbsköppe!

Vera drückt mir verstohlen die Hand.

Gleich darauf kommen zwei junge Männer ins Lager, zwei von den Seglern nebenan. Mitten in unseren Appell platzen sie hinein. Jugendfreund, sagen sie respektlos grinsend zu unserem Lagerleiter, du mußt schon entschuldigen, aber wir haben gestern abend gehört, wie du deine Pferdchen mit dem Gerede vom Wachenaufstellen scheu gemacht hast. Du bist vielleicht ein guter Politnik, aber von Wassersport hast du keinen Dunst. Mußte dir für die Zukunft merken, Jugendfreund: Unter Wassersportlern wird nicht geklaut. Deshalb haben wir dir den Streich gespielt.

Kurzer Blick auf eure Wache. Die zitterten und bebten gerade vor Angst unter ihrer Decke – und schon haben wir euern Panzerkreuzer Potemkin in einen neutralen Hafen entführt. Wachsamkeit, Genossen!

Das anerkennende Grienen für diesen Streich verging unserer Mannschaft bald. Der Lagerleiter brüllte, daß die märkische Heide wackelte. Er drohte mit Ausschluß von allen künftigen Unternehmungen des Pionierhauses, und da geschah es, daß sich die Gefühle umkehrten. Rache an den gemeinen Seglern! lautete die Parole. Ich mußte mir was einfallen lassen, und auf den Einfall bin ich längst nicht mehr stolz. Wir entdeckten, daß die Segler in gebührender Entfernung von ihren Booten im nahen Wäldchen einen gemeinschaftlichen Abtritt errichtet hatten. Die Anlage war ebenso einfach wie praktisch. Zwischen zwei dürre Kiefernstämme war ein Ast als Sitzbalken genagelt und dahinter eine Grube ausgeschachtet worden. Unser infamer Terrorakt bestand darin, daß wir das Querholz mittels eines Beiles ein wenig lockerten, so weit, daß es nur bei voller Belastung nachgab. Eine halbe Stunde später schifften wir uns ein, um zum Hauptlager zurückzukehren.

Schon am frühen Abend des nämlichen Tages, es war etwas windig geworden, blinkte nicht nur ein einsam Segel an unserem Horizont. Die komplette spanische Armada umkreiste unseren See, und es hätte mich nicht gewundert, wäre eine Breitseite nach der anderen auf unser kleines Expeditionslager herniedergeprasselt. Aber ein wenig hatten wir doch aus der markigen Standpauke unseres Lagerleiters gelernt: Wachsamkeit. Folglich waren zu dieser schönen Abendstunde weder Zelte noch Junge Pioniere am Seeufer auszumachen. Tarnung ist alles. Am besten wußten sich das Imago und ich zu tarnen. Wir lagen auf einem Heuboden und beschäftigten uns unter anderem mit der Frage, ob echte Wassersportler, die niemals klauen, der Rache fähig seien.

Später erfuhr ich, daß die korpulente Gattin eines havelstädtischen Geschäftsmannes und Jollenkreuzerbesitzers das bedauernswerte Opfer unseres primitiven Anschlages geworden ist.

Sind Segler rachsüchtig? Ich weiß es bis heute nicht. Ich bin nie bis in die geheimnisvollen Tiefen der Seglerpsyche vorgedrungen. Bei Jägern kenne ich mich ein bißchen aus (wozu schon einiges gehört), auch bei Chirurgen, Klempnern, Schauspielern und Funktaxifahrern. Aber Segler? Das sind für mich so was wie Freimaurer oder Ballettsolisten oder gar Magier.

Dabei haben Claudia und ich jedes Jahr Gelegenheit, am 8. August einschlägige Studien zu treiben. Da macht alljährlich der Mitarbeiter eines bekannten Berliner Kabaretts mit seinem Segelboot namens *Gaukler* im Jachthafen der Insel Hiddensee fest, um seinen Geburtstag zu feiern. Dazu sind wir permanent eingeladen. Einmal waren wir so unvorsichtig, der Einladung gegen Abend zu folgen. Das Segelschiff lag mit seinem Vordersteven (sagt man so?) etwa anderthalb Meter vom Steg entfernt. Auf den ermutigenden Zuruf hin ließ ich mich mit meinem vollen Gewicht waagerecht fallen, griff in irgendwelche Wanten und rettende Arme, um endlich an Bord gehievt zu werden. Vier Stunden lang hielten wir uns an einem halben Becher Rotwein fest, da uns die Zwangsvorstellung beutelte, wir müßten auf ähnlich waghalsigem Wege die Brigg – oder war es ein Schoner? – wieder verlassen. Wir waren die einzigen Nichtsegler an Bord und verstanden kein Wort von der überaus heiteren Unterhaltung, ließen es uns möglichst wenig anmerken und waren heilfroh, als wir des Steges feste Planken wieder unter unseren zitternden Füßen spürten. Seitdem haben wir uns angewöhnt, unsere Gratulationscour immer schon am zeitigen Vormittag zu machen und ernsthaft zu verkünden, ein Gläschen Apfelsaft täten wir mitnichten abschlagen. Segler werden uns ein ewiges Rätsel sein. Was machen beispielsweise die Leute auf dem Vollschiff *Gaukler*, die vier Kästen Bier aus der Plicht (oder heißt es Getränkelast?) geleert haben und mal müssen?

Ich war eben nie ein richtiger Segler. Wohl aber habe ich

mich eine Zeitlang als solcher gefühlt. Ich besaß ein eigenes Boot und war Kapitän und Steuermann in Personalunion. Nun ja – der Wahrheit die Ehre –, ich besaß das Boot nur zur Hälfte. Die andere gehörte Rapunzel, und damit komme ich endlich zur wichtigsten Gestalt dieses Buches. Wie das mit uns beiden angefangen hat und weitergegangen ist, werde ich in einem der folgenden Kapitel berichten.

Rapunzel war genauso alt wie ich und hatte im selben Sommer das Abitur bestanden.

Rapunzel hieß laut Personalausweis Luise Annegrete Agathe Hartrampf. Luise war als Rufname unterstrichen. Ihr langes naturblondes Haar, das sie zuerst in Schnecken, später als Mozartzopf mit schwarzer Samtschleife und schließlich als Pferdeschwanz trug, hatte ihr zu dem Spitznamen aus dem Märchen der Gebrüder Grimm verholfen. Sie war das schönste, anmutigste und lieblichste weibliche Wesen in der Havelstadt, nein, im gesamten damaligen Land Brandenburg – da dulde ich noch heute keine Widerrede von ehemaligen Mitschülern und vor allem Mitschülerinnen.

Drei Jahre nach dem Abitur lebten wir beide – vorwiegend jeder in seiner eigenen Behausung, wie es sich amtlich gehörte – in der großen, uns immer noch kühl und fremd anmutenden Stadt Berlin und waren zunächst heimlich, dann aber mit elterlichem Segen verlobt und trugen gar ein gülden Ringelein, Schatz, an unserm Fingerlein.

In diesem Frühsommer schwebte ein Gewitterwölkchen über unserem minniglichen Himmel: Fast jeden Abend stritten wir miteinander, was wir mit unserem diesjährigen Urlaub anfangen sollten. Luise wollte mit mir eine Radtour durch die deutschen Lande jenseits des Großen Flusses unternehmen. Das war damals noch möglich und nicht sehr problematisch, wie man im letzten Kapitel des Buches lesen kann. Ich aber legte mich quer, hatte keine Lust, in den Westen zu fahren. Ein bißchen hing das mit meiner Funktion als FDJ-Sekretär des Universum-Verlages zusammen. Der Kanzler Adenauer hatte den sogenannten Alleinvertretungsanspruch verkündet und uns gleichsam zu einem zoffjettzonalen Misthaufen degradiert, den keiner als Land anerkennen dürfe. Auf dem IV. Parteitag der SED war erklärt worden, die Verträge von Bonn und Paris seien das größte Hindernis für die Wiedervereinigung Deutschlands. Noch galt die Losung *Deutsche an einen Tisch!* Verwirklicht werden sollte sie durch die Aktionseinheit der Arbeiterklasse in Ost und West. Solche Vorstellungen hatten wir einmal. Unterdessen genoß der größte Teil der westdeutschen Arbeiterklasse die Annehmlichkeiten ihres Wirtschaftswunders und scherte sich einen Dreck darum, daß dem alten Mann in Bonn die Wiederbewaffnung seines Teilstaates viel wichtiger war als die Einheit unseres Vaterlandes. Dahin sollte ich reisen?

Ein Jahr später dachte ich anders. Das Bewußtsein ist ein wunderlich Ding. Hat es was zu tun mit dem, was man im Kreuzworträtsel der *Berliner Zeitung* als Gleichwort für Psyche erfragt? Oder soll man es mit einem Computer vergleichen? Wer programmiert ihn? Vermag er seine Fehlleistungen selber zu korrigieren? Muß man ihn zur Annahmestelle für Sekundärrohstoffe bringen, wenn ein neues Modell im Handel angeboten wird? Mögen die Soziologen und Gesellschaftswissenschaftler darüber weiterstreiten.

Luise erzählte mir unvorsichtigerweise, sie habe auf einer Tagung den Direktor des Burgmuseums Ulenstein kennengelernt und sei von ihm eingeladen worden, ihren Urlaub – wenn es sein müsse, auch mit Anhang – auf der Burg im Harz zu verbringen. Und nun ich mit meinem Burgentick, den ich bis heute nicht abgelegt habe!

Weißt du noch, sagt Luise, als wir uns nach einem halben Menschenalter wiederbegegnen, wie wir uns damals gestritten haben, daß die Fetzen flogen? Einer war immer intoleranter als der andere.

1954 beendete ich den Streit durch einen überraschenden Kompromiß: Im Alleingang erwarb ich im Sportgeschäft Unter den Linden ein zweisitziges Faltboot der Marke PAX und in der Buchhandlung am Bahnhof Friedrichstraße das Wasserwanderbuch für die Gewässer der Deutschen Demokratischen Republik. Da ich in meinem winzigen Untermieterzimmer keinen Platz hatte, deponierte ich das zunächst nur aus einem länglichen Beutel und einem Rucksack bestehende Faltboot in der Gepäckaufbewahrung des Bahnhofs Friedrichstraße. Dann überrechnete ich mein spärliches Vermögen, das ich als Hilfsredakteur des Universum-Verlages zusammengekratzt hatte, betrat noch einmal das Sportgeschäft und kaufte – so kaputt und so kaputt – als Zubehör eine Spritzdecke und einen Mast samt Segel, einen sogenannten Treiber.

Ich hatte mir schon was gedacht bei meinem Alleingang. Luise war zur Oberschulzeit eine begeisterte Wassersportlerin gewesen, Schlagmann des Doppelvierers, der einen DDR-Meistertitel erobert hatte. Komm auf die Schaukel, Luise, auch wenn es nur ein Gummikreuzer ist!

Bis zu unserem Urlaubsbeginn verblieb uns genau noch eine Woche. Luise fiel mir lautlos um den Hals; daran hatten wir uns der sittenstrengen Wirtsleute wegen gewöhnt. Keine Rede mehr davon, Adenauers mit reaktionärem Ungeist vergiftete Coca Cola schlürfen zu wollen. Was den Ulenstein betraf, so hegte ich meine Hintergedanken, behielt sie aber erst mal für mich.

Wir studierten die Wasserwanderkarte, entschieden uns für den mittleren Norden und gerieten alsbald wieder in erbitterten Streit. Luise meinte, die Fahrt müsse in Lindow beginnen, ich aber plädierte für Rheinsberg. Das lag daran, daß ich damals Tucholsky bedeutender fand als Karl Marx, Thomas Mann und Johannes R. Becher zusammen.

Der Streit war noch nicht mal entschieden, als wir am ersten Urlaubsmorgen die Halle des Bahnhofs Friedrichstraße betraten.

Damals gelangte man noch auf eine recht einfache Art nach Oranienburg. Man stieg zu einem Kellerbahnsteig hinunter, von dem damals auch eine S-Bahn abfuhr. Sie kam von Süden her aus den Westsektoren, überquerte die Grenze zwischen zwei Welten am Potsdamer Platz, verirrte sich noch einmal fahrplanmäßig südlich des Gesundbrunnens in die Welt des Kapitals, erreichte aber schließlich doch jene Kreisstadt, die eindeutig zum Bezirk Potsdam der Deutschen Demokratischen Republik gehörte. Auf dem dortigen Fernbahnhof verluden wir uns und unser nicht geringes Gepäck zur Weiterreise nach Löwenberg, wo das Abenteuer laut Tucholsky seinen eigentlichen Anfang genommen hatte. Genau wie Wölfchen und Claire mußten wir dort umsteigen. Dabei waren wir uns noch immer nicht einig, wo nun unsere Paddeltour beginnen sollte. Luise entschied den Streit höchst eigenmächtig, indem sie auf dem Bahnhof des Landstädtchens Lindow den Kleinbahnzug verließ und fröhlich ausrief: Endstation, alles aussteigen!

Brummend folgte ich ihrer Aufforderung. Der Stationsvorsteher hob die Kelle, und der Zug fuhr weiter – nach meinem Traumziel Rheinsberg. Und wo blieb das Faltboot?

Im Gepäckwagen natürlich. Der Mann mit der roten Mütze belehrte uns gemessen, daß laut Beförderungsvorschrift der Reisende die Pflicht habe, Gegenstände, die auf einer sogenannten Fahrradkarte befördert würden, eigenhändig auszuladen. Heute kommt kein Zug mehr aus Rheinsberg. Der Rotmützige will sich aber dafür einsetzen, daß wir gleich morgen früh die Beförderungsgegenstände hier auf dem Bahnhof in Empfang nehmen können, eigenhändig, versteht sich.

In einem kleinen alten Gasthof bitten wir um Quartier. Schlafen in einem Zelt, so verworfen sind wir schon lange, aber schlafen in einem Hotelzimmer, das hatten wir noch nicht. Selbstverständlich zwei Einzelzimmer, sage ich mit belegter Stimme. Der Wirt mustert mich wie ein mißgestaltetes Kind und knurrt: Wenn Se ooch noch Ansprüche stellen wollen . . .

Er drückt mir einen Schlüssel in die Hand, der an das Segment eines Röhrenknochens gebunden ist; vermutlich hat er dem preisgekrönten Zuchtbullen von Lindow gehört. Beklommen schleichen wir uns in das Zimmer. Auf der Waschkommode stehen Wasserkanne und Schüssel. Über dem Doppelbett hängt in ovalem Rahmen ein fliegenbeschissener Druck: Im Grase spielt ein blondes Kind, ein Kranz in seinen Locken hing. Sein Antlitz war so zart und fein, so zart und fein wie Elfenbein.

Mir kommt das Wort Lebensbund mit drei Buchstaben in den Sinn. Ich mag dieses Wort noch heute nicht, obwohl ich inzwischen zum zweiten Male verheiratet bin. Hier in Lindow denke ich verstört und gar nicht so richtig jungverliebt: So also wird das einmal aussehen. Eheliche Pflichten! Das haste nun davon!

Ich liebe Luise heiß und innig, in unserem preisgünstig erworbenen Vorkriegszelt, im Untermieterzimmer trotz des lauschenden Wirtinnenohrs an der Wand, im Wald und auf der Heide (der märkischen, versteht sich). Aber hier?

Wenn das meine Mutter wüßte, sagt Luise beklommen.

Diese Vorstellung gab mir den Rest.

Die Nacht in Lindow verlief ohne besondere Vorkommnisse.

Am nächsten Tag sah die Welt schon wieder anders aus. Wir liehen uns vom Wirt einen Handwagen aus, um unsere unbeschädigt aus Rheinsberg zurückgekehrten Bootsfragmente an den nächsten Wasserlauf zu transportieren. Bedauerlicherweise hatte ich die Bauanleitung für das Faltboot, das laut Hersteller auf den Namen *PAX* hörte, in Berlin liegenlassen. Im vorigen Jahrhundert prägte ein Schriftsteller namens Friedrich Theodor Vischer den Begriff *Tücke des Objekts*. Ein Mann auf Reisen, auch einer, sucht seine Brille. Listig hat sich das boshaft funkelnde Subjekt vor ihm versteckt. Als er es endlich findet, läßt er es fallen, verkündet das Todesurteil und zermalmt die Brille mit seinem Stiefelabsatz.

So etwa war mir zumute, als es uns nach vierstündigen Bastelversuchen noch immer nicht geglückt war, den Inhalt von Bootsrucksack und Stabtasche zu einem schwimmfähigen Faltboot zusammenzufügen. Es gelingt mir selten, Menschen zu hassen, selbst wenn sie es verdient hätten. Niederträchtige Gegenstände aber vermag ich aus tiefster Seele zu verfluchen.

Ich will meinem Vorsatz treu bleiben und mir alle nostalgischen Schwärmereien verkneifen. Folglich werde ich nicht verraten, daß dies eine meiner schönsten Urlaubsreisen war.

Vergeblich krame ich in den Schränken. Die alte Wasserwanderkarte ist verschollen. Ich weiß aber genau, daß neben dem daumenlangen Schlänglein, Rheinsberger Rhin genannt, der ausdrückliche Hinweis stand: Nur stromab befahrbar! Damals mißachteten wir neben Verbotsschildern auch wohlgemeinte Hinweise, übersahen sogar die fünf oder sechs winzigen Harken, die der Kartenmacher jeweils quer über das Wässerchen eingezeichnet hatte. Sie bedeuteten aber, daß uns der Rhin nicht wehrlos zu begegnen gedachte. Jedesmal mußten wir Zelt, Luftmatratzen, Wassertank, Proviant und Decken ausladen und den fünfeinhalb Meter langen PAX über glitschige Steinböschungen oder durch Brennessel- und Brombeergestrüpp um das Wehr herumtragen, auf der anderen Seite wieder einsetzen und alles neu verstauen.

Eigentlich hätte uns diese zweitägige Rhinfahrt bis Rheinsberg eine Lehre für unser fürderes Leben sein können: Wer mutwillig gegen den Strom schwimmt, kommt nur beschwerlich ans Ziel und hat schließlich seine besten Kräfte verausgabt.

Ließen wir auch nur einen Atemzug die Paddel ruhen, so trieb uns die Strömung geschwind zurück. Immer wieder saß das Boot auf seichtem Grunde fest. Einer zumindest, und das war ich als Steuermann, mußte aussteigen, das Schiff höchst unseemännisch an der Leine ziehen wie einen widerborstigen Köter. Schon hinter der nächsten Flußwindung stand mir das Wasser im wahrsten Sinne bis zum Halse. Ein wenig entschädigte uns für solche Mühsal der ungewohnte Anblick von Rehen, Fischreihern und Kranichen. Manchmal, wenn ich des Abends auf die Luftmatratze sank, hatte ich gerade noch die Stärke zu murmeln: Rapunzel, Rapunzel, laß dein Haar herunter!

Tage später erwischte uns auf der Müritz ein Unwetter. Über dem Städtchen Röbel zog es herauf, ein riesiges, blauschwarzes Wolkengebräu wie aus der Wetterpfanne der Seehexe. Vom flachen, ungeschützten Westufer her kam der Sturm herangejagt und versuchte, uns auf den offenen See hinauszutreiben. Grelle Blitze am nachtfinsteren Himmel erhellten die grausliche Szenerie, wie ich sie bisher nur von rissigen Ölschinken über irgendwelchen Sofas kannte: Schiff in Seenot.

In stetem Wechsel peitschten der Regen und die abgerissenen Gischtfetzen der meterhohen Müritzwellen unsere Gesichter. Nur gut, daß ich die Ausgaben für das Spritzdeck nicht gescheut hatte. Mit vollgeschlagenem Boot hätte es kein Entrinnen gegeben. So aber bemühten wir uns mit nahezu animalischer Anstrengung, die Wellen zu schneiden und den Abstand zum Ufer, das wir irgendwo in der Dunkelheit vermuteten, nicht anwachsen zu lassen.

Später bin ich noch mindestens zweimal, wenn auch auf andere Art, in lebensgefährliche Situationen geraten. Ich zähle mich nicht zu den besonders mutigen Menschen, aber immer wieder habe ich festgestellt, daß man nicht eine Spur von Angst empfindet, wenn das, wovor man sich fürchtete, plötzlich da ist. Besteht man den Kampf, so haben die Knie erst hinterher Zeit zu zittern.

Damals, auf der Müritz, kam mir nichts anderes in den Sinn als die Ballade *Der Lotse* von einem Herrn Giesebrecht, die wir in der Schule hatten lernen müssen.

Siehst du die Brigg dort auf den Wellen?
Sie steuert falsch, sie treibt herein
Und muß am Vorgebirg zerschellen,
Lenkt sie nicht augenblicklich ein.

. . . .

Jetzt schießt es aus dem Klippenrande:
„Links müßt ihr steuern!" hallt ein Schrei;

Kieloben treibt das Boot zu Lande,
Und sicher fährt die Brigg vorbei.

Voll Übermut brüllte ich die Verse gegen das Sturmgetose, während mein Schlagmann zeigte, was er im Rudersport an Kraft und Ausdauer gewonnen hatte. Wir brauchten den wackeren Lotsen namens Kieloben nicht, wir trieben unser Boot selber zu Lande. Unvermittelt, wie es gekommen war, verzog sich das Unwetter, den Müritzsee in aufgewühlter Gemütsverfassung hinterlassend. Hinter dem Schlosse Klink schafften wir es gerade noch, den PAX auf den Ufersand der kleinen Bucht zu ziehen. Dann sanken wir mitten auf der regennassen Wiese in den tiefen Schlaf völliger Erschöpfung. Ich erwachte erst, als ich schnaufendes Atmen über meinem Gesicht spürte. Entsetzt fuhr ich auf: Ich war mitten in der Hölle gelandet. Mit schwarzem Gesicht grinste mir der Gehörnte leibhaftig entgegen. Rapunzel! schrie ich angstvoll und schämte mich im selben Augenblick. Es war niemand anders als ein friedlich grasender Schafbock, der mich in Schrecken versetzt hatte.

Da wir im Müritzstädtchen Waren nicht gut auf dem Marktplatz zelten konnten und auch kein Hotelzimmer fanden, erlaubte uns ein freundlicher Süßwasserkapitän, auf seinem kleinen Motorschiff zu übernachten. Es würde am frühen Morgen voller Passagiere über die Müritz nach Mirow fahren, und bis dahin müßten wir uns davongemacht haben. Ach ja, und noch was: Irgendwann käme ein Musiker an Bord, wir sollten uns nicht erschrecken, der spielte in der Stadt zum Tanze auf und würde nur sein Instrument unterstellen für die morgige Überfahrt.

Wir machten es uns mit Luftmatratzen und Decken auf den Bänken der Fahrgastkabine bequem und tranken – sehr gegen unsere Gewohnheit, aber mit steigendem Genuß – an die zwei Flaschen guten einheimischen Apfelweins. Darüber verging die Zeit, und es war schon lange dunkel, als wir mittschiffs ein kräftiges Fluchen und Poltern hörten. Es war nicht der Klabautermann, sondern der angekündigte Tanzmusiker. Eine kräftige Schnapsfahne wehte ihm voran, und er hatte Mühe, sein ungefüges Instrument, eine Baßgeige, hinter sich herzuzotteln.

Wir halfen dem Künstler schleppen und kamen mit ihm ins Gespräch. Hochmütig lehnte er unseren dargebotenen Becher Apfelwein ab, zog eine Flasche Weinbrand-Verschnitt aus dem Trenchcoat und nahm einen kräftigen Schluck. Dann rülpste er in Herz-As-Dur und setzte zu einer Rede an, indes er uns finster musterte: Ihr seid also die jungschen Springer – hick! – mit dis komische Gummiboot . . .

Blaues Boot im Sonnenschein
und dann zu zwein,
ganz allein mit dir auf einer Insel sein . . .

Ham wir heute mündestens zehnmal gespielt. Hört sich aufm Baß etwa so an: Dum-dadum dadumtumtum – hick! Der Baß – he, ihr! Wißt ihr überhaupt, was 'n Baß is? Dis wichtigste vom ganzen Orchester, die Seele, versteht ihr. Schon der große – Dingsda – Goethe spricht von des Basses Grundgewalt. Ohne Baß ist der größte Dirigent – hick! – nischt als 'n Pfeifenwichs mit 'n ganz kleines Stöckchen, versteht ihr, ihr Milchgesichter? Kennt ihr den Witz, wo ein Bassist nach dreißig Dienstjahren von seiner letzten Vorstellung nach Hause kommt und sein Instrument mitbringt und wie seine Frau – also die macht auf, sieht den Baß und fragt erschrocken: Was schleppst du denn da mit dir rum? Wo haste denn die Riesengeige her? Nee, kennt ihr nich, erzähl ich morgen. Ein Baß kann alles – hick –! er kann schimpfen, lachen und weinen – und was kann euer beschissenes Gummidingsda?

Da ritt mich der Teufel: Schwimmen zum Beispiel, und genau das kann Ihr Baßdingsda nicht.

Der Maestro sah mich mehr hoheitsvoll als verblüfft an und legte Luisen die feingliedrige Virtuosenhand auf die Schulter: Schönes Kind, jener Jüngling, so will mich bedünken, glaubt nicht an die Allmacht der Kunst!

Luise schüttelte mit ernster Miene den Kopf: Schwimmen kann auch ein Kontrabaß mitnichten!

Er erhob sich, nahm einen weiteren Schluck und erklärte mit Grabesstimme: Mein Baß kann alles! Wetten? Er streckte ihr die Hand entgegen. Ich stupste Rapunzel in die Seite und zischte: Laß den Quatsch!

Sie aber zwinkerte mir zu und nahm die Hand des Musikanten: Topp! Die Wette gilt! Eine Flasche Schnaps, wenn der Baß wirklich schwimmt!

Mir war die Sache nicht geheuer, aber unter dem Einfluß des Apfelweins empfand auch ich einen prickelnden Spaß.

Ein zweifaches Striptease begann.

Rapunzel schlüpfte aus dem Trainings- und in ihren Badeanzug, während ich dem Bassisten half, das Instrument aus seinem leinenen Anzug zu schälen. Von wegen, meinen Baß kleinmachen, is ja schließlich keine Bratsche, murmelte der Musiker.

Glücklicherweise war der Bord des Motorschiffes ziemlich niedrig. Luise sprang mit einem Kopfsprung in den Warener Hafen. Über den Türmen des alten Städtchens stand der Mond, spiegelte sich auf der stillen Wasserfläche und beleuchtete unser nocturnes Scherzo. Vorsichtig ließ ich die Baßgeige ins Wasser plumpsen und warf ein Paddel hinterher.

Als ich sah, daß Luise Mühe hatte, den umgedrehten Baß zu besteigen, sprang ich ebenfalls ins Hafenbecken. Zusammen zogen wir das Instrument dicht ans Ufer. Dort setzte sich Rapunzel rittlings auf den Kontrabaß und paddelte, ohne die Balance zu verlieren, eine Ehrenrunde. Dazu sang sie das schöne Lied vom blauen Boot im Sonnenschein.

Der Maestro hing über der Reling und begleitete den Gesang: Dum-dadum dadumtumtum – hick! – ein Baß kann alles! Eine ganze Flasche, mein Engelchen!

Bist du verrückt geworden? flüsterte ich, als wir den Baß an Land trugen. Wir drehten ihn nach allen Seiten. Gluckernd entwich das Wasser.

Was muß der Kerl so 'ne große Klappe haben! sagte sie trotzig, aber ganz wohl war ihr auch nicht mehr.

Wir schleppten das triefende Instrument wieder an Bord. Sein Besitzer lag auf einer Bank und schnarchte in fis-Moll. Ein Versuch, ihn zu wecken, scheiterte.

Still und heimlich, wie die Diebe in der Nacht, stahlen wir uns mit unserem PAX von Bord, paddelten ans jenseitige Ufer und verbrachten die wenigen Stunden bis zum Morgengrauen aufrecht im Boot sitzend, geschüttelt von der nächtlichen Kühle, der Ernüchterung und einem schlechten Gewissen.

Falls jener Kontrabassist noch leben und diese Zeilen lesen sollte: Schadenersatzansprüche aller Art dürften verjährt sein. Da aber Spiel- und Wettschulden als Ehrenschulden gelten, bin ich bereit, ihm die ehrlich gewonnene Flasche Weinbrand-Verschnitt unverzüglich zuzusenden.

Bald darauf endete unsere Fahrt in Plau am See. Ich hatte mächtig auf Tempo gedrückt und unser Gummidingsda in zwölf Tagen durch fünfundzwanzig Seen gesteuert. Unser Urlaub war noch nicht zu Ende. Wir nahmen den PAX auseinander und schickten ihn per Bahnfracht in seinen Heimathafen. Dann stiegen wir in den Zug und begaben uns, so wie wir waren, auf kürzestem Wege zur Burg Ulenstein in den Harz. Doch wird davon noch an anderer Stelle zu berichten sein.

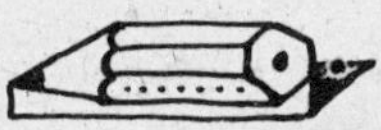

Nachdem es für mich kein Rapunzel mehr gab, unternahm ich, jeweils mit einem anderen Schlagmann, noch zwei große Urlaubsfahrten mit dem PAX. Eine davon wurde zu einer richtigen Seereise und führte mich längs der Ostseeküste, an der Insel Hiddensee entlang, bis zum Kap Arkona, aber es war nicht mehr wie damals.

Im Jahre 1959 trat ich in den heiligen Stand der Ehe und beschloß, fürderhin ein rechtschaffenes Leben zu führen. Meine Erstgeheiratete hat so viele Vorzüge, daß ich noch heute den Hut vor ihr ziehe, aber der Sinn für das Maritime war ihr nicht gegeben. So verkaufte ich kurzerhand das schöne Faltboot – an unseren Familienspion Benno und habe es seitdem nie wiedergesehen.

Keine dreißig Jahre alt, saß ich zuweilen am Ufer des Breitlingssees und betrachtete voller Wehmut die jungen Leute in den Ruder- und Paddelbooten. Vorbei, verweht, nie wieder ... So etwa muß den greisen Fahrensleuten zumute sein, wenn sie auf der Warnemünder Mole stehen und die Frachter aus Übersee einlaufen sehen. Ein kleiner Triumph aber bleibt mir. Das große Fernweh habe ich mit Erfolg auf meinen Sohn vererbt. Mit seinen dreiundzwanzig Jahren kennt er die Häfen von Hamburg und Bremen, von Rouen und Leixos, von Lagos und Luanda – nicht nur aus Träumen wie sein Vater, sondern als Vollmatrose der Seereederei. Jedes Abenteuer hat seinen Preis. Nun muß er erst noch ein paar Jährchen studieren, sich mit Thermodynamik und Elektronik herumschlagen, ehe er wieder die bewußte Handbreit Wasser unterm Kiel und die Schiffsplanken unter seinen Füßen haben darf.

Ein bißchen neidisch bin ich schon.

Ob ich ein braver Schüler war

Als wir fünfzehn Abiturienten im Sommer 1951 die Schule verließen, gelobten wir einander, uns alljährlich wiederzutreffen. Das hielten wir durch – zumindest zehn Jahre lang. Meistens versammelten wir uns, mal mit, mal ohne Anhang bei Pudding – so nannten wir den Wirt des kleinen Cafés dicht an der Schule. Der eine oder andere von uns war dort ohnehin Stammgast, denn der verständnisvolle Pudding hatte in der Großen Pause auch mal ein schnelles Bier ausgeschenkt.

Nun saßen wir wieder an den runden Marmortischchen, tranken Bier und ärgere Sachen nunmehr ohne Gewissensbisse, erzählten einander die neuesten Witze und Gerüchte und sangen voller Inbrunst unsere alten Lieder – auch noch auf den zu später Stunde verödeten Straßen unserer Heimatstadt, was uns einmal eine Ordnungsstrafe wegen nächtlicher Ruhestörung einbrachte. Wir randalierten, mit den Jahren immer pflichtgemäßer und im übrigen völlig wirkungslos, unter dem Fenster einer einst wenig beliebten Lehrerin, zogen weiter vor das Haus unseres alten Deutsch- und Lateinlehrers Dr. Kelling und sangen mehrstimmig, in fehlerlosem Latein, daß es uns vorbestimmt sei, in der Kneipe zu sterben. Einmal trat der alte Herr im Schlafrock auf den Balkon, hielt eine lateinische Ansprache, von der wir kein Wort verstanden, und forderte uns in deutscher Sprache auf, in seinem Arbeitszimmer noch ein Glas Wein mit ihm zu leeren. Verklemmt saßen wir auf Stuhl- und Sesselkanten und beantworteten wie ehedem seine Fragen mit einem vollständigen Satz. Noch immer hatte der Gestrenge Macht über uns. Etwas kleinlaut gingen wir nach Hause und sangen fürderhin nicht mehr unter seinem Balkon. Als Endzwanziger merkten wir wohl endlich, daß wir diesen Kindereien entwachsen waren. Der Teilnehmerkreis war ohnehin arg zusammengeschmolzen.

Erst zum fünfundzwanzigsten Jahrestag des Abiturs wagten einige ehemalige Mitschüler einen neuen Anlauf und luden die anderen, deren Anschriften sie zum Teil mühsam ermittelt hatten, zu einem neuen Klassentreffen ein.

Mittvierziger. Midlife crisis. Mitleidkrise.

Studium. Noch eine Qualifizierung und noch eine. Beförderung. Orden. Zusätzliches Fernstudium. Figur rückt vor bis auf Feld zwanzig. Ehescheidung. Parteiverfahren. Geh zurück auf Feld zwölf. Ein Würfel, auf dem es nur Einsen zu geben scheint. Endlich eine Sechs. Beförderung. Orden. Das Grundstück. Interview in der Aktuellen Kamera. Endlich oben. Bisher hast du nur nach vorn geschaut. Jetzt wird es riskant. Jenseits des Gipfels führt der Pfad steil abwärts. Also blick lieber zurück, bewundere deinen schwierigen Aufstieg und suche mit dem Fernglas wehmütiger Erinnerung das liebliche Tal der Jugend zu schauen, aus dem du dich einst zum Weg auf den Gipfel begeben hast.

Wir versammelten uns, mit Ehefrauen, soweit vorhanden, vor der Schule, wurden vom Direktor, der als einziger von unseren damaligen Lehrern noch im Amte war, begrüßt und durch die Räume von einst geführt. Höflich heuchelten wir Erstaunen über die diversen wissenschaftlichen Kabinette, an die damals nicht zu denken gewesen war. Mittlerweile kannten wir so was längst von unseren Kindern. Vertraut schien uns nur noch jene eigenartige Geruchsmischung von Bohnerwachs und Schülerangstschweiß, die wohl nie aus deutschen Schulen verschwinden wird. An der Ecke betrieb noch immer Pudding sein schäbiges und doch so gemütliches Etablissement, das man in den zwanziger Jahren Café Röckchenhoch genannt hatte. Wir gönnten uns nur einen sehnsüchtigen Seitenblick und begaben uns, teils zu Fuß, teils im eigenen Wagen, in den Grünen Salon des Altstädtischen Rathauses, um an festlich gedeckter Tafel das vorbestellte Menü einzunehmen: Soljanka – Steak mit Champignons und Pommes frites, gem. Salat – Spezialeisbecher Fritze Bollmann.

Eine leise, peinliche Verlegenheit schwebt über dem Diner und mischt sich mit dem unausstehlichen Backölgeruch der Pommes frites. Die Gattinnen, von denen kaum eine die andere kennt, fühlen sich unbehaglich und mustern verstohlen Garderobe und Umfang der Mitweiber. Wie kann die bei ihrer Figur diesen unmöglichen Fummel tragen? Dabei soll der Mann ein Schweinegeld verdienen! Ihm sieht mans auch nicht an. Und das soll früher mal so ein Hirsch gewesen sein? Schönen Dank! Möchten Sie noch von der Sauce? Nein, wir fahren diesmal nach Sotschi, Schwarzes Meer, wissen Sie?

Eigentlich gehören die Frauen nicht hierher. Sie werden nur herumgereicht und vorgeführt. Es sind nicht ihre Erinnerungen.

Nach dem Essen beginnt der gesellige Teil. Als ehemaligem Vertrauensschüler obliegt es mir traditionsgemäß, die

Schüler nach der alten Sitzordnung aufzurufen. Jeder gibt seine berufliche Stellung, den Familienstand und die Anzahl der Kinder an. Man hat es durchweg zu etwas gebracht. Dort sitzt der Institutsdirektor, neben ihm der Architekt, der unter anderem mehrere Postämter erbaut hat, ihm gegenüber der Rechtsanwalt, der sogar schon mal Bezirksstaatsanwalt war und immer noch der Neue genannt wird, weil er erst vor sechsundzwanzig Jahren zu uns stieß. Auch einen promovierten Biochemiker hat der Jahrgang gezeitigt und zwei Lehrer und zwei Ingenieure, dazu einen namhaften Sporttrainer. Der ist aber gerade unterwegs nach Montreal. Wenn er zurückkehrt, wird er mit Stolz auf das Dutzend olympische Medaillen weisen, das die Ruderer unseres Landes gewonnen haben.

Drei von fünfzehn damaligen Abiturienten weilen nicht mehr unter uns, nicht daß sie das Zeitliche gesegnet hätten, nein, sie sind in das Land jenseits des Großes Flusses übergesiedelt. Von einem wissen wir wenigstens, was aus ihm geworden ist.

Vor drei Tagen wurde ich in einer Sendung des Kinderfernsehens von der fünfzehnjährigen Moderatorin Kathrin gefragt: Herr Wiesner, sind Sie gern zur Schule gegangen?

Ich antwortete: Die letzten beiden Jahre – ja!

Gewöhnlich mögen normal veranlagte junge Menschen die Schule nicht und tun alles, um sie so schnell wie möglich mit Anstand hinter sich zu bringen. Warum das bei uns – ich maße mir noch einmal das Amt des Klassensprechers an und gebrauche den Plural – anders war? Weil wir das alles nicht so ernst nahmen. Wenn ich um halb acht das Haus verließ, freute ich mich auf zweierlei, auf die Frühstücksstullen, die ich schon auf halbem Wege in mich hineinstopfte, und auf Wernis grinsendes Teufelsgesicht. Mal sehen, was wir heute wieder aushecken!

In der zwölften Klasse saß er neben mir am Schultisch. Wir empfingen und sendeten auf derselben Humorfrequenz. Für unsere Lehrer war das nicht so ein Glücksfall wie für uns.

Werni war nicht nur ein Witzbold, sondern nahezu ein Genie in den Fächern Mathematik und Physik. Heute hätte man ihn vermutlich gleich ins zweite Studienjahr an irgendeine unserer Hochschulen gesteckt. Damals aber war er trotz seines guten Abiturzeugnisses und seiner positiven Beurteilung mit zwei unauslöschlichen Makeln behaftet: Sohn eines privaten Milchhändlers und praktizierendes Mitglied der katholischen Kirche. Ein Jahr nach dem Abitur murkste er bei einem Schlossermeister herum. Dann wurde er an der Technischen Hochschule in Charlottenburg immatrikuliert.

Wie konnte einer im Osten leben und im Westen studieren?

Vor dem August 1961 war das relativ einfach. Man tauschte unsere Mark zum irrealen Kurs von 1:5 um und mietete sich ein erbärmliches Untermieterquartier. Am Wochenende ließ man sich von Muttern Stullen, kalte Koteletts und sehr viel Quark aus der Milchhandlung einpakken. Damit kam man über die Runden.

Werni, der ja sogar noch regelmäßig zu unseren Klassentreffen kam, hat damals nie daran gedacht, nach dem Westen abzuhauen. In Dresden werden sie Flugzeuge bauen, das ist genau meine Fachrichtung, meinte er.

Über den DDReigenen Flugzeugbau müssen wir hier nicht reden. Alle jungen Nationalstaaten haben zunächst den Zug zur Himmelsstürmerei.

Werni ging, wie das damals so war, auch in der Staatsbibliothek ein und aus. Dabei verlor er seinen westlichen Studentenausweis und wurde am Wochenende in seinem Heimatort verhaftet und nicht sehr freundlich behandelt. Kurz darauf ließ man ihn zwar ungeschoren laufen, aber ihm war der Spaß an unserem Lande vergangen.

Nach vielen, vielen Jahren bin ich Werni wiederbegegnet, in unserer Heimatstadt. Im Trainingsanzug saß er vor dem Bootshaus und reichte mir eine Flasche des von mir nicht sonderlich geschätzten Potsdamer Bieres.

Es kommt nicht auf die Qualität des Biers an, meinte er, sondern darauf, mit wem man es trinkt.

Werni war eine bedeutende Kapazität auf dem Gebiete des Weltraumflugs und der Computertechnik geworden, einer der Verantwortlichen des Skylab-Programms in Cape Kennedy, hatte mit sowjetischen Fachkollegen nicht nur Whisky, sondern auch Wodka getrunken, hatte Vorträge auch an sowjetischen Akademieinstituten gehalten.

Im September 1983 sitzen wir beide in seinem Haus bei Bremen und erinnern uns fröhlich der alten Zeiten. Werni erzählt von seinem übernächsten Projekt: Raumkolonien im Weltraum. Ein riesiger Zylinder. Darin Dörfer, Wälder und Seen. Menschen, die sorgenfrei leben . . .

Kann es sein, daß du spinnst? fragt Claudia respektlos.

Wir beiden Alten schauen einander an. Wir müssen es nicht in Worte fassen: Alles ist möglich, so es gelingt, einen neuen Krieg zu vermeiden. Wenn Werni und seine Frau, die er sich aus der Heimat mitgebracht hat, von der DDR reden, gebrauchen sie das Wort Zuhause.

Trotz des gemeinsamen Rundganges durch die nächtliche Bremer Altstadt trennen uns Welten. Manchmal bin ich ein wenig traurig darüber und stelle mir vor, mein Freund Werner säße mit mir im Warnemünder Teepott und berichtete mir von seinen jüngsten Erlebnissen in Baikonur. Warum mußte sein Vater auch diesen verdammten Milchhandel anfangen?

Als Schüler der elften Klasse begann ich Tagebuch zu führen.

Wenn ich heute darin blättere, komme ich aus dem Kopfschütteln über diesen siebzehnjährigen Simplizius nicht heraus. Gleichwohl muß ich ihn vor der unbarmherzigen Kritik des Einundfünfzigjährigen ein wenig in Schutz nehmen, der da den Zeigefinger schon auf die allererste Eintragung legt: *26. 4. 50 Eintritt in die Gesell-*

schaft für Deutsch-Sowjetische Freundschaft. Gegen Protest meinerseits zum Schriftführer gewählt.

Was ist das für eine Haltung?

Moment! Hast du dich nicht selber oft genug über die Unsitte aufgeregt, frischeingetretenen Mitgliedern einer Organisation gleich die Funktion anzuhängen, die bisher keiner gern ausüben wollte? Außerdem findest du schon wenige Zeilen später, unter dem 6. 5., den Vermerk: *Eintritt in die FDJ-Schulgruppe.* Beachte, er ist der zweite von dreißig Schülern seiner Klasse!

Aber dann teilt er mit: *Ich möchte den Posten des Wanderleiters übernehmen.*

Ist das nichts?

Unvollständiges Zitieren ist auch eine Form der Tatsachenentstellung. Weiter heißt es nämlich: ... *und der Arbeit der Gruppe dadurch das starre Politische nehmen.* Das war doch nichts anderes, als daß dieser Romantiker die politischen Ziele des Jugendverbandes nicht begriffen hatte und ihn in die Wandervogelzeit zurückversetzen wollte.

Langsam, mein Freund! Hast du vergessen, wie die FDJ-Arbeit damals in manchen Gruppen abgespult wurde? Allein schon das Wort FDJ-*Arbeit*! Ulrich W. wollte den anderen Jugendlichen zeigen, daß es außer den Schulungen mit hergesagten Zitaten auch noch ein wirklich frohes Jugendleben gab.

Hör auf! Du rührst mich zu Tränen. Wanderungen in die Vergangenheit, Besichtigungen alter Dome. Da mußte ja die aufregende Gegenwart an ihm vorbeilaufen, ohne daß er sie bemerkte.

Wieso? Daran nahm er genauso teil wie seine Altersgenossen. Noch immer auf der ersten Seite des Tagebuches steht unter dem 7. 5.: *Arbeitseinsatz im Stahlwerk. Schamottesteine ausgeladen. Hände zerschunden. Hat aber riesigen Spaß gemacht.* Am 20. 7. floß der Stahl aus dem ersten Siemens-Martin-Ofen des Werkes.

Danke für die Belehrung! Aber ich mißtraue dem Burschen selbst bei solchen Bemerkungen. Er war ein Doppelzüngler.

Intoleranz, wie du sie jetzt vorführst, hat ihm arg zu schaffen gemacht. Ich halte dieses Tagebuch trotz aller Verworrenheit und schwankenden Standpunktes für einen ehrlichen Versuch der Selbstverständigung. Wem sollte er denn seine geheimsten Empfindungen und Gedanken anvertrauen? Seinen Lehrern? Viele trugen ein Visier vor dem Gesicht. Was sie wirklich dachten, wußten die Schüler nicht. Seinen Eltern? Die hatten damals wenig Verständnis für ihn. Sie hielten ihm vor, daß er ihnen auf der Tasche liege, während der jüngere Bruder als Tischlerlehrling schon das erste Geld nach Hause brachte.

Den Eltern tust du unrecht. Es ging ihnen wirklich nicht gut.

Wem außer Schiebern ging es damals gut?

Laß mich doch ausreden! Die Mutter arbeitete als Buchhalterin und der Vater als Bauschreiber in einem volkseigenen Betrieb. Ihre Hauptsorge war, die beiden heranwachsenden Jungen zu ernähren und zu kleiden. Dazu hatten sie noch die sieche Großmutter im Hause, die weder leben noch sterben konnte.

Im Tagebuch steht, daß Ulrich den Einkauf, der oft noch mit Schlangestehen verbunden war, besorgte, den Karnickelstall ausmistete, Holz hackte, auf fremden Wiesen beim Grasklauen erwischt wurde und mit dem Handwagen Mist in den Garten karrte.

Aber mit knallrotem Kopf, wenn ihm Klassenkameraden begegneten. Den Kohl, der auf diesem Mist wuchs, hat er ohne Hemmungen gefressen. Und jetzt beweise ich dir, daß er ein Doppelzüngler war. Unter dem 21. 12. steht, daß Stalins Geburtstag in der Schule feierlich begangen wurde. Unmittelbar danach: *Im Stadtbad unter der Dusche gewesen.* – Muß ich noch was hinzufügen?

Überlaß es mir! Am Vorabend jenes Geburtstages entdeckte er im Wäscheschrank die Weihnachtsmannlarve, mit der die Mutter ihre Knaben vor Jahren das Fürchten gelehrt hatte. Eine gewisse Ähnlichkeit fiel ihm auf. Er brauchte nur noch den Kinnbart und die rote Mütze zu entfernen, Schnauzbart und Augenbrauen mit Ausziehtusche einzufärben und sich Vaters Schirmmütze aufzusetzen. So betrat er am nächsten Morgen unter dem johlenden Gelächter der Mitschüler in der Maske des großen Geburtstagskindes die Klasse. Was schaust du mich so entsetzt an? Hast du nie in deiner Schulzeit Unfug getrieben?

In Maßen. Mein Entsetzen galt der Vorstellung, wie weit so ein unreifer Mensch sein Geltungsbedürfnis treiben kann. Hatte er nicht damals schon etwas von einem Clown an sich, dessen höchstes Glück es war, wenn andere über ihn lachten? Warum ging er nicht zum Zirkus, statt sich in untauglichen Schreibversuchen zu verausgaben?

Ähnliches Unverständnis begegnete ihm seinerzeit schon bei den Eltern. Am 21. 6. kam die Mutter im Nachthemd zornig in die Küche, wo er, sein Schreibbuch auf den Knien, gegen Mitternacht noch an seiner ersten historischen Novelle (der einzigen übrigens – gottlob!) pinselte. Scher dich endlich ins Bett! rief sie. Oder bezahlst du die Stromrechnung? – Mutter, ich schreibe ein Buch, vielleicht wird es eines Tages gedruckt. – Unser Hühnerstall bringt etwas Greifbares.

Das hättest du dir sparen können. Verkannte Genies und verständnislose Eltern – Klischee so manchen Trivialromans. Daran fehlt es in seinen Tagebüchern nicht. Pubertierender Weltschmerz: *Als Selbstmordart würde ich den Sprung vom Katharinenkirchturm vorziehen.* Selbst Werther starb untheatralischer.

Jede Generation erlebt so oder so Werthers Leiden am eigenen Leibe.

Das hast du von Georg Lukács aufgeschnappt. Oder gar von Plenzdorf.

Aber es stimmt. Vielleicht war er gerade mal wieder unglücklich verliebt?

Das war er doch alle Naselang. Er hatte das Pech, siebenhundert Jahre zu spät geboren zu sein. Als Minnesänger der Kreisklasse hätten sie ihn vielleicht gerade noch zugelassen. Ein Siebzehnjähriger von heute würde so urteilen: Erst macht er die Weiber an, und denn weeß er nischt mit se anzufangen!

Einige Passagen des Tagebuches sind in einer seltsamen Geheimschrift verfaßt. Kannst du die noch entschlüsseln?

Ich habs vergeblich versucht. Vielleicht befürchtete der Schreiber, Unbefugte könnten in seine Gefühlswelt eindringen, etwa die Mutter; sie hatte ihn einmal fürchterlich abgekanzelt, weil er mitten in der Stadt mit einem Mädchen gesehen worden war. Möchtest du im Jahre 1950 noch einmal siebzehn sein?

Ja, aber ich würde vieles anders machen.

An unseren Schulen von heute mag es gelegentlich Trottel, Faulpelze, Feldwebeltypen und Schlampiane unter den Lehrern geben; die wirklichen Originale, von denen so viel Furcht wie Lächerlichkeit ausging, sind längst ausgestorben. Die neue, sachlichere Gesellschaft hat ihnen den Nährboden entzogen. Der Graben zwischen Pult und Bankreihen wurde weitgehend eingeebnet.

Oberstudienrat Dr. Althoff, damals dreiundzwanzigjähriger Neulehrer an der Havelstädter Oberschule, heute noch ihr Direktor, sei mein Zeuge: Bei uns unterrichteten noch Lehreroriginale, die denen der legendären Feuerzangenbowle durchaus den Heidelbeerwein hätten reichen können.

Eines von ihnen, der hochbetagte Studienrat Hugo Ritter, saß 1976 beim Jubiläumstreffen sogar noch mit an unserem Tisch, trank gütig schmunzelnd sein Bier wie ehedem. Bald darauf entrückte ihn Sankt Comenius in jenes Reich, in dem man weder Lehrplan noch Klassenbuch braucht.

Hugo, wir nannten ihn nur so, sah aus wie der berühmte Filmschauspieler Rudolf Fernau, aber in der Maske des harmlosen Geistlichen, unter der sich der Mörder Dr. Crippen an Bord eines Überseedampfers verbirgt. Biologie- und Chemielehrer Hugo war das Urbild eines Phlegmatikers, fast schon ein liebenswürdiges Faultier zu nennen. Er hatte sich eine raffinierte Methode ausgedacht, wochenlang nur passiv am Unterricht teilzunehmen. Für die elfte Klasse ersann er den Vortragszyklus: Berühmte Mediziner. Die Dramaturgen der Serienproduktion im Fernsehen sind Waisenknaben gegen unseren alten Hugo. Er kam auf dreißig namhafte Ärzte – von Galenus bis Robert Koch. Wir waren dreißig Schüler, und somit konnte Hugo mehrere Wochen lang seine beiden Biologiestunden im Hasenschlaf verbringen.

Mir wurde ein Herr Vesalius zugeteilt, dessen Bekanntschaft zu machen mir bislang nicht vergönnt gewesen war. In der Stadtbücherei trieb ich ein ernsthaftes Quellenstudium, entdeckte jedoch nichts als eine halbe Spalte in einem alten Conversationslexikon. Aus diesem dürftigen Material sollte ich einen Vortrag von etwa zwanzig Minuten gestalten? Fast war ich bereit, einen geistigen Offenbarungseid zu leisten, aber da kam mir die Erleuchtung: Mehr als die paar Brocken aus dem Lexikon konnte auch Hugo kaum wissen.

Andreas Vesalius war 1514 in Brüssel zur Welt gekommen und gilt als Begründer der neueren Anatomie. Zu seinen Erkenntnissen war er gelangt, indem er Leichen sezierte, was die Kirche noch als Todsünde zu ahnden pflegte. In Madrid zog sich der kaiserliche Leibarzt eine Anklage zu und wurde von der Inquisition zum Tode verurteilt. Philipp II. jedoch begnadigte ihn zu einer Pilgerfahrt zum Heiligen Grabe. Auf der Rückfahrt erlitt Vesalius Schiffbruch und starb 1564 in Hunger und Elend auf einer einsamen Insel.

Wenn daraus nichts zu machen war! Mit besessenem Eifer begann ich die weißen Flecken in der Biographie meines neuen Freundes Andreas auszutuschen und schreckte vor den kräftigsten Farben nicht zurück. Bei Anbruch der Dunkelheit wagen wir uns beide in das verrufene Armenviertel der dem Goldrausch verfallenen spanischen Hauptstadt. Wir sind in Mönchskutten gehüllt. Die schwarzen Kapuzen verbergen unser Gesicht. Aus einer verfallenen Hütte ertönt jammervolles Weinen. Eine Kerze brennt zu Häupten des in seinen Lumpen aufgebahrten Vaters Pedro. Ihm ist nicht mehr zu helfen. Der Hunger hat ihn dahingerafft. Aber den darbenden Angehörigen und der Wissenschaft kann geholfen werden. Doktor Andreas zieht einen Dukaten aus dem Beutel. Dafür sind die Söhne bereit, den Toten in des Arztes Gartenhaus zu bringen.

Beim flackernden Schein der Windlichte gehen wir zu Werke. Der gräßliche Ruf des Käuzchens vermag uns nicht abzuhalten. Nachdem wir den spindeldürren Leichnam entkleidet und gewaschen haben, setzt Vesal die geschliffene Damaszenerklinge unterhalb der Gurgel an und zieht einen geraden, tiefen Schnitt bis zum Bauchnabel.

Vesals großes anatomisches Werk *De corporis humani fabrica* wächst. Eines Tages aber sind ihm die Schergen des Großinquisitors auf der Spur. Als der Doktor einen frischbeerdigten Toten ausgraben will, erhellen die Fackeln der Dominikaner gespenstisch den Gottesacker . . .

Ursprünglich wollte ich mit dem Vortrag Hugo hereinlegen, aber dann gewann Herr Vesalius für mich ein Eigenleben. Bis zum Klingelzeichen, bis zum Verzweiflungstode des Doktors auf einsamer Klippe lauschten neunundzwanzig Mitschüler der spannenden Abenteuerstory, der es bis zuletzt nicht an action gebrach. Nur einmal wurde gelacht. Da hatte ich wohl doch zu dick aufgetragen, als ich für den Großinquisitor den Namen Don Juan Vicente Fernando Centurio Miguel de Torquemada y de la Cueva de Salamanca y Lope de Vega Carpio y Caballero Gaucho de Perro del Hortolano y Hastalavista Principe de Tango y Cabana de la Barca y Santa Maria de Cristobal Colombo Habanero del Mundo y Martinez Portorico de las Palmas y Gran Canaria erfand und ihn in einem Zuge herunterzuschnurren wußte.

Hugo schreckte aus seinem Hasenschlaf auf und bat mich lächelnd, den Namen zu wiederholen. Dann schloß er wieder die Augen bis zur Pause. Für den Vortrag bekam ich eine Eins. Beim Abiturball verriet mir Hugo: Natürlich habe ich Ihren Blödsinn durchschaut, aber Sie hatten sich soviel Mühe gegeben. Hoffentlich fallen Sie mit Ihrem Übermaß an Phantasie nicht eines Tages auf die Schnauze!

In jenen Jahren stand unsere Biologie weitgehend im Zeichen des 1935 verstorbenen Pflanzenzüchters Mitschurin und seines 1898 geborenen Landsmannes, des Agrobiologen Lyssenko. Ersterer erwarb sich Verdienste durch die Züchtung von dreihundert neuen Obstsorten, die zum Teil recht klimafest waren. Letzterer entwickelte Thesen und praktische Vorschläge, die, wie Meyers Neues Lexikon 1974 sehr zurückhaltend vermerkt, wissenschaftlich nicht bestätigt wurden. So kann man Irrtümer umschreiben, die, zum Dogma erklärt, einst der Fachwelt den Spaß am Forschen nahmen und auch in unseren Rinderoffenställen nicht ohne Folgen blieben, aber da frage man besser bei Ole Bienkopp nach.

Wir zogen fortan aus des Klassenzimmers dumpfiger Enge hinaus in die Umwelt des Schulgartens, wo laut höherem Beschluß neue Menschen gehalten waren, neue Pflanzen zu formen. Der Anteil der zwölften Klasse umfaßte einen Streifen Ackerlandes von zweiunddreißig Meter Länge und zwei Meter Breite. Da wir nur noch sechzehn an der Zahl waren, entfiel auf jeden von uns ein Beet in der Größe eines bescheidenen Reihengrabes. Wie das alles laufen sollte, wußte Hugo selber nicht.

Strengt mal euren Grips an und denkt euch Mitschurin-Experimente aus, empfahl er uns mit seinem unergründlichen Lächeln. Und über alles wird genau Tagebuch geführt!

Dieses Tagebuch habe ich über die Zeitläufte hinweg gerettet. Daraus erfahre ich, daß ich nichts getan habe, als eine Tüte voll Salatsaat in die aufgelockerte Erde zu streuen, angeblich, um den Kampf des Unkrauts gegen die Nutzpflanzen zu studieren. Meine Mitschüler säten Radieschen, Leinsamen, Kresse oder Petersilie. Zuvor hatte unter uns eine wissenschaftliche Lyssenko-Konferenz unter Ausschluß des Lehrkörpers stattgefunden. Als die böse Saat aufging, prangte gleich viermal in zweimeterhohen Pflanzenlettern der Name HUGO auf unserem Mitschurin-Kollektivbeet. Der Chef-Agronom tat uns nicht den Gefallen, in die Luft zu gehen. Er grinste nur stillvergnügt ob seiner Popularität und kontrollierte trotzdem mit Strenge unsere weiteren agrobiologischen Aktivitäten.

Dr. Georg-Max Kelling war die wichtigste Figur meiner Oberschulzeit. Er war es, der mich auf meinen Weg geschickt hat, auch wenn wir das damals beide nicht ahnten. Dr. Kelling unterrichtete Deutsch, Latein, Geschichte, Gegenwartskunde (was dem heutigen Fach Staatsbürgerkunde entsprach) und Philosophie. Er war eine Art Universalgelehrter, aber kein sehr guter Pädagoge; er redete über die Köpfe der Mehrheit hinweg.

Wenn ich mir Ihre Gesichter betrachte, rief er in wohlartikuliertem Bühnendeutsch aus, so lese ich darin: Was ist mir Hekuba? Aber wahrlich, ich sage Ihnen: Auch wenn ich nur für wenige in dieser Rotte von Banausen unterrichtete, so wäre die Saat nicht auf unfruchtbaren Boden gefallen!

Erst im nachhinein begriff ich, daß mit diesen wenigen unter andern auch ich gemeint war, und entschuldige mich noch nachträglich bei meinen ehemaligen Mitschülern, die gar nicht so genau wissen wollten, daß im Jahre 1790 die französische Nationalversammlung zum ersten Mal Papiergeld in Umlauf gesetzt habe, sogenannte Assignaten. Dr. Kelling brachte solch einen Schein aus seiner Privatsammlung mit, und wir durften ihn betrachten und anfassen.

Da ich in den Geschichtsstunden nicht nur durch fast schon krankhafte Wißbegierde, sondern auch durch Streitsüchtigkeit auffiel, kanzelte mich Dr. Kelling zuweilen coram publico in klassischem Rhetorenstil ab: Noch, Wiesner, sitzen Sie auf hohem Pferde, glauben über eine Ebene hinwegzugaloppieren. Alles in diesem Dasein wird Ihnen zu leicht gemacht. Plötzlich aber zeigt sich ein Anstieg, und da schlagen des Mühsals Dornenbüsche über Ihrem zu Unrecht hocherhobenen Haupte zusammen. Wiesner, steigen Sie herab vom hohen Pferde, ehe es zu spät ist!

Ich hatte genau wie die anderen größte Mühe, mein Kichern zu unterdrücken. Als wir in der nächsten Stunde das Schicksal des vorwiegend in Italien weilenden Stauferkaisers Friedrich II. durchnahmen, legte ich die Hand an die Fensterscheibe, und der von mir bestochene Leierkastenmann spielte die Caprifischer. Routinemäßig senkte ich das Haupt, als die donnernde Philippika über uns hereinbrach.

Dr. Kelling besaß eine gewisse Ähnlichkeit mit dem älteren Goethe, den er gern den großen Olympier nannte. Der kleine Olympier mühte sich nach Kräften, die Seelenverwandtschaft mit dem Dichterfürsten zu betonen. Wie dieser trug jener mit Vorliebe einen weißen Seidenschal, dilettierte als Maler, liebte die Antike über alles und wußte sich selbst in den Naturwissenschaften hervorragende Kenntnisse anzueignen. Das bekamen wir zu spüren, als wir, um ihn hereinzulegen, behaupteten, er habe sich geirrt; wir hätten jetzt nicht Deutsch, sondern Chemie.

Ich irre mich nie, erwiderte er, ohne eine Miene zu verziehen, wenigstens was den Stundenplan angeht. Kollege Ritter hat mich gebeten, heute seinen Unterricht zu übernehmen.

Aus dem Stegreif und ohne in ein Buch zu schauen, führte er uns eine Chemiestunde vor, daß uns Hören und Sehen verging, und wies uns nach, daß wir von Tuten und Blasen keine Ahnung hätten.

So, sagte er, als es klingelte, und nun behaupten Sie nächstens nicht, Sie hätten Ballettunterricht. Dann allerdings müßte ich passen.

Es verging keine Stunde, in der Dr. Kelling nicht einmal wenigstens seinen geliebten Goethe zitierte. Unsere Klasse war geteilt in zwei Fraktionen. Die eine, und zwar die stärkere, bestand aus den Mathematikern und verabscheute den Unterricht in den Kellingschen Fächern, die andere wiederum zitterte vor den Stunden des Mathematikprofessors. In allen anderen Belangen waren wir uns einig. Der Kellingschen Goethemarotte galt unser gemeinsamer Spott.

Beim Aufräumen des Dienstzimmers entdeckte der

Nachfolger des alten Direktors eine nicht eben sehr kunstvolle Gipsstatue, die in der Größe eines männchenmachenden Pudels, aber in viel würdigerer Pose den alten Geheimrat von Goethe darstellte.

Was machen wir mit dieser Scheußlichkeit? fragte der Direktor seinen jungen Stellvertreter. Einfach runterfallen lassen?

Heinz Althoff grinste. Verehren wir ihn der Zwölften. Das erfüllt denselben Zweck.

Auf dem ersten Flur der Schule stand seit mehr als fünf Jahren ein mannshohes schmales Holzpostament sinnlos herum. Einst hatte es der Büste jenes Jagdfliegers als Untersatz gedient, der kurzzeitig Namenspatron unserer Lehranstalt gewesen war. Fortan trug der Sockel den Großen aus Weimar.

Kopfschüttelnd betrachteten unsere Lehrer den Gipsgoethe, der nun auf seinem hölzernen Olymp an der Stirnseite des Klassenraumes residierte. Dr. Kelling drohte uns mit dem Zeigefinger und sprach das prophetische Wort: Ich fürchte, ich fürchte, jener wird nicht lange dort stehen.

Ich bequeme mich zu dem Eingeständnis, daß sich unser angeblicher Klassikerkult bald durch unernste Züge selber ad absurdum führte.

Dr. Kelling hatte uns gelehrt, der große Olympier sei ständigen Wandlungen unterworfen gewesen. Eines Sonnabends verwandelte er sich in den legendären Barbier Fritze Bollmann. Passanten blieben vor der Schule stehen und bestaunten eine Figur, die eine Angelrute hielt, an der ein höchst ordinärer Havelbarsch hing.

Hausmeister Kunter verhinderte größeres Ärgernis, indem er das Ehrenmitglied des Deutschen Anglerverbandes kurzerhand vom Fenster entfernte.

Goethe, der bekanntlich ein allseitig gebildetes Genie gewesen, nahm sogar am Sportunterricht teil und ahnte den Turnvater Jahn voraus, indem er, mit einem Schal um Wernis Taille gebunden, noch im hohen Alter das Stangenklettern erlernte.

Als die Schulgruppe des Jugendverbandes ihre Leitung

wählte, schleusten wir den Altmeister in die Aula ein. Der Sekretär wollte uns des groben Unfugs zeihen, wir aber sprachen: Goethe war unser, und er hat sich immerfort verjüngt, also ist er ein Freund der Jugend.

Wir trugen ihn sogar in die Anwesenheitsliste ein: J. W. Goethe, Weimar, Gastdelegierter.

Man hätte es voraussehen können: Es nahm kein gutes Ende mit unserem Klassenheiligen. Während einer Pausenrempelei geschah es. Von Goethe fiel vom Jagdfliegersockel und kippte aus den Stiefeln, das heißt, genau oberhalb dieser brach die Statue auseinander und versetzte uns damit in einen gelinden Schrecken. Verbrecher pflegen sich einen Aufschub zu verschaffen, indem sie die Spüren ihrer Untat tilgen.

Bei uns fand in kleinerem Maßstab das statt, was 1618 zu Prag einen dreißigjährigen Krieg ausgelöst hatte: ein Fenstersturz.

Kurz nachdem die Nachbildung des großen Olympiers aus der Höhe des zweiten Stockwerkes auf dem Kopfsteinpflaster zersprungen war (Goethe: *Und unten zerschellt das Gerippe.)*, kam eine aus dem Unterricht entlassene fünfte Klasse des Weges.

Laßt das ja liegen! schrie Werni aus dem Fenster, das sind wertvolle Andenken! Die erwartete Wirkung blieb nicht aus. In wenigen Minuten war der letzte Gipssplitter in den Hosen- und Schürzentaschen der Zehnjährigen verschwunden.

Ein paar Tage später, während der Mathematikstunde, kramte mein Freund und Tischnachbar Werni grinsend in seiner Schultasche: Goethe ist unsterblich. – Er hatte den Gipskopf gerettet, in eine Handpuppe verwandelt und gleich noch eine Frau von Stein dazugebastelt. Die munteren Spiele des klassischen Paares verkürzten uns hinter dem Rücken des Professors dessen langatmige Erläuterungen der Integralrechnung, die Werni ohnehin im Schlaf beherrschte und die ich – Goethe ist schuld! – bis heute nicht begriffen habe.

Dennoch – Kelling war trotz seines Goetheticks mehr

als nur ein Original. Er richtete eine Arbeitsgemeinschaft für moderne Literatur ein und brachte uns jene Schriftsteller nahe, die in unserem Geburtsjahr aus den häuslichen wie öffentlichen Bücherschränken verbannt worden waren. Zum ersten Male hörte ich von Werfel, Kafka, Kästner, Tucholsky, und mein Lesehunger stieg fortan unermeßlich. Dr. Kelling war zwar Mitglied der Arbeiterpartei, aber ich vermute, er ist nie über das bürgerliche Humanitätsideal hinausgelangt. Goethes Iphigenie – Humanismus im Sinne der reinen Menschlichkeit. Wenn er uns Banausen davon sprach, zitterte ihm die Stimme. Heute weiß ich, daß er trotz aller Schrulligkeit Großes an den meisten von uns vollbracht hat, an uns, die wir versaut worden waren von dem, was in den gewissen zwölf Jahren geschehen ist.

Dr. Kelling führte die Humanität nicht nur im Munde, er übte sie im Bedarfsfalle auch aus. Während der mündlichen Abiturprüfung erwies sich mein Mitschüler Hasso, heute ein guter Pädagoge, als völliger Versager. Kelling ließ die Amtshandlung unterbrechen, da sein Schüler nervlich am Ende sei. Wir anderen sahen die beiden rund um den kastanienbestandenen Schulhof wandeln wie den Mephistopheles mit Frau Marthe Schwerdtlein. Wie sich herausstellte, hatte der ignorante Hasso nicht eine Zeile von dem geforderten Prüfungsstoff gelesen. In einer Viertelstunde bleute ihm der gefürchtetste Lehrer der Schule die notwendigsten Antworten auf die zu erwartenden Fragen ein. Hasso scheiterte nicht an der Deutschprüfung und bestand das Abiturientenexamen.

Anfangs der elften Klasse wollte mich Mutter von der Schule abmelden und hatte mir schon eine Lehrstelle als Dreher an der Werft besorgt, an der Vater Schiffsschrauben glattschliff. Mutter war der realistischen Auffassung, wer essen wolle, müsse auch arbeiten, und war nicht gesonnen, einen unnützen Fresser noch länger durchzufüttern, der schon beim Frühstücksmuckefuck mit ausgebreiteten Armen durch die Küche schritt und so wunderliche Worte sprach wie: Es schlug mein Herz, geschwind zu Pferde ...

Ich weiß bis heute nicht, wer damals mehr recht hatte, Mutter oder mein Deutschlehrer. Er, nicht meine Klassenlehrerin, bestellte meine Mutter zu einer Aussprache und erreichte es, daß von da an nie mehr von einem vorzeitigen Ende der Oberschulzeit die Rede ging. Im anderen Falle hätte ich zumindest den Vorzug einer bemerkenswerten Biographie aufzuweisen gehabt.

Eine Momentaufnahme noch von Kelling. Wintertag. Eisblumen an den Klassenfenstern. Die Heizung in der Schule ist ausgefallen. Vielleicht sind keine Kohlen geliefert worden. Wir behalten unsere Wintermäntel an. Der Gestrenge geht vor der Klasse auf und ab, die frierenden Hände in den Taschen des schwarzen Vorkriegsulsters vergraben, den der gewohnte weiße Goetheschal ziert. Kelling behandelt die Persertragödie des Aischylos. Uns klappern die Zähne, König Xerxes und seine Krieger sind uns scheißegal. Das einzige, was wir mutmaßen: In Persien und Griechenland kann es nicht halb so lausig kalt gewesen sein wie bei uns.

Dr. Kelling: Freilich, wenn ich Ihre leeren Kälbergesichter betrachte, wird mir alsobald klar, daß Sie jetzund nichts anderes denken als: Was ist mir Hekuba! Indessen sind Sie nahezu entschuldigt. Der gängigen kärglichen Übersetzung ins Deutsche können Sie auch nicht annähernd entnehmen die schicksalhafte Verzweiflung, welche sich des persischen Volkes bemächtigte ob der Kunde vom Verlust seines sieggewohnten Heeres. Wenn Sie nur einmal in Ihrem hoffentlich noch langen Leben in der reinen Sprache des klassischen Originals jenen erschütternden Klagechor der Persergreise vernähmen . . .

Er schaute auf zum Himmel oder besser gesagt zur fliegenbeschissenen Glaskugel der Klassenlampe. Plötzlich ging eine seltsame Verwandlung mit ihm vor sich. Behutsam legte er die Brille auf das Pult, trat einen Schritt auf uns zu, nahm die blauroten Hände aus den Taschen und breitete die Arme aus. I-o! rief er unvermittelt. Betroffen sahen wir einander an. Es kam noch ärger.

I-o! I-oo! Ototototoi! schrie er uns ein um das andere Mal

an. Der alte Aischylos leibhaftig war in seinen schmächtigen Körper gefahren und beherrschte ihn. Mindestens zwanzig Persergreise zerfleischten sich vor unseren Augen in namenlosem Leid.

Und was taten wir? Die Hinterbänkler krochen stöhnend vor Lachen unter die Tische. I-ooo! I-oooh! Otototoi!

Wir da vorne hatten es schwerer. Wir liefen blaugrün an und fühlten uns wie überfüllte Gasometer kurz vor der Explosion. Hier und da ließ sich das erste pfeifende Entweichen des Gases schon nicht mehr verbergen.

Unversehens erwachte Dr. Kelling aus seinem antiken Rauschzustand, murmelte verstört ein lateinisches Zitat, wonach die Kindischen kindlicher seien als die Kinder oder so ähnlich. Bevor er sich die Brille aufsetzte, sah ich, daß er Tränen in den Augen hatte.

Als Abiturient war ich aufgrund meiner Erfahrungen zu dem Urteil gelangt, daß alle Musiklehrer einen kleinen Webfehler hätten. Etliche könnte ich aufzählen. Beispielsweise einen Herrn Reichenbächer. Er trug nach seiner Entlassung aus französischer Kriegsgefangenschaft die rangabzeichenlose Uniform der Grande Nation und war ein verkanntes Genie. Vermutlich wäre er der bedeutendste Pianist aller Zeiten geworden, hätten ihm nicht Minderbegabte den Rang streitig gemacht. Kogan kann ich nicht mehr fragen, aber bei Professor Zechlin müßte ich mich gelegentlich erkundigen, ob Ende der vierziger Jahre ein schwarzhaariger Teufel versucht hätte, ihn etwa mit einer Steinschleuder aus dem Wege zu räumen.

Reichenbächer betrat die Aula, in welcher der Musikunterricht stattfinden sollte, ignorierte unsere pflichtgemäße Grußbereitschaft und ließ sich mit einem hohlen Seufzer auf den Schemel hinter dem Bechsteinflügel fallen. Ratlos setzten wir uns.

Das Genie öffnete krachend den Deckel des Saiteninstruments, lehnte sich zurück, fuhr sich mit Daumen und Zeigefinger gegen die Augenlider und stieß einen Urlaut aus. Nach einer langen Kunstpause warf er den Nacken auf den speckigen Uniformkragen, breitete die Finger aus, als wollte er dreißig Schüler auf einmal erwürgen, und warf sich auf die unschuldigen schwarzweißen Tasten.

Beethovens Mondscheinsonate ... Ich habe viele Jahre gebraucht, um sie frei vom Reichenbächer-Trauma hören zu können.

Nach einigen Takten riß er angeekelt die Klauen hoch, preßte sie vors Gesicht und schrie: Nein, nein und nochmals nein! Es will nicht klingen! Hört mich denn niemand?

Vielleicht tut man selbst einem Musiklehrer Reichenbächer unrecht. Vielleicht ist er in einem Bombentrichter verschüttet gewesen oder hatte ein ähnliches Heimkehrerschicksal erlitten wie Wolfgang Borcherts Beckmann. Uns Fünfzehnjährige ging das nichts an. Über Reichenbächer konnten wir nicht mal mehr lachen, zumal wir bei ihm nichts, aber auch gar nichts lernten. Bei ihm fand nicht die Spur von Unterricht statt. Einmal hatte das Genie den Klavierdeckel krachend zugeschlagen und hämmerte mit den Fäusten darauf herum. Es klingt nicht, es klingt nicht, murmelte er düster ein um das andere Mal.

Denn jehnse doch nach Hause und blasense uffm Kamm! rief ich. Mein Publikum johlte vor Vergnügen. Reichenbächer sprang auf, raste auf mich zu. Ich konnte gerade noch meine Fäuste zur Doppeldeckung hochreißen, denn nun schlug er auf mich ein, sich selber im Diskant überschreiend: Ordinärer Pöbel, ihr seid schuld, daß Ludwig sein Gehör verlor!

Natürlich mache ich mir noch heute stumme Vorwürfe, wenn ich mir eine Beethovenplatte auflege, aber manchmal frage ich mich auch: Wo war die Schmerzgrenze für einen minderjährigen Schüler?

Auch Herrn Eisenmenger könnte ich erwähnen. Er hatte eigentlich nichts mit uns zu schaffen, war der Musiklehrer der benachbarten Mädchenschule, aber als er seinen FDJ-Chor ins Leben rief, liefen wir dem Eisenmenger zu wie die

Hamelner Kindlein dem Rattenfänger. Uns störte es nicht, daß wir in Blauhemden gesteckt wurden und über die Stadtgrenzen hinaus auf Wahlveranstaltungen aufzutreten hatten. Bei Eisenmenger begriffen wir, daß Musik etwas mit Freude zu tun hatte. Singen machte einfach Spaß. Niemand von uns wäre auf den absurden Gedanken verfallen, Herrn Eisenmenger zu ärgern. Er eröffnete uns den Zugang zu den alten schönen Volksliedern. Wir sangen: *Du, mein einzig Licht* und *Ännchen von Tharau* – und mit der gleichen Begeisterung

Hört ihr, wie die Räder sausen?
Seht ihr, wie die Funken sprühn?
Rings die Luft erfüllt ein Brausen
von der Arbeit Melodien.
Schlag auf Schlag tönts in den Schmieden,
in den Hallen hämmerts laut:
Einheit und gerechter Frieden –
so wird Deutschland aufgebaut!

Einheit und gerechter Frieden – das war das Kampfziel unseres jungen Staates, den wir, die meisten von uns, auch ich, noch nicht so recht begriffen. Aber Einheit und gerechten Frieden – das begriffen wir. Wenn wir das Radio anstellten, hörten wir den RIAS, wo Evelyn Künneke sang: *Winkewinke, winkewinke, mit den Augen, mit den Händen, mit dem Mund . . .*

Auch andere Töne kamen aus dem Sender: *Der Insulaner verliert die Ruhe nicht . . .*

Der Pfahl in unserem Fleische ward uns nachdrücklichst eingepflanzt.

Herr Eisenmenger, den vielleicht nichts als die überschäumende Freude am Gesang junger Leute in die Position eines FDJ-Chor-Leiters getrieben hatte, wurde für uns zum Gegenpol westlicher Schlagermusik.

Fast alle Lieder aus jener Zeit sind mir, damals vierte Stimme, noch geläufig.

Wenn wir heutzutage längere Strecken zu bewältigen

haben, ist die Arbeitsteilung gegeben. Claudia, die bessere Fahrerin, kilometert so vor sich hin, ist jedoch von meiner Autobahnunterhaltung abhängig. Ich darf ihr alle Lieder des Eisenmengerchores vorsingen, und sie erinnert sich: Einmal hatten wir einen bescheuerten Musiklehrer und die letzten Schuljahre gar keine mehr. Sei mir nicht böse, wenn ich nicht mitsingen kann!

Eisenmenger hat nach seiner Pensionierung glücklicherweise ein biblisches Alter erreicht und sich wie viele Lehrer ein nahezu computerhaftes Personengedächtnis bewahrt. Einer Enddreißigerin konnte es geschehen, daß mitten auf der Hauptstraße ihrer Heimatstadt ein rüstiger hutschwenkender Greis im Silberhaar von der anderen Straßenseite auf sie zustürzte und fröhlich ausrief: Fräulein Schulze – vor neunzehn Jahren haben Sie bei mir das Abitur gemacht. Darf ich Sie zu einer Tasse Kaffee einladen?

Musiklehrer Eisenmenger kann ich nur eines vorwerfen: Er hat mein Gesetz der Serie verletzt. Oder vielleicht doch nicht?

1947, mit Beginn der neunten Klasse, geriet ich an die mathematisch-naturwissenschaftlich orientierte unserer drei Oberschulen. In die neusprachliche konnte ich nicht gehen; ich hätte dort als einziger Junge unter lauter Mädchen gesessen. In der altsprachlichen, wohin ich delegiert worden war, hielt es mich nicht länger als drei Wochen. Die Schüler dort kamen alle vom bürgerlichen Gymnasium her, waren mir in Latein um vier Jahre voraus und ließen mich spüren, daß ich ein plebejischer Eindringling sei. Ohne meinen Eltern ein Wort zu sagen, meldete ich mich wieder in meiner alten Schule zurück, wo in den kommenden vier Jahren Zahlen, Formeln und Naturgesetze im Vordergrund stehen sollten. Es war die Fehlentscheidung eines Vierzehnjährigen: von Rechts wegen gehörte ich nicht dorthin.

Die Fächer Chemie und Biologie bereiteten mir nie

Schwierigkeiten. Das war immer noch etwas Vorstellbares. Chemische Experimente, besonders solche auf eigene Faust, hatten für mich den Hauch des Abenteuers, aber davon habe ich in einem anderen Buch ausführlich berichtet. Heutzutage würde ich als Schüler einer EOS auch in diesen Fächern so alt aussehen, wie ich tatsächlich bin. Was bei uns *Natur*wissenschaften waren, sind heute Natur*wissenschaften.* Von Physik habe ich noch immer genausowenig Ahnung wie zur Schulzeit. Eher würde es mir gelingen, tönerne babylonische Keilschrifttafeln zu entziffern, als zu begreifen, was es mit dem Schaltplan eines Radioapparates auf sich hat. In einem meiner Fernsehfilme haben laut Wunsch des Autors zwei Gespenster die Gabe, durch Zimmerwände hindurchzugehen. Der Kameramann hat mir seinen Trick wie einem Vierjährigen erklärt. Ich war sogar dabei, als eine solche Aufnahme gedreht wurde, aber wieso das funktioniert, darf mich keiner fragen. Nicht einmal das Wunder, daß auf meinen bloßen Fingerdruck hin das Licht in der Schreibtischlampe aufleuchtet, vermag ich mir hinreichend zu deuten. Daß ich auf dem Abiturzeugnis in Physik ein glattes Genügend davontrug, ist ein Phänomen. Physiklehrer Althoff war nur fünf Jahre älter als wir und fand es selbstverständlich, wenn wir ihn auch im Unterricht duzten; schließlich trugen wir das gleiche Blauhemd. Obwohl er damit seine Befugnisse überschritt, versuchte er über die Gesetze der Mechanik und die Beschreibung elektrischer Vorgänge hinaus auch im weiteren Sinne zu erklären, was die Welt im Innersten zusammenhält. Faßlich und bildhaft erläuterte er uns die gesellschaftlichen Zusammenhänge und ihre historischen Gesetzmäßigkeiten, war bereit, unsere zuweilen objektiv törichten Widerreden geduldig anzuhören und ihnen mit neuen, gescheiten Argumenten zu begegnen. In solchen Stunden konnte Althoff auf meine begeisterte Mitarbeit zählen. Diesen Teil des Physikunterrichts begriff und mochte ich.

Kampfentschlossen begaben wir uns, ein halbes Dutzend Materialisten im Blauhemd, mit dem Jugendfreund Althoff an der Spitze, mitten ins Zentrum des weltanschaulichen Gegners. Die Junge Gemeinde hatte die Jugend der Stadt zu einem Meinungsstreit über Materialismus und Idealismus aufgefordert und wollte uns beweisen, daß an dem Herrn Jesus Christus keiner vorbeikäme. Wir waren hoffnungslos in der Minderheit, wurden verhöhnt und ausgelacht. Heute weiß ich, daß es – von beiden Seiten – ein ausgemachter Blödsinn war, die eigene Meinung dem andern wie eine Lassoschlinge um den Hals zu werfen in der Hoffnung, ihn solchermaßen ins eigene Lager herüberzuziehen. Zudem steckte unser bißchen Dialektik noch in den Kinderschuhen. Entsprechend dürftig sah unser Antigottesbeweis aus:

Ihr behauptet, Gott ist allmächtig?

Das ist er und zeigt es uns immer wieder.

Gott kann also alles?

Selbstverständlich.

Er kann also alles erschaffen, was er will?

Er hat die Welt erschaffen!

Könnte er zusätzlich einen schweren Stein erschaffen?

Gott vermag alles.

Könnte er auch einen Stein erschaffen, der so schwer ist, daß ihn nicht mal Gott selber anzuheben vermag?

Nur wir sieben Schwaben lachten laut über unsere Beweisführung. Meine Physikdrei hatte wohl etwas mit dem parteilichen Standpunkt des jungen Lehrers zu tun. Zudem wußte er, daß ich nie ein naturwissenschaftliches Studium aufzunehmen gedachte.

Am kompliziertesten gestaltete sich meine Beziehung zum Hauptfach Mathematik. Bis zur zehnten Klasse hatte ich noch gut mithalten können. In der elften jedoch kam ich mir vor wie ein Langstreckenläufer, der, einmal vom Feld abgerissen, die Lücke nicht mehr zu schließen vermag, hoffnungslos zurückfällt und überrundet zu werden droht.

So wie mir erging es fast der halben Klasse. Bald sollte es unter uns nur noch hervorragende Mathematiker und kümmerliche Versager geben, das Mittelfeld fehlte. Der neue Mann, der da die Spreu vom Weizen sonderte, hieß Professor Geiswinkler. Selbst im Lehrerkollegium äußerte man die Meinung, er gehöre seinen anspruchsvollen Unterrichtsmethoden nach eher an eine Universität als an eine schlichte Oberschule. Ich habe nie herausgefunden, welche Umstände ihn nach dem Kriege in unsere Provinzstadt verschlagen haben und woher er gekommen ist. Einige wollten wissen, er sei in der militärischen Forschung ein hervorragender Ballistiker gewesen und habe zuvor an der Grazer Universität gelehrt.

Als er das erste Mal unsere Klasse betrat, stand Professor Geiswinkler schon kurz vor dem Rentenalter: ein überlanger, hagerer Mann mit schütterem weißem Haar und eisgrauem Schnurrbart – so ähnlich könnte Don Quichote in seinen letzten Lebensjahren ausgesehen haben. In eigentümlich schlenkerndem Gang, die Knie mehr anhebend als zur Fortbewegung erforderlich, pflegte er einherzuschreiten, die Arme starr vom Körper abgespreizt, die Finger in den Ärmelsaum des schwarzen Mantels gekrallt, dessen Knöpfe bis auf den obersten er selbst im strengsten Winter zu schließen vergaß.

Ich habe Professor Geiswinkler nie lachen sehen. Wurde er zornig, so spitzte er unwillkürlich die Lippen und begann mit hörbarem Pfeifen seinen Dampf wie durch ein Ventil abzublasen.

Zweimal hat er fast so heftig wie eine alte Rangierlok gepfiffen. Auf Anweisung der Sowjetischen Militäradministration bekamen wir Schüler in der elften Klasse täglich als Zukost ein frischgebackenes, süßduftendes Kuchenbrötchen. Wir nannten es General Kotikow zu Ehren Chlebbi und verschlangen es heißhungrig mit zwei, drei Bissen. Jeder von uns war abwechselnd dran, den Leinenbeutel mit dem köstlichen Gebäck beim Hausmeister abzuholen und es in der Klasse auszuteilen, und jeden von uns befiel dabei die gierige Vorstellung, ein einziges Mal alle dreißig Brötchen für sich behalten zu dürfen. Die aberwitzigsten Angebote wurden laut. Sie begannen stets mit den

Worten: Wenn ihr mir morgen alle eure Chlebbis laßt, dann werde ich . . .

Zwei dieser Offerten wurden angenommen. Hasso hatte sich verpflichtet, mitten in der Chemiestunde einen kräftigen Laut von sich zu geben, einen von so übler Beschaffenheit und Herkunft, wie man ihn gemeinhin in guter Gesellschaft zu unterdrücken pflegt. Wir waren so gespannt, ob es uns ein einziges Mal vergönnt wäre, Studienrat Ritter fassungslos zu erleben, daß wir in den unschönen Handel einwilligten.

Es wurde eine völlige Pleite. Genau im entscheidenden Moment zerplatzte ein erhitzter Erlenmeyerkolben. Der Knall übertönte das mutwillig erzeugte andere Geräusch; während der Pause mußten wir in ohnmächtigem Neid zusehen, wie Hasso mit dem strahlenden Lächeln des Siegers unsere schönen Chlebbis in sich hineinstopfte.

Beim zweiten Brötchengeschäft kamen wir voll auf unsere Kosten. Einer der Lieblinge von Professor Geiswinkler bot als Preis, er würde in der nächsten Mathearbeit eine Vier schreiben. Das hätte eine Sensation bedeutet, denn jener Schüler glänzte fast ausschließlich mit Einsen. Als der Professor die Arbeiten zurückgab, pfiff er, daß die Scheiben zitterten. Unermeßlich war seine Enttäuschung. Der große Favorit – dem ein nicht geplanter Fehler zusätzlich unterlaufen war – hatte sich statt der Vier eine glatte Fünf eingehandelt und sich damit die Jahresendzensur verdorben. Mehr als anderthalb Chlebbis schaffte er in der Pause nicht.

Am 15. Oktober 1950 sollten in unserem Lande erstmalig die Volksvertreter aufgrund der gemeinsamen Kandidatenliste der Nationalen Front gewählt werden. Wochenlang vorher schon traten wir mit dem FDJ-Chor in Betrieben und auf öffentlichen Wahlveranstaltungen auf, sangen unsere Kampf- und Aufbaulieder. Hier und da durfte ich sogar Gorkis *Sturmvogel* rezitieren, eine Aufgabe, der ich mich mit stolzgeschwellter Brust und blökendem Pathos hingab.

Die Mittel der Wahlagitation waren vielfältig. Nicht immer standen geschulte Redner zur Verfügung. Am 4. Oktober – so geht es aus meinem Tagebuch hervor – erlebte ich auf einer abendlichen Wahlversammlung den Auftritt des Friedensfreundes W.:

Jetzt will ich euch mal die janze Sache an die Hand von ein Märchen klarmachen. Liebe Friedensfreunde, ihr kennt doch alle die Jeschichte von Hänsel und Jretel und habt euch in eure Kindheit mit sie befaßt. So, nu stellt euch mal vor, die Stiefmutter, dis wären also die Nazis, und die hat ihre Kinder in den finsteren Wald hineinjetrieben, und dis is der Kriech. Und nu kommen sie zu die Hexe, und dis, liebe Friedensfreunde, is keen anderer als wie der Monnepolkappetalist Amerika, und der macht ihnen nu mit den Marschallplan fett. Und warum? Weil er sie hinterher fressen will, und jenau dis, liebe Friedensfreunde, müssen wir am Fuffzehnten verhindern, indem wir die Kandidaten der Nationalen Front jeschlossen unsere Stimme jeben.

W. war zweifellos von seiner Mission überzeugt und wußte nun mal die Worte nicht anders zu setzen. Ob er auch seine Zuhörer überzeugt hat, mag dahingestellt bleiben. Leute, die besser hätten reden können, zogen es vor zu schweigen. Etwas später, als W. schon Bürgermeister einer Nachbargemeinde war, wies ihn ein wohlmeinender Genosse darauf hin, daß man in einer solchen Funktion wohl doch etwas sorgsamer mit der deutschen Sprache umgehen müsse. W. winkte ab und sprach: Mich isses ejal. Mir hamse jewählt.

Am 6. Oktober kam ein Puppenspieler in unsere Schule, um in der Aula vor den Klassen 1 bis 4 das selbstverfertigte Stück *Kasper und die Volkswahl* zu spielen.

In der Stunde davor hatten wir Latein bei Dr. Kelling, ein Fach, das fast alle, im besonderen aber die Mathematiker verabscheuten. Ich wurde gebeten, den Lateinunterricht zu vereiteln, und warf dem durchaus ablenkbaren Universalgelehrten meinen Köder vor: In unseren Mauern weilt derzeit ein Puppenspieler. Während der Großen Pause gab es unter uns heftigen Streit. Die einen sagen, das sei nichts als schäbige Jahrmarktsunterhaltung. Die anderen halten es für eine selbständige Kunstrichtung. Könnten Sie uns, bitte, mit ein paar klärenden Worten helfen, Herr Doktor?

Er ließ sich nicht lange nötigen, zitierte aus dem Stegreif Heinrich von Kleist, kam natürlich auf den großen Olympier zu sprechen, dessen berühmter Faust nie geschrieben worden wäre, hätte den Knaben Wolfgang nicht dereinst das Puppenspiel begeistert. Von lateinischen Vokabeln war in diesen fünfundvierzig Minuten nicht mehr die Rede. Danach forderte ich im Namen meiner Fraktion Genugtuung von den Mathe-Assen. Der ausgleichenden Gerechtigkeit halber müsse auch die folgende Stunde bei Professor Geiswinkler ausfallen.

Viel Zeit war nicht zu verlieren. Ich rannte zum amtierenden Direktor Althoff. Du, Heinz, der Kelling hat uns eben einen tollen Vortrag über das Handpuppenspiel gehalten. Einmalige Chance! Kannst du nicht anordnen, daß wir geschlossen die Vorstellung in der Aula besuchen?

Er schaute auf den Stundenplan. Nur wenn der Professor nichts dagegen hat!

Ich rannte weiter, klopfte an die Tür des Lehrerzimmers und ließ den gefürchteten Alten herausbitten.

Herr Althoff hat angeordnet, log ich mit dreister Stimme, daß die Mathematikstunde heute ausfällt. Wir haben an einer Wahlversammlung mit künstlerischem Puppenspiel teilzunehmen.

Er biß in seine Blutwurststulle und musterte mich nachdenklich. Ho, murmelte er, daas gahn niex wie eine Fata murkana von dir sein, mein lieber Wiesner. Wenn du weiter so an Uhnsinn daherschwäätzt, muuß ich dir an uhnginstiges Brocknostikum fiers Appiduuhr stellen.

Wir hatten es sehr eilig, noch vor dem Klingelzeichen in die Aula zu gelangen. Dort saßen schon die Sechs- bis Zehnjährigen und harrten in erwartungsvoller Unruhe des Spektakels. Der Künstler, ein älterer Herr, trat hinter seinem Theaterchen hervor und wunderte sich offensichtlich ein wenig. Dann erfaßte er blitzschnell den geschäftlichen Aspekt der neuen Sachlage und kassierte von uns pro Nase zwei Groschen Eintritt.

Da kam auch schon der Mitschüler herein, den wir als Späher auf dem Flur zurückgelassen hatten.

Ich hab durchs Schlüsselloch gekuckt, flüsterte er aufgeregt, der Professor stampft mit Riesenschritten durch die Klasse und pfeift, daß die Lampe wackelt. Er hat auch was ins Klassenbuch geschrieben.

Tritratrallalla! Der lustige Kapser schob sein Gardinchen beiseite und erkundigte sich, ob wir auch alle da wären.

Alle waren schon nicht mehr da. Meine Klassenkameraden hatten kalte Füße bekommen und sich leise davongestohlen, einer nach dem andern, wie die Musiker in Haydns Abschiedssinfonie. Feiglinge! Als letzter betrat ich das Klassenzimmer, stumm und gesenkten Hauptes.

Der Professor maß mich mit einem vernichtenden Blick und sprach: Wiesner, mir scheints, Sie sind der beese Geist dieser Glaaße! Dann begann er seine Kurven an die Tafel zu zeichnen. Bisher hatte er nie einen von uns gesiezt. Es schien der schlimmste Ausdruck seiner Verachtung zu sein. Im Klassenbuch fand sich die Eintragung: *Klasse leer. Schüler angeblich zu den Puppenspielern gelaufen. Ge. — 6. 10. 50.*

Die Seite wurde später als Souvenir entwendet, leider nicht von mir.

Auf seine Art war Professor Geiswinkler fair. Wer bei ihm etwas lernen wollte, hatte dazu ausgiebig Gelegenheit. Mitschüler, die später ein technisches oder naturwissenschaftliches Studium aufnahmen, meinten, sie hätten ohne Gefahr ein Jahr lang die Mathematikvorlesungen schwänzen können, so groß sei ihr Vorsprung gewesen.

Die Faulpelze und Nichtskönner ließ der alte Herr weitgehend ungeschoren, vorausgesetzt, sie störten nicht über Gebühr den Unterricht. Erst kurz vor den Abiturprüfungen befahl er zu Beginn jeder Stunde mit angeekelter Miene: Gahndidatten rrraus!

Dann marschierte die Handvoll Stümper geschlossen zur Wandtafel und bekam das Allernotwendigste eingepaukt. Ich wurde nicht zu den Kandidaten gezählt. Bis zum Ende der Schulzeit galten meine Leistungen amtlich als genügend. Dabei hatte ich nicht die geringste Ahnung, was mit Begriffen wie Sphärische Geometrie, Integral oder gar Bernouillische Lemniskate überhaupt gemeint sein könnte. Es interessierte mich auch gar nicht. Kein Mensch würde mich später jemals danach fragen. Ich mußte nur genügend Intelligenz aufbringen, um meine völlige mathematische Abstinenz vor dem Professor zu verbergen, und gerade noch soviel von dem jeweiligen Stoffgebiet dunkel erahnen, daß ich beim Abschreiben der Klassenarbeiten von meinem Nachbarn Werni ein paar glaubwürdige Fehler hineinpraktizierte. Ein Sehr gut unter eine Arbeit von mir setzen zu müssen, hätte den guten Alten zu sehr ins Grübeln gebracht. Heute glaube ich, daß er gar nicht so weltfremd und einfältig war, wie ich damals gedacht habe. Er war einfach freundlich und großzügig und trug mir nicht einmal die Geschichte mit dem Kaspertheater nach. So gut wie nie rief er mich an die Wandtafel. Vielleicht wollte er uns beiden den Ärger ersparen. Bei der schriftlichen Abiturprüfung schaute er demonstrativ aus dem Fenster, als er deutlich bemerkt hatte, wie mir ein Kassiber zugeschoben wurde. Nach einer halben Stunde kam er an meinem Platz vorbei und murmelte eher anerkennend als vorwurfsvoll: Augen hast wie an Luchs!

Meist gab er Hausaufgaben von beträchtlichem Schwierigkeitsgrad auf. Kündigte er an, er werde solche Arbeiten einsammeln, so ließ ich sie mir von Mitschülern im Tausch gegen Deutsche Hausaufsätze anfertigen. In anderen Fällen zeigte ich, wenn er kontrollierend durch die Reihen schritt, nichts als das Heft mit den Schmierskizzen aus der Stunde vor, die ich zu Hause niemals ausarbeitete, weil ich es gar nicht gekonnt hätte. Der Professor, zu lang geraten und obendrein kurzsichtig, vermochte aus seiner Höhe nichts anderes zu erkennen als ein helles Rechteck. Wehe, er hätte es ein einziges Mal zur Hand genommen und genauer betrachtet! Vermutlich wäre ihm nichts übriggeblieben, als umgehend meine Entfernung von der Schule zu beantragen. Da ich nun mal beschlossen hatte, daß mir die Mathematik genausowenig geben könne wie ich ihr, mußte ich mir ja zwei Jahre hindurch anderweitig die Zeit vertreiben.

Ich studierte jede Geste des kauzigen Professors und schrieb jeden schrulligen Ausspruch von ihm lautgerecht neben die armseligen Karikaturen irgendwelcher Kurven ins Mathematikheft. Professor Geiswinkler sprach irgendeinen österreichischen Dialekt, den aber so zerdehnt und eigenwillig, daß wohl selbst Landsleute ihn komisch gefunden hätten. Bald vermochte ich den Ahnungslosen in Sprache, Mimik und Gebärde perfekt nachzuahmen und in den Pausen mit solcherlei kulturellen Darbietungen Applaus einzuheimsen. Wenn ich in den erhaltenen Heften blättere, wird mir nahezu schlecht ob meiner damaligen Ignoranz. Beispielsweise folgt auf die Formel

$$x^2 - \frac{x-3}{x-2} = \frac{A}{x-2} + \frac{B}{x+1}$$

umgehend das Zitat aus der betreffenden Förderstunde: Ho! Ihr gennts ja niiech amal a Draigant gonstruieren! Ihr seids mir Hölden, Laienbrieder saids mit schwaacher räumlicher Vorstöllungsgraaft! Iech glupfe hier, iech glupfe da – wo iech ahnboche, is niex! Jesses Maria! Uhnd ihr wöördet daas ainmal bieter neetig ham! Nu schauts eich den Wiesner an, da laacht der noch wie a Pleedist!

Im Frühjahr 1951 rückten die Abiturprüfungen unaufhaltsam näher. Wohl wissend, daß ich mich dem Verdacht zügelloser Bilderstürmerei, ja, der Hermenschändung am kostbarsten Gut deutscher Schultradition aussetze, erlaube ich mir dennoch den Vorschlag: Man sollte die Abiturprüfungen endlich abschaffen. Sie sind überholt und nützen niemandem etwas, schaden hingegen den Nerven ganzer Schüler- und Pädagogengenerationen, ohne jemals ein wirklich genaues Bild vom Leistungsstand der Prüflinge vermitteln zu können. Dazu dürfte das letzte Schuljahr voll ausreichen. Es bietet bessere Gelegenheiten und Anlässe, sich ein Urteil über die geistige Potenz eines Schülers zu bilden als aufwendig inszenierte Ausnahmesituationen.

Wir haben 1951 bei den schriftlichen wie bei den mündlichen Prüfungen getrickst, was das Zeug hielt. Obwohl das Delikt des Prüfungsbetruges längst verjährt ist, wahre ich der Volksbildung gegenüber insofern eine gewisse Loyalität, als ich unsere Methoden im einzelnen nicht verraten werde, da sie noch heute mit Erfolg nachgeahmt werden könnten. Die Jahrzehnte nach dem Abitur zeigten, daß die Schüler trotz der Examenskomödie erst mal genug gelernt hatten, nicht nur für die Schule, auch fürs Leben, um sich auf ihrem weiteren Wege behaupten zu können. Wo es im einzelnen Fehlentwicklungen gegeben hat, dürfen sie nicht nur unseren Lehrern, auch nicht den Originalen unter ihnen, angelastet werden.

Schon Wochen vor den Prüfungen beschäftigte einige von uns ein viel wichtigeres Thema: Wir wollten uns von der Schulzeit mit einer Abiturfeier verabschieden, wie sie die Stadt noch nie erlebt hatte. Am liebsten hätten wir das Stadttheater gemietet, waren aber froh, als wir wenigstens das bescheidene Kulturhaus der Reichsbahn nutzen durften. Geradezu umstürzlerisch mutete es an, daß wir das große Fest gemeinsam mit der Abiturklasse der Mädchenschule zu feiern gedachten. Sie lag in Sichtweite unserer Lehranstalt – sehr zum Verdruß der gestrengen Frau Direktorin, die ihre Moralvorstellungen vermutlich samt ihrer Jungfräulichkeit hartnäckig von der wilhelminischen in die neue Zeit herübergerettet hatte.

Irgendwann, allerdings erst im letzten Schuljahr, hatten

wir beschlossen, uns gegen alle vermufften Knacker und Knackerinnen zu verbünden, ob es denen paßte oder nicht. Wir bildeten sogar gemischte Lernkollektive, ohne den Begriff beim Namen zu nennen. Was war denn schon dabei? Schließlich hatte ich sogar Edith Linsers Büstenhalter betrachten dürfen, als sie sich vor dem Auftritt des FDJ-Chors hinter der Bühne das Blauhemd anzog. Der rosafarbene Büstenhalter allein, ich schwörs, kann nicht der Grund gewesen sein, daß ich Edith vorschlug, unser gemeinsames Wahlthema in Deutsch, den Sturm und Drang, auch gemeinsam zu erarbeiten. Abends spazierten wir Hand in Hand über die nebligen Havelwiesen, und mir, dem künftigen Regisseur, dämmerte nichts anderes, als daß Edith die Idealbesetzung für die Marie in Büchners Woyzeck sei.

Im nachhinein kann ich mich von dem Verdacht nicht freisprechen, ich hätte die Festspielleitung nur deshalb an mich gerissen, um endlich eines meiner Jugendidole, den heißgeliebten Georg Büchner, vor den Spießern der Havelstadt auf der Bühne – und sei sie noch so klein – selbst auf Kosten eines Publikumsskandals durchzusetzen. Einige von uns befürchteten, die Leute könnten empört davonlaufen, wenn sie statt des erwarteten Schülerulks ein so tragisches soziales Stück vorgesetzt bekämen. Ich mußte wohl oder übel Zugeständnisse machen, und so wurde das Programm eine Art Estrade mit einer Länge von mehr als dreieinhalb Stunden. Vielleicht blieben die Zuschauer nur deshalb so geduldig sitzen, weil nach der ersten Vorstellung Kaffee und Kuchen (von unseren Müttern selbstgebacken), nach der zweiten – am nächsten Tage – Bockwurst mit Salat serviert wurden. Welche kulturelle Einrichtung vermochte zum Eintrittspreis von fünfundsiebzig Pfennigen auch nur annähernd so viel an geistigen und obendrein noch leiblichen Genüssen zu bieten wie wir?

Die Sache sprach sich in der Stadt herum, und der Besucherandrang war so stark, daß wir zehn Tage en suite hätten spielen können, wäre es uns nur gelungen, die beträchtlichen Mengen von Kaffee, Bockwurst, Kuchen- und Salatzutaten durch Staatszuschüsse subventionieren zu lassen.

Alle elf Abiturientinnen, alle fünfzehn Abiturienten waren an dem Mammutprogramm beteiligt, sangen, musizierten, rezitierten und spielten. Goethe und Becher, Beethoven und Schubert. Selbst unser Fräulein Klassenlehrerin schwebte mit ihrer Walkürenfigur auf den Flügeln des Gesanges herbei: *Freudvoll und leidvoll, gedankenvoll sein . . .*

Zur Verblüffung unserer Lehrer und Eltern explodierten wir nahezu vor unerwarteter Kunstbeflissenheit. Wir wollten alles auf einmal und gerieten in Gefahr, des Guten zuviel zu tun.

Alle Welt – und das war in diesem Falle eine recht begrenzte Welt – sollte sehen, was für ein Genie ich war. Aufrecht, laut und mit dem, was ich für revolutionäres Pathos hielt, gab ich den Jan Hus in der Kerkerszene eines ungarischen Historiendramas. Meine Partnerin war Luise Hartrampf. Ich hatte nur wenig Zeit, mich in den verknöcherten alten Schulmeister Flachsmann zu verwandeln. Eine Lehrerkomödie aus der Jahrhundertwende benutzten wir in freier Bearbeitung, gegen den noch immer in unseren Schulen modernden Mief von vorgestern anzustinken. Heinz Althoff durfte den jungen, fortschrittlichen Gegenspieler verkörpern. Die weibliche Hauptrolle spielte Luise Hartrampf.

Dann betrat der elende Barbier und Stadtsoldat Woyzeck die kleine Bühne, begann seinen Hauptmann zu rasieren, und dieser sprach: *Langsam, Woyzeck, langsam; eins nach dem andern!*

Mit achtzehn war Georg Büchner für mich der Größte.

Wir haben schön Wetter, Herr Hauptmann. Sehn Sie, so ein schöner, fester, grauer Himmel; man könnte Lust bekommen, einen Kloben hineinzuschlagen und sich daran zu hängen, nur wegen des Gedankenstrichels zwischen Ja und wieder Ja – und Nein, Herr Hauptmann, Ja und Nein? Ist das Nein am Ja oder das Ja am Nein schuld? Ich will darüber nachdenken.

Das entsprach haargenau meiner Gemütsverfassung.

Die *Märkische Volksstimme* lobte unser Programm in hohen Tönen, hob besonders die Woyzeck-Aufführung hervor, versäumte indessen, den Namen des Regisseurs und Titelhelden zu erwähnen, was mich ein wenig kränkte. So was habe ich mir später als Theaterkritiker nie geleistet, schon weil ich nur allzu gut wußte, wie einem zumute sein kann.

Der zweite Abend endete als rauschende Ballnacht. Keine Disko, keine Bigband. Klavier, Akkordeon, Trompete, Gitarre, gespielt von Klassenkameraden. Dazu Dünnbier, billiger Apfelwein und ein wenig Korn. So schön habe ich nie wieder gefeiert.

Hinterher hatten wir, der harte Kern, noch genügend Stehvermögen, den Saal aufzuräumen. Die ersten Schichtarbeiter gingen schon zur Arbeit, als wir durch die Grünanlagen heimwärts zogen. Luise Hartrampf trug einen Riesenblumenstrauß, die abgeräumte Tischdekoration, im Arm, blickte mich strahlend an und jubelte mir übermütig zu: Mein lieber Woyzeck! Ab morgen kannste – hick! – keine unschuldigen Mädchen mehr abmördern!

Unsicheren Schrittes ging ich nach Hause. Das also war das Ende der Schulzeit. Die Zukunft lag im ungewissen. An der Grabenpromenade war über Nacht der Jasmin erblüht. Am liebsten hätte ich die Zweige mit den weißen, duftenden Blüten abgepflückt und wäre noch einmal umgekehrt, um sie Luise zu bringen.

Meine Eltern saßen schon am Frühstückstisch, als ich todmüde ins Bett kroch. Vor dem Einschlafen dachte ich: Rapunzel, Rapunzel, laß dein Haar herunter!

Warum Luise fast eine Messe wert war

Die Spanne zwischen Abitur und Studienbeginn nannte man in den Kaiserjahren die Mulizeit, warum, weiß ich nicht. Mulis sind Maultiere. Man sagt ihnen nach, sie seien dumm und geduldig. Ein bißchen dumm bin ich als Mulinachfahre bestimmt gewesen – aber geduldig?

In den zwei Monaten nach der Abiturfeier geschah viel. Da sollten eigentlich die Weichen für meine Zukunft gestellt werden. Leider war derzeit der Posten des Weichenstellers unbesetzt, und ich stolperte ratlos über das Gleisgewirr des Verschiebebahnhofs Gegenwart.

Da stand ich nun mit meinem Reifezeugnis in der Tasche und hatte keine Ahnung, wie es weitergehen sollte.

Meine Eltern meinten: Wenn du schon unbedingt studieren mußt, dann was Handfestes, nicht solche Fixfaxereien. Damit bezeichneten sie alles, was mit Kunst, Literatur oder gar Theater zu tun hatte.

Ich hütete mich zu erwähnen, daß wir, ein Schulfreund und ich, einige Wochen zuvor beim Faustdarsteller des Stadttheaters vorgesprochen hatten, als Faust und Mephisto, versteht sich. Der Schauspieler hörte sich unser emphatisches Deklamieren an – mit geschlossenen Augen, damit ihm wenigstens unser Herumgehampel erspart bliebe. Dann winkte er mit großer, müder Geste ab: Mag sein, Sie sind talentiert . . . Aber ich kann Ihnen nicht raten, in diesen miserablen Zeiten den fragwürdigen Beruf des Mimen zu ergreifen. Schauen Sie mich an, meine jungen Freunde: Einst zog ich aus, die großen Bühnen des Reiches zu erobern. Dann kam der Krieg, und wo bin ich gelandet? In der tiefsten Provinz! O sähst du, voller Mondenschein, zum letztenmal auf meine Pein – und dahinein knistert das profane Rascheln von Stullenpapier aus dem Parkett!

Dennoch schrieb ich nach meinem Erfolg als Woyzeck an eine Schauspielschule im Thüringischen und bekam den Bescheid, meine Bewerbung sei für dieses Studienjahr zu spät gekommen.

Also was Handfestes! Wie wärs mit Wasserbau? Der Leser erinnert sich an meinen Hang zum nassen Element. Auch Faust hatte Dämme und Deiche erbaut. Er war mein wichtigster Berater, als ich mich beim Wasserstraßenamt unserer Stadt bewarb – ich mit meiner schwachen räumlichen Vorstellungskraft.

Vorsichtshalber nähte ich doppelt und schickte ein weiteres Bewerbungsschreiben an die Landeshochschule: Germanistik und Kunstgeschichte. Doktor Kelling, der mir diesen Weg empfohlen hatte, war der Meinung, damit könnte ich es zum Lektor oder Dramaturgen bringen.

Meine Eltern schüttelten darob einmütig den Kopf und

hofften nur, daß der positive Bescheid vom Wasserstraßenamt eher einträfe als der von der Hochschule, aber es kam genau umgekehrt.

Am 23. Juli wurde mir amtlich mitgeteilt, ich sei für die Fachschaft Germanistik zugelassen. Hocherfreut reiste ich in die Hauptstadt des Landes Brandenburg und fuhr nachdenklich zurück. An der Hochschule hatte man mich wissen lassen, daß dort das Studium der Germanistik nur noch in Verbindung mit Pädagogik möglich sei. Zu deutsch: Ich sollte Lehrer werden. Beklommen malte ich mir aus, eines Tages genauso ein schrulliges Schuloriginal zu sein wie Doktor Kelling. So recht freuen konnte ich mich über die Zulassung nicht mehr.

Eine Woche später traf das zweite Schreiben ein. Man sei bereit, mich als Wasserbauwerker-Lehrling einzustellen. Meine Lehrzeit würde ich im Internat der Wasserbauschule zu K. verbringen.

Was wollte ich damals wirklich? Keine Frage für mich: Schriftsteller werden! Bloß das konnte ich keinem erzählen. Für Vater waren solche Leute Hungerleider, die dem lieben Gott die Tage stahlen und andern auf der Tasche lagen. Wahrscheinlich brauchte man wirklich erst mal einen ehrbaren Beruf, mit dem man später Geld verdienen konnte.

Für die Bezirkszeitung hatte ich eine Reihe heimatkundlicher Artikel verfaßt und schon vor Jahresfrist das unsagbare Glück empfunden, meinen Namen gedruckt zu sehen. Mein erster Beitrag war ein klitzekleiner Bericht über den Schieferdecker auf St. Katharinen. Daß der Reporter am Leben geblieben ist, grenzt an ein Wunder.

Der mächtige Kupferhelm des Turmes war in den letzten Kriegstagen schwer beschädigt worden. Ein geschickter Handwerker ersetzte das wertvolle Buntmetall durch schlichten Schiefer. An diesem Tage war er oberhalb der Haube, an der äußersten Turmspitze beschäftigt und stand mit seinem Hammer, angeseilt, auf einem schmalen Brettchen in luftiger Höhe, etwa siebzig Meter über der Stadt – und bekam einen heillosen Schreck, als sich per Klimmzug unerwartet und unangeseilt jemand zu ihm gesellte, der dort nicht hingehörte. Mich schauderts noch nachträglich. Heute wird mir schon schwindlig, wenn ich mich ein wenig zu weit aus dem Fenster des zweiten Stockwerks beuge.

Dem Lokalredakteur hatte ich vertrauensvoll meine historische Novelle zu lesen gegeben. Der Mann war mit ganz anderen Problemen befaßt: Wiederaufbau, Aktivistenbewegung, Anleitung der Volkskorrespondenten. Dennoch nahm er sich die Zeit, mich literarischen Säugling der *Arbeitsgemeinschaft Junger Autoren* an die Brust zu legen.

Das Kulturhaus, in dem das zweitägige Treffen stattfand, war eine ehemalige Prachtvilla und lag an einem kleinen See. Der Schriftstellerverband personifizierte sich für mich in der Gestalt seiner Mitarbeiterin Charlotte Windscheid. Sie hielt ein Referat, in dem neben Gorki vorwiegend der große Literaturfreund J. W. Stalin zu Worte kam. Uns, den Anfängern und Fortgeschrittenen, sollte darob innewerden, daß die Gestalten der neuen Literatur wahre Helden sein müßten, wie wir sie zwar in der Wirklichkeit noch kaum hatten, wie wir ihnen aber dank unserer demnächst zu erschaffenden Homunculi und ihrer unmittelbaren Vorbildwirkung bald auf allen Straßen, allen Äckern und in allen Werkhallen unseres Landes massenhaft begegnen würden.

Dann kamen wir mit unseren Werken an die Reihe. Einer las eine Geschichte, der Erlebnisse in sowjetischer Kriegsgefangenschaft zugrunde lagen: In einem sibirischen Dorf bricht der Backofen zusammen. Die Gefangenen, unter denen sich Bäcker und Töpfer befinden, bauen ihn wieder auf. Der Duft des frischen Brotes verdrängt ein wenig von des Hasses Gifthauch . . .

Heftiger Einspruch der Kollegin Windscheid: Du willst doch nicht sagen, die Sowjetmenschen hätten der zweifelhaften Hilfe der faschistischen Eroberer bedurft? Das gibt ein völlig schiefes Bild! Die ruhmreiche Rote Armee schlägt im Großen Vaterländischen Krieg den Faschisten an allen Fronten aufs Haupt, und im Hinterland ist man nicht in der Lage, selber einen lumpigen Backofen zu reparieren! Wer soll denn so einen Unsinn drucken?

Schüchterner Widerspruch des Autors: Die sowjetischen Facharbeiter waren an der Front. Menschenskinder, ich schreib doch die reine Wahrheit, so wie ich alles erlebt habe.

Trotzdem! Die Wahrheit ist nicht immer typisch, und die Frage des Typischen ist eine Klassenfrage. Also kann nur das Typische wahr sein.

Vielleicht hatten beide recht und beide unrecht. Erst viel später habe ich verstanden, daß man solche Fragen nicht am grünen Tisch klären kann.

Nach einem markenfreien Abendessen wurde uns Kunst geboten. Mit viel Schmalz sang ein Tenor: *Komm, Zygan, spiel mir was vor ...*

Der namhafte ältere Arbeiterschriftsteller zog sich zeitig zurück von der Kunst. Einer nach dem andern folgten wir ihm mit unseren Stühlen unter die Trauerweiden am abendlichen Seeufer. Das war keiner von den ewigen Belehrern. Er konnte hinreißend komisch erzählen in seinem harten oberschlesischen Dialekt, und er konnte zuhören. Nur eines begriff ich nicht: Woher nahm der kleingewachsene große Mann den Mut, sich ironisch über das offizielle Referat zu äußern?

Eine Stunde später begriff ich gar nichts mehr. Dem Herdentrieb folgend, war ich mit den anderen Jungautoren in einer nahen Bierkneipe gelandet. Still saß ich in einer Ecke. Meine Ohren wurden immer größer und röter. Schriftsteller hatte ich mir anders vorgestellt: Ringend und suchend in einsamer Klause, mit zerfurchter Stirn dem widerspenstigen Genius das rechte Wort abtrotzend, allenfalls ab und zu zerstreut an einem Becher roten Weines nippend. Und was machten die hier! Sie schütteten Bier und Korn in sich hinein, erzählten politische Witze und rissen Zoten, angehörs derer ich nicht mehr wußte, wo ich hinkucken sollte. Was hilfts? dachte ich, du willst ja selber mal Schriftsteller werden. Herr Ober, ein Bier, ein Korn! Mein Zimmernachbar, zwei Jahre älter als ich und trinkfester, schleppte mich zurück zum Kulturhaus. Er war Traktorist und Jugendfunktionär, und genauso hörte sich seine in Zeitungen veröffentlichte Lyrik an.

Im Zimmer las er mir unveröffentlichte vor. Es war ein seltsames Gemengsel von Wilhelm Busch und Villon, aber genial, obwohl oder vielleicht weil unsäglich schlechte Wörter darin vorkamen. Er hatte auch die Gabe, fließend in freien Rhythmen zu reden. Bevor ich einschlief, hörte ich ihn deklamieren: Du sprachst mir gestern, Freund, von den Toiletten. Sag an, auf welchen Pfaden muß ich wandeln, sie zu finden?

Am nächsten Tag durfte ich aus meiner Novelle *Um ein paar elende Bauern* vorlesen. Ein grausamer Söldnerhauptmann des 15. Jahrhunderts läßt ein märkisches Dorf plündern und niederbrennen. Einem anderen Adligen erscheinen an der Pforte des Todes die Opfer seiner einstigen Missetaten.

Dahinein hatte ich alles gepackt, was mich damals bewegte: meine verschwommenen Humanitätsideale, die Furcht vor neuerlichem Krieg, einen unbestimmten pubertären Freiheitsdrang und die Verehrung für meine geistigen Paten – Georg Büchner und Friedrich Wolf.

Die Reaktion der andern war müde oder sarkastisch. Ein einzig Lobeswort drang an mein verstörtes Ohr. Der namhafte Arbeiterschriftsteller wiegte sein graues Haupt: Junge, wenn du mal das richtige Thema packst, kann aus dir noch was werden.

Daraufhin nahm mich die Vertreterin der literarischen Zentralgewalt beiseite: Die Gegenwart, verstehst du, Kollege! Schreib über unser gigantisches Aufbauwerk!

Ich weiß noch, sie trug eine durchsichtige rosafarbene Seidenbluse und verströmte einen betörenden Duft. Eine sozialistische Muse! Ich wäre erschrocken gewesen, hätte sie mich unversehens geküßt. Sie unterließ es, und vielleicht hat es daran gelegen, daß ich die Thematik des gigantischen Aufbauwerks nicht mit meinem jugendlichen Schaffensdrang in Einklang zu bringen vermochte.

Immerhin hatte mich jene Tagung in dem Entschluß bestärkt, so oder so Schriftsteller zu werden. Ich war inzwischen auf den bedeutendsten Stoff aller Zeiten gestoßen. Leider hatte er wieder nichts mit unserer aufregenden Gegenwart zu tun.

1566 war es in meiner Heimatstadt zu einer revolutionären Aktion gekommen. Während einer Pestepidemie hatten sich die Ratsherren auf die benachbarten Weingüter geflüchtet, ihren Schäflein die Lebensmittelzufuhr aus den Ratsdörfern gesperrt und die Stadt nicht nur dem Schwarzen, sondern obendrein dem Hungertode preisgegeben. Da war ein Mann namens Hans Nickel aufgestanden, hatte Gleichgesinnte um sich geschart ...

Ich bedrängte den Museumsdirektor so lange, bis er mich endlich an die historischen Akten heranließ.

Fast jede Nacht saß ich in der Küche und schrieb und schrieb. Am 31. August war der II. Akt des Dramas abgeschlossen. Im Oktober schon übersandte ich das fertige Stück meinem hochverehrten Vorbild Friedrich Wolf und pries mich glücklich, als er mir ein ermunterndes Brieflein schickte. Aber so weit sind wir noch nicht. Nach dem Abitur steht selbst einem Tagedieb wie mir so etwas wie Urlaub zu.

Unsere alte Wandergruppe war gespalten. Die Fahrradbesitzer fuhren zum Zelten an die Ostsee. Mir wollten sie großzügig ein Rad leihen. Ich verzichtete aus purem Gnatz und weil ich keine Lust hatte, zwei Wochen im Angesicht einer aufgekündigten großen Liebe zu verbringen, die längst mit einem andern schön tat.

Also wanderte ich mit dem kleinen Häuflein Fußvolks zu einem märkischen See. Unterkunft fanden wir in einer Scheune, die einem volkseigenen Ziegeleibetrieb gehörte. Wir waren dort wohlgelittene Gäste, weil wir kräftig mit zupacken konnten, etwa wenn der Regen die Feldbahngleise oberhalb der Tongrube unterspült hatte. Das tat uns gut, und wir kamen nicht aus der Übung. Tage zuvor hatten wir uns in einem Arbeitseinsatz am Güteraußenring der Hauptstadt geschafft. Noch heute kann ichs, wenn ich mit Claudia am Weltbahnhof Schönefeld vorüberfahre, nicht unterlassen: Mindestens drei Tonnen Erde dieses Bahndamms habe ich herangewuchtet.

Wie aber reagieren jüngere Generationen auf die Pioniertaten von einst? Wenn wir nach Hause kommen, könntest du endlich mal den Mülleimer hinunterwuchten.

Im Juli 1951 war es nicht mehr so schön an jenem See wie bei früheren Fahrten. Ein sogenannter Pärchenbetrieb machte sich breit. Meine Vorschläge, gemeinsam etwas zu unternehmen, wurden maulend abgelehnt. So nahm ich verdrossen als Single mein Morgenbad im See und nährte mich vom Prinzip Hoffnung. Ich wartete auf meine Abiturkameraden aus beiden Schulen. Alle hatte ich eingeladen, viele hatten versprochen zu kommen.

Am ausgemachten Tage stiefelte ich in der Morgenfrühe mit einem riesigen Feldblumenstrauß zum Bahnhof der Kleinbahnstrecke, die es schon lange nicht mehr gibt. Als uns der Hoffnungsrausch überkam, wir würden bald zu den größten Erdölproduzenten – nun ja, nicht der Welt, aber zumindest Mitteleuropas zählen, hat man auch diese Bimmelbahn durch eine Buslinie ersetzt.

Völkerscharen erwartend, ward mir beklommen zumute. Aus dem Abteil stieg nur eine einzige Person, blond und langhaarig: Rapunzel. Luise Hartrampf. Sie entschuldigte sich, daß sie allein käme. Gern hätte sie ihre Klassenkameradin Henriette mitgebracht, aber deren Eltern wären aus moralischen Gründen dagegen gewesen, daß ihre Tochter wie ein Landstreicher in einer Scheune nächtige. Acht Jahre später nahm ich nicht Rapunzeln, sondern Henrietten zur Frau. Vielleicht wäre mit mir alles anders gekommen, hätte damals *Henriette* allein das Kleinbahnabteil verlassen. Wie aus meinem Tagebuch hervorgeht, hielt ich beide, die Blonde wie die Schwarze, zumindest für angehende Göttinnen. Einstweilen hatte mich der Zufall oder ein verspießertes Elternpaar der Entscheidung enthoben, und das Schicksal nahm seinen unbarmherzigen Lauf.

Über die nächsten Tage objektiv zu berichten, sehe ich mich noch heute außerstande. Seit den Vorbereitungen zu unserer Abiturfeier war ich bis über beide Ohren in Luise verliebt, hatte mir indes so viel Verstand bewahrt, mir zu sagen: Greife nicht nach den Sternen!

Luise erschien mir als das Ideal alles Weiblichen schlechthin. Lassen wir den Liebreiz der äußeren Erscheinung, der selbst nach über dreißig Jahren noch nicht völlig verblichen ist, beiseite, so war es wohl die heitere, ausgeglichene Fröhlichkeit ihres Wesens, die mich so anzog, vielleicht weil sie mir selber fehlte. Ich konnte wohl den ausgelassensten Narren spielen, mich aber gleichzeitig tieftraurig fragen: Warum ist diese Welt so widersinnig böse eingerichtet? Warum gibt es noch immer Kriege? Warum können wir nicht endlich wieder ein geeintes Deutschland schaffen? *Was ist das, was in uns lügt, stiehlt, hurt und mordet?*

Als der Weltschmerz des Unberatenen in mir am heftigsten tuckerte, fing die Romanze mit Luise an. Wäre sie die Tochter eines alten Genossen gewesen, so hätte ich es fürderhin leichter gehabt. Aber ich kann meine Geschichte nur um des guten Ausgangs willen weder schönen noch verfälschen. Luises Vater hatte die schwarze Uniform des Bösen getragen, dem mit Recht die Zerstörung der Städte und all die Not unseres Vaterlandes zur Last gelegt wurde. Herr Hartrampf, dessen persönliche Bekanntschaft mir erspart geblieben ist, lebte ungeschoren im Lande jenseits des Großen Flusses. Frau und Tochter hatten sich von ihm getrennt. Sie waren überzeugt, Besseres gefunden zu haben als den Ehemann und Vater: ihre Religion.

Weil diese viel damit zu tun hat, daß Rapunzel und ich nicht noch heute zusammen sind, will ich versuchen, den uneingeweihten Lesern zu erklären, was es mit jener Religion auf sich hat, selbst auf die Gefahr hin, daß mir Claudia über die Schulter schaut und sagt: Daß du dauernd den Leuten populärwissenschaftliche Vorträge halten mußt!

Im Jahre 1876 begründete zu Boston (Massachusetts) Mrs. Mary Baker-Eddy eine neue Heilslehre, die Christian Science, die Christliche Wissenschaft. Schon als ich die ersten Gottesdienste dieser Kirche besuchte, machte mir ihr Name zu schaffen, hatte ich doch immerhin einige Früchte vom Baum der marxistischen Erkenntnis genascht. Christentum und Wissenschaft – wie sollte das zusammengehen? In unserem frischgegründeten Staat waren die Christian Scientists schlichtweg verboten und als Gesundbeter abqualifiziert. Der Hauptgrund war wohl, daß die Mutterkirche in den Vereinigten Staaten residierte. Gegen die hatte die Republik schon in ihren Sturm-und-Drang-Jahren etwas. Selbst guten Genossen, die zur Zeit des Bösen dorthin emigriert waren, wurde das Leben bei uns zuweilen schwer gemacht. Aus heutiger Sicht kann ich einiges davon verstehen. Nach allem, was ich über dieses Land, in dem offenbar alles eine Nummer zu groß und drei Nummern zu großmannssüchtig ist, gehört habe, nach alledem, was seine führenden Leute in den letzten Jahren getan haben, die Handvoll Milliarden Menschen auf unserer kleinen Kugel in permanente Lebensangst zu versetzen, muß ich mich selber vor dem Pauschalurteil hüten: Eine große Käseglocke über dieses Land, und alsbald wird es auf der Erde weniger stinken!

Pauschalurteile sind ungescheit, Vorurteile sogar dumm. Das habe ich spätestens im letzten Sommer erfahren. Auf den Spuren früherer Jahre fuhren wir durch den Freistaat Bayern. Wir waren, belastet durch Äußerungen und Verhaltensweisen freistaatlicher Politiker sowie durch langjährigen Karikaturenbrauch unserer Blätter darauf gefaßt, nur tumben, hinterwäldlerischen Bazis zu begegnen. Manchmal müssen wir eben, ohne auch nur ein Tittelchen unserer Gesinnung preiszugeben, ein wenig dazulernen, freilich immer auf der Hut bleibend, vom Unterhaltungsschriftsteller bis zum namhaftesten Amateurjäger unseres Landes.

Aber wo waren wir stehengeblieben? Die Christliche Wissenschaft lehrt, Gott habe den Menschen zu seinem

Ebenbild, also als ein vollkommenes Wesen erschaffen. Haß, Neid, Unterjochung anderer, Kriegsgelüste seien nicht göttlich und dürften keinen Platz im menschlichen Denken finden. Hätte man die Christian Science zur Staatsreligion dort drüben erhoben, so wäre uns allen vielleicht wohler. Immerhin zitiert unser Zentralorgan gelegentlich das Zentralorgan der Christlichen Wissenschaft, wenn von den Friedenskräften Amerikas die Rede geht. Will sagen, der reaktionärsten aller Ideologien kann ich nicht aufgesessen sein, als ich mich in Luise Hartrampf verliebte.

Hätte ich das Studium der Medizin gewählt, so hätte mich die selige Mary Baker-Eddy brotlos machen können, denn sie lehrte, daß Krankheit nur eine falsche Annahme sei. Die Ursache läge im geistigen Bereich. Nehmen wir mal an, um ein gegenwärtiges Beispiel zu wählen, ich hätte ungeheure Kopfschmerzen. Ich denke nach, und mir fällt ein, daß ich mich maßlos über meinen Verlagsdirektor geärgert habe, weil der mir eine Nachauflage aus dem Plan gestrichen hat. Ich denke so bei mir: Dieser krumme Hund . . . und genau das ist falsch. Ich muß mir klarmachen, daß selbst ein Verlagsdirektor ein Geschöpf Gottes und daher mein Bruder ist. Ich muß für ihn beten und mich gleichzeitig meiner Hoffart schämen.

Am nächsten Morgen holt mich ein Anruf aus dem Bett: Der Plan wird noch einmal überarbeitet. Du bekommst deine Nachauflage. Von meinen Kopfschmerzen ist keine Rede mehr. Nein, ich will das alles nicht ins Lächerliche ziehen. Noch heute hege ich eine unbegrenzte Hochachtung vor allen Menschen, die ihre Religion ernst nehmen. Wäre dies die Regel, so könnte man in Bälde alle Abrüstungskonferenzen mit einem fröhlichen Sektgelage erfolgreich abschließen.

Der letzte Tag des Ziegeleiurlaubs war gekommen. Die Wandergruppe reiste ab. Luise und ich blieben. In der Nähe lag ein fast schon verlandeter See. In der Dämmerung bestiegen wir einen alten Angelkahn. Über den Erlen kletterte der Mond himmelan, rotgesichtig ob der Anstrengung. Frösche quakten. Fledermäuse schwirrten. Ich weiß nicht, ob dort heute noch Fledermäuse schwirren und Frösche quaken. Auch Sommernächte können kühl sein. In der Scheune kuschelten wir uns wie dumme Tiere aneinander. Luises Trainingsanzug bestand aus einem Material, das heute wieder als modisch gilt. Ich weiß nur noch, es war widerstandsfähiger als eine Ritterrüstung.

Am nächsten Tag wanderten wir die siebzehn Kilometer zurück in die Stadt. Luise schluckte mannhaft die Vorwürfe ihrer Mutter: Ausgerechnet dieser Woyzeck. Erzähl mir nichts! Wer das so überzeugend spielt, der hat auch was davon in seinem Wesen! Zwar habe ich bis dato nie eine Geliebte an einem Teich gemeuchelt, doch war Frau Hartrampfs Mißtrauen – wiewohl Mißtrauen nicht göttlicher Art sein sollte – von Anfang an begründet. Sie muß es gespürt haben, daß ich nie einer der Ihren werden würde.

Mit Luise besuchte ich Konzerte, wanderte mit ihr durch den Fläming. Mit ihr und Henriette und dem späteren Postamtserbauer saß ich in der Klosterruine unserer Heimatstadt und trank maßvoll bei Kerzenschein preiswerten Wein. Aber was halfs? Lange konnte ich mich vor dem schnöden Alltag nicht mehr drücken. Ich hatte erfahren, daß mir die Landeshochschule kein Stipendium gewähren würde. Meine Eltern verdienten an die sechshundert Mark, und bei dieser stolzen Summe machte der Staat sein Säckel dicht. Ich sah ein, daß mich die Eltern nicht noch weitere vier Jahre durchfüttern könnten. Meine Mutter gab sich optimistisch: Dir steht ja immerhin noch die Lehrstelle als Wasserbauwerker offen. Wann solltest du da antanzen?

Mißmutig kramte ich den lakonischen Schriebs hervor und bekam einen Schreck. Mir blieben noch knappe zwei Wochen, dann würden sich die Pforten des Internats hinter mir schließen. Da ich bislang nicht die Absicht hatte, diese Lehre wirklich anzutreten, besaß ich keine Vorstellung, wie das alles ablaufen sollte.

Verdrossen raffte ich mich zu einem Lokaltermin auf und fuhr am 3. September nach K. Die Wasserbauschule, mein künftiges Zuhause, lag an einem Kanal, in der Nähe einer Schleuse. Im Sekretariat gab mir eine ältere Dame bereitwillig Auskunft. Sportzeug, Kulturbeutel, soundsoviel Schreibhefte seien mitzubringen und ... Sie unterbrach sich und musterte mich von oben bis unten: Sie sind doch der Abiturient? Komisch, daß Sie bei uns anfangen wollen.

Erst jetzt erfuhr ich, daß fast alle anderen Lehrlinge nur die achte Klasse absolviert hatten. Mit ihnen sollte ich eine dreijährige Lehrzeit verbringen, ich – mit dem besten Reifezeugnis der Klasse, ich – der künftige gefeierte Dramatiker, dem bis vor kurzem noch ein Germanistikstudium offengestanden hatte! Der Sturz war zu tief. Draußen sammelte Ikarus seine zerschmetterten Flügel ein und warf sie in den Kanal.

Mich stieß der Bock wie in meinen Kindertagen. Mindestens eine Stunde lang irrte ich durch fremde Straßen, vorbei an den blumengeschmückten Vorgärten der vielen Einfamilienhäuser. Am liebsten wäre ich gar nicht mehr nach Hause gefahren. Ich setzte mich auf eine Bank und verfütterte meine Stullen an einen herumstreunenden struppigen Köter. Er ließ sich sogar von mir streicheln, aber als das Brot alle war, knurrte er mich an. Ich gab ihm einen Tritt, mir selber einen Ruck und ging zur S-Bahn, mit der man damals noch durch die Westsektoren nach Potsdam gelangen konnte. Es half nichts. Noch heute mußte ich meinen Eltern eröffnen, daß ich diese Lehre um keinen Preis antreten würde. Drei Jahre Lehrzeit, dann vielleicht ein vier- bis fünfjähriges Studium in einem technischen Fach. Wenn ich das wirklich mit Ach und Krach schaffen sollte, wäre ich ein alter Mann von sechsundzwanzig Jahren und würde dann erst mein erstes Geld verdienen.

Wieviel besser ist doch Luise dran! Ausgerechnet heute wird sie in Berlin am Städtischen Sprachen- und Dolmetscherseminar ihre Aufnahmeprüfung ablegen. Mehrmals hat sie mir angedeutet, es wäre auch eine Chance für mich. Nein, das kommt nicht in Frage! Vielleicht denkt die noch, ich laufe ihr nach! Der Fall ist sowieso erledigt. Eine flüchtige Sommerliebe, weiter nichts! Soll sie doch nach Berlin gehen. Aus den Augen, aus dem Sinn! Ich merke, daß mich schon wieder der Bock stößt, und verstecke mich rasch hinter meinem Buch.

In Potsdam steige ich in den Dampfzug um und knalle heftig die Tür hinter mir zu. Gleich darauf wird sie wieder geöffnet, und eine vertraute Mädchenstimme fragt: Ist hier eben ein Herr mit son komischen Hut eingestiegen?

Am liebsten hätte ich mich in der Toilette eingeriegelt. Auch noch meinen schönen breitkrempigen, flachen Hut, auf den ich so stolz bin, zu beleidigen! Aber da steht Rapunzel schon vor mir und entwaffnet mich mit ihrem strahlenden Lächeln.

Kannst mir gratulieren. Ich war bei der Prüfung so gut, daß sie mir das erste Jahr erlassen haben. Und wie wars bei dir? Komm mit in den nächsten Wagen, ich bin nämlich nicht allein.

Ach, denk ich, so schnell geht das! Aber es ist nur Frau Hartrampf, die ihre Tochter zur Prüfung begleitet hat. Obwohl ich mich mächtig zusammennehme, erfahren die beiden nur allzubald, was mich bedrückt. Luise sagt gar nichts dazu. Ihre Mutter, eine zierliche Frau mit schneeweißem Lockenhaar, drückt mir zum Abschied die Hand und schaut mich mit ihren großen blauen Augen an, daß es mir durch und durch geht.

Warum vertrauen Sie nicht der göttlichen Führung? sagt sie. Gott allein weiß, was für Sie gut ist. Haben Sie Vertrauen zu ihm, und Ihr Problem wird sich schneller lösen, als Sie denken!

Welch schöner Ratschlag, denke ich lästerlich. Sie hätte mir wenigstens Gottes Telefonnummer geben sollen. Dann könnte ich ihn heute noch anrufen und fragen, was er mit mir vorhat.

Wo bleibst du denn so lange? Mutter ringt die Hände. Wir dachten schon, dir wär was zugestoßen.

Ich hänge meinen schönen flachen Hut an den Haken. Mutter holt das warmgestellte Abendbrot aus der Röhre. Solange ich die grünen Bohnen löffle, habe ich noch eine Galgenfrist. Ich lasse mir einen zweiten Teller vollfüllen, obwohl es mir gar nicht schmeckt. Endlich muß ich doch heraus mit meinem Offenbarungseid. Mutter heult wie ein Schloßhund. Dafür haben wir ihn nun vier Jahre auf die Oberschule geschickt!

Vater starrt finster vor sich hin. Und nu? Was willste machen? Denkste, dir fliegen gebratene Tauben ins Maul?

Beide begreifen, daß sie mich nicht zwingen können, die verhaßte Lehre anzutreten. Auf ihre hilflose Art meinen sie es herzlich gut mit mir.

Ich wär so gerne Koch geworden, sagt Vater, aber dazu brauchte man eigenes Vorlegebesteck und alles son Krimskram, und das Geld dafür hat mein Stiefvater nicht rausgerückt. Korbmacher sollte ich werden, war damals 'n richtiger Hungerleiderberuf.

Als mich Vater weggeheiratet hat, sagt Mutter, war ich Chefsekretärin bei der Filiale von Daimler-Benz. Und dann mußte ich im Blauen Affen, in der schäbigen Pachtkneipe deiner Großmutter, die vollgekotzten Pißbecken reinigen. Man kann nicht immer haben, was man möchte.

Was nützen mir die Erfahrungen von früher? Nichts kann ich damit anfangen, denk ich so bei mir. Vielleicht geh ich morgen früh zum Stadttheater und frage, ob sie mich zu irgendwas gebrauchen können, vielleicht fürs erste als Kulissenschieber.

Manchmal denke ich heutzutage, die Sache mit dem Wasserbau wäre gar nicht so verkehrt gewesen. Vielleicht hätte ich einige Jahre später eine bedeutende Talsperre erbaut. Die würde auch dann noch stehen, wenn kein Mensch mehr über meine Büchlein und schon gar nicht mehr über irgendwelche Fernsehfilme spricht. Aber das ist auch bloß Koketterie. Welcher Literat ist nicht in tiefster Seele davon überzeugt, daß seine Machwerke für die Ewigkeit bestimmt seien, auch wenn er das nie zugeben würde?

An jenem Abend lag ich noch lange wach. Wenn nun doch etwas dran war an dem christlichen Glauben? Die Gespräche auf langen Waldspaziergängen mit Luise waren nicht ohne Wirkung auf mich geblieben. Da Gott Rapunzeln bisher so wunderbar und harmonisch geführt hatte, könnte er mir ja in seiner grenzenlosen Barmherzigkeit wenigstens einmal einen klitzekleinen Tip geben. Wer, zum Teufel, sollte mir denn sonst noch raten?

Aufgeklärte Leser werden mir jetzt kein Wort glauben, aber ich schwörs bei Marx und dem Herrn Jesus: Ich erwachte in der Morgendämmerung und wußte genau, was ich zu tun hatte. Jede Spur von Unsicherheit war von mir gewichen. Ich legte den schlafenden Eltern einen Zettel auf den Tisch und fuhr heiteren Sinnes nach Berlin.

Auf dem Bahnhof Alexanderplatz stieg ich aus. Am Eingang zur U-Bahn saß ein fetter Mann mit Schiebermütze und Schürze und murmelte monoton vor sich hin: Schnürsenkel – Schuhputz! Ich fragte ihn nach der Mendelssohnstraße. Er deutete mit dem Daumen gen Norden: Ans neue Pulleßeipräsidium vorbei und denn nach links. Wenn de riechst, dettet nach Muckefuck stinkt, denn biste unjefähr richtig.

Ich brauchte also nur der Nase nach zu gehen. Schon in der Jostystraße, benannt nach dem berühmten Cafébesitzer Johann Josty, roch es sinnigerweise streng und brenzlig nach frischgeröstetem Malzkaffee. Die Rösterei, die wohl auf einem der Hinterhöfe lag, habe ich nie zu sehen bekommen, aber der Geruch hat mich dann ein dreiviertel Jahr lang verfolgt.

Die heutige Mendelssohnstraße gehört zu dem Neubaugebiet an der Mollstraße. Damals bestand sie aus einem guten Dutzend häßlicher grauer Mietshäuser der Jahrhundertwende mit ramponierten Fassaden. Das Dolmetscherseminar nahm oberhalb einer im Souterrain gelegenen Holz- und Kohlenhandlung einige ehemalige Wohnungen im Hochparterre und in der I. Etage der Nr. 12 ein.

Als sich nach mehrmaligem Klingeln niemand bereit zeigte, mir die Tür zu einer neuen Laufbahn zu öffnen und ich schon heftig an Gottes weisem Rat zu zweifeln begann, kam eine füllige ältere Frau mit zwei Kohleneimern die Stufen herauf. Angetan mit Lockenwicklern, Filzlatschen und einem verschossenen Morgenmantel, fragte sie mich nach meinem Begehr. Auf mein schüchternes Stammeln hin dirigierte sie mich energisch in die gegenüberliegende Wohnung und hieß mich, in ihrem Salon Platz zu nehmen.

Ick mach uns erst ma 'n Kaffee, und denn erzählnse mir, wat Sie uffm Herzen ham, junger Mann!

Beklommen versank ich in dem verschlissenen Ledersessel. In dem Zimmer sah es aus wie in einem Altberlinroman von Erdmann Graeser, nur schäbiger. An ein Trichtergrammophon erinnere ich mich, einen mannshohen verstaubten Gummibaum und einen ausgestopften Papagei im messingnen Käfigmausoleum. Und überall Filetdeckchen und gestickte Wandsprüche: *Herr, bleibe bei uns, denn es will Abend werden!*

Frau Radicke, so hieß die Salonherrin, kam und servierte in Sammeltassen echten Bohnenkaffee und reichte trockenes Gebäck dazu. Zunächst ließ sie ein wenig von ihrer Lebensgeschichte kucken. Man habe schließlich mal bessere Zeiten gesehen. Nun aber sei ihr nichts geblieben als dieses Mietshaus, welches ihr der selige Kommerzienrat, ihr Gatte, hinterlassen habe, und ihre wichtige Stellung im Seminar. Sie nahm einen tiefen Zug aus der vergoldeten Zigarettenspitze und forderte mich auf, ihr mein Abschlußzeugnis vorzuweisen.

Tja, murmelte sie und sah mich kopfschüttelnd an, wat mach ick denn nu mit Ihnen? Die Prüfung war nämlich schon jestern. Aber mit det Zeuchnis kann ick Ihnen ja nich uffn Müllplatz schicken. Kommse man morgen früh wieder. Ick werd mit Herrn Kaiser reden, det is hier der Scheff, da könnse sich unbesorcht uff die olle Radicken berufen.

Keiner von uns Seminaristen hat ernsthaft geglaubt, daß die olle Radicken jemals eine Kommerzienratsgattin gewesen sei, im Gegenteil, einige vermuteten sogar Ärgeres und führten als Indizien neben der Zigarettenspitze und dem Ackerstraßenberlinisch gewisse Äußerungen an, welche die alte Dame unter dem Einfluß einiger Likörchen getan habe. Mir ist das heute noch schnurzpiepe. Frau Radicke war der gute Geist des Dolmetscherseminars. Sie hielt die Räume sauber, kochte uns gelegentlich gratis Kaffee und nahm solchen, die es nötig hatten, die weltliche Beichte ab. Außerdem versorgte sie uns mit den neuesten Gesellschaftsnachrichten aus dem Hause Mendelssohnstraße 12.

Engel mögen in mancherlei Gestalt auftreten. Für mich wurde die olle Radicken zum rettenden Engel. Als ich mich am nächsten Morgen dem Herrn Dozenten Kaiser vorstellte, sagte er lächelnd: Ich bin schon im Bilde. Frau Radicke hat sich ja mächtig für Sie ins Zeug gelegt.

Er gab mir eine halbe Stunde, mich auf die Prüfung vorzubereiten. Ich hatte Mühe, mich zu konzentrieren. Büchner schaute mir über die Schulter.

Langsam, Woyzeck, langsam, teil Er sich ein. Bedenk Er, Er hat noch seine schönen dreißig Minuten zu warten.

Jede Prüfung ist wie ein Abgrund, es schwindelt einen, wenn man hinabsieht.

Woyzeck, Er hat keine Moral. Er hat sich zur Prüfung angemeldet ohne den Segen der Kommission.

Herr Dozent, der liebe Gott wird den armen Wurm nicht darauf ansehen, ob das Amen gesagt ist, ehe er gekommen ist. Der Herr sprach: Lernen, lernen und nochmals lernen!

Zwei Stunden später teilt mir Herr Kaiser mit, ich hätte die Prüfung bestanden. Aufgrund meiner Kenntnisse könne man mir das erste Studienjahr, das für Wirtschaftskorrespondenz, erlassen und mich gleich in die obere, die Dolmetscherklasse für Englisch aufnehmen.

Für meine letzten Reisespesen kaufe ich der ollen Radikken einen Blumenstrauß im Werte von drei markenfreien Bockwürsten. Essen kann ich auch zu Hause.

Der liebe Gott hatte sich unerwartet großzügig gezeigt. Ich fühlte mich wie im Märchen. Man brauchte sich ihm nur anzuvertrauen, und schon erfüllte er selbst einem Anfänger zwei heiße Wünsche auf einmal: Er gab mir eine berufliche Perspektive und obendrein die Möglichkeit, jeden Tag mit Luise zusammen zu sein.

Meine Eltern freuten sich mit mir, denn nun hatten sie eine Sorge weniger. Amtlich geprüfter Dolmetscher hörte sich genausogut an wie Diplom-Germanist, aber jener Titel war wesentlich preisgünstiger zu haben. Gemeinsam begannen wir zu rechnen. Ich kam auf einen monatlichen Etat von 150 Mark und mußte kleinlaut Vaters Gegenplan zur Kenntnis nehmen, der bei 86 Mark lag.

Die Großmutter hatte sich aus ihrem Krankenbett aufgerappelt, saß mit am Abendbrottisch und war unsagbar stolz auf mich. Wohin mich meine Ausbildung bringen sollte, begriff sie nicht so recht: Nu jaja, ich habs immer gesagt, der Ulrich wird amal iebern Rundfunk sprechen. Ach, wenn ich doch und kennts noch erleben.

Etwas anderes hatte sie viel besser begriffen. Sie holte ihre abgeschabte Lederbörse unterm Kopfkissen hervor und steckte mir mit zitternder Hand einen Fünfzigmarkschein zu: Nimm ook! Wirscht es gutt gebrauchen kennen.

Luise nahm meine Glücksnachricht erfreut, aber ohne eine Spur von Überraschung auf. Ich habe es schon gestern abend gewußt, erklärte sie lächelnd, aber den Weg mußtest du selber finden.

Einen Augenblick lang war sie mir leicht unheimlich. Sie mußte einen ziemlich heißen Draht zu dem guten Vater über dem Sternenzelt haben.

Schon am nächsten Tag sollte in der Mendelssohnstraße der erste Unterricht beginnen. Rapunzel hatte einen vorläufigen Unterschlupf bei ihrer Westberliner Tante gefunden, aber wo sollte ich bleiben? Täglich von der Stadt an der Havel in die Stadt an der Spree und wieder zurückzufahren schien mir ein Unding.

Luises Mutter setzte sich zu uns, erzählte mir von den Lilien auf dem Felde und den Vögeln unter dem Himmel und erklärte alle meine materiellen Nöte für gegenstandslos. Sie las mir aus der Bergpredigt vor:

Darum sollt ihr nicht sorgen und sagen: Was werden wir essen? Was werden wir trinken? Womit werden wir uns kleiden?

Nach solchem allen trachten die Heiden. Denn euer himmlischer Vater weiß, daß ihr des alles bedürft.

Trachtet am ersten nach dem Reich Gottes und nach seiner Gerechtigkeit, so wird euch solches alles zufallen.

Darum sorget nicht für den andern Morgen; denn der morgende Tag wird für das Seine sorgen.

So recht wollte mir das alles nicht in den Sinn. Wenn das so einfach wäre, gäbe es keinen Hunger, keine Armut mehr auf der Welt.

Ich konnte mich nur darauf verlassen, daß ich beim lieben Gott, wie es schien, einen Stein im Brett und offenbar noch einen dritten Wunsch frei hatte.

Mutter packte meinen Koffer. Ich sollte erst einmal zu Vaters Schwester, meiner Tante Marga, fahren. Vielleicht könnte ich dort für einige Wochen unterkriechen, bis ich ein eigenes Zimmer gefunden hätte.

Vor dem Einschlafen hielt ich Zwiesprache mit dem lieben Gott, den ich mir noch immer wie in frühen Kindertagen wie den Rollkutscher Kanzler von der Adlerbrauerei vorstellte, der vor Vaters Kneipe, dem Blauen Affen, die hölzernen Bierfässer auf ein Jutepolster hatte plumpsen lassen: Weiße Jacke, Lederschürze, lederne Schirmmütze und Schnauzbart. Mohammed hatte gar nicht so unrecht, als er die nachmaligen Moslems anwies, sie hätten sich gefälligst kein Bild von Allah zu machen. Wahrlich, aber ich sage euch, an jenem Abend saß Gott wahrhaftig auf meiner Bettkante und ließ mit sich reden wie ein richtiger Kumpel: Euer Herr Luther rühmt, ich würde die Vögel unter dem Himmel ernähren, obwohl sie nicht säen und nur ernten wollen. Sag selber, wie soll ein Spatz säen – es sei denn, er frisset ein Samenkorn und scheißet es wieder auf den Akker? Soll ich die Vögel strafen ob ihres mangelnden Aufbauwillens? Aus dem Biologieunterricht von Studienrat

Hugo Ritter weißt du genau, wie nützlich die Vögelein für die liebe Mutter Erde sind.

Gott muß eine ungemein menschliche Stunde gehabt haben. Später redete er nie mehr so zu mir.

Ich nutzte die Gunst jener Stunde, ihm mein Wohnungsproblem zu offenbaren. Ich sah ihn nur noch gütig nicken, dann war ich eingeschlafen.

An anderen Tag wurde ich bei Tante Marga sehr herzlich aufgenommen. Natürlich kannste das Jahr bei uns bleiben, erklärte sie.

Ihre Tochter, meine Cousine Erika, war damit nicht einverstanden. Son junger Mann will seine Freiheit haben, meinte sie, ich werd ihm einstweilen mein Sommerzimmer überlassen.

Erika war fünfzehn Jahre älter als ich und ein bedauernswertes Menschlein. Seit ihrer Kindheit litt sie an einer Lungenkrankheit, die heutzutage bei uns zu den medizinischen Seltenheiten gehört. Erika arbeitete wie ihre sieben Jahre jüngere Schwester Billy beim Rundfunk als Tontechnikerin und hatte nicht mehr viel Zeit zum Leben.

Auf meinen neuen Freund Gott war jedenfalls Verlaß. Drei Tage später hatte er mein Wohnungsproblem gelöst.

Laut amtlicher Anmeldung lebte ich nun am Rande der Großen Stadt im Vorort Wilhelmshagen, genauer gesagt in der Lasallestraße als Untermieter der Freifrau Friederike von Rassow.

Das Haus mochte an die hundert Jahre alt sein, die Freifrau selber an die neunzig. Ihr Gatte hatte schon 1904 bei der Niederschlagung des Herero-Aufstandes in das deutschsüdwestafrikanische Steppengras beißen müssen. Ein hoffnungslos verwilderter Garten umrahmte das Anwesen. Wenn es stimmt, daß Schillern der Geruch faulender Äpfel zum Dichten angeregt habe, hätte ich hier zum Genie heranreifen können.

Welch göttliches Gefühl, mit achtzehn Jahren zum ersten Mal Herr in den eigenen vier Wänden zu sein.

Die Küche der Freifrau zu nutzen trachtete ich nicht. Nach einem kurzen Blick war mir der Appetit vergangen.

Meine spärliche Wurstration konnte ich auch aus dem Einwickelpapier verzehren. Die vitaminreiche Zukost fand ich mühelos unter den Birnen- und Apfelbäumen. Die Früchte hatten offenbar noch nicht des güldenen Herbstes pralle Reife erlangt. Mir grummelte es alsbald in den Därmen.

Als ich – Herr, in höchster Not schrei ich zu dir! – das freifräuliche Kabinett mit aufgeknöpfter Hose erreichte, ließ ich wie Dante, eintretend, alle Hoffnung fahren und betätigte mich am Rande des öbstlichen Parkes, den Stefan George einst totgesagt hatte, als Weberscher Freischütz, um es mal deutsch zu sagen: ich schiß in die Ecke. Das Zimmer war schön, aber man durfte nicht husten, wollte man nicht von einer aufstiebenden Staubwolke erstickt werden.

Meine Cousine hatte nur wenige Stunden in dieser Eremitenklause zugebracht. Vermutlich war das Zimmer seit der Jahrhundertwende nicht mehr gereinigt worden.

Mir machte es gar nichts aus, an der Weberwiese und rundherum im Nationalen Aufbauwerk Steine zu klopfen, zu schichten und auf Lastautos zu verladen – dafür bekam ich sogar eine Aufbaunadel –, aber für den Dreck Kaiser Wilhelms, Hindenburgs, Eberts und was danach kam, war ich bitte schön nicht verantwortlich.

Vielleicht hätte man mal mit der Freifrau vernünftig reden sollen, aber sie war offenbar schon jenseits von Eden. Einmal, ich schlief bei offenem Fenster, hörte ich im Garten eine Stimme. Vorsichtig schaute ich hinaus. Im Mondenschein sah ich die Freifrau unter den Apfelbäumen wandeln.

Heinrich, sprach sie vernehmlich, das nächste Schiff von Windhoek nach Hamburg ... du darfst es nicht verpassen ...

Nicht einen Tag länger gedachte ich in diesem Geisterhaus zu bleiben. Ich packte meinen Koffer und flüchtete zu Tante Marga.

Ihre Wohnung war eigentlich überbelegt und lag im Berliner Arbeiter-Osten, Quergebäude, vier Treppen. Wenige hundert Meter weiter war mein Vater in einer ähnlich armseligen Behausung aufgewachsen.

In nächster Zeit wird das Haus Scharnweberstraße 3 saniert. Ende September 1951 lebten fünf Menschen in der Einzimmerwohnung, Cousine Erika schlief in einem Abschlag des Korridors, Cousine Billy, die eigentlich Erna hieß, mit ihrem vierjährigen Sohn in der Kammer, Tante Marga in der Küche und ich auf der Couch in der guten Stube. Dazu tummelte sich noch ein fetter weißer Kater, der aussah wie ein alter Mann in Unterkleidung, mit schöner Selbstverständlichkeit in allen Räumlichkeiten.

Als ich um die amtliche Anmeldung einkam, wurde sie mir versagt, aus sittlichen Gründen. Ich könne in meinem Alter nicht mit zwei so jungen Frauen in einer so kleinen Wohnung leben. In diesem Falle verhüllte selbst mein neuer Mäzen, der liebe Gott, sein weises Haupt und wußte keinen Rat nicht. Ich gab ihn mir selber und wohnte so lange als Hausbesetzer in der Scharnweberstraße, bis Gott eine bessere Lösung für mich eingefallen war.

Freilich brachte das Wohnen einer Großfamilie auf so engem Raume gewisse Probleme mit sich.

Es gab kein Badezimmer. Einmal wankte ich nach dem Klingeln des Weckers schlaftrunken in die Küche und erschrak so heftig, daß ich mich nicht mehr rühren konnte. Ich tat alles, damit dieser Zustand solange wie möglich anhalten möge. Im Waschzuber stand meine Cousine Billy, nackt und bloß und schön wie die Venus von Botticelli.

Mir geschah es zum erstenmal, daß ich ein Weibsbild in diesem urtümlichen Zustand erblickte. Wir schwiegen beide, und ich schloß die Küchentür überaus langsam, die Venus meinen begehrlichen Blicken entziehend.

So viel wußte ich an jenem Morgen: Dort konnte meines Bleibens nicht länger sein. O Herr, halte mich fern von des Fleisches Anfechtungen! Schon längst hatte ich beschlossen, ein neuer Mensch zu werden. Jetzt war ich erst mal – wenn auch illegal – ein Berliner. Alles weitere wollte ich Gottes Fügung anvertrauen.

Warum ich Berlin zunächst gar nicht mochte

Das macht die Berliner Luft, Luft, Luft –
so mit ihrem holden Duft, Duft, Duft . . .

Gewiß doch, lieber Paul Lincke, zu Ihrer Zeit mag sie noch sauber und besingenswert gewesen sein.

Heute ist die Berliner Luft zuweilen dick und dreckig, zumindest die Westberliner.

Für unsere sind wir selber zuständig.

Da man mit Entsetzen nicht Scherz treiben soll, wenden wir uns lieber Herrn Kollo zu:

Untern Linden, Untern Linden
geh'n spaziern die Mägdelein.

Wenn du Lust hast anzubinden,
dann spaziere hinterdrein!
Wenn du an der Kranzler-Eck bist.
sagt sie dir noch, daß du keck bist
Bist du am Pariser Platz,
schwupp, dann ist sie schon dein Schatz.

Das mit dem Pariser Platz geht gerade noch so, aber nur zur Not. Der Platz hat arg an Bedeutung verloren. Jüngere Berliner kennen ihn nicht mal dem Namen nach. Da steht das Brandenburger Tor, und da gehts nicht mehr weiter. Da fängt die Andere Welt an. Also kehren wir lieber um und trinken mit unserm Schatz einen Mokka in dem gemütlichen kleinen Espresso Unter den Linden, falls wir es nicht vorziehen, von der Caféterrasse des Hotels Metropol die Passanten der Friedrichstraße zu beobachten.

Die Friedrichstraße mag ich so sehr, daß ich jahrelang fürchtete, man werde sie wie so viele andere bekannte Straßen umbenennen. Steht es uns an, einen preußischen Potentaten zu ehren? Sollte diese Avenue großbürgerlicher Geschäftemacherei, dieser Boulevard des verfaulenden Großkapitalismus und seines perversen Amüsierbetriebs nicht fürderhin besser Straße des Unerschütterlichen Aufbauwillens der Bewohner der Hauptstadt der Deutschen Demokratischen Republik heißen?

Alles braucht seine Zeit. Unser Land ist immun geworden gegen die einstigen Kinderkrankheiten.

So wird der Wiederaufbau der Friedrichstraße die Ausgestaltung des historisch gewachsenen Stadtzentrums von Berlin krönen. In dieser Straße schlug der Puls des städtischen Lebens immer besonders kräftig. Während des zweiten Weltkrieges war sie untergegangen wie die ganze reaktionäre Gesellschaftsordnung ... Jetzt wird sie zu einer Straße großstädtischen Lebens umgestaltet ... Die Friedrichstraße soll zur attraktivsten Geschäftsstraße unserer Hauptstadt werden, und es wird eine Freude sein, dort zu bummeln. (Starker Beifall)

Das hat am 12. Februar 1984 kein Geringerer als unser

Landesvater gesagt, auf der Bezirksdelegiertenkonferenz der Partei. Ich las seine Worte nach dem Frühstück in der Morgenzeitung, schloß mich nachträglich dem starken Beifall an und hatte den ganzen Tag über gute Laune. Es ist ein schönes Gefühl, mit der verkörperten Staatsoberhoheit mal so völlig übereinzustimmen, vor allem, wenn man weiß, der Mann redet nicht nur so daher, es werden diesen Worten Taten folgen. Auch nichtgebürtige Hauptstädter können eben zu den stärksten Berliner Lokalpatrioten werden. Was mich betrifft, so hatte ich es am Anfang nicht leicht, mit dieser Stadt zurechtzukommen. Noch im September 1951 bezeichnete ich sie als einen riesigen schmutzigen, lärmenden Steinhaufen und nutzte jede Gelegenheit, ihr wenigstens auf Tage zu entfliehen – zusammen mit Rapunzeln, die genauso empfand wie ich. Daß man den Steinhaufen, die von Ruinengespenstern durchsetzte Großstadt nur selber wieder wohnlich machen könnte – für uns, die Nachgeborenen –, dämmerte uns allenfalls in den Enttrümmerungseinsätzen auf. Dazu mußte man uns nicht lange bitten, das war etwas Sinnvolles. Wenn man so seine paar Wagenladungen Trümmerziegel abgeklopft und zu nützlicher Wiederverwendung aufgeschichtet hatte, war man ein wenig stolz, sogar auf die heftigen Kreuzschmerzen.

Trümmer wegräumen schien uns besser als Spruchbänder aufhängen. Ich hatte gerade Brechts Gedicht von den Teppichwebern gelesen. Daß es nützlicher sei, mit Petroleum die Mückenbrut zu beseitigen, als ein Denkmal zu errichten, leuchtete mir ein.

Mit den Spruchbändern hatten wir es damals. Man konnte den fatalen Eindruck gewinnen, eine ganze Nation ließe sich spornstreichs auf den neuen Weg geleiten, so man nur an jeder freien Fläche genügend Plakate oder Stoffbänder mit weißen Lettern befestigte.

Vor mir liegt der Programmzettel meines heimatlichen Stadttheaters vom 31. Dezember 1951. Zum ersten Male wurde in der Havelstadt Beethovens IX. Symphonie aufgeführt, mühsam gewiß und mit der Unterstützung eines

Volkschores, eines Oberschulchors und sogar der Gesangsabteilung HARMONIE, aber das wichtigste an dem Zettel ist die Losung: *Vorwärts in das zweite Jahr unseres großen Fünfjahrplans!*

Plakate und Transparente auf der einen, billige Reklame und schreiende Großmannssucht auf der anderen, der marshallplangespeisten Seite der Stadt.

Was ist denn so Besonderes an Berlin? Daß die eine Hälfte zu unserer Hauptstadt geworden ist? Es gibt viele Hauptstädte auf der Welt. Daß die Stadt 1948 gespalten wurde? Daß man 1961 den Realitäten und Notwendigkeiten gerecht wurde?

Oder hängt das Besondere mit der vormaligen Geschichte der Stadt zusammen? Seit mehr als einem Vierteljahrtausend übt sie eine magische Anziehungskraft auf Bewohner anderer Länder oder Landstriche aus. Die Einwanderer bringen ihre kulturellen und sprachlichen Eigenarten ein und behaupten schon nach wenigen Jahren, echte Berliner zu sein. Dabei stammt tatsächlich die überwiegende Mehrheit der heutigen Hauptstädter von den Zugereisten ab: von Hugenotten, Böhmen, Schlesiern, Pommern, Ostpreußen, galizischen Juden und – vor allem seit dem letzten Kriegsende – von den Sachsen, auch wenn die zuweilen schamhaft behaupten, Thüringer oder Vogtländer zu sein.

Unverwechselbare Geschichte einer Hauptstadt, die sich seit den Gründerjahren mit einem gewissen Recht Weltstadt nannte und es auch war, bis eines Tages dort das Jahrhundertsfeuer angezündet wurde. Zuerst brannten Fackeln, dann Bücher und Synagogen, am Ende Häuser und Menschen.

Seit nunmehr dreiunddreißig Jahren bin ich selber Berliner. Die erste Zeit hat man mich nur argwöhnisch geduldet, von einer Aufenthaltsgenehmigung zur anderen. Die konnte verweigert, der Delinquent der Stadt verwiesen werden, wenn der Kaderleiter des jeweiligen Betriebes dem Amte nicht überzeugend nachwies, daß es ohne die Mitarbeit des hoffnungsvollen Nachwuchskaders unmöglich wäre, die weitgesteckten Ziele des großen Fünfjahrplans zu erreichen.

Erst 1959 bekam ich endlich die Zuzugsgenehmigung. Aber noch heute – bei einem gelegentlichen Bier – sind zwei meiner langjährigen Stallgefährten aus dem Münchhausen-Verlag nicht willens, mich als Berliner zu akzeptieren, weil ich nicht wie sie in Kreuzberg oder Wedding geboren bin und daher bis in alle Ewigkeit das Los des Zugereisten tragen müsse. Ich trage es mit Fassung und sonne mich überheblich im Glanze guter Gesellschaft. Claire Waldoff, Zille und Döblin sind auch nicht mit Spreewasser getauft worden; sogar Zeitgenosse Heinz Knobloch stammt aus Dresden.

Sie mögen sich nicht zuviel einbilden, jene Berlin-Aristokraten, deren hauptstädtischer Stammbaum vermutlich kaum über die Jahrhundertwende zurückreicht. In grenzenloser Großzügigkeit haben meine Vorfahren, die Havelstädter, ihr Stadtrecht den Berlinern weitergereicht. Andernfalls könnten deren Urenkel heute, wenns hoch käme, durch einen vorbildlichen Dorfklub und hervorragende Wettbewerbsergebnisse in der Schweinezucht einer Erwähnung in der Bezirkspresse für wert befunden werden.

Meine erste Begegnung mit Berlin reicht in die Frühzeit der Erinnerungen. Die Eltern wollten das Spektakel der Olympischen Spiele miterleben. Sie gelangten zwar nicht in das Stadion hinein, wußten aber hinterher nicht ohne Stolz zu berichten, sie hätten den Führer in seinem offenen schwarzen Auto vorbeifahren sehen. Dagegen wäre für sie damals selbst der Hundertmeterlauf des Negers Jesse Owens verblaßt.

Mich hatten sie unterdessen bei Tante Alma abgelegt, die wenig mit kleinen Kindern anzufangen wußte. Sie stellte mich auf eine Fußbank am Fenster und hatte keine Probleme mehr mit mir. Unmittelbar vor der Hinterhauswohnung donnerte alle paar Minuten ein buntes Ungeheuer vorbei, gelb, rot und blau. In seinem Bauche steckten viele, viele Leute. Ich konnte ihnen zuwinken. Einige winkten sogar zurück.

Das Vorderhaus haben die Bomben zerstört. Das Hinterhaus kann ich noch heute sehen, wenn die S-Bahn die Frankfurter Allee überquert hat und dann nach Ostkreuz fährt.

Siebenunddreißig Jahre später starb die hochbetagte Tante Alma in jener Wohnung, in der sie schon geboren worden war. Als letzten Hinterbliebenen auf unserem Territorium oblag es meiner Frau und mir, den Haushalt aufzulösen. Die Wohnung bestand aus Stube, Küche, Innenklo, Korridor und zwei Hängeböden. Faustens Klage über sein verfluchtes dumpfes Mauerloch ward uns zusehends begreiflicher. *Urväter Hausrat drein gestopft . . .*

Wie konnte ein keineswegs vermögender Mensch in seinem entwicklungsgeschichtlich gesehen kurzen Erdenwallen auf engem Raum so viel Kram und Krempel und Plunder anhäufen wie Tante Alma!

In solchen Augenblicken vergessen die Nachgeborenen, daß all jene nutzlosen Gegenstände für den Dahingegangenen einmal von so erheblicher Bedeutung gewesen sein müssen, daß er es nie fertiggebracht hätte, sich von ihnen zu trennen.

Noch war die hohe Nostalgiewoge nicht über unsere Westgrenze herübergeschwappt, sonst hätten wir wohl kaum so leichten Herzens Trichtergrammophon, Regulator und verblichene Spitzenkleider an jeglichen verschenkt, der bereit war, uns bei der lästigen Schwerarbeit zu unterstützen.

Die alten Weiber des Hauses umflatterten die Wohnung wie die Krähen ein verendetes Stück Wild, ließen sich gar auf dem grünen Plüschsofa nieder, das wenig später wie das andere Mobiliar auf einer vorstädtischen Müllkippe enden sollte. Neben dem Sofa lehnte die abgeschnallte Beinprothese der seligen Tante Alma. Es hilft nischt, sagte meine Frau und sah mich bedeutungsvoll an, einer von uns muß das Ding in den Müllkasten tragen.

Als ich mit abgewandtem Gesicht den herrenlosen Gehbehelf in einen Papiersack stecken wollte, rief eine der Nebelkrähen empört: Aber da ist doch der gute Schuh dran! So was kann man immer noch gebrauchen!

Auch ein Bündel Briefe aus ihrer Jungmädchenzeit hatte die arme Tante aufbewahrt. Zuerst zögerte ich, das blaue Seidenband zu lösen. Auch nach einem langen Menschenalter sollte man nicht in die Intimsphäre anderer Leute eindringen. Es stand denn auch nichts Besonderes darin. Nur eines hat mich sehr bewegt: Im Jahre 1913 schrieb man seinem Liebsten am Vormittag ein Brieflein, daß man ihn um drei Uhr nachmittags vor dem Café Kranzler erwarte, und man brauchte nicht den geringsten Zweifel zu hegen: Um drei Viertel drei schritt jener mit seinem Veilchenstrauß ungeduldig Unter den Linden auf und ab. Bei meinem gestörten Verhältnis zur Deutschen Post und ihren offenbar allein vom Zufall abhängigen Dienstleistungen erspare ich mir jeglichen Kommentar.

Berlin. Momentaufnahmen im vergoldeten Bilderrahmen der Erinnerung. Keine braunen Uniformen. Keine Männer mit Ledermänteln, die hintere Hutkrempe nach unten gebogen. Keine Verdunklung. Keine Sirene, die den Fliegeralarm ausschreit. Trügerischer Frieden noch. Ich sehe nur, was ich damals gesehen habe.

Den Zoo mit dem mächtigen See-Elefanten Roland. Das Aquarium mit den Krokodilen. Später sind sie in einer Bombennacht verbrannt.

Aschinger am Alexanderplatz – das Schlaraffenland. Aus einem Wasserhahn an der Wand fließt köstliche rote Himbeerlimonade. Ich brauche nur mein Glas hinzuhalten. Auf einer Drehscheibe kommen mir die Brötchenhälften, belegt mit Eierscheiben und Schinken, entgegen, fliegen mir fast ins Maul.

Die U-Bahn. Ich graule mich, Entsetzliches befürchtend, wie in der Geisterbahn auf unserem Neustädtischen Schützenplatz. *Ruhleben – zurückbleiben!* Ich darf im letzten Wagen auf dem Lederhocker sitzen, der in umgekehrter Fahrtrichtung dem Zugbegleiter vorbehalten ist. Die Bahnhöfe entschwinden als kleiner Lichtfleck. Geheimnisvolle Reise durch finstere Unterwelt. Plötzlich blendet mich Tageslicht. *Gleisdreieck!* ruft eine Stimme. Bald wird es wieder dunkel.

Noch heute fahre ich gern mit der U-Bahn und bin jedesmal glücklich, wenn ich ohne die Mühen des Pendelverkehrs mein Ziel erreiche.

Während des Krieges habe ich meine Großmutter nur ungern nach Berlin begleitet. In der Stadt herrschte eine ungesunde Betriebsamkeit.

Die Soldaten sahen längst nicht mehr so schmuck und stolz und fröhlich aus wie jene, die damals beim Großen Wachaufzug Unter den Linden hinter dem Schellenbaumträger paradiert hatten.

Ich verbrachte fast eine ganze Nacht in den Luftschutzkellerkatakomben einer Mietskaserne im Osten der Stadt und heulte vor Angst, als der Ziegelboden unter mir zu beben begann. Am nächsten Morgen sah ich zum ersten Male schwelende Häuserruinen. An einer stand mit Kreide geschrieben: *Mach dir keine Sorgen, Mutti! Ella und Horstchen leben noch!*

Auf den Straßen, auf den Bahnen
seht ihr Deutschlands Jugend ziehn.
Hoch im Blauen fliegen Fahnen,
blaue Fahnen nach Berlin.

So begann das Lied, das noch heute jedem einfällt, der im August 1951 an den III. Weltfestspielen der Jugend und Studenten teilgenommen hat. Die mitreißende Melodie stammte von Hanns Eisler, der Text von Johannes R. Becher, der nächst Goethe als der größte deutsche Dichter galt. Für ihn stand es wie für die meisten von uns Jüngeren felsenfest, daß Deutschland in absehbarer Zeit wieder ein geeintes Land sein werde, über dem unsere blauen Fahnen wehen sollten. Dabei wurde die Freie Deutsche Jugend schon drei Jahre später in der BRD als verfassungsfeindliche Organisation verboten. Sie stecke mit der FDJ in der sogenannten DDR unter einer Decke, und die wolle bekanntlich demnächst in ganz Deutschland die grausame Diktatur des Proletariats errichten. Das aber hieße für Otto Normalverbraucher, der sich dank seiner deutschen Tüchtigkeit gerade aus dem Dreck herausgerappelt hatte, daß sein kleiner Gemüseladen, sein schmucker Volkswagen, sein neuer Nierentisch und vielleicht sogar Frau und Töchter als kommunistisches Volkseigentum beschlagnahmt würden. So einfach war das.

Ich kenne viele Altersgenossen, die noch heute feuchte Augen bekommen, wenn sie von dem begeisternden Schwung jener Weltfestspiele berichten. Es war in der Tat ein außerordentliches, ja, fast zu kühnes Unterfangen, auf diese halbzerstörte, noch immer mit Ernährungsproblemen ringende Stadt über zwei Millionen vorwiegend jugendliche Gäste auf einmal loszulassen. Erst im nachhinein bringe ich dafür das gebührende Maß an Bewunderung auf und schäme mich nahezu, von meinen damaligen Eindrükken zu berichten.

In aller Herrgottsfrühe konnten die Festivalteilnehmer der Havelstadt nach anderthalbstündiger Wartezeit die mehr als dreißig Lastautos besteigen. Wie alle anderen Jugendlichen trug ich Blauhemd, kurze Hose und einen Rucksack, glaubte aber meine Individualität durch Baskenmütze, weiße Sonnenbrille und qualmende Tabakspfeife betonen zu müssen.

Acht Stunden später trafen wir in einem Ort ein, der offensichtlich nichts mit Berlin zu tun hatte; es war ein Dorf östlich der Großstadt. Unsere Schlafstätte bestand aus dem Saal des Dorfgasthauses, und es bedurfte viel guten Willens und Bewußtseins, hundert Blauhemden in die strohgepolsterte Schachtel hineinzustapeln. Es waren heiße Augusttage, und die Nächte standen ihnen nur wenig nach. Für Mitglieder des Deutschen Anglerverbandes mag es unwahrscheinlich klingen – aber allnächtlich schwebte über unserem Teil der Weltjugend ein gewaltiger Hecht. Als einzige Waschgelegenheit diente auf dem Hof eine abflußlose Holzrinne, so daß sich die Ferkel unter uns wie im Paradies fühlten, aber selbst normale Knaben zogen es vor, auf die gewohnte Körperpflege zu verzichten. Auch die übrigen Sanitäreinrichtungen glichen nicht denen heutiger Interhotels. Verklemmte bürgerliche Komplexe hielten mich davon ab, mein Hinterteil in Reih und Glied mit den anderen Jugendfreunden über die schlichte Bretterwand zu hängen und mich in die Jauchegrube zu entleeren.

Meine Begeisterung hatte einen Knacks bekommen. Über solche Äußerlichkeiten hätte man des patriotischen Ziels unserer Reise wegen vielleicht noch hinwegsehen können, aber wir waren offenbar in den dunkelsten jener Schatten geraten, welche große Ereignisse angeblich vorauszuwerfen pflegen. Man drückte uns ein Stück Dauerwurst und ein Päckchen Zwieback in die Hand, und fortan war im Dorfe keiner mehr für uns und die Weltfestspiele zuständig. Eintrittskarten für die vielen angekündigten Veranstaltungen? Achselzucken. Da müßt ihr euch selber drum kümmern.

Mit einem Klassenkameraden machte ich mich auf den Weg. Zunächst galt es, Berlin zu finden. Eine Dreiviertelstunde Fußmarsch. Busfahrt zur nächsten S-Bahn-Station. Aber wohin in Berlin?

Nach einigen Stunden war es uns geglückt, die weiblichen Blauhemden aus unserer Stadt zu orten. Die Mädchen der Oberschule kampierten in Weißensee auf einem Dachboden. Hochbeglückt schloß ich Rapunzeln in die Arme. Mit einer kleinen Horde fuhren wir guter Dinge zum Alex, der noch von einer Trümmerlandschaft umgeben war. Es herrschte dichtes Menschengetümmel, aber viele der Jugendlichen schlenderten gruppenweise oder einzeln ziel- und etwas ratlos durch die Gegend. Freilich gab es schon Autogrammjäger, aber es konnte auch vorkommen, daß eine Begleitperson die Blauhemden wegscheuchte: Weitergehen, belästigt unsere Gäste nicht!

Hier und da riefen Sprechchöre: *Wir fürchten keine Regenschauer – wir kämpfen gegen Adenauer!*

Zweiundzwanzig Jahre später erlebte ich auf dem Alex und ringsherum einiges von den X. Weltfestspielen und wurde trotz meines reifen Alters von der Begeisterung mitgerissen. Weder vorher noch nachher hat es so viel Freude, so viel Farbe, so viel gute Laune in dieser Stadt gegeben wie in jenem August 1973.

Im August 1951 wurde ich zum zweifachen Deserteur. Ich verließ den Gasthofsaal und quartierte mich bei Tante Marga ein, aber schlimmer noch: Mit Rapunzeln und zwei ihrer Klassenkameradinnen fuhr ich ohne Gewissensbisse in die Westsektoren hinüber, nicht etwa als Agitator, nein, als Tourist, als müßiger Spaziergänger. Höhnend lehnten wir zwar die Angebote der kirchlichen Suppenküchen ab, obwohl uns der Zahn tropfte, machten indes erfreut von der Möglichkeit Gebrauch, kostenlos den Botanischen Garten zu besichtigen und den Funkturm zu besteigen. Am Abend saßen wir im dortigen Sommergarten, wo die Kammersängerin Rita Streich Operettenarien zwitscherte, die wir eigentlich gar nicht mochten. Dazu sang der RIAS-Kammerchor. Wir knabberten Weltfestspielzwieback, und ich teilte mit dem Taschenmesser das letzte Stückchen Dauerwurst. Spätestens an diesem Tage begann meine Bewußtseinsspaltung, an der ich länger zu knabbern hatte als an dem Wurstzipfel.

In den fünfziger Jahren war diese Stadt sehr dazu angetan, jenen unguten Seelenzustand zu fördern, nicht nur meinen.

Prophetische Sicht können wir den vier Siegermächten von 1945 nicht bescheinigen, als sie seinerzeit die ehemalige deutsche Reichshauptstadt in vier Einflußgebiete, vier Sektoren zerteilten. Es sollte, so hieß es, ein vorübergehender Zustand sein, nur eine kleine Weile – bis zum Abschluß eines Friedensvertrages. Wollen wir Neunmalklugen von heute der sowjetischen Seite Gutgläubigkeit, naives Vertrauen in die Fairneß der einstigen Bundesgenossen unterstellen, so kommen wir jenen gegenüber nicht ohne den Verdacht kaltblütiger Berechnung von langer Hand aus. Auf Zeitzünderbomben waren sie ja spezialisiert.

Der Stunk muß schon zeitig angefangen haben. Der spätere Chefredakteur einer namhaften satirischen Zeitschrift, der sich als junger Mann in tollkühnen illegalen Aktionen einen Namen als untadeliger Antifaschist gemacht hatte, agierte eine kurze Zeit als Polizeichef in einem Westberliner Stadtbezirk. Dann wurde er vom britischen Kommandanten als politisch nicht tragbar abgesetzt.

Ganz jungen Lesern sei gesagt, daß die Stadt immerhin drei Jahre lang von einem einheitlichen Magistrat regiert wurde – trotz der vier Sektoren –, daß in Charlottenburg die gleichen Geldscheine, die gleichen Lebensmittelkarten galten wie in Köpenick.

Was dann 1948 geschah, mögen sich die Jüngeren von ihren Großeltern erzählen lassen oder von ihrem Geschichtslehrer, falls es nicht einer ist, dem Fragen lästig sind, weil sie seine Stundenvorbereitung durcheinanderbringen.

Tatsache ist: Berlin wurde nicht 1961 gespalten, sondern dreizehn Jahre eher. Die offizielle, die territoriale Spaltung war mehr oder weniger deutlich zu sehen. An gewissen Stellen waren hölzerne Schilder aufgestellt. In vier Sprachen las man, daß hier der Demokratische Sektor beginne und man den Britischen Sektor verlasse. Man hätte es auch ohne das Schild bemerkt: Coca-Cola-Reklame, zwielichtige Figuren, die einem zuraunten: Ost gegen West? auf der einen, auf der anderen Seite Spruchbänder: *Für Einheit und gerechten Frieden!* Und zwei Uniformierte, von denen der eine sagte: Ihren Ausweis! Öffnen Sie die Tasche! Was haben Sie da drüben eingekauft?

Die innere Spaltung war nicht immer auf den ersten Blick zu erkennen. Sie ging mitten durch Herz und Kopf.

Der Herausgeber einer wenig bekannten Zeitschrift bekam ein Parteiverfahren und wurde seines Postens enthoben. Man war dahintergekommen, daß er als stiller Teilhaber einer Druckerei in den Westsektoren ein beachtliches Nebeneinkommen in der sogenannten Spalterwährung bezog. Gleich darauf soll er seinen Wohnsitz in die Nähe besagter Druckerei verlegt haben.

Einer unserer populärsten Grafiker erzählte mir, er habe zwar im Ostsektor gewohnt, sei aber bis in die fünfziger Jahre noch in eine Schule gegangen, die im nahen Westsektor lag, einfach weil seine Straße zum dortigen Schulbereich gehörte. Außerdem sei er mit seinem Vater so manche Nacht hinübergegangen und habe ihm den Farbeimer gehalten, wenn jener mit weißer Schrift den kleinen Ladenbesitzern die Sonderangebote für den nächsten Tag auf die Schaufensterscheiben malte. Westgeld habe der Vater nicht genommen, nur Naturalien wie Butter, Heringe oder Apfelsinen.

Es wird viel von den sogenannten Grenzgängern berichtet. Das waren Leute, die im Osten wohnten, sich aber ihr Geld im Westen verdienten. Manche von ihnen taten das, weil sie dort, bei der und der Firma, schon immer gearbeitet hatten, andere aus simpler Berechnung. Sie konnten ihren Lohn in den zahlreichen Wechselstuben zu jenem sonderbaren Kurs umtauschen, der zeitweise eine Westmark gegen sieben Ostmark betrug. Mit so einer dicken Marie vermochte man im stets schlechter erleuchteten Osten sein Licht ganz schön strahlen lassen und einen dicken Maxen markieren, Kreppschuhe tragen, dazu einen Lumberjack aus grünem Cord, einen himmelblauen Parallelo (zu deutsch: eine Bundjacke und eine Strickjacke, beides jedoch mit echt westlichem Reißverschluß).

Berlin. Damals fuhr die S-Bahn vom nördlichen Vorort Velten durch den französischen, den sowjetischen und den amerikanischen Sektor bis zum südlichen Vorort Rangsdorf durch.

Rapunzel und ich reisten jeden Montag mit dem Dampfzug bis nach Potsdam, bestiegen die S-Bahn, die vorn das Zielschild Erkner trug. Auf dem Grenzbahnhof Griebnitzsee gingen Volkspolizisten durch den Zug, ließen sich die Ausweise zeigen und kontrollierten gelegentlich das Gepäck – nicht ohne Grund, denn Kirschen, Erdbeeren und Spargel aus der Gegend um Werder ließen sich mit großem Gewinst im Westen absetzen.

Wenn der Unterricht im Dolmetscherseminar erst mittags begann, stiegen wir auf dem Bahnhof Nikolassee aus, setzten uns ans Ufer des Wannsees und repetierten dort unser Wirtschaftsenglisch oder lasen Friedrich Engels. Wir dachten uns nichts dabei. Die Gegend sah so ähnlich aus wie die an unseren heimischen Seen, und die mochten wir ungeheuer, schon weil wir die Großstadt Berlin verabscheuten.

Stadteinwärts fuhren wir kilometerlang parallel zur Avus, jener einstmals berühmten Autorennstrecke, auf der sich in den dreißiger Jahren die berühmten Champions Bernd Rosemeyer, Rudolf Carraciola, Hans Stuck oder Manfred von Brauchitsch packende Kämpfe geliefert hatten – für die Ehre und den Profit ihrer Konzerne: Daimler-Benz und Auto-Union. Wenn ein Autorennen oder ein Boxkampf aus Übersee im Großdeutschen Rundfunk übertragen wurde, ging mein Vater nicht schlafen. Rosemeyer und Max Schmeling, der den Neger Joe Louis k.o. schlug! Hätte sich doch deutsche Sucht nach Weltgeltung auf das harmlose Gebiet sportlicher Leistungen beschränkt!

Umsteigebahnhof Westkreuz. Hier kreuzten sich die Linien Spandau–Grünau, Potsdam–Erkner und der Vollring, der über Gesundbrunnen, Ostkreuz, Treptow, Neukölln, Schöneberg wieder nach Westkreuz fuhr. Eines Wintertages, als bei Tante Marga dicke Luft war, kaufte ich mir am nahen Ringbahnhof Frankfurter Allee eine Fahrkarte für zwanzig Pfennige und stieg in den Nordring über Gesundbrunnen. Ich weiß nicht, wie oft ich die geteilte Stadt, ohne einmal das Abteil zu verlassen, umkreist habe. Draußen fielen die Schneeflocken immer dichter und zerschmolzen auf dem Pflaster zu schmutzigem Matsch. Ich aber saß gut und warm und trocken und las *Dr. Arrowsmith* von Sinclair Lewis im amerikanischen Original. Am nächsten Morgen bekam ich eine Eins vom Dozenten Kaiser.

Weiter gehts mit der S-Bahn: Charlottenburg, Zoologischer Garten. Dicht vorbei an den schmutzigen Rückseiten von Mietshäusern, an denen noch die Vorkriegsreklame deutlich zu lesen ist: *Berliner Morgenpost. Dujardin.* Mann, was müssen die damals für Anstriche gehabt haben! Architekten unseres Landes, macht euch auf! Vielleicht findet ihr heute noch an einer ehemaligen Feldscheune bei Neuruppin eine solche Werbung. Steigt auf die Leiter, schabt die Farbe sorgfältig ab und laßt das Zeug im Kriminaltechnischen Institut analysieren! Vielleicht kriegen wirs doch mal hin.

Bahnhof Bellevue. Gleich in der Nähe muß die Hansabrücke über die Spree führen. Dort legte vor dem Kriege, aus der Havelstadt kommend, das Motorschiff *Freya* an. Acht Stunden hatte die Fahrt gedauert. Großmutter mußte mich fast über den Landungssteg tragen, so müde war ich. Aber ich hatte einen bedeutenden Ausschnitt der Welt gesehen: Werder, Potsdam, die Pfaueninsel, die Spandauer Schleuse.

Zwischen Lehrter Bahnhof und Friedrichstraße erschien wiederum eine Werbefläche auf einer Hauswand: *Peter Putz sein Gallentee ist gut!*

Genau an dieser Stelle packten die Skatspieler unter den Studenten ihre Karten ein, denn gleich hielt der Zug auf dem ersten Bahnhof im Demokratischen Sektor. Von hier aus wars nicht mehr weit bis zur Humboldt-Universität.

Einmal, aber das muß schon 1955 gewesen sein, habe ich die S-Bahn und ihre erstaunliche Reichweite auf das heftigste verflucht. Ich hatte meine spätere Frau Henriette besucht, die in Johannisthal eine Studentenbude bewohnte und einer unerhört sittenstrengen Wirtin tributpflichtig war. Es half nichts. Gegen Mitternacht mußte der Mann hinaus ins feindliche Leben, in die kalte Großstadtnacht, welcher der Wetterbericht fünfzehn Grad minus angedroht hatte, nicht zu Unrecht, wie ich schon auf dem kurzen Weg zum Bahnhof Schöneweide zu spüren bekam. Klappernd vor Kälte, stieg ich in die S-Bahn. Zwei Stationen nur. Treptow umsteigen in den Nordring, dann bis Schönhauser Allee.

Als mich ein Eisenbahner wachrüttelte, hatte der Zug die Endstation erreicht: Spandau, fast den nordwestlichsten Punkt der Westsektoren. Auf dem gegenüberliegenden Gleis war soeben der letzte Zug in Richtung Friedrichstraße abgefahren.

Hier uffm Bahnsteig kannste nich bleiben, du Penner, sprach der Reichsbahner, schräg rüber, in die Kneipe, da biste am besten uffjehoben.

Ich verließ den Bahnhof und durchwühlte die Taschen meines Lederolmantels. (Zum Besitz eines Portemonnaies habe ich mich bis heute nicht durchringen können.) Es waren etwa fünf Mark, die ich da zusammenfingerte – fünf Mark, wohlgemerkt, in der einzigen für mich offiziell zugelassenen Währung. Wer kein Portemonnaie hatte, dem fehlte auch das damals durchaus übliche Seitenfach für die Spaltermark.

Fünf Mark. Wie stand der Kurs? Es könnte gerade für einen Kaffee langen, falls der Wirt willens wäre, Ostmark in Zahlung zu nehmen und mich mehrere Stunden bei nur einem Kaffee in seinem Etablissement zu dulden. Als ich den Kopf durch die Tür steckte, zog ich ihn rasch wieder zurück. Ich hatte das unbestimmte Gefühl, gerade noch einer Pistolenkugel oder mindestens einem Kinnhaken entgangen zu sein. Da drinnen herrschte Stimmung, aber eine, die nicht zu mir und meiner Gemütsverfassung zu passen schien. Nun werde ich mich hüten, meiner ausschweifenden Phantasie die Zügel schießen zu lassen und mich in der Schilderung grellgeschminkter Nutten mit entblößtem Busen und tätowierter Ganoven zu ergehen. Der Leser könnte mich auf Anhieb der Übertreibung zeihen, denn er weiß ja, daß ich da – wenn auch aus gutem Grund – nur sehr flüchtig hineingesehen habe.

Auf der anderen Straßenseite patrouillierten zwei Westberliner Polizisten. Einer von ihnen schlug vor Kälte die Arme um seinen Oberkörper wie ein Rollkutscher. Ich hätte ja die beiden fragen können, wie ich am besten zur Friedrichstraße käme, aber ich hütete mich. Diese Schergen, die wir nach ihrem Polizeipräsidenten nur Stummpolizisten nannten, waren allesamt brutale Schläger. Das wußte ich aus unserer Presse. Ich hatte keine Lust, als östlicher Spion zusammengedroschen zu werden. Wenn sie mich dann auslieferten, käme es noch ärger. Unser Kaderleiter würde mich peinlich verhören: Nun erzählen Sie mal, was Sie um diese Zeit im Westen zu suchen hatten!

In so frostigen Nächten pflegt der Himmel sternenklar zu sein. Ich schaute hinauf. Guter Vater Kant! Der gestirnte Himmel über mir, das moralische Gesetz in mir. Dieses nützte mir wenig. Mehr kam mir meine Wanderpraxis zugute. Die Achse des Großen Wagens siebenmal verlängert. Aha, da war er, der Kollege Polarstern. Die Friedrichstraße mußte südöstlich von mir liegen. Ich brannte mir meine vorletzte Zigarette der Marke *Carmen* an und schritt wacker fürbaß. Halbaufgeraucht warf ich die Kippe weg. Ich mußte auch die rechte Hand in die Manteltasche stecken, sonst wäre sie mir abgefroren und irgendwo im Westen liegengeblieben. Hatte ich eine halbe oder gar eine ganze Tages- beziehungsweise Nachtwanderung vor mir? Ich begann zu traben, bis die Seitenstiche unerträglich wurden. Dann verfiel ich darauf, eines der spärlich fahrenden Autos anzuhalten. Endlich erbarmte sich ein Milchfahrer meiner und nahm mich bis in die Nähe der Siegessäule mit. Zum Dank spendierte ich ihm die letzte Zigarette.

Von der Siegessäule wars ein Katzensprung bis ins Heimatland. Damals hielten wir uns – weniger aus Luxus denn aus Sicherheitsgründen – Nachtpförtner in den Verlagen. So gelangte ich in mein Bürozimmer, deckte mich mit etlichen Exemplaren des Zentralorgans zu und schlief tief und fest, bis mich die Reinemachfrau mit einem erschrockenen Aufschrei weckte. Ich gab ihr die nun nicht mehr benötigten fünf Mark, und sie sah davon ab, mich beim Kaderleiter zu verpetzen.

Luise und ich trafen einander jeden Morgen am Bahnhof Alexanderplatz. Sie kam von ihrer Tante Else aus Zehlendorf, ich von meiner Tante Marga aus Friedrichshain. Hand in Hand gingen wir durch die Kaffee-Ersatz-Röstwolke der Jostystraße zum Städtischen Dolmetscherseminar, genossen das Glück, stundenlang nebeneinander sitzen zu dürfen, und ertrugen gelassen den gutmütigen Spott unseres Dozenten Kaiser, der sich hin und wieder eine Bemerkung nicht verkniff, wenn er meinte, wir turtelten gar zu offensichtlich miteinander. In der Pause teilten wir unsere Stullen, östliche Blutwurst auf Marken und westlichen Schmelzkäse von der hüpfgesunden Milkakuh. Wir lernten fleißig: englische Geschichte, englische und amerikanische Literatur, Grammatik, Konversation und das schreckliche Business English: *Dear Sirs . . . ordering twenty chests of harengs . . . cheques in favour of Mr. Piependeckel . . . Yours sincerely Harold Horseapple.*

In der ersten Zeit hatten wir nur zwei Dozenten, Herrn Kaiser und Frau Hellmeier. Sie kam jeden Tag aus Westberlin zu uns herüber. Es gab ja auch Grenzgänger in umgekehrter Richtung. Darunter waren nützliche und für uns zeitweilig unentbehrliche Fachkräfte, Lektoren in den Verlagen, namhafte Schauspieler und Dozenten. Sie bekamen einen Teil ihres Gehaltes in Westmark ausbezahlt. Manchen von ihnen ist im Sommer 1961 die Entscheidung schwergefallen. Es gab Abschiede unter Tränen. Aber was will man machen, wenn einer nur aus Überzeugung im Osten arbeitet, solange er im Westen sein sicheres Zuhause hat? Freiheit, die ich meine . . .

Am Anfang waren wir vierzehn Seminaristen, die da glaubten, mit dem Erlernen der englischen Sprache ihr Glück machen zu können. Die Älteste zählte dreißig Lenze. Luise und ich gehörten zu den Jüngsten. Beim Examen waren wir nur noch elf. Einer der Unseren war auf ungewöhnliche Art abhanden gekommen: Josef José, einige Jahre älter als ich und im stillen maßlos von mir bewundert. Ein eleganter junger Mann, der fast besser englisch sprach als unsere Dozenten. Er gab sich so, wie ich damals gern gewesen wäre – charmant, schnoddrig, schlagfertig, aber nie überheblich. Ein Sunny Boy von vierundzwanzig Jahren. Wir mochten ihn alle. Er war der Star der Klasse.

Eines Morgens kam Frau Hellmeier in Tränen aufgelöst zum Unterricht, eine Westzeitung in der zitternden Hand: Unsern Seppel haben die Amerikaner verhaftet. Er war ein sowjetischer Militärspion!

Unserm alten Herrn Kaiser zitterten die Hände, als er uns mitteilte, Josef José sei vom amerikanischen Militärtribunal zu einer Haftstrafe von dreizehn Jahren verurteilt worden. Kaiser nahm vor der Klasse Stellung zu diesem Vorfall. Dreizehn junge Leute, von denen nicht einer Genosse war, lagen auf der Lauer.

Der alte, weißhaarige Mann war nicht nur ein hervorragender Lehrer, sondern auch eine Persönlichkeit, die uns viel von ihrer marxistischen Weltanschauung hätte geben können, wenn wir nur bereit gewesen wären, sie anzunehmen, und das war damals nicht einer von uns Seminaristen. Erst viel später merkt manch einer, daß solche Menschen eben doch ihre Wirkung hinterlassen haben, ob man es damals wollte oder nicht.

An jenem Vormittag sprach Herr Kaiser gegen seine Gewohnheit deutsch mit uns: Sie wissen Bescheid. Ich kann und will Sie nicht hindern, sich Ihre eigene Meinung zu bilden. Für heute nur soviel: Gut und Böse sind in diesen Zeiten schwer zu unterscheiden. Wenn Josef José aus Überzeugung gehandelt hat, ziehe ich den Hut vor ihm. Er ist jung und kräftig genug, die harten Jahre zu überstehen. And now, please, let us begin our lesson!

Luise und ich schlugen uns in der anschließenden Pausendebatte auf Seppels Seite. In meinem alten Tagebuch lese ich: *Obwohl wir Christen sind, stehen wir wohl am weitesten links in der Klasse.*

Da haben wir sie wieder, die verdammte Bewußtseinsspaltung!

Nach dem Unterricht hatten wir beide es nie eilig, nach Hause zu kommen. Wir bummelten zum Marx-Engels-Platz und dann den Kupfergraben entlang. Wenns nicht zu kalt war, saßen wir noch ein Stündchen auf der Steinbank nahe dem Bode-Museum. Und unentwegt redeten wir uns die Köpfe heiß – über Gott und die Welt im wahrsten Sinne.

Der dritte Weg! Ich hatte mich inzwischen ausgiebig mit der Bibel und auch ein wenig mit der amerikanischen Apostelin Mary Baker-Eddy befaßt, ohne indes Goethe, Marx und Lenin zu vernachlässigen. Bei allen pickte ich mir das heraus, was am meisten nach Frieden und Humanität und Toleranz klang. Dabei war mir Goethe noch am sympathischsten, er schien mir nicht ganz so absolut und radikal wie Jesus oder Lenin. Vorübergehend, kurz vor der Weidendammer Brücke, einigten wir uns, daß alle Menschen, die Gutes gewollt oder getan hätten, ein Ausdruck des göttlichen Gemüts seien, Einstein also und Friedrich Wolf, Büchner und Mrs. Baker-Eddy, Albert Schweitzer und Lenin, Berta von Suttner und Johann Sebastian Bach, aber auch Josef José. Luise versprach, für ihn zu beten.

Eines Tages durfte ich sie zum Gottesdienst der Christlichen Wissenschaft begleiten. Wir trafen uns am Bahnhof Zoo. Die Leuchtreklame schockte mich eher, als daß sie mir imponierte. Die angemalten Pferdchen auf der Joachimsthaler Straße fand ich widerwärtig. Wir gingen zum Nikolsburger Platz.

Kein Glockengeläut. Kein gotisches Kirchenschiff. Eine schlichte Schulaula, gefüllt bis zum letzten Platz. Auf dem Podium nichts als ein Lesepult und ein Flügel. Wir setzten uns hin. Eine Frau spielt das C-Dur Präludium von Bach, danach das Menuett von Beethoven. Dann tritt eine andere Frau ans Podium, begrüßt die Anwesenden. Es wird gebetet. Na wennschon. Sie liest was vor. Erst aus der Bibel, dann aus dem Werk der Mary Baker-Eddy: *Wissenschaft und Gesundheit mit Schlüssel zur Heiligen Schrift.* Eine Art Interpretation der betreffenden Schriftstelle. Mich beutelt jene Abneigung gegen jegliches Zeremoniell, die ich bis zum heutigen Tage nicht wegstecken kann. Scheuer Seitenblick auf Luise. Ihr Gesicht – gelöst, entspannt, glücklich. Ach, wenn ich doch glauben könnte wie sie! Faust: *Die Botschaft hör ich wohl, allein mir fehlt der Glaube.* Vater Wiesner: *Weißte, woran ich glaube? Daß drei Pfund Rindfleisch ne gute Suppe geben.*

Dann wieder Musik, eine so wunderschöne Melodie: *Sorgen wird Gott für dich.* So was kann mich windelweich machen.

Und nun melden sich Leute, um Heilungszeugnisse abzugeben. Eine ältere Frau berichtet aus der Widerstandszeit. Sie sei verhaftet und so heftig mißhandelt worden, daß sie ihr Augenlicht verloren habe. Der sie zusammengeschlagen, hätte ihr Sohn sein können. Wer wohl habe ihn so fehlgeleitet? Sie nun hätte inständig für dieses irregeführte Geschöpf Gottes gebetet und all ihren begreiflichen Haß als Irrtum erklärt. Nach wenigen Tagen schon habe sie wieder sehen können.

Ich habe viele solcher Heilungszeugnisse gehört, und sie blieben nicht ohne Eindruck auf mich.

Instinktiv wehrte ich mich gegen diese Religion, weil ich da einen Widerspruch zu allem sah, was ich in langen Jahren begriffen zu haben meinte. Nur Luises wegen versuchte ich immer wieder, mich der mir so fremdartigen Lehre zu nähern. Einiges gefiel mir, zum Beispiel im Mitmenschen das Geschöpf Gottes zu sehen. Wenn man diesen Gedanken seiner religiösen Verbrämung entkleidet, so ist er heute noch, auch für einen Atheisten, anwendbar. Es heißt dann nur: Kämpft mit Freundlichkeit gegen die Unfreundlichkeit!

Schlange am einzigen geöffneten Schalter des Hauptpostamtes Pankow. Die Leute geraten immer mehr in Stimmung, je länger sie warten müssen. Ich könnte eigentlich selber platzen vor Zorn, aber es ändert nichts, bringt mich nur dem Herzinfarkt näher. Ärger ist unwissenschaftlich. Ich hole tief Luft. Als ich endlich dran bin, ferzt mich die Christel von der Post in unflätiger Weise an. Ich könnte losbrüllen, aber ich zügle mich und setze mein strahlendstes Lächeln auf: Warum sind Sie eigentlich so böse? Wenn ich Sie so ankucke – es steht Ihnen gar nicht. Ich habe mir gerade vorgestellt, wie Sie im Badeanzug an der Ostsee sitzen und geradezu platzen vor guter Laune. Ehrlich – da sind Sie zehn Jahre jünger.

Zwar halte ich die Schlange um zusätzlich fünf Minuten auf, aber ich ernte ein Lächeln, erfahre die Ursachen des Gnatzes, die rein privater Natur sind, und kann sicher sein, daß auch die nächsten zwanzig Kunden freundlich und zuvorkommend abgefertigt werden, vorausgesetzt, sie fordern die Kollegin Posthalterin nicht durch neuerliche Aggression heraus.

Zugegeben, immer bringe ich diese Seelengröße nicht auf, obwohl ich meine, Freundlichkeit sollte eine der wichtigsten Eigenschaften unter allen Bürgern eines sozialistischen Landes sein, ohne daß sie dazu bei den Christen moralische Anleihen aufnehmen müßten.

Was nun die von Außenstehenden Gesundbeterei genannte Praxis der Christlichen Wissenschaft betrifft, so könnte ich dieses Phänomen als Autosuggestion erklären. Ich habe es in jenen Jahren selber, zum Teil mit Erfolg, ausprobiert und finde, ganz gleich, wie man das nennt: Wenn es nützt, soll man nicht dran herummäkeln.

Als ich Luise im vorigen Jahr wiederbegegnete, erzählte sie mir von einem Skiunfall. Bei einem komplizierten Knochenbruch, meinte sie lächelnd, habe nicht Gott, sondern ein Chirurg geholfen.

Früher kämpfte ich durch sogenannte mentale Arbeit gegen Kopfschmerz an, vergegenwärtigte mir, daß Gott den Menschen vollkommen erschaffen habe und der Schmerz daher nur ein Irrtum meines sterblichen Gemütes sein könne. Heute gehe ich als Amateurmediziner an meine wohlsortierte Hausapotheke und wähle sorgsam das geeignete Medikament.

Claudia löst das Problem auf andere Art. Na klar, ich

hab auch mal Kopfschmerzen. Aber dann sag ich mir: Ach, die ollen Kopfschmerzen, eine Runde ums Karree, bis zur Kaufhalle und zurück, sollste mal sehn, wie schnell die weg sind!

Luise dort – Claudia hier. Beide haben recht. Nur ich kann zusehen, wie ich mit meinen Kopfschmerzen fertig werde.

Außer den Gottesdiensten hatte die Weststadt nichts Reizvolles für uns. Die vollen Schaufenster juckten uns wenig, weil es uns hüben wie drüben an Geld gebrach. Für meinen Vater kaufte ich jede Woche ein Päckchen Tabak der Marke *WK 100* zu zwei Mark West, das waren etwa zehn Mark Ost. Ab und zu erwarb ich Rasierklingen und ein Stück Margarine, in der Weihnachtszeit ein Päckchen Kakao zum Backen.

An Grenzübergängen wie am Potsdamer Platz und am Gesundbrunnen waren Budenstädte aus der Erde gewachsen, in denen es alles gab, was bei uns nicht käuflich oder Mangelware war. Ein paarmal haben wir uns einen Bückling geleistet und ihn im Dunkeln hinter der Bude mit Haut und Gräten verschlungen. Einmal fand ich einen solchen illegalen Einkauf so bedeutungsvoll, daß ich ihn im Tagebuch vermerkte: *Heute habe ich die dritte Apfelsine nach Kriegsende gegessen, eigentlich nur eine halbe. Luise und ich haben sie geteilt. Jeder steckte dem andern abwechselnd ein Stück in den Mund.*

Aber das waren Ausnahmen. Wer geht denn schon heutzutage allwöchentlich einmal in einem unserer Nobelrestaurants speisen?

Hungern mußte man anfangs der fünfziger Jahre bei uns nicht mehr. Laut Tagebuch: *Ich leide keinerlei materielle Not, ich habe gut und reichlich zu essen, ein Dach überm Kopf und genug zum Anziehn.*

Dennoch hatte auch unsereins seine ausgefallenen Wünsche. Vor Antritt unserer zweiten Thüringenwanderung erschien mir eine echte Lederhose als das begehrenswerteste aller irdischen Güter. Gott erhörte mein Gebet und sandte mir – da war ich schon Redaktionsassistent im Pestalozzi-Verlag – einen Übersetzungsauftrag. *New Ways in British Education.* Luise und ich ackerten jeden Abend daran. Der Mühe Preis: Sechshundertvierzig Mark. Dafür bekam ich am Gesundbrunnen nicht nur das begehrte Oberbayernbeinkleid, sondern sogar noch einen Anorak; der Kurs stand gerade günstig, und obendrein war Winterschlußverkauf.

Ein weiteres Lockmittel des Klassenfeindes waren die Grenzkinos. Dort konnte man für unser Geld die neuesten Heimatschnulzen oder amerikanische Reißer sehen. Ich habe nie so ein Etablissement betreten, nicht der politischen Überzeugung wegen, sondern aus reinen Geschmacksgründen.

Kunst – das war für Rapunzel und mich Musik und Theater. Unsere letzten Pfennige kratzten wir zusammen, um nur ja kein Konzert mit Kleiber, Konwitschny, Garaguly oder Vaclav Neumann zu versäumen.

Und wieder hatte ich ein neues Idol entdeckt: Wolfgang Langhoff. Wir heulten wie die Schloßhunde, wenn Egmont seinen letzten Gang antrat und noch mehr, wenn Ernst Busch als Julius Fučik die Worte sprach: Menschen, ich hatte euch lieb. Seid wachsam!

Hätte Langhoff damals gesagt: Wiesner, ich könnte einen Klowärter gebrauchen, ich wäre bereit gewesen, meine Dolmetscherausbildung zu opfern. Leider kannte er mich nicht.

Zum Brechttheater hatte ich ein etwas kühleres Verhältnis. Die *Courage* hatte mich begeistert, aber was man da sonst so hörte ...

Friedrich Wolf hatte mir empfohlen, mich an Eduard Claudius zu halten. Ich begab mich zu der genannten Adresse. Da hackte ein urig wirkender Mann gerade Holz. Als ich mich nach dem berühmten Schriftsteller erkundigte, lachte er schallend: Mann, das bin ich doch selber. Denkste, ich kann nur Sprüche kloppen? Manchmal ist Holzhacken nützlicher.

Er hatte meinen historischen Quark gelesen und mich trotzdem für begabt befunden. Schön und gut, sagte er, gar nicht so dumm. In ein paar Jahren brauchen wir auch so was. Aber erst mal haben wir andere Sorgen. Theater machen willste? Gut, ich bring dich bei Brecht unter, kannste als Regieassistent anfangen, wenn du mit ihm klarkommst. Soll ich gleich anrufen?

Das ging mir denn doch zu schnell. Ich stammelte herum. Erst mal meine Dolmetscherprüfung machen und dann weitersehen. Er zuckte die Schultern: War bloß 'n Vorschlag. Mußte selber wissen.

Leider haben wir uns nie wiedergesehen.

Kurz danach kam ein Angebot vom Schriftstellerverband. Ich sei als begabter Nachwuchsautor für ein drei- oder mehrjähriges Studium als Regisseur und Drehbuchautor in der Sowjetunion vorgesehen und möge schleunigst die und die Unterlagen beibringen.

Nun endlich hätten die Weichen in die ersehnte Richtung gestellt werden können, ich aber sagte mit höflichem Bedauern ab. Erst die Dolmetscherausbildung!

Das war nicht der wahre Grund.

Erstens hatte man an unserer Oberschule – warum, weiß ich bis heute nicht – kein Russisch gelehrt, recht ungewöhnlich für meine Generation! Wie sollte ich da in Moskau oder Leningrad bestehen?

Zweitens: Ich hatte kein rechtes Verhältnis zu meinem potentiellen Gastgeberland, ich war politisch unreif, war noch immer der Oberschüler mit der manipulierten Weihnachtsmannlarve, für den die Sowjetunion Stalin hieß.

Drittens, und das war der Hauptgrund: Ich wollte mich nicht von Rapunzel trennen. Drei oder mehr Jahre? *Die Nähe ist ein kostbares Gut,* raunte mir einer meiner derzeitigen Patenonkel, der große Olympier aus Weimar, zu.

So blieb alles beim alten. Ich schrieb weiterhin Arbeiten in Business English und bestellte bei imaginären Kunden zehn Kisten Heringe. Ein Herr Liebenow wurde unserem braven Dozenten Kaiser vor die Nase gesetzt, als Direktor, als *head master*; bisher waren wir ganz gut ohne ihn ausgekommen. Den Neuen nannten wir unter uns nur den Affen. Das hing mit seinem Äußeren zusammen, aber dafür kann keiner. *Head master* Liebenow stiftete nichts als Unruhe an unserem Institut, hielt politische Holzhammerreden, an denen nur er Gefallen fand, und stellte unseren Mädchen nach. Wie mir unser Faktotum, die gute Frau Radicke, später erzählte, hat man ihn eines Tages als Hochstapler entlarvt.

Aber es gab noch Erfreuliches in den letzten Monaten am Dolmetscherseminar: Man gewährte mir ein Stipendium von hundertzwanzig Mark. Dank der Großzügigkeit der Eltern konnte ich mir nun meinen heißesten Wunsch erfüllen: endlich ein eigenes Fahrrad. Es war ein solides Tourenrad der Marke *Simson-Suhl*, das ich mir anschaffte, und ich freute mich darüber fast mehr als Jahre später über den Erwerb des ersten Automobils.

Leider hat mich jenes Zweirad zu einer kriminellen Handlung verführt. Ein richtiges Fahrrad, mit dem man Großes vorhatte, war erst komplett mit einer Gangschaltung. Die aber gab es nur im Westen. Sie zu kaufen, fehlte mir das Geld.

Dem Spekulantentum von drüben zu begegnen, hatte man eine sinnvolle Anordnung erlassen. Jeder Käufer, der Wesentlicheres zu erstehen gedachte als eine HO-Bockwurst, hatte vor dem Kauf seinen Personalausweis vorzulegen. Das war richtig. Andernfalls hätte jeder Westberliner den fragwürdigen Umtauschkurs ausnutzen und eine Kamera beispielsweise, die bei uns fünfhundert Mark kostete, für nur hundert Mark seines Geldes erwerben können.

In der Schönhauser Allee kam ich mit einem bieder aussehenden Mann ins Gespräch. Er wolle sich Gardinen kaufen, habe aber unglückseligerweise seinen Ausweis vergessen. Na, so was kannten wir ja. Leider beherrschte mich in diesem Moment statt Luises göttliches Prinzip schnöde Gewinnsucht, und ich fragte den Kerl kaltlächelnd, was für mich heraussprınge. Rasch wurden wir handelseinig.

Selbander erwarben wir auf meinen Ausweis für ein paar hundert Mark Gardinenstoffe, und meine Provision in diesem schändlichen Schiebergeschäft war genau so bemessen, daß ich mich anschließend auf mein Fahrrad schwingen, über die Bornholmer Brücke rasen und mir am Gesundbrunnen die heißersehnte *Simplex*-Dreigangschaltung kaufen konnte. Ich erzähle das nur, nachdem ich meinen Anwalt konsultiert habe und er mir versichert hat, das Delikt sei längst verjährt.

Damals war ich selber so entsetzt über meine Untat, daß ich noch Jahre später fürchtete, mitten in der Nacht verhaftet und zu einem jener staatlichen Etablissements geführt zu werden, die noch immer nicht mit dem Komfort durchschnittlicher Interhotels konkurrieren können.

Wenn ich so zurückdenke, war das Jahr am Dolmetscherseminar eine sorgenarme Zeit. Ich mußte mich nicht übermäßig anstrengen, um am 27. Juni 1952 zusammen mit Rapunzeln das Examen zu bestehen. Nun besaßen wir beide das Diplom als *amtlich geprüfte Dolmetscher der englischen Sprache.* Aber was konnte unsereins damit anfangen? Wir hätten vielleicht bei einem staatlichen Handelsunternehmen unterkommen können, aber danach stand uns beiden nicht der Sinn, mir am wenigsten, denn eigentlich wollte ich doch Schriftsteller werden.

Ich tat etwas, was ich seitdem tunlichst vermieden habe: Ich bot meine Ware an wie sauer Bier. DEFA und Henschelverlag hatten mein Drama abgelehnt. Die Chefdramaturgin des heimatlichen Stadttheaters schrieb mir, es gäbe überhaupt nur drei historische Stoffe: Den großen deutschen Bauernkrieg 1525, die Befreiungskriege 1813 und die Novemberrevolution 1918. Alles andere sei nicht typisch.

Im Schriftstellerverband ermunterte mich der inzwischen verstorbene Hermann Werner Kubsch, das Stück umzuarbeiten. Die Sprache sei der des jungen Schillers nachempfunden. Nett gemeint, aber was sollte ich mir davon kaufen! Billys neuer Freund, ein späterhin bekannter Schauspieler, der zu seinem Leidwesen im In- und Ausland immer nur Schurken zu spielen bekam, las das Stück und sagte: Machen Sie weiter so, es läßt sich spielen!

Zwei Lektoren im Aufbau-Verlag meinten, meine Novelle sei von der Stoffwahl falsch angelegt, aber sie wollten mich im Auge behalten. Na, da hatte ich was von.

Auf den Rat von Claudius hin wandte ich mich der Gegenwart zu und fing einen Roman an, der im Oberschülermilieu spielte. Als es dann mit Rapunzeln in die Binsen ging, zerriß ich die ersten drei Kapitel und bin heute überzeugt, recht daran getan zu haben.

In der Mohrenstraße, nahe dem Hausvogteiplatz, wurde die Zeitschrift *Zinne und Zaunkönig* herausgegeben. Sie beschäftigte sich in jenen frühen Jahren schon mit Denkmals- und Umweltschutz. Zwei der damaligen Redakteure kann man heute zu den vielgelesenen Schriftstellern unseres Landes zählen.

Mir war es mit meinen neunzehn Jahren geglückt, dort einen doppelseitigen Artikel unterzubringen, mit eigenen Fotos obendrein. Es war ein bewußter Schiß ins eigene Nest. Ich hatte die Verantwortlichen meiner Heimatstadt grober Unterlassungen auf dem Gebiet des Denkmalsschutzes überführt und war daraufhin von wohlmeinenden Freunden gewarnt worden, ich solle lieber heute als morgen meine Koffer packen, zu deutsch: nach dem Westen verduften. Ich aber war mir meiner Sache so sicher, daß ich diesen Gedanken nicht erwog.

Um diese Zeit bekam ich zwei Angebote: Assistent im Museum und Archiv der Havelstadt oder Mitarbeiter im Landesamt für Denkmalspflege. In beiden Fällen bedankte ich mich höflich. Ich hatte weder ein Staatsexamen als Historiker noch eins als Kunsthistoriker. Und ein Autodidaktengenie war ich auf beiden Gebieten mitnichten.

Der Weg zum Schriftsteller, soufflierte mir mein dumpfer Sinn, führt nur über die Verlage. Also ging ich, so hart es mich ankam, Klinken putzen. Überall wurde mir bedeutet, man habe keinen Bedarf an Englisch-Übersetzern, sei aber bereit, gegebenenfalls auf mich zurückzukommen. Endlich hatte ich Glück. Der Pestalozzi-Verlag, das lehrmittelverbreitende Institut unseres Landes, zeigte sich willens, mich als Redaktions-Assistent in der Fremdsprachenabteilung einzustellen. Hochbeglückt sandte ich meine Bewerbungsunterlagen ab.

Am nächsten Morgen erreichte mich ein Schreiben der Zeitschrift *Zinne und Zaunkönig.* Sie suchten dort einen Volontär, und ich wäre genau der richtige Mann für sie. Es reizte mich viel mehr als der Schulbuchverlag, aber ich dachte schon nicht mehr an mich allein. Noch hing Rapunzel in der Luft, und es hätte ihr nicht mal was genutzt, ihr langes Haar herunterzulassen. Als sie zögerte, war ich es, der von göttlicher Führung sprach. Gemeinsam fuhren wir zu dem Haus in der Mohrenstraße, in dem damals übrigens auch die Abendzeitung *Nachtexpress* gedruckt wurde. Gott hatte ein Einsehen und erleuchtete den Redakteur von *Zinne und Zaunkönig*, Luise als Volontär einzustellen.

Als wir im Juli unsere zweite Wanderung durch den Thüringer Wald antraten, wußten wir beide so ungefähr, wie es weitergehen solle, vor allem aber, daß wir zusammenbleiben würden, so weit zwei junge Menschen das voraussehen können.

Alle Probleme schienen gelöst — ob nun mit Gottes oder mit staatlicher Hilfe —, nur eines nicht: Zu Berlin hatten wir noch immer keinen rechten Zugang gefunden und entfleuchten bei jeder Gelegenheit an die Gestade der Havelstadt.

Vermutlich kramst du jetzt wieder dieses unsägliche Tagebuch hervor?

Zum Teufel, laß mir doch ein wenig Nostalgie: *Sonntag, 31. August. Mit wehmütigem Lächeln nimmt dieser Sommer*

Abschied. Noch einmal liegen wir auf unserem duftigen Ruhepolster von Hahnenfuß, Klee, Vergißmeinnicht und Pfefferminz. Noch einmal tauchen wir in das nun schon schneidend kalte Wasser des kleinen Baches, schwimmen hinaus auf den See. Über uns ziehen die weißen Wolken über den rötlichen Abendhimmel, ziehen in das Land der Vergangenheit.

Du siehst mich arg gerührt. Und was wolltest du mit diesem Zitat sagen?

Och, nichts Besonderes.

Als ich nicht einmal einen Mülleimer besaß

Noch heute gibt es in Berlin Untermieter. Will man den zimmersuchenden jungen Leuten Glauben schenken, so sind sie laut Zeitungsinserat fast alle von rührender Nächstenliebe besessen.

Hilfe im Haushalt selbstverständlich, bietet beispielsweise ein Fräulein an. Vermutlich wird es der alten Dame, die ihm ein Zimmer abtritt, nicht nur die Kohlen rauftragen und das Viertelpfund Suppenfleisch einkaufen, sondern das Muttchen bis zu seinem vorletzten Seufzer pflegen. Den letzten freilich muß es der Umstände halber im Krankenhaus tun. Dann endlich kann das hilfsbereite Fräulein seinen Bekannten zu sich nehmen und verkünden: Hier kriegt uns keiner mehr raus!

Auf diese weder christliche noch sozialistische feine Art soll schon mancher zu einer Wohnung gekommen sein.

Vielleicht sehe ich die Welt hin und wieder zu optimistisch, aber ich glaube nicht, daß wir es heutzutage noch mit einem ausgesprochenen Untermieterproblem wie anfangs der fünfziger Jahre zu tun haben.

825 000 kriegszerstörte Wohnungen zählte man auf dem Gebiet der DDR, hingegen einen Bevölkerungszuwachs von 1,75 Millionen Menschen. Allein infolge des Krieges fehlten demnach etwa 1,3 Millionen Wohnungen. Zudem hatte schon zu Friedenszeiten längst nicht jede Familie in einer eigenen Behausung gelebt.

Vor ein paar Tagen fragte ich eine neunjährige Schülerin, was sie am bedeutendsten an unserem Land fände.

Daß wir gegen den Krieg sind, antwortete sie, daß wir bei der Olympiade in Sarajevo die meisten Goldmedaillen geholt haben und daß bald alle Leute eine richtige Wohnung kriegen sollen.

Das einst so zahlenstarke Heer der Untermieter ist durch Friedenseinwirkung erheblich dezimiert worden. Die böse Zimmerwirtin läuft Gefahr, zur historischen Witzfigur herabzusinken. Das einstige Beutetier jenes Drachens, das alleinstehende Individuum, sucht mit jährlich zunehmendem Erfolg Zuflucht in Einraumwohnungen, Feierabendheimen, Studenten-, Arbeiter- und Ledigenwohnheimen. Wer heute noch ein Zimmer übrig hat, vermietet es nur ungern für dreißig Mark an den möblierten Herrn oder die hilfsbereite Studentin. Er stellt drei alte Betten hinein und bekommt dafür täglich an die dreißig Mark, ganz gleich, ob da jede Nacht jemand drin schläft oder nicht. Das Kombinat Soundso zahlt solide Preise.

Mein erster Großstadtwinter ging zu Ende, als Tante Marga meinte, es wäre für alle Beteiligten besser, ich würde mich endlich um ein eigenes Zimmer bemühen. Die Venus von Botticelli schloß sich beim Waschen in der Küche ein. Ihr vierjähriges Söhnchen erwog, ob ich nicht sein Pappi werden könne, und ich selber erwachte jeden Morgen kreuzlahm auf dem schmalen, kurzen Sofa in der Wohnstube. Überdies hatte sich mein von Anfang an unfreundliches Verhältnis zu dem häßlichen weißen Kater Felix so rapide verschlimmert, daß wir, wenn uns keiner beobachtete, sogar Tätlichkeiten austauschten. Felix, der sich als Hausherr betrachtete, sah in mir den nichtsnutzigen Eindringling. Saß ich am Tisch und beschäftigte mich arglos mit irgendeinem Henry, James oder Charles von England oder einem Vorzugsangebot an Herrenüberziehern für die *Messrs. McPlumpudding and Son Inc. in New Rumpsteak*, so konnte es geschehen, daß der hinterhältige Felix blitzschnell auf die Stuhllehne sprang und mir einen Karateschlag mit der Pfote versetzte. Wollte ich ihn für diese Untat zur Rede stellen, so flüchtete er unter das Sofa, und ich mußte ihn erst mühsam am Schwanze hervorziehen.

Tante Marga hatte bei all ihrer Selbstlosigkeit recht. Hier durfte meines Bleibens nicht länger sein. Meine Lage war alles andere als hoffnungsvoll. Ich klapperte die Schaukästen mit den Annoncen bei den privaten Zigarrenhändlern ab, versuchte es immer wieder bei den vielen Aushängen der Firma *Anzeigen-Hölzel* am Ringbahnhof Frankfurter Allee. Es war überall das gleiche: Auf zwanzig Zimmergesuche kam höchstens ein Angebot. Wie viele Mietskasernen samt Hinterhaus und Quergebäude habe ich damals besichtigt, treppauf, treppab. Immer wieder knallte mir irgendeine verdrossene Schlummermutter die Tür vor der Nase zu. Haunse ab, junger Mann, Sie sind heute schon der zehnte. Ick will doch keen Hotel uffmachen!

Am liebsten hätte ich damals die Dolmetscherschule sausen lassen und in meiner Heimatstadt als Straßenkehrer angefangen. Luise aber, die ja noch immer bei Tante Else in Zehlendorf auf der Couch schlief und selber dringend ein Zimmer brauchte, sprach mir Mut zu. Ich solle Vertrauen zur göttlichen Führung haben. Ich war noch wenig gefestigt im Glauben und konnte mir nicht vorstellen, daß ich grüner Christenlehrling schon in der Himmelskartei für Wohnungssuchende als dringlicher Fall registriert sei. Bald aber hatte ich Grund, mich meiner Kleingläubigkeit zu schämen.

Frau Hartrampf, die regelmäßig zu den Gottesdiensten nach Westberlin fuhr, hatte ihren Mitchristinnen aus dem Demokratischen Sektor von meinem Problem erzählt, und eines Montags überraschte mich Rapunzel mit der frohen Kunde: Gleich nach dem Unterricht sehen wir uns dein neues Zimmer an.

Die Glaubensschwester Liebetraut besaß eine Zweizimmerwohnung in einer Querstraße der Schönhauser Allee und war bereit, mich als Untermieter aufzunehmen. Sie hatte sogar ihre gute Stube für mich hergerichtet, die war größer als Tante Margas, und ich sollte sie ganz allein bewohnen. Wie ungemein wörtlich das gemeint war, bekam ich erst im Laufe der nächsten Wochen mit.

Der Komfort des Zimmers überwältigte mich geradezu. Ich verfügte nun über eine Couch, auf der ich mich ausstrecken konnte, eine Waschkommode mit Wasserkanne und Schüssel, einen Bücherschrank, einen Schreibtisch sogar und ein Sofa nebst Tisch und zwei Sesseln. Was störten mich da die Wandsprüche, Häkeldeckchen und die vielen handgestickten Kissen? Was machte mir der Blick auf den kahlen Hinterhof aus? Nicht einmal an dem müffligen Geruch, der aus dem versotteten Schornstein drang, oder an der gewitterwolkenfarbigen Tapete, deren einstiges Muster nur noch zu erahnen war, nahm ich Anstoß. Ich war erst einmal rundherum glücklich und sandte in Gedanken ein Dankteiegramm an die himmlische Abteilung zur Lösung von Untermieterproblemen.

Mit der entsprechenden irdischen Institution hatte ich mehr Schwierigkeiten. Da ich keine Aufenthaltsgenehmigung hätte, könne man mir das Zimmer nicht zuweisen. Besagte Genehmigung bekäme man aber nur, wenn man eine Arbeitsstelle in Berlin hätte. Die wiederum war abhängig von der Aufenthaltsgenehmigung.

Nun hatte ich ja längst gemerkt, daß ich da ganz oben einen gewissen Kredit zu haben schien, der wohl vor allem auf Rapunzels Fürsprache zurückzuführen war. Es war eben damals nicht anders als heute. Um bestimmte Dinge zu erlangen, brauchte man Beziehungen.

Gerade hatte ich mir zum dritten Male hintereinander den wunderschönen DEFA-Film *Das Kalte Herz* angesehen und wußte, daß Sonntagskinder bei wohlmeinenden Geistern drei Wünsche gut haben. Einen wollte ich mir auf alle Fälle als Reserve lassen, aber den zweiten mochte ich jetzt gern äußern. Die göttliche Führung konnte ja mal den strengen Damen vom Wohnungsamt einen diskreten Wink geben; dafür war ich auch bereit, sie nicht als Zimtzicken, sondern als vollkommene Werke der Schöpfung zu betrachten, und – o Wunder! – es funktionierte schon wieder. Ein dürres Weiblein gewährte mir das amtliche Papier samt Stempel und obendrein ein Lächeln, das ich in jenem Augenblick als holdselig bezeichnet hätte. Sie wolle da mal ein Auge zudrücken, ihr Sohn wolle demnächst in Leipzig studieren und könne in eine ähnliche Lage geraten.

Der damalige Chefarchitekt von Groß-Berlin und Erbauer der Stalinallée (der heutigen Karl-Marx-Allee) erzählte mir, er habe zwölf Jahre als möblierter Herr gelebt und sei in dieser Zeit genau achtundzwanzigmal umgezogen. An diesen Rekord bin ich nicht herangekommen.

Eines meiner Zimmer lag in der Dunckerstraße in Prenzlauer Berg. Noch heute würde ich dort im Dunkeln nicht ohne zwingenden Grund lustwandeln mögen. Meine Wirtin, Frau Pauline Persigehl, muß wohl gewußt haben, was sie tat, als sie sich in Ermangelung eines anderen männlichen Beschützers den Doggenrüden Randolph zulegte. Immer wieder versicherte sie mir, daß gerade die äußerlich so gefährlich aussehenden Deutschen Doggen ausgesprochen harmlos und gutartig wären. Da ich daran zweifelte, ob auch Randolph diese Theorie kannte, traute ich mich nachts nicht mehr aus meinem Zimmer hinaus auf den Korridor, wo ich Randolph auf einer alten Decke ruhen wußte. Ein einziges Mal hatte ich mich mit weichen Knien bis zur Toilettentür geschlichen und dabei mit scheinheiliger Freundlichkeit auf den vierbeinigen Nachtwächter eingeredet. Der muß einen erstaunlichen Nerv für menschliche Zwischentöne gehabt haben. Als Meister Randolph gedämpft zu grollen anhub und sein kurzes Rückenhaar sträubte, flüchtete ich in mein Zimmer und entsann mich des Gummibaums der Frau Persigehl. Am nächsten Abend kündigte ich und zog umgehend zur Witwe Radunski, zwei Treppen höher. Die nahm mich mit offenen Armen auf, weil sie die Persigehlen, diese widerliche Schlampe mit ihrem Kalb von Scheißköter, auf den Tod nicht ausstehen konnte.

Witwe Radunski wurde zur Retterin aus höchster Not. Bei Pauline Persigehl hätte ich ja nicht mal mehr gewagt, abends auch nur ein Täßchen Tee geschweige denn eine Flasche Bier zu trinken. Blumentöpfe haben nun mal ein begrenztes Aufnahmevermögen.

Bei meiner neuen Wirtin dagegen bekam ich gleich am ersten Abend selbstgemachten Stachelbeerwein und die Lebensgeschichte des seligen Herrn Radunski serviert. Der war Lokheizer bei der Reichsbahn gewesen und hatte die Kohlenschaufel erst zwei Jahre zuvor abgegeben.

Ick laß Ihnen Justaven sein Zimmer, erklärte Frau Radunski, et kostet man bloß zwanzig Mark inklusive Heizung.

Das war selbst für damalige Verhältnisse ein Spottpreis.

Da der Kontakt zur göttlichen Führung zu jener Zeit schon nicht mehr der allerbeste war, wollte ich nicht an ein himmlisches Wunder glauben, sondern eher genau hinsehen, aus welcher Wand der Pferdefuß hervorlugen und versuchen würde, mich ins Hinterteil zu treten. Ich hatte ja die Katze im Sack gekauft und Gustaven sein Zimmer nicht mal zuvor in Augenschein genommen.

Endlich, nach einer Ewigkeit und zwei Flaschen Stachelbeerwein, öffnete meine neue Wirtin die Tür zur Gustav-Radunski-Gedenkstätte und sprach mit schwerer Zunge: Ick vermiet et Ihnen nur, damit sich die Persijehlen, die olle Kuh, die Platze ärjern tut. Eens aber sag ick Ihnen, junger Mann: Det Zimmer war Justaven sein Heiligtum, und hier wird keen Stücke verändert wird hier, sonst fliejense uff de Straße.

Da ich wider die Wirkung des Stachelbeerweins weniger gefeit war als die trinkfeste Frau Radunski, sank ich leicht benommen auf die Couch nieder und hatte nichts dagegen, daß mir Frau Radunski die Schuhe von den Füßen zog und mich mit einem karierten Reiseplaid zudeckte.

Erst am anderen Morgen gewahrte ich blinzelnden Auges und schweren Kopfes, auf was ich mich da eingelassen hatte. Das Zimmer war nicht übermäßig groß. Das Mobiliar bestand aus besagter Couch, einem Stuhl und einem Sessel und nahm höchstens ein Zehntel der Wohnfläche ein. Die anderen neun wurden von einer Sperrholzplatte beherrscht, auf der schätzungsweise der halbe Fahrzeugbestand der Reichsbahndirektion Berlin in maßstabsgetreuer Nachbildung auf Knopfdruck verkehrsbereit stand.

Als Kind hatte ich nie den Wunsch gehegt, eine elektrische Eisenbahn zu besitzen. Meine Eltern hätten mir auch gar keine kaufen können. Seit jeher bringe ich eine scheue Bewunderung für Mitbürger auf, die mit Besessenheit ihr Hobby pflegen, weiß indessen, daß ich nie das Bedürfnis verspüren werde, Briefmarken zu sammeln, Zierfische zu züchten, Keramikgefäße zu brennen oder gar Bahnwärterhäuschen und Bremsberge en miniature aufzustellen. Eher würde ich sogar noch Mitglied eines Volkschores werden, hätte nicht meine Stimme infolge jahrzehntelangen Tabakmißbrauches eine gar zu rostige Klangfärbung angenommen, die nun mal kein glockenhelles Belcanto zuläßt.

An den Wänden von Gustaven sein Zimmer hingen neben der Reichsbahnermütze des seligen Heizers eine Anzahl Fahrpläne aus verschiedenen Jahrzehnten, einige Urkunden für vorbildliches Heizen und ein Foto: Mit rußgeschwärztem Antlitz lehnte sich Gustav aus dem Führerstand seiner Güterzuglok der Baureihe 52,1 heraus und warf mir einen ungläubig lächelnden, gleichwohl leicht mißtrauischen Blick zu.

In den ersten Nächten schlief ich unruhig. Güterzüge mit unendlich vielen Waggons donnerten durch meine schweren Träume. Ich preßte mich flach zwischen die Schienen und ließ mich von der schweren Lokomotive überrollen. Einmal muß ich im Schlafe mit einer unbewußten Bewegung irgendeinen vertrackten Mechanismus ausgelöst haben. Eigenartige Rollgeräusche weckten mich kurz nach Mitternacht. Neben meiner Couch kreuzten erleuchtete Züge die Weichen, verschwanden in Tunnels und kamen wieder hervor. Bahnschranken gingen, wie von Geisterhand bewegt, auf und nieder. Erschrocken knipste ich das Deckenlicht an. Reichsbahner Radunski blickte vorwurfsvoll auf mich herab. Mir schien, er hätte sogar leicht den Kopf geschüttelt. Vergeblich bemühte ich mich, dem Unheil Einhalt zu gebieten. Alle Räder stehen still, wenn dein starker Arm es will. Aber ich fand den richtigen Schalter nicht. Sollte ich Katastrophenalarm auslösen und die Wirtin wecken? Sie hätte mir das unbefugte Benutzen einer Reichsbahneinrichtung nie verziehen. In meiner Herzensnot versuchte ich todesmutig, die Schnellzuglok der Baureihe 03,2 (Höchstgeschwindigkeit hundertdreißig Stundenkilometer!) mit meiner ungefügen bloßen Gulliverhand zu stoppen. Irgendwas zischte. Es war aber kein abgelassener Dampf, sondern mußte etwas mit der elektrischen Anlage zu tun haben. Ich schloß das aus dem Geruch nach schmorendem Kabel und öffnete rasch das Fenster.

Es versteht sich von selber, daß ich schon am nächsten Tag erneut auf Budensuche ging. Ich hatte wenig Lust, von Frau Reichsbahndirektor Radunski wegen schwerer Transportgefährdung vor Gericht gestellt zu werden.

Als wir zum Abschied eine letzte Flasche Stachelbeerwein leerten, fiel der Witwe ein, daß sie mir noch nicht mal Justaven sein Lebenswerk, die elektrische Eisenbahn, vorgeführt habe. Ich schwitzte Blut und Wasser. Glücklicherweise hatte ich noch eine sorgsam gehütete Reserve im Schrank: eine Flasche Weinbrand-Verschnitt. Obwohl ich kaum davon trank, war sie am Morgen leer, und Witwe Radunski hatte Gleichgewichtsstörungen, als sie darauf bestand, mir eigenhändig das letzte Frühstück, Rühreier mit Speck, zu bereiten.

Die Eisenbahn, murmelte sie, nu hab ick Ihnen immer noch nich Justaven seine Bahn vorjeführt.

Ich schüttelte erstaunt den Kopf. Ja, wissen Sie das gar nicht mehr: Über eine Stunde haben Sie die hübschen kleinen Züge fahren lassen – bis es plötzlich diesen Kurzschluß gab.

Sie klatschte sich mit der flachen Hand gegen die Stirn. Mann, ick werd ooch immer dußliger. Is det nu der Kalk oder der Suff? Wenn det mein Justav wüßte! Nu kann ick den ganzen Tag mit ne Prüflampe und mitn Lötkolben rumfummeln. Sindse bloß froh, det Se wat Beßret jefunden ham!

Arme Witwe Radunski. Zweifellos sitzt sie längst neben Justaven im Dienstabteil jenes Zuges, der auf unendlichen Gleisen in die Ewigkeit fährt. Meine Entschuldigung käme ohnehin achtundzwanzig Jahre zu spät, und das wäre selbst bei den gewohnten Verspätungen der Deutschen Reichsbahn eine unangemessene Frist.

Im Prinzip widerfuhr mir in all meinen Untermieterquartieren fast immer wieder das gleiche. Mit beiderseitiger Freundlichkeit begann es, und mit Krawall hörte es auf. Ich zahlte stets pünktlich die Miete, machte von dem vereinbarten Recht der Küchenbenutzung nur sparsamsten Gebrauch, drehte das Radiogerät nie über Zimmerlautstärke hinaus auf, hielt Ordnung in meinem Gemach und verunreinigte weder Räumlichkeiten noch Gegenstände.

(Der vorhin erwähnte Gummibaum war das Opfer einer Notsituation.)

Ein einziges Mal bin ich aus der Rolle des wohlerzogenen jungen Mannes bewußt herausgetreten, aber davon wird noch zu reden sein.

Eigentlich war es immer wieder der gleiche Anlaß, der von der friedlichen Koexistenz mitten hinein in den Kalten Krieg führte. Erich Kästner hatte schon mehr als zwanzig Jahre zuvor in seinem Gedicht *Möblierte Melancholie* den dunkelsten Punkt im Leben eines männlichen Untermieters so treffend bezeichnet:

Alles, was erlaubt ist, ist verboten.
Wer die Liebe liebt, muß in den Wald
oder macht, noch besser, einen Knoten
in sein Maskulinum. Und zwar bald.

Als ich die ersten Male an den Gottesdiensten der Christlichen Wissenschaft teilnahm und das stille Leuchten in den Gesichtern der Gläubigen sah, vermeinte ich in meinem jugendlichen Überschwang, all diese Leute müßten nahezu vollkommen in ihrer Güte und Hingabe an den Mitmenschen sein. Was Wunder, daß ich zeitweilig trachtete, eines Tages genauso zu werden wie jene!

Manch einer braucht eben seine Zeit, und Erfahrungen werden meist mühsam gesammelt. Inzwischen weiß ich längst, daß weder eine Religionsgemeinschaft noch eine politische Partei frei ist von Heuchlern, Eiferern und frömmelnden Betschwestern beiderlei Geschlechts. Mein Einwohnen bei der Dame Liebetraut, das genau sieben Monate währte, war der erste Schritt auf dem Wege zu dieser Erkenntnis. Gottes Wort und das der Apostelin Mary Baker-Eddy führte sie stets und ständig im Munde und fuhr jede Woche zweimal zum Gottesdienst am Nikolsburger Platz.

Von Luise wußte ich, daß sich ihre Lehre gegen jeglichen Rassen- oder Völkerhaß wendete, da ja vor Gott alle Menschen gleich seien.

Für Fräulein Liebetraut aber waren Russen bolschewistische Untermenschen, Vertreter einer slawischen, wenig zu Kultur und Kunst und allen höheren Werten neigenden Rasse.

Derlei Unsinn hatte ich als Kind schon in der Volksschule mit angehört und wußte, aus welchem Misthaufen solche Gedankenwürmer gekrochen waren. Fortan betrachtete ich die rüstige grauhaarige Matrone nicht ohne Argwohn. Nachdem ich einmal, höflich und in wohlgesetzten Worten, meine gegenteilige Meinung geäußert hatte, begegneten wir uns nur noch zufällig auf dem Flur oder in der Küche. Fräulein Liebetraut saß meistens in ihrem Zimmer und trampelte auf der Nähmaschine herum. Ab und zu kam Kundschaft zur Anprobe. Fräulein Wirtin war gelernte Schneiderin, übte aber ihre Tätigkeit ohne Gewerbeschein aus. Ich werde mich hüten, erklärte sie, dieses Regime auch noch durch Steuern zu unterstützen.

Als sie mir wieder einmal ein frommes Verslein über mein frischgebratenes Spiegelei hauchte, konnte ich es nicht unterlassen, sie zu fragen, wie sie denn das Wort des Apostels Matthäus auf ihre Schneiderei anwende, der da spricht: *So gebet dem Kaiser, was des Kaisers ist, und Gott, was Gottes ist?*

Sie bekam einen puterroten Kopf und entgegnete: Hätten wir noch einen Kaiser, so wurde ich mit Freuden Steuern zahlen.

Daß mich Luise hin und wieder besuchte, um mit mir zusammen für das Dolmetscherseminar zu lernen, duldete die Alte zunächst huldvoll. Einmal hatte Luise in der Küche Tee für uns beide aufgebrüht und ließ vor Lachen beinah das Tablett fallen, als sie ins Zimmer trat.

Weißt du, was die alte Schreckschraube eben zu mir gesagt hat? stieß sie quiekend hervor. Hüten Sie sich vor den Anfechtungen des Fleisches! Alles ist eitel, spricht der Herr. Fräulein Hartrampf, ich beschwöre Sie: Bleiben Sie fest! Heiraten Sie nie! Sehen Sie mich an. Auch ohne Mann bin ich dank unserer Lehre glücklich geworden!

Immer noch lachend, balgten wir uns auf der Couch herum, als sich unversehens die Tür öffnete.

Fräulein Hartrampf, sprach die glückliche Gottesdienerin mit eisiger Miene, Sie haben den Zucker vergessen.

Noch am selben Abend führte sie ein ernstes Gespräch mit Rapunzeln. In dieser Wohnung herrsche Sitte und Anstand. In Zukunft habe Fräulein nicht wie vordem um zweiundzwanzig Uhr, sondern schon eine Stunde früher das Haus zu verlassen. Außerdem behielte sie, die Wohnungsinhaberin, sich vor, einen entsprechenden Brief an Luises Mutter zu schreiben.

Ach, du lieber Herrgott vom Nikolsburger Platz! Selige Mrs. Baker-Eddy aus Boston (Massachusetts)! Was hatten wir denn getan? Geschmust und einander im Rahmen des Möglichen ein wenig geherzt und geküßt. Die noch immer herrschende Moral von vorgestern, die Tatsache, daß sich junge Mädchen zwar abends die Zähne putzten, aber noch keine roten oder grünen Pillen zu schlucken hatten und unsere beiderseitige Schafsdämlichkeit – das waren mindestens zwei Hindernisse zuviel. Die Ausbildung nicht beendet, kein Beruf, kein Geld, kein eigenes Heim in Aussicht – und dann womöglich ein Kind? Man erzählte sich schlimme Geschichten von Frauen, denen solches Unheil widerfahren war. Auf einem anonymen Küchentisch hatten sie das bißchen Liebe bitter büßen müssen.

Nein! Dazu liebte ich Rapunzeln viel zu innig. Dann lieber Händchenhalten im Konzert. Bei gutem Willen tut auch eine Bachsche Fuge oder Schuberts Unvollendete das Ihre, damit sich die aufsteigenden Körpersäfte zu Lyrik sublimieren.

Wie lange aber können zwei normal entwickelte junge Menschen, die einander fast täglich begegnen, diese widernatürliche Askese durchhalten?

Nun, wie lange können sie?

Als der Sommer ins Land zog, fuhren wir mit unseren Rädern an den Breitlingssee. An der kleinen Flußmündung gab es eine Badestelle, die nur wir beide kannten. Rapunzel, laß dein langes Haar herunter!

Frau Hartrampf glaubte noch immer an unsere Unschuld, meinte aber mit leisem Tadel, man dürfe auch nicht den Anschein falschen Tuns erwecken.

Wir zogen es vor, ihr fürs erste zu verheimlichen, daß wir uns am 12. August verlobt hatten.

Heutzutage halte ich den Ritus der Verlobung für einen ausgemachten Quatsch. Das geht so weit, daß ich mich nicht einmal bemühe, diese Meinung zu begründen. Als mir mein Sohn vor Jahresfrist am Telefon mitteilte, er habe sich verlobt, mußte ich all meine väterliche Toleranz zusammennehmen, um ihm nicht statt des erwarteten Glückwunsches zu sagen: Du kleiner Dummi!

Glücklicherweise merkte er noch rechtzeitig, daß es tatsächlich ein Irrtum gewesen war. Nun wird er in sechs Wochen heiraten, diesmal wohl die richtige und ohne vorherige Verlobung.

In seinem Alter war ich nicht nur ein kleiner, sondern ein kapitaler Dummi. Erst nach einigen Monaten getrauten wir uns, den vorläufigen Bund mit goldenen Ringen zu besiegeln und vor aller Verwandtschaft offen kundzutun. Luise hatte unter bitteren Tränen meinem beharrlichen Drängen nachgegeben und immer wieder gefragt: Warum müssen wir uns durch solche Äußerlichkeit aneinander fesseln? Sind wir nicht viel zu jung? Wenn wir uns wirklich lieben, werden wir eines Tages so und so zusammenbleiben. Es war, wenn ichs im nachhinein betrachte, der Anfang vom Ende.

Ich habe später nie wieder einen Ring getragen. Meinen beiden Ehefrauen, einer nach der anderen freilich, habe ich weisgemacht, ich hätte die Zwangsvorstellung, das Ding könne mir beim Schwimmen vom Finger rutschen. Außerdem würde ich mich nie auf Sitzungen konzentrieren können, sondern dauernd an dem Ring herumdrehen wie Aladin in Tausendundeiner Nacht. Die Enttäuschung aber, daß mir darob keine dienstbaren Luftgeister erscheinen würden, um mir meine Lieblingswünsche zu erfüllen, könnte ich nun mal nicht ertragen.

Als mir das sonst der Staatsmacht so wenig zugetane

Fräulein Liebetraut androhte, sie werde sich meines Lebenswandels wegen an die Polizei wenden, kam ich ihr zuvor und erkundigte mich auf dem zuständigen Revier nach meinen Rechten als Untermieter. Die Uniformierten hörten sich meine Sorgen an und lachten schallend. Manchmal haben Volkspolizisten so viel eigenen Humor, daß sie auch ohne die gängigen, nicht durchweg guten Witze in einem heiteren Lichte zu erscheinen vermögen.

Erstmals erfuhr ich, daß das Privatleben des Untermieters den sogenannten Hauptmieter einen Dreck anzugehen habe, solange jener nicht durch häufig wechselnden Damenbesuch öffentliches Ärgernis erregte.

Nur ungern verließ ich die Gegend an der Schönhauser Allee. Noch heute mag ich diese Straße, obwohl sie gewiß nicht zu den schönsten Hauptstraßen Europas gehört. Die Hochbahn und Konopkes Wurstbude ... Lassen wir das, es wurde hundertfach beschrieben. Wenn ich im Ausland mal so einen Hauch von Heimweh verspüre, denke ich zuerst an den Wochenmarkt bei uns in Pankow, dann an die Schönhauser und dann erst an den Alex.

Gleich um die Ecke bei mir – im heutigen Kino Colosseum – hatte nach den Kriegswirren das Metropoltheater ein vorläufiges Domizil gefunden. Einmal besuchte ich eine Vorstellung. Man gab die Operette *Der Bettelstudent.* Ein gewisser Oberst Ollendorf beteuerte lautstark singend, er habe die Komtesse Laura nur auf die Schulter geküßt. Ich fand die Geschichte reichlich abgeschmackt. Noch ahnte ich nicht, daß dieses Theater zwanzig Jahre später, nunmehr an der Friedrichstraße residierend, mehrere Spielzeiten hindurch ein Musical im Repertoire haben würde, dessen Libretto von mir stammte. An jenem Abend aber kehrte ich mißgestimmt an Fräulein Liebetrauts Schreibtisch zurück und plagte mich weiter mit meinem untauglichen dramatischen Versuch ab.

Im Herbst hatte ich endlich ein anderes Zimmer gefunden, nicht weit vom Bahnhof Greifswalder Straße. Es lag im dritten Stock eines Altneubauhauses und war genaugenommen nur ein halbes Zimmer – nicht etwa, daß es nur zwei Wände und keine Decke gehabt hätte, aber dazumal wurde eine Behausung, die zwei normale und ein sehr kleines Wohngemach aufwies, eben nicht wie heute als Dreiraum-, sondern als Zweieinhalbzimmerwohnung geführt. Der Raum glich in seinen Ausmaßen einer klösterlichen Zelle: vier Schritt lang und anderthalben breit und war gerade ausreichend möbliert für einen Halbmönch wie mich: ein Schrank, in den ich kaum etwas hineinzuhängen hatte, ein winziges wackliges Tischchen mit einem Stuhl, eine alte Kommode – ein Fach für Socken und Wäsche, eins für Schreibkram und Bücher, das dritte für Teller, Tassen, Brot, Mostrich, Butter und Salz; die paar Scheiben Wurst, die ich mir auf Lebensmittelmarken kaufte, aß ich gleich aus dem Papier. Ach ja, und eine Couch stand da noch, die von meinen vielen Vorgängern längst in eine Mulde verwandelt worden war, in einen stoffbespannten Kasten, über dessen Ränder man im Liegen kaum hinwegblickte.

Das halbe Zimmer kostete indessen genausoviel Miete wie ein ganzes. In meinem Elternhaus gilt, solange ich denken kann, der eherne Grundsatz: Man kann nicht mehr ausgeben, als man einnimmt. Das mag sehr ehrpusselig und bieder klingen, zeugt aber davon, daß sich gute preußische Tugenden, wie sie der sogenannte Soldatenkönig Friedrich Wilhelm I. seinem Volke eingebleut hat, hier und da bis in unsere Tage erhalten haben.

Als Redaktions-Assistent im Pestalozzi-Verlag bezog ich das stolze Gehalt von 450 Mark. Davon blieben mir, nachdem ich der Forderung des Evangelisten Matthäus folgend, dem Kaiser gegeben hatte, was des Kaisers war, genau 337 Mark.

Laut Tagebuch sah mein Haushaltsplan im Herbst 1952 so aus:

Miete, Kohlen, Gas:	*45,00*
Fahrgelder:	*21,00*

Beiträge: 6,00
Essen im Betrieb: 16,00
Essen und alles Übrige: 62,00
Dieser Plan kann nur bei einer sehr spartanischen Lebensführung eingehalten werden. Nun brauche ich dringend Mantel, Anzug und so weiter. Für Anschaffungen werden mithin 100,00 zurückgelegt, für Geschenke und Aufmerksamkeiten zu Hause 30,00, für Theater, Konzerte, Café und so weiter 25,00. Bleiben zum Sparen und als monatliche Reserve 32,00 Mark.

Ich muß dich, alter Freund, schon wieder unterbrechen: Was sollen junge Leser mit dem Haushaltsplan von Anno Tobak anfangen? Warum mußt du immer wieder in seinen verstaubten Tagebüchern herumstöbern? Gerade dieses Zitat wirft kein günstiges Licht auf ihn. Andere junge Männer genossen das spärliche, aber durchaus nicht uninteressante Nachtleben des Nachkriegsberlins. Jener aber zählte sorgsam die losen Groschen in seiner Jackentasche, bevor er sich entschloß, die geliebte Braut zu einem Stück Torte in der Konditorei *Rösing* an der Friedrichstraße einzuladen.

Du meinst, ich müsse ihn gegen den Vorwurf des Geizes verteidigen? Reichtümer konnte er freilich nicht horten, aber er hegte mindestens drei Jahre hindurch die Illusion, eines Tages mit Rapunzeln einen eigenen Hausstand zu gründen. Luise verdiente als Volontär noch hundert Mark weniger als der Herr Redaktions-Assistent. Und sie verreisten gern miteinander und kauften sich neben Faltboot und Fotoapparat Bücher und immer wieder Bücher.

Das nennst du Sparen! Ich kenne junge Männer aus jener Zeit, die hatten wenigstens immer soviel auf der Kante, falls da – du weißt schon, wie ich das meine – doch mal was schiefgehen sollte.

In der Lage befanden sich unsere beiden auch einmal. Tagelang liefen sie mit häßlichen Dackelfalten auf der Stirn umher. Weder zu Gott noch zur seligen Mrs. Baker-Eddy konnten sie beten: Bittschön, mach, daß wir jetzt kein Kind kriegen! Sie kannten ja nicht mal einen märkischen Bauern, der ihnen seine Krippe im Pferdestall überlassen hätte. Glücklicherweise erwies sich der potentielle Sohn als das, was nicht nur Christliche Wissenschafter eine falsche Annahme nennen. Luise aber erklärte in naiver Frivolität: Ganz egal, das wird immer unser Ältester bleiben.

Wer hier naiv war, sei dahingestellt. Böse Zungen wunderten sich schon damals, warum Luise Hartrampf so lange im Osten der Stadt blieb und nicht ihrer Mutter folgte, die inzwischen nach Westberlin übergesiedelt war.

Vielleicht hat Rapunzel ihren Prinzen wirklich genauso geliebt wie er sie?

Ich verkneife mir eine skeptische Bemerkung und danke dir für dieses Gespräch, das in einer sachlichen Atmosphäre verlief.

Meine neuen Wirtsleute hießen Klaschka und waren ein kinderloses Ehepaar im Rentenalter. Vor einigen Tagen habe ich mich ins Auto gesetzt und mit Claudia sämtliche Häuser besucht, in denen ich einst als Untermieter lebte. Bedauerlicherweise hat es der Magistrat bisher versäumt, entsprechende Gedenktafeln anzubringen.

In der Schieritzstraße führte eine Dame mittleren Alters gerade ihren Pudel von einem Laternenpfahl zum anderen. Sie kam genau aus jenem Haus. Auf die Frage nach langjährigen Bewohnern erfuhren wir, daß sie vor zwanzig Jahren die Wohnung der Klaschkas übernommen habe. Herr Klaschka sei als Witwer nach Westberlin verzogen.

Wir durften einen Blick in meine ehemalige Behausung, das halbe Zimmer werfen.

Und in diesem Wohnschlauch, sagte Claudia schaudernd, hast dus fast drei Jahre lang ausgehalten?

Sanft wies ich sie zurecht: Hast du vergessen, daß der Hort unserer illegalen Liebe in einem ausgebauten Pferdestall gelegen hat? Davon zu reden, entgegnete sie, steht dir erst im vierten Band zu, und wenn du dich weiter so schwer tust mit dem zweiten, werde ich als greise Witwe mit zitternden Fingern in einem Feierabendheim mühsam die Seiten deines letzten Werkes umwenden müssen.

Spiritus loci – Geist des Ortes, so viel Latein habe ich noch aus den Stunden bei Dr. Kelling behalten.

Gegenüber meiner Schlafkuhle beherrschte ein riesiger Ölschinken die Wand: Schafe trotteten mühselig durch den tiefen Schnee einer verschneiten Nachtlandschaft. Durch winterliches Gewölk schaut ein Mond von ungesunder Gesichtsfarbe verdrossen auf die armen Tiere, die trotz ihres dicken Pelzes frieren mußten.

So was fällt mir wieder ein, aber ich weiß nicht mehr, was die Klaschkas von Beruf gewesen sind. Sie war sicherlich zeit ihres Lebens Hausfrau, ein dürres Hühnchen, das ihren Gatten besorgt umgackerte. Herr August Klaschka, der Haushaltsvorstand, hatte Gardemaß und hätte bei seinem imposanten Äußeren am Stadttheater Parchim als Prototyp des Schweren Väterspielers den König Philipp, den Herzog Alba, den Musikus Miller und den König im Weihnachtsmärchen geben können. Er hatte im ersten Weltkrieg als Artilleriefeldwebel gedient. Die Salven seiner Batterie deckten das Fort Douaumont ein, aber die Franzmänner schossen zurück. Ein verirrter Granatsplitter war schuld dran, daß es August vom Prenzlauer Berg fortan nicht mehr seinem königlichen Namensvetter aus dem Sächsischen gleichtun konnte. Dennoch waren die beiden Klaschkas nett zueinander, und ich vernahm nie ein böses Wort zwischen den beiden. Die Schimpftiraden, die später auf mich armen Schächer abgefeuert wurden, müssen sich die beiden jahrzehntelang aufgespart haben.

Zunächst aber schlossen mich Klaschkas in alle vier Arme und verwöhnten mich, als hätte Gott ein Wunder getan und ihnen trotz der Weltkriegsfolgen einen verspäteten Sohn beschert. Mir wurde es nachgerade peinlich, als ich merkte, welche Guttaten da über mich hereinbrachen. Wie sollte ich mich für das reichliche Abendbrot, das mir in der Wohnstube serviert wurde, revanchieren? Kaufte ich Frau Klaschka einen Blumenstrauß, so fand ich ihn am nächsten Abend auf meinem Tischchen wieder. Keine Socke war so zerrissen, kein Schuh so ungeputzt, kein Hemdenkragen so speckig, als daß sich das Hühnchen nicht erbarmt hätte.

Schönste Harmonie wäre meinem Untermieterdasein auf Jahre gesichert gewesen, hätte ich nur die asketische Kraft besessen, auf gewisse Wonnen zu verzichten.

Als Klaschkas merkten, daß ich weiblichen Umgang in Gestalt meiner liebreizenden Rapunzel pflog, war bei ihnen der Ofen aus. Ich weiß, das ist eine recht umgangssprachliche Wendung, aber als der nie offiziell erklärte Krieg ausgebrochen war, weigerte sich Frau Klaschka, den guten Kachelbruder, der ein Achtel meines halben Zimmers für sich und seine Wärmetätigkeit beanspruchte, fürderhin mit Preßkohlen zu beschicken.

Als ich eines Morgens die Asche in den Klaschkaschen Mülleimer entleerte, keifte das Hühnchen: Muß der Hauptmieter alles aufbringen? Sehen Sie gefälligst zu, wo Sie Ihre Asche lassen!

Pietätvoll verkniff ich mir die Erwägung, wessen Asche wohl zuerst ein geistlicher oder weltlicher Redner zurufen werde, daß sie in Frieden ruhen möge. Ich griff meine Staatsreserve an und erwarb meinen ersten eigenen Mülleimer.

Was die Rechte des Untermieters betraf, so hatte ich mich so sachkundig gemacht, daß ich eine eigene Rechtsberatung hätte eröffnen können. Ich litt nicht mehr, ich kämpfte.

Dabei trieben wir die Dinge zunächst keineswegs auf die Spitze. Luise verabscheute unnütze Konflikte und redete mir immer wieder ein, ich solle auch in den Klaschkas Gottes Geschöpfe sehen. Ich aber kam zu der wenig christlichen Überzeugung, daß Gott einen schlechten Tag gehabt haben mußte, als er die Klaschkas erschaffen hatte. Vielleicht war ihm vom Himmlischen Wirtschaftsrat die Auflage erteilt worden, zusätzlich Massenbedarfsartikel zu produzieren, und so was hat schon zu allen Zeiten leitende Persönlichkeiten verärgert. Kein Wunder, wenn die entsprechenden Erzeugnisse danach aussehen.

Im allgemeinen vermieden wir es, die Klaschkas durch

unmoralische Aktivitäten zu provozieren. Zweimal unterlief es uns notgedrungen. Nach einem Betriebsfest im Universum-Verlag waren wir in der berüchtigten *Hajo-Bar* gelandet. Dort fanden wir es ziemlich öde, es war nicht unsere Welt. Zur Stunde der glasigen Augen aber fuhr kein öffentliches Verkehrsmittel mehr. Geld für ein Taxi besaßen wir nach drei Cocktails nicht. Also schritten wir wakker fürbaß von der Albrecht- bis zur Schieritzstraße. Todmüde und unfähig jeglicher Unmoral versanken wir in der Klaschkaschen Schlafkiste.

Es muß so um die Kaffeezeit gewesen sein, als uns heftiges Fäustetrommeln an der Tür aus süßem Schlummer riß. Abwechselnd gackerte das Hühnchen, krähte der Artilleriehahn, eine Übernachtung fremder Personen sei gegen das Gesetz.

Was heißt Übernachtung, erwiderte ich gähnend. Diesmal kann höchstens von einer Übermittagung die Rede sein.

Mein sanftes Rapunzel, das am liebsten die ganze Menschheit umarmt hätte, wurde behandelt wie eine der Übriggebliebenen aus der Ackerstraße.

Luise hatte inzwischen selber ein halbes Zimmer gefunden. Eine ihrer Kolleginnen hatte es ihr überlassen, eine junge Frau mit zwei kleinen Kindern, ohne Mann und ohne Vorurteile. Wenn ich heute, was mir als Langschläfer selten unterläuft, in der Frühe bei Bäcker Wandtke knusprige Brötchen kaufe, begegne ich hin und wieder der freundlichen Frau Reimann. Trüge ich einen Hut, so zöge ich ihn tief vor ihr. Gäbe es einen Orden für verdiente Wirtsleute von einst, so müßte ihn Frau Reimann in Gold bekommen.

Zweimal noch ließ es sich nicht vermeiden, das Ehepaar Klaschka in Weißglut zu versetzen. Einmal hatten wir keine Schuld, und unsere Herzen waren so rein, daß nur unser Jesulein allein darin hätte wohnen können.

Wenn Luise das Haus in der Schieritzstraße verließ, war es für mich als Gentleman der alten Schule eine Ehrenpflicht, sie bis zur Prießnitzstraße in Pankow zu begleiten. Wir bestiegen den S-Bahn-Zug auf dem Bahnhof Greifswalder Straße. Am Gesundbrunnen mußten wir umsteigen in Richtung Oranienburg. Jüngeren Generationen sei erklärt, daß uns ein Teil unserer Wegstrecke durch den Französischen Sektor von Groß-Berlin, also mitten durch Feindesland, führte. Die Verkehrsverhältnisse – sie waren nun einmal so, und wir hatten sie nicht gemacht.

In jener bewußten Nacht nun holte uns ein Bediensteter des *Amtes für Zoll und Kontrolle des Warenverkehrs* auf dem Grenzbahnhof Schönhauser Allee aus dem Abteil und unterzog uns einem hochnotpeinlichen Verhör. Gegenstand seines Interesses war Luises Köfferchen, das frischgewaschene Bettwäsche, ein paar Unterröcke und was Frauen sonst noch so tragen enthielt. Der Mann, der mein Vater hätte sein können, verdächtigte uns der Schieberei mit Gebrauchtwaren und verweigerte uns die Weiterreise. Aus falschverstandener Ritterlichkeit wurde ich so pampig, daß es mir nach damaligen Rechtsnormen mindestens zwei Jahre Kahn hätte einbringen können.

Der Zöllner aber setzte uns mit väterlicher Strenge in den Zug, der in östlicher Richtung fuhr. Herrgottnochmal, was blieb uns denn übrig? Als Frau Klaschka am anderen Morgen unsere beiden Strubbelköpfe in trauter Eintracht auf dem hauptmieterlichen Kopfkissen ruhen sah, spie sie all ihr bißchen Hühnergalle aus, während im Wohnzimmer dumpfe Artillerieflüche detonierten.

Eines wünsch ich mir nur, gackerte die Frau Wirtin, Ihrem Vater möchte ich mal die Augen über Ihren verderblichen Lebenswandel öffnen.

Mein Vater war zu jener Zeit schon mehr ein guter Kumpel als eine Respektsperson für mich. Luise ging bei uns ein und aus, und meine Eltern behandelten sie wie eine liebe Tochter.

Mein Bruder Peter und ich haben den gutherzigen Eltern im Laufe der Jahre ein ganzes Ensemble an lieben Töchtern beschert und die alten Leutchen von einem Schock in den andern gestürzt.

Meine Eltern waren von einer Großzügigkeit, wie man sie bei jener Generation nur selten antraf.

Nur einmal, viele Jahre später, haben wir uns gewundert. An einem warmen Herbsttag waren wir mit ihnen auf die Insel Hiddensee gefahren. Die Sonne hatte nach dem verregneten Sommer einiges gutzumachen. Claudia und ich entledigten uns der Kleidung. Mein Vater trabte brummend in die nächste Strandburgruine. Mutter tat einen schweren Seufzer: Wenn ihr wüßtet, wie ich euch beneide! Heute früh hab ich zu ihm gesagt, ich möcht noch mal jung sein und auch an den Nacktstrand gehen dürfen. Da hat er mich angefaucht: Ich würde mich sofort scheiden lassen. Nun wißt ihr, warum er beim Frühstück so schlechte Laune hatte.

Mutter – siebzig Jahre alt, Krampfadern, an denen jeder Chirurg verzweifeln müßte, Pfunde, die nicht mehr wegzuhungern sind, Zerrbild eines bildhübschen Käferchens der zwanziger Jahre. Vatern aber beutelt noch immer die Eifersucht auf sein schönes Lottchen von einst. Wenn das nicht Liebe ist!

In der Untermieterzeit hatte ich zu Hause all meine Leiden des jungen W. beichten dürfen, ohne je einen Vorwurf zu gewärtigen.

Einmal hatte Vater in Berlin zu tun und besuchte mich auf ein Stündchen in der Schieritzstraße. Wir hatten uns geeinigt, die harte Konfrontation zu vermeiden. Vater wollte sich die Artillerieeinheit nur mal aus unmittelbarer Nähe ansehen. Ich stellte ihn dem kurzsichtigen Hühnchen als meinen Bruder vor. Das ging ganz gut. Vater und ich haben untereinander mehr Ähnlichkeit als mein leiblicher Bruder und ich. Überdies trug Vater den gleichen häßlichen Lederolmantel wie ich.

Nachdem sich mein Besucher höflich von Frau Klaschka verabschiedet hatte, sagte sie spitzzüngig zu mir: Ihr Herr Bruder ist doch fast vier Jahre jünger als Sie, wenn ich mir das richtig gemerkt habe. Ich bestätigte ihr, daß sie sich gut in unserer Familie auskenne. Da brach es aus ihr heraus: Der muß es ja noch viel, viel schlimmer treiben! Er sieht mindestens zehn Jahre älter aus als Sie!

Mein Vater, erklärte ich grinsend, wird es als Kompliment auffassen, wie jugendlich er noch auf ältere Damen wirkt.

So! keifte sie los. Belogen haben Sie mich auch noch. Ich habe schon viele schlechte Eigenschaften an Ihnen kennengelernt, aber daß Sie so ein Feigling sind, erschüttert mich.

Frau Klaschka, sprach ich milde, es geschah nur aus zarter Rücksicht auf Sie. Ich kenne keinen jähzornigeren Menschen als meinen Alten. In drei Kneipen hat er schon Lokalverbot. Hätten Sie auch nur ein Wörtchen gegen mich gesagt, so wäre er rabiat geworden und hätte Ihre halbe Einrichtung demoliert.

Mein Vater, der keiner Fliege was zuleide tun kann, aber sein bißchen Schelmentum noch bis ins hohe Alter herübergerettet hat – gab mir einen gescheiten Rat: Zeig doch den beiden Ollen ein einziges Mal, wie sich ein wirklich schlimmer Untermieter aufführt! Vielleicht begreifen sie dann, was sie an sonem stillen, feinen Menschen wie dir haben.

Eines Abends saß ich mit zwei Kollegen im ehemaligen *Pressecafé* am Bahnhof Friedrichstraße. Es war kurz vor Ultimo. Wir kratzten die letzten Mark- und Fünfzigpfennigscheine zusammen und hielten uns etwa fünf Stunden lang zur Freude des Obers an zwei Flaschen Rotwein fest. Das bißchen Alkohol war längst verflogen, als ich nach Mitternacht die Schieritzstraße erreichte.

Die Gelegenheit schien mir günstig wie nie.

Im Hausflur knöpfte ich mir den Mantel schief zu, würgte mir den Schal wie einen Strick um den Hals und schob den flachen Hut ins Gesicht. Dann begann ich mit polterndem Schritt die drei Treppen zu erklimmen und intonierte lautstark das schöne Lied, das Onkel Oswald und Onkel Waldemar im Duett zu singen pflegten, wenn sie auf Familienfesten ihr Quantum eingefahren hatten und von unsäglicher Rührung übermannt wurden:

Ach, ich hab dich ja so herzlich gerne,
du mein liebes, teures Mütterlein!
Möcht am liebsten bittre Tränen weinen,
wenn ich an die Abschiedsstunde denk ...

Hier und da rasselte eine Sicherheitskette, und böse Schimpfworte entfleuchten durch den Türspalt. Oben angekommen, ließ ich mich mit der Schulter gegen die Tür plumpsen und stökerte brabbelnd so lange im Schloß herum, bis ich im wahrsten Sinne des Wortes mit der Tür ins Haus und dem in ein langes Nachthemd gehüllten Feldwebel a. D. um den Hals fiel.

. L-lieber, g-guter O-onkel A-august! stammelte ich mit schwerer Zunge, weißu, daßu mir e-eben das L-l-leben gerettet hast?

Hinter seinem breiten Rücken verbarg sich das Hühnchen, rang die Hände und gackerte vor Entsetzen die Tonleiter rauf und runter.

Seines lächerlichen Nachtgewandes nicht achtend, besann sich Herr Klaschka auf seine einstigen militärischen Machtbefugnisse und kommandierte: Marsch ins Bett, aber sofort!

Ich tippte mir an die Stirn und erklärte mit widerborstigem Grinsen: H-haben mir j-jarnischt zu be-befehlen, b-bin kein j-jedienter Mann, und F-feldwebel k-konnt ick noch nie l-leiden!

Dann schloß ich lautstark die Badezimmertür, ließ das Wasser in die Wanne laufen und sang dazu mit kräftiger Baßstimme das schöne Lied von Isaak Dunajewski:

Ja, es hat schon seinen Sinn,
daß ich Wasserträger bin.
Ohne Wasser, merkt euch das,
wär unsere Welt ein leeres Faß.

Unpassenderweise begleitete Artillerist Klaschka meinen wohltönenden Gesang mit einer akustischen Imitation der legendären Kanonade von Valmy, die er mit seinen Fäusten auf dem Holz der Badezimmertür nachempfand, und ich konnte, wie einst Goethe, sagen, ich sei dabeigewesen. Zwar ging von hier und heute keine neue Epoche der Weltgeschichte für mich aus, wohl aber ein Wandel im Benehmen meiner Wirtsleute. Am nächsten Morgen – es hatte zu meinem Plan gehört, daß ich die Zeit verschlief – weckte mich Frau Klaschka, indem sie mir mitleidig einen Eisbeutel auf die Stirn legte. Sodann servierte sie mir starken Bohnenkaffee und Heringsbrötchen am Bett und beschwor mich inständig, meinem lasterhaften Leben zu entsagen.

Einige Wochen lang herrschte ein trügerischer Frieden. Ich war sehr brav und tugendsam – bis mich Rapunzel zu einem harmlosen Teestündchen besuchte, weil sie gerade in der Nähe etwas zu erledigen hatte. Ohne anzuklopfen riß der Chefkanonier die Tür des halben Zimmers auf und schrie drohend: Ist Ihr Betthase etwa schon wieder hier? Ich und meine Frau dulden keine Unzucht.

Luise war kein Kämpfertyp, wenn es um Dinge ging, um die zu streiten sich nicht lohnte. Ich weiß nicht, ob es ihr an dem Abend gelungen war, in Herrn Klaschka Gottes Ebenbild zu sehen. Für mich dagegen war es eine Grundsatzsache, mein Recht auf die eigene Existenz als Individuum – und sei es in der verkrüppelten Daseinsform eines Aftermieters – durchzusetzen. Heute hat man dafür das Modewort Selbstverwirklichung. Leicht verstimmt begleitete ich an jenem Abend Rapunzeln nur bis zum Bahnhof Greifswalder Straße, plante indessen auf dem Rückweg schon neuerliche Aktivitäten.

Zu der Zeit arbeitete ich im Universum-Verlag und hatte dort etliche Freunde gefunden. Zu ihnen gehörte auch der Bulgare Toma Stojanov. Orientalist seines Zeichens und freier Mitarbeiter und Übersetzer des Verlages. Toma war fast so lang wie der augenblickliche Torhüter unserer Fußball-Nationalmannschaft, aber mindestens doppelt so breit wie dieser. Wenn Toma dröhend zu lachen anhub, und dazu fand er oft Gelegenheit, hätten seismographische Institute Erdbebenwarnungen aussenden können. Toma sah mit seinem schwarzen Lockenhaupt haargenau aus, wie sich ein Oberspielleiter in Brandenburg einen türkischen Pascha vorgestellt hätte.

In unserem armen Ländchen kannte man damals zwar noch Lebensmittelkarten, das Wort Party hingegen nur aus amerikanischen Filmen, die in den Grenzkinos gezeigt wurden. Aber zu feiern verstanden wir immerhin schon.

Um meine Schandtat hinlänglich zu erklären, muß ich darauf hinweisen, daß die Klaschkas selbst neun Jahre nach Kriegsende noch von jener Russenangst beherrscht wurden, der keine rationalen Gründe zugeordnet werden konnten, es sei denn, man führte den bloßen Besitz eines Radiogerätes an, mit dem man unter anderem auch den RIAS zu empfangen vermochte.

Wir waren zwölf Personen, als wir zu früher Abendstunde in die Klaschkasche Wohnung eindrangen, Luise, Henriette, die inzwischen Germanistik studierte, behängt mit Einkaufsnetzen voller Rotweinflaschen, Brötchen, Hackepeter und Zwiebeln.

Ich nahm mit gespielter Hilflosigkeit die entsetzte Frau Klaschka beiseite und erläuterte ihr die Lage: In der Sowjetunion feiert man heute den dreißigsten Jahrestag der Enteignung bourgeoiser Hausbesitzer. Der sowjetische Politkommissar unseres Verlages hat eine Feier befohlen. Leider waren alle Gaststätten schon besetzt.

Kommissar Stojanov umarmte mit dem Rufe Drushba! inzwischen meinen Hauptmieter Klaschka und beschmatzte ihm die Wangen, wie das heute noch bei offiziellen Anlässen unter Persönlichkeiten zum guten Ton gehört. Feldwebel Klaschka schlug die Hacken zusammen und sprach, mit ungutem Seitenblick auf mich: Zu Ihrer Verfügung, Herr Genosse! Der Kommissar inspizierte, während sich die anderen Gäste in dem halben Zimmer vor unterdrücktem Gelächter bogen, die enge Altneubauküche und erklärte lakonisch: Beschlagnahmt!

Herr Klaschka mußte den Waschtopf seiner Frau vom Hängeboden holen. Mindestens zehn Liter Rotweinpunsch waren für den Anfang zu bereiten. Dann griff

Kommissar Toma zur Gitarre und sang mit des Basses Grundgewalt: Kaaaa-lin-ka!

Als Mitglieder des Jugendverbandes hatten wir eine beträchtliches Repertoire an völkerverbindenden russischen Volksweisen drauf:

Herrlicher Baikal, du heiliges Meer,
auf einer Lachstonne will ich dich zwingen!
Scharfer Nordost treibt die Wellen daher,
Rettung, sie muß mir gelingen!

Dann war Steppe ringsumher, und unsre kühne Division zog durchs Gebirge. Auch prangten ringsum leuchtend Apfelblüten, und Katjuscha kam hurtig durch die Wiesen. Schließlich suchten wir, ach das Grab meiner Liebsten, überall, o widrig Geschick! Ließen gar leis nur das Glöckchen erklingen, wo die Felder zum Walde sich schmiegen, wo der Fuhrmann sein Lied singt voller Weh.

Verschüchtert hockten Klaschkas in ihrer Wohnstube und gaben sich mit gemischten Gefühlen dem ungewohnten Kunstgenuß hin. Wochen später ließ sich des Kaisers Feldwebel zu der widerwilligen Anerkennung hinreißen: Man kann gegen die Russen sagen, was man will, aber ihre schwermütigen Lieder macht ihnen keiner nach.

Pfiffig genug jedoch waren die Klaschkas nicht. Sonst hätten sie den falschen Kommissar umgehend entlarven können. Die Lieder, die wir spätestens nach Mitternacht anstimmten, allen voran Vorsänger Toma, waren keineswegs östlicher Herkunft, sondern gehörten zu den Spitzentiteln der Sendung *Schlager der Woche*, die ein DDR-Bürger allein durch den illegalen Empfang westlicher Hetzsender kennen konnte: Wenn man damals das Radio anstellte und es ertönte Unterhaltungsmusik, wußte man noch genau, auf welcher Frequenz man sich befand. Toma Stojanov aber sang hingebungsvoll:

Es hängt ein Pferdehalfter an der Wand,
und ein Sattel liegt gleich nebenan.

Fragt ihr mich, warum ich traurig bin,
schau ich nur zum Pferdehalfter hin.

Damals ahnten weder Toma noch ich, daß die Filmgesellschaft unseres Landes ihre ersten Western-Streifen, Indianerfilme genannt, unter anderm in Toma Stojanovs Vaterland drehen würde.

Leider übten nicht einmal so aufwendige Erziehungsprozeduren einen mehr als kurzzeitigen Einfluß auf meine verstockten Wirtsleute aus. Sie saßen nun mal am längeren Hebel. Ihnen gehörte die Wohnung, und ich blieb ein geduldetes Subjekt.

Es kommen auch mal wieder andere Zeiten, gackerte das Huhn, und wir haben ein gutes Gedächtnis.

In solchen Momenten packte mich trotz meiner parallel vorhandenen christlichen Gesinnung düsterer Klassenhaß, und ich stellte mir den breitschultrigen Petrograder Adelsproß Klaschkow als weißen Obristen im Solde von Wrangel, Denikin, Koltschak oder Judenitsch vor. Flugs wäre ich bereit gewesen, den struppigsten Gaul zu besteigen und mich Budjonnys Reiterscharen zuzugesellen.

Theatralische Klassenkämpfe fanden 1954 in einer kleinbürgerlichen Altneubauwohnung nun mal nicht statt, für die realen war mir der Blick verkleistert. Ich war mit den Mühen der alleruntersten Ebene beschäftigt, zumindest soweit es die Schieritzstraße betraf.

Herr Wiesner, gackerte das Huhn, Sie haben die ganze Nacht über im Bad das Licht brennen lassen. Wer soll das bezahlen?

All meiner Indolenz gegenüber der höheren Mathematik zum Trotz bin ich bis heute ein fixer Kopfrechner geblieben.

In Klaschkas Badezimmer funzelte in den drei Jahren eine Glühlampe von fünfzehn Watt herum. Acht Stunden lang hatte sie sinnlos gebrannt – in einer einzigen Nacht. Das Jahr hat 365 Nächte. Ich multiplizierte die Kilowattstunden mit dem Preis von acht Pfennigen, langte in die Brieftasche und zählte Frau Klaschka von meiner Prämie zum Aktivistentag haargenau fünfunddreißig Mark und vier einzelne Pfennige auf die Hand: Und nun lassen Sie mich gefälligst ein Jahr lang mit Ihrer blödsinnigen Badezimmerbeleuchtung in Ruhe!

Dennoch zog kein Friede mehr ein in jenes Haus. Ich durfte mir nicht mal mehr eine Kanne Tee in der Küche aufbrühen und erfand aus der Not heraus als Abendgetränk den Apfeltérif, Apfelsaft mit Wodka. Einmal demütigte ich mich so weit, das Hühnchen zu bitten, das schreckliche Nachtbild mit den frierenden Schafen gegenüber meinem Schlafkasten abzuhängen, biß jedoch auf Granit. Klaschkas hatten sich ihrerseits bei einer Rechtsberatung sachkundig gemacht: Der Untermieter habe nicht das Recht, eigenmächtig Gegenstände aus dem möblierten Zimmer zu entfernen.

Dieses Problem schien mir lösbar. Ich drehte die Mondlandschaft, deren Anblick mir allabendlich Depressionen verursachte – zumindest behauptete ich das –, kurzerhand um und pickte mittels Reißzwecken die ersten Nacktfotos der Deutschen Demokratischen Republik, entnommen der gerade gegründeten Zeitschrift *Das Magazin*, an die Rückseite. Ich hatte mir ohnehin die Volksweisheit zu eigen gemacht:

Ist der Ruf erst ruiniert,
lebst du frei und ungeniert.

Die weiteren Hinterhältigkeiten des Artillerieregiments will ich aus Platzgründen aussparen. Auch lokal begrenzte Konflikte zehren an den Nerven. Ich war jung und hatte die besseren und habe zudem noch nie an Phantasiemangel gelitten. Meine letzte Aktion in der Altneubauwohnung war so arglistig, daß ich heute nicht mehr weiß, ob ich mich ungeachtet allen mir angetanen Torts nicht doch ein wenig schämen sollte. Sie geschah zu der Zeit, da Rapunzel heftig schwankte zwischen dem Gebieter der Christlichen Wissenschaft, der Vater und Mutter Gott in einem war, und dem einundzwanzigjährigen Wirrkopf, der Christus, Robespierre, Mohammed, Buddha, Beethoven, Tucholsky, Brecht und sich selber am liebsten zu einer Gottheit neuen Typus vereinigt hätte.

Luise, die als Volontär der Zeitschrift *Zinne und Zaunkönig* mittlerweile alle Natur- und Denkmalschützer samt den angeschlossenen Instituten kannte, besorgte mir aus einer Entomologischen Sammlung eine präparierte Wanze, die vermutlich schon Jahrzehnte zuvor den Geist und somit auch ihre menschenfeindliche Tätigkeit aufgegeben hatte.

Leser der jüngeren Generation kennen den Begriff Wanze vermutlich nur aus einschlägigen Agentenkrimis. Zu Heinrich Zilles Zeiten, vielleicht auch ein wenig später noch, war jenes ob seiner platten Körperform auch Tapetenflunder genanntes flügellose Insekt ein verbreitetes Haustier in den Elendsquartieren hauptstädtischen Proletariats gewesen.

Im Herbst 1945 fuhr mein Vater in die Gegend, die heute durch den Grenzübergang Marienborn–Helmstedt bezeichnet ist. Er hatte zwei Reisevorhaben zugleich: Seinen Bruder Hans, den zeitweiligen Holzfäller im Braunschweigischen, zu besuchen und ihm zu erklären, daß er, mein Vater Ewald, in seiner Ostzonenheimat zu bleiben gedenke, und mit einem Sack kostbarer Zwiebeln heimzukehren.

Die Züge der Deutschen Reichsbahn verkehrten noch wesentlich unregelmäßiger als in der Neuzeit. Eine Nacht lang mußte Vater im Wartesaal des Magdeburger Hauptbahnhofs sein müdes Haupt auf den Zwiebelsack betten. Heftiger Juckreiz im Genick ließ ihn den Schlaf des Gerechten nicht finden. Damals war Vaters Sehkraft noch stark genug. Er bemerkte, daß die häßlichen, obendrein übelriechenden Blutsauger in Klumpen an der Wartesaaldecke hingen und sich in ihrer Gier von oben herab auf die schlummernden Reisenden fallen ließen.

Noch bevor sie in der internationalen Diplomatie zum Gebrauchsartikel wurde, setzte ich die Wanze als geheimdienstliche Waffe ein.

Als ich mir ein Töpfchen mit heißem Rasierwasser aus der Küche holte, kratzte ich mich auffällig heftig an den Oberschenkeln, so lange, bis das Hühnchen Klaschka mich gereizt nach der Ursache meines Gebarens fragte.

Seit drei Tagen, murmelte ich dumpf, juckt es mich, immer an denselben Stellen, dicke rote Quaddeln, als hätte mich da was gebissen.

Frau Klaschka erbleichte vor Entsetzen, zunächst weniger ihrer Befürchtungen wegen als ob meines Angebots, die gestreifte Schlafanzughose herunterzuziehen und die Quaddeln vorzuweisen. Ich wußte ja, daß sie eher noch in ein Kloster gegangen wäre, als einen Blick auf das entblößte Untergestell eines jungen Mannes zu riskieren.

Haben Sie mir etwa Ungeziefer ins Haus geschleppt? schrie sie und forderte sogleich ballistische Verstärkung in Gestalt ihres Gatten August an.

Der feuerte sogleich eine Schimpfsalve wider mich: Wer sich rumtreibt, hat auch Flöhe am Leibe!

Mein Blick wurde starr. Blitzschnell setzte ich meinen Pantoffel auf eine bestimmte Stelle vor dem Küchenherd und brüllte: Rasch, holen Sie eine Stecknadel!

Der Artillerist Klaschka wechselte auffassungsschnell die Waffengattung und armierte sich als Kavallerist mit einer Stopfnadel aus dem Nähkasten seiner Frau. Mit dieser Miniaturlanze spießte ich die seit Jahren verewigte Cimex lectularius L. auf und erläuterte den fassungslosen Klaschkas, daß die zur Insektenordnung der Heteroptera gehörige Bettwanze ein Haustier sei.

Ist die Linie gegeben, so entscheidet die Organisation alles. Auch ich hatte meinen Stalin gelesen.

Manche Menschen werden, so erläuterte ich frech, nie von den Wanzen gebissen, obwohl sie schon jahrelang mit ihnen unter einem Dache leben. Wollen doch mal nachsehen!

Für die Klaschkas wurde dieser Morgen zu einem grausigen Lokaltermin. Hinter sämtlichen Bildern im Wohn- und Schlafzimmer entdeckten wir die bräunlichen punktuellen Merkmale langjährigen Wanzenschisses. Die widerwärtigen Schnabelkerfe hatten weder vor dem flötespielenden Knaben auf blumiger Wiese noch vor Böcklins Toteninsel irgendwelchen Respekt bezeigt. Alles voller Wanzendreck!

Klaschkas rangen die Hände und beteuerten mir immer wieder, sie hätten zeit ihres Lebens auf Reinlichkeit geachtet und jede Woche einmal gebadet.

Vermutlich hatte der Kammerjäger des Stadtbezirks gerade eine Geschäftsflaute und nahm daher kaltlächelnd den Auftrag an, die Klaschkasche Wohnung zu entwanzen. Bei näherem Hinsehen hätte er zweifellos bemerkt, daß der angebliche Wanzendreck aus nichts anderem bestand als dem braunen Schuhkrem, den ich sorgfältig mit Hilfe eines Stecknadelkopfes auf die Tapete appliziert hatte, als Klaschkas eines Abends aushäusig gewesen waren.

Wenige Wochen später zog ich wieder einmal um.

Als ich im Frühjahr 1956 zum – wie ich hoffte – letzten Male in meinem Leben ein Untermietsverhältnis einging, gab es für mich schon kein Rapunzel mehr – von einer Mrs. Mary Baker-Eddy aus Boston (Massachusetts) ganz zu schweigen. Ich hatte beschlossen, mir eine gänzlich neue Einstellung zum Weibe an sich zuzulegen. Nie wieder wollte ich sentimentale Regungen in dieses unzuverlässige Geschlecht investieren, nur noch nehmen, was gerade so kam.

Mein neuer Wirt hieß Paul Stackebrand, war Oberpostsekretär und besaß eine geräumige Dreizimmer-Altbauwohnung am Arnswalder Platz im dichtbevölkerten Bezirk Prenzlauer Berg. Mir wurde eine Stube zugebilligt, die mindestens viermal so groß war wie das halbe Zimmer bei den Klaschkas. Ich schaute von meinen Fenstern im dritten Stockwerk hinab auf eine Grünanlage, die von einem klotzigen Monument der Kaiserzeit, dem Stierbrunnen, beherrscht wurde. Mit Paule Stackebrand, der mit seiner grauen Stoppelfrisur der damals in Mode befindlichen Igelfigur namens Mäcky glich, wäre ich schon klargekommen. Er wollte demnächst in Rente gehen und sich fürder seinem Kleingarten intensiver widmen. Leider war er nicht ohne Anhang, sondern besaß ein Töchterlein namens Hertha, die Mitbewohnerin der Behausung war, aber keineswegs meinen derzeitigen – zugegeben unwählerischen – Ansprüchen zusagte.

Bei meinem Antrittsbesuch überreichte ich dem Hausherrn artig ein Fläschchen Schnaps und seiner Tochter mindestens genauso artig einen großen Strauß weißen Flieders.

Gestatten Sie, sprach Fräulein Hertha, daß ich mit diesen Blumen Ihr neues Zimmer verschöne?

Ich hatte nichts dagegen. Fräulein Stackebrand mag damals an die dreißig oder aber vierzig Lenze gezählt haben. Ich bin nie dahintergekommen. Sie hatte einen schwarzen Pony und glühende Augen, etwa so wie einer der Hunde in Andersens Märchen vom Feuerzeug. Als ich sie am zweiten Tag arglos fragte, wo denn der schöne Fliederstrauß sei, entblößte sie ihre Zähne, ließ ihre dunklen Augen aufglimmen und sprach: Den habe ich in den Ofen gesteckt. Es brannte so schön!

Auf die gleiche Art verschwand meine kunstgewerbliche Holzschale mit der handgeschnitzten Inschrift: *Unser täglich Brot gib uns heute.* So langsam bekam ich es mit der Angst um meinen einzigen Reichtum, meine Bücher, zu tun. Sie schienen mir streichholzanfälliger als ein Zweig weißen Flieders.

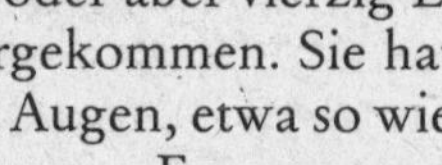

Jahrelang wurde im *Kiki*, einem kleinen, aber exklusiven Kino am Kurfürstendamm, sonnabends um 22.45 Uhr der Cocteaufilm *Orphé*, mit Jean Marais in der Hauptrolle, gespielt.

Die Handlung ist in wenigen Worten kaum nacherzählbar. Sie folgt im Prinzip der klassischen Sage vom Orpheus und seiner Eurydice, spielt aber im Frankreich der Nachkriegszeit. Der Tod erscheint dem surrealistischen Dichter Orphé in Gestalt einer beängstigend schönen schwarzhaarigen Frau mit Pferdeschwanz, zieht sich Gummihandschuhe an und durchteilt mit diesen den Spiegel in Orphés Schlafzimmer wie eine Wasserfläche. Der Tod als Verführung! Dazu die Musik aus der Oper von Christoph Willibald Gluck. Mich gruselts noch heute, wenn ich mir nächtlicherweile als Arbeitsbegleitmusik die Platte auflege. Orphé vergißt ob des Trugbildes seine liebreizende blonde Eurydice, sprich französisch: Öridieß.

Als ich 1964 in Babelsberg ein Szenaristenstudium absolvierte, wurde zu unserer Anschauung auch Orphé aus Westberlin herangeschafft, in der Originalfassung. Leider erreichte der Franzose, der den Film einsprechen sollte, nicht rechtzeitig unser Institut. Kein Problem: Ich hatte diesen Film so oft gesehen, daß ich, auch zehn Jahre später noch, mühelos sämtliche Rollen aus dem Handgelenk synchronisieren konnte.

Mit jeder neuen Freundin hatte ich am späten Sonnabend das Kiki besucht, und das erwies sich als ein Erfolgsrezept ohnegleichen. Schutzsuchend klammerte sich die jeweilige Dame an mich und war heilfroh, wenn ich ihr im Stackebrandschen Zimmer nach Einflößung eines Glases schweren Süßweines – *Lacrimae Christi* (des Heilands Tränen) waren damals Mode – erklärte, wie wunderschön es doch sei, daß wir zwei noch nicht im Reich der Schatten weilten.

Wie vergänglich doch selbst große Kunst zu sein vermag, bekam ich ein Jugendweihealter später zu spüren.

Claudia und ich verbrachten ein paar wunderschöne Herbsttage im Harzer Grenzgebietsort Schierke, wo man den Zauberberg der alten Deutschen nur noch als Teilnehmer eines Lichtbildervortrages erklimmen kann. Von freundlichen Tischgenossen waren wir an diesem Abend zu Hasseröder Bier und Schierker Feuerstein gebeten worden. Ich aber drang darauf, Claudia meines großen Kunsterlebnisses der frühen Jahre teilhaftig werden zu lassen.

Auf unserem Zimmerbildschirm sollte noch einmal der Tod durch den Spiegel kommen.

Wie bei allen meinen Geliebten hatte ich mit meinem Kinovorschlag zunächst leichtes Spiel, aber das lag wohl mehr daran, daß Claudia weder Bier noch jenen teuflischen Harzer Kräuterlikör verträgt.

Gebannt saß ich vor dem Fernseher. Wieder kauerte Jean Marais in seinem alten Auto und empfing aus dem Radio die geheimnisvolle Botschaft: *Der Witwenschleier ist von kurzer Dauer. Ich wiederhole: Dreimal!*

Claudia aber fläzte sich gähnend auf das Bett des gewerkschaftlichen Feriendienstes und knurrte: Was müssen das für blöde Weiber gewesen sein, die du mit sonem Scheiß rumgekriegt hast!

Als sie eingeschlafen war, der Film lief noch immer, nahm ich einen tiefen Zug vom Schierker Feuerstein und gab mich maßvoll meinen Erinnerungen hin.

Der Tod aber trat durch den Spiegel. Stundenlang stand er an Orphés Bett und betrachtete den schlafenden Dichter.

Eines Abends, mein Kikibesuch hatte nicht den erwarteten Erfolg gezeitigt, kehrte ich als enttäuschtes Single in den Ostsektor zurück, putzte mir notdürftig die Zähne und warf mich verdrossen auf das Metallbett. Leise öffnete sich die Tür. Eine schlanke, schwarzhaarige Gestalt stand im Dämmerlicht des Flurlichtes an meinem Fußende. Vor Schreck wagte ich kaum noch zu atmen. Der Tod! Mit dreiundzwanzig Jahren also sollte ich schon sterben? In Zeitlupentempo richtete ich mich auf und glaubte mit Cocteaus Worten das Gespenst beschwören zu können: *Der Vogel singt mit seinen Fingern! Dreimal! Ich wiederhole ...*

Der Tod aber entgegnete: Ick wollt ja bloß ma fragen, ob Se noch ne Zarette für mich ham? Irjendwat muß noch brennen heut abend.

Am nächsten Tag führte ich ein ernstes Gespräch mit dem Vater der unseligen Pyromanin. Jahre später soll man sie aus der Heilanstalt entlassen haben. Falls sie noch unter den Lebenden weilt, wünsche ich ihr alles

Gute und vorsichtshalber eine Handbreit Wasser unter dem Kiel.

1958 gab ich im Münchhausen-Verlag, dem ich inzwischen als Lektor angehörte, das *Handbuch für Untermieter* heraus. Zeitgenossen von Rang und Namen standen mir namenlosem Jung-Siegfried zur Seite, und wir schwangen gemeinsam das Pappschwert der Satire wider den fürchterlichen Drachen, der in mancherlei Gestalt die Unbehausten des Landes peinigte. Ob es uns gelungen ist, ihn ernstlich zu verletzen, wage ich nach einem Vierteljahrhundert zu bezweifeln. Weder in der Schönhauser Allee, noch in der Greifswalder Straße sah ich Drachenblut in den Rinnsteinen fließen.

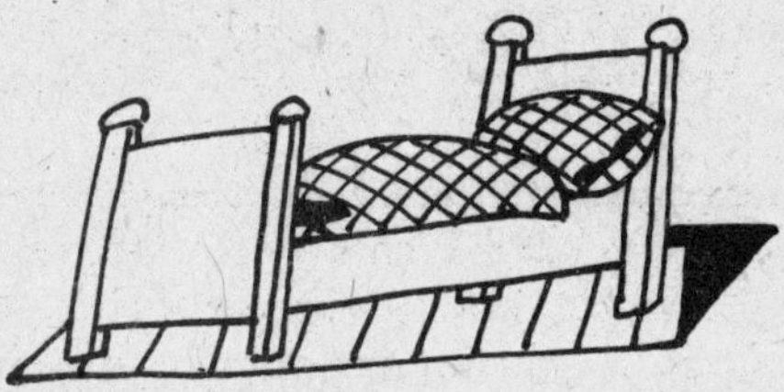

Wie ich allmählich zu einem Verlags-Wesen wurde

An einem Freitagmorgen, genauer gesagt am 1. August 1952, begann für mich der Ernst des Lebens. In der Oberwasserstraße, dicht an der berühmten Jungfernbrücke, stand das Hauptgebäude des Pestalozzi-Verlages. Angetan mit einem Sporthemd und einer Hose, die noch holzhaltiger war als unser heutiges Buchdruckpapier für den Inlandbedarf, eine Aktentasche aus Igelit unterm Arm, durchschritt ich eher verschüchtert als mit kühnem Schwung das Tor zur Welt der Arbeit. Ich kam mir klein und dumm vor, ein Namenlos, ein Niemand, der in diesem Augenblick daran zweifelte, überhaupt einmal ein Jemand zu werden.

In der Schule oder im Dolmetscherseminar war das anders gewesen. Da hatte ich zu einer Gruppe von Anfängern gehört. Hier aber stand ich mutterseelenallein. Nicht einmal ein Bittgebet um innere Stärke kam mir in den Sinn. Warum auch? Mein himmlischer Mäzen hätte mir wahrscheinlich einen Vogel gezeigt und gesagt: Was willst du noch? Hab ich dir nicht eine Stelle besorgt? Nun sieh mal zu, wie du selber klarkommst!

Beklommen tappte ich durch das Treppenhaus, betrachtete die Schaukästen mit den Lehrbüchern, die Wandzeitung und die vielen Türschilder. Endlich faßte ich mir ein Herz und klopfte bei der Kaderleitung an. Der Empfang war recht unpersönlich. Hatte ich etwa auf ein Blumengebinde oder ein Streichquartett gehofft?

Ich wies der Dame, von der ich nicht mehr weiß, wie sie ausgesehen hat, meine Papiere vor. Sie reichte mir nicht die Hand, sondern einen sogenannten Laufzettel. Darauf stand, wo ich mich überall zu melden hatte: bei der Gewerkschaftsleitung, beim Sekretär des Jugendverbandes, in der Telefonzentrale, beim Pförtner, bei der Gesellschaft für Deutsch-Sowjetische Freundschaft, bei der Sozialversicherung. Alle Institutionen nahmen durch Unterschrift Kenntnis von meiner Person. Der Pförtner sagte sogar: Nur Mut, junger Mann! Wird schon werden!

Mein bedrippstes, dummes Gesicht mag ihm diese Aufmunterung entlockt haben.

In der Abteilung Innere Verwaltung empfing ich kostenlos, aber gegen Quittung einige Bleistifte unterschiedlicher Härte, einen Radiergummi, einen Locher, etliche Schreibblocks und Aktenhefter sowie einen Terminkalender.

Abschließend übergab mir die Kaderfrau den Betriebsausweis und ein Exemplar der Haus- und Arbeitsordnung mit den Worten: Damit Sie Bescheid wissen, Kollege, wir legen hier größten Wert auf das pünktliche Erscheinen am Arbeitsplatz!

Dann wünschte sie mir doch noch alles Gute.

Bis heute bin ich nicht dahintergekommen, was ein Kaderleiter den lieben, langen Tag über macht. Nicht täglich kündigt ein Kollege, nicht täglich wird einer eingestellt, und ein sogenanntes Kadergespräch ist auch nicht alle Naselang zu führen. Vielleicht schaut der Kaderleiter immer mal wieder in die Kaderakten, aber selbst das kann ihn auf die Dauer nicht ausfüllen; die spannendsten kennt er längst auswendig. Ich habe nie gewagt, einen Kaderleiter zu fragen, was er sonst noch so treibe, denn für mich war er fast immer eine Respektsperson. Eines aber weiß ich genau: Alle Kaderleiter – zumindest die in Verlagen – wachen scharfäugig darüber, daß die Kollegen pünktlich zur Arbeit kommen, und betrachten dies offenbar als ihre schönste und vornehmste Aufgabe.

Mit der Pünktlichkeit hatte ich nie besondere Probleme, wohl aber mit dem einen oder andern Kaderleiter.

Meine Arbeitsstätte, die Fremdsprachenabteilung, lag zunächst in einer Art Nebenstelle, einem Gebäude in der Niederwallstraße. Ich habe stets lieber in solchen Nebenstellen gearbeitet, weil es da vergleichsweise familiärer zugeht als im Hauptgebäude, wo man nie vor dem Verlagsdirektor, dem Cheflektor und anderen hochgestellten Persönlichkeiten sicher ist.

Tür an Tür mit uns arbeitete die Abteilung Russischunterricht. Nicht also, daß man Russisch nicht als Fremdsprache ansah, aber wie jeder weiß, wird dieses Fach schon von der fünften Klasse an in jeder Schule gelehrt und erfordert folglich, was die Lehrmittel betrifft, einen größeren Aufwand. Unsere Abteilung beschäftigte sich mit den Lehrbüchern und sonstigen Schriften für Englisch, Französisch, Polnisch, Tschechisch, Latein und Griechisch. Für die einzelnen Sprachen gab es freie Mitarbeiter auf Honorarbasis. Wir hatten sozusagen ihre Arbeit zu koordinieren und die verlagstechnischen Dinge zu erledigen.

Zunächst war ich nicht übermäßig beschäftigt.

Sie sind, sprach mein neuer Chef, in die Sauregurkenzeit hineingeraten. Am besten, Sie machen sich erst mal mit unserer Produktion bekannt.

Ich blätterte die Bücher durch und war ordentlich froh, daß ich nicht mehr zur Schule gehen mußte. Die

Korrekturzeichen hatte ich schnell gelernt und wußte nun, daß weder ein Zwiebelfisch noch ein Hurenkind wörtlich zu nehmen waren. Wenn man nun auch noch weiß, dachte ich arglos, was es mit den Schriftgraden wie *Nonpareille, Petit* und *Cicero* auf sich hat, kann einem in so einem Verlag nicht mehr viel passieren. Wasserbau oder Außenhandel wäre bestimmt schwieriger zu packen gewesen.

Aus dem Archiv besorgte ich mir englische und amerikanische Lyrik und begann munter drauflos, die Verse ins Deutsche zu übertragen, zum Beispiel die eines Mr. Edward Arlington Robinson:

Ein Gentleman war Richard Cory,
wie man ihn selten wohl gesehn.
Ging Richard Cory durch die Straßen,
so blieben alle Leute stehn.

Nie trug er geckenhafte Kleider,
war immer menschlich, wenn er sprach.
Doch wenn er Guten Morgen sagte,
dann flogen ihm die Blicke nach.

Er hatte mehr Geld als ein König
und dazu Bildung wohl für drei.
Kurzum, es wünschte sich ein jeder,
daß er an seiner Stelle sei.

Im Schweiße unsres Angesichtes
verfluchten wir das trockne Brot.
Und Richard Cory schoß sich später
an einem Sommerabend tot.

Eines Vormittags war mein Chef, Herr Dreisam, leise ins Zimmer getreten und schaute mir über die Schulter. Es hatte keinen Zweck, das Papier zu verbergen. Er nahm es mir aus der Hand und las es aufmerksam. Ich stand vor ihm wie ein armer Sünder, während der Herr Abteilungsleiter mich von meinem Schreibtischstuhl aus kopfschüttelnd musterte.

Eine Fingerübung, sprach er lächelnd, aber Sie sollten sich mehr mit der Arbeit befassen, die auf Sie zukommt, und nicht vergessen, daß dies hier ein pädagogischer Verlag ist. Sie sind noch sehr jung, lieber Kollege Wiesner, und Sie werden noch viel lernen müssen.

Diesen Satz bekam ich in den nächsten Monaten noch häufig von ihm zu hören – und das zweifellos zu Recht. Ich erlebte gerade meine dritte Trotzperiode und war darauf aus, bei jeder Gelegenheit meine Vorgesetzten durch unbequeme Fragen bis zur Weißglut zu reizen. Sie zielten meist darauf ab, die bewährte Praxis in Zweifel zu ziehen. Trieb ich meine Spitzfindigkeit zu weit, so hieß es: Das ist eine Anordnung und basta!

Meine Kollegen kamen samt und sonders von der Universität und waren gleich als Hilfsredakteure angestellt worden. Das hörte sich zwar nicht so gut an wie mein Titel Redaktions-Assistent, klang eher nach Hilfsschüler oder Hilfsputzer. Der eigentliche Hilfsputzer aber war ich mit meiner Schmalspurqualifikation. Die wenig älteren Hochschulabsolventen ließen mich das nicht spüren. Sie waren nicht nur fachlich weiter als ich, sondern auch lebensklüger. Im Gegensatz zu mir trugen sie im Umgange mit Vorgesetzten ihr Herz nicht auf der Zunge.

Damals war es noch üblich, daß der Tag mit einer kollektiven Zeitungsschau begann. Diese weltliche Morgenandacht pflegte Herrn Dreisams Stellvertreter Dubenack zu leiten. Er war von Hause aus Mittelschullehrer, was man ihm nur allzu deutlich anmerkte, und hatte eine gewisse Ähnlichkeit mit dem bekannten Schauspieler Theo Lingen, verfügte jedoch im Gegensatz zu diesem nicht über das geringste Fünkchen Humor.

Nach der dritten Zeitungsschau meinte ich, man könnte sich doch diese Pflichtübung sparen, denn wenn ich mich so im Raume umschaute, käme mir der unbestimmte Verdacht, daß hier jeder des Lesens kundig sei. Diese billige

Bemerkung brachte mir zwar einige Lacher, aber auch die Feindschaft des Stellvertreters ein.

Gemäß Rapunzels Lehre hätte ich freilich ein Geschöpf Gottes in ihm sehen und ihn durch Demonstrieren von Milde und Freundlichkeit von seiner scheinbaren Bosheit befreien müssen. Statt dessen haderte ich mit dem Herrn im Himmel und war nicht weit davon entfernt, ihm wieder einmal Pfusch vorzuwerfen. Wie hatte so ein mißratenes Produkt der Nullserie von Leitern die göttliche Gütekontrolle passieren können!

Keiner von uns, weder die Sekretärinnen noch die Hilfsredakteure, mochte Herrn Dubenack. War sein Vorgesetzter, unser Väterchen Dreisam, im Hause, so gebärdete sich der Stellvertreter wie ein serviler Butler. Herrschte er jedoch allein in der Abteilung, so wurde er zu Robespierre, Napoleon und Fouché in einer Person und konnte dennoch seine Ähnlichkeit mit Theo Lingen nicht leugnen. Auf leisen Sohlen schlich er durch die Flure, horchte an den Türen, riß sie plötzlich auf und schnauzte mit uns herum. Nach solchen Ausbrüchen verschwand er gewöhnlich in seinem Zimmer und sackte in sich zusammen. Erst mehrere hastig geschluckte Koffeintabletten befähigten ihn zum nächsten Gang. Zuweilen behielt er das Erlauschte auch für sich, um uns bei der nächsten Versammlung heftig zu erschrecken, indem er wie ein Taschenspieler die Karte mit der unglaublichen Ansicht des Kollegen Soundso unvermutet aus dem Ärmel zog.

Ich verrichtete zwar pflichtgemäß meine Arbeit, aber mit so langen Zähnen, daß man mich als Nachwuchsdarsteller für einen Vampirfilm hätte entdecken können. Korrekturlesen für die Anmerkungen zum Lateinischen Lesebuch. Umbruchkleben für die Französische Grammatik, Kürzen englischer Lesebuchtexte. Mühsam verdiente ich mir mein täglich Brot. Es schmeckte mir, als müßte ich das Roggenmehl aus der Tüte in mich hineinlöffeln.

Die innerbetrieblichen Schulungen vermochten mich kaum aus meiner Lethargie herauszureißen. Der Schulungsleiter erklärte uns, warum die Partei beschlossen habe, planmäßig die Grundlagen des Sozialismus in der Deutschen Demokratischen Republik aufzubauen und daß sich der Klassenkampf verschärfe. Da der junge Mann ein Nicky-Hemd und Kreppschuhe trug und obendrein Westzigaretten rauchte, glaubte ich ihm kein Wort und zog es hoheitsvoll vor, mich nicht an der Diskussion zu beteiligen. Zu jener Zeit waren Diskussionen gewöhnlich keine Aussprachen und schon gar keine Debatten im Sinne eines Streitgesprächs. Wenn der Referent seine Ausführungen beendet hatte, meldete sich ein schon vorher dazu bestimmter Kollege und betonte, daß er die Ausführungen des Referenten nicht wiederholen möchte. Alsdann zog er einen Zettel hervor und wiederholte sie. Die Zuhörer verharrten im Hasenschlaf oder malten Strichmännchen in ihr Notizbuch.

Ich war für den Frieden und die Wiedervereinigung Deutschlands. Mit dem Sozialismus wußte ich zunächst wenig anzufangen. Außerdem schrieb ich, nunmehr auf Ermunterung der Staatlichen Kunstkommission, an einer Neufassung meines historischen Spektakels, beschäftigte mich mit der Christlichen Wissenschaft, nahm am Fernlehrgang eines privaten Graphologen zu Leipzig teil, wanderte und radelte mit Rapunzeln durch die Mark Brandenburg . . .

Schon in meiner Abteilung hatte es sich als gefährlich erwiesen, anderer Meinung zu sein und sie obendrein lauthals zu äußern. Für schwankende Elemente wie mich gab es damals nur zwei Möglichkeiten: abzuwarten, ob nicht doch was dran sei an dem Sozialismus, oder sich für zwanzig Pfennige eine S-Bahn-Fahrkarte zu kaufen. Auf die dritte kam ich damals nicht, einfach zu sagen: Auch wenn mich das laute Geschrei noch ein wenig stört, die Sache hat Perspektive, ich mache mit.

Statt dessen setzte ich mich in den Wartesaal der Zeit und lauschte den Ansagen des Bahnhofslautsprechers. Viele Züge in Richtung Ost und West wurden ausgerufen. *Vorsicht an der Bahnsteigkante! Zurückbleiben!* Diese Aufforderung befolgte ich gewissenhaft.

Rapunzel hatte es bei der Zeitschrift *Zinne und Zaunkönig* besser getroffen als ich, durfte sich mit Natur- und Denkmalsschutz befassen, reiste zu Tagungen mit Historikern, Museologen und Zoologen und wurde schließlich sogar in die Gewerkschaftsleitung des Kulturbundes gewählt, der die Zeitschrift herausgab.

Luises Mutter war inzwischen nach Zehlendorf übergesiedelt, weil sie dort ihrer Kirche näher war und den Gottesdienst nicht mehr illegal besuchen mußte. Auch Luise und ich nahmen häufig daran teil, aber nicht einmal sie hatte damals die Absicht, unser Land auf immer zu verlassen. Gott, so meinte sie, kenne weder Sektoren- noch Staatsgrenzen und wolle nur, daß jeder an seinem Platze das Beste für seine Mitmenschen tue, und dazu gehöre die gewissenhafte Arbeit. Irgendwann werde er es schon für richtig halten, uns eine Wohnung zuweisen zu lassen. Dann wären wir ein Redakteursehepaar und hätten unser Auskommen.

Ich war da nicht so sicher. Eher hatte ich das unbestimmte Gefühl, daß an diesem Sozialismus vielleicht doch mehr dran sei, als wir im Augenblick erahnten. Wie aber sollte das in unseren Köpfen zusammengehen mit der Lehre von Mrs. Baker-Eddy aus Boston (Massachusetts)?

Vorerst aber hatte ich andere Sorgen. Im Pestalozzi-Verlag sah ich kein Land mehr. Mein Chef, der Herr Dreisam, muß bei all seiner väterlichen Strenge, mit der er mir zu Recht begegnete, gemerkt haben, was in mir vorging. Später erst habe ich erfahren, daß er sich an seinem Schreibtisch nicht recht wohl fühlte. Er hatte diese Stellung nur aus der Einsicht in eine höhere Notwendigkeit angetreten; es gab damals keinen Besseren als ihn. Bald nach meinem Weggang wurde er auf einen Lehrstuhl für Romanistik berufen und konnte dort seine Fähigkeiten voll entfalten.

Professor Dreisam habe ich es zu verdanken, daß ich nicht eines Tages mit einem Fußtritt aus dem ungeliebten Pestalozzi-Verlag hinausgejagt worden bin. Unser Väterchen, wie wir ihn nannten, nahm mich beiseite und meinte, so ginge es wohl nicht weiter mit mir. Er wußte von meinen Ambitionen und riet mir, es bei einem Verlag zu versuchen, der etwas mit richtiger Literatur zu tun habe. Väterchen Dreisam erklärte sich sogar bereit, mir eine freundliche Befürwortung mit auf den Weg zu geben.

Ein junger Mann, den es in unsern Tagen drängt, Lektor oder Redakteur in einer Verlagsanstalt zu werden, hat mindestens sein Abitur, drei Jahre Armeezeit und ein vierjähriges Studium hinter sich. Das heißt, er fängt bestenfalls mit fünfundzwanzig Lenzen an.

Ich war zwanzig, als ich mich beim Universum-Verlag bewarb. Es gab wesentlich mehr Bewerber als Planstellen. Nach einem Staatsexamen wurde nur so nebenbei gefragt. Die Cheflektorin teilte ein Probegutachten und eine Proberedigierung aus und verließ sich im übrigen auf ihren subjektiven Eindruck. Ich fand Gnade vor ihren Augen und wurde zum 15. März 1953 als Hilfsredakteur mit einem Anfangsgehalt von fünfhundert Mark eingestellt.

Nicht ohne Überheblichkeit notierte ich in meinem Tagebuch: *Nun bin ich endlich dort, wo ich vielleicht nach einem vierjährigen Hochschulstudium gelandet wäre.*

Gleichzeitig mit mir wurde noch ein anderer Hilfsredakteur im Universum-Verlag angestellt: der Lyriker Heinz, mit dem ich bei den Jungen Autoren in Potsdam das Zimmer geteilt hatte.

Vom Verband war er, mit einem Stipendium versehen, in einen Volkseigenen Betrieb gesandt worden mit der Auflage, dort einige Monate lang Stoff für einen Gegenwartsroman zu sammeln, der in jenem Betrieb spielen sollte. Nach Ablauf der Frist legte er nicht das erwartete Exposé vor, sondern einen Offenbarungseid ab. Er hatte ums Verrecken keinen Romanstoff, wie man ihn sich damals vorstellte, gefunden, und im übrigen fühle er sich mehr als Dichter denn als Romancier.

Die Leute im Verband spürten ein menschliches Rühren,

als der junge Mann mit seinen beiden schäbigen Koffern, der einzigen Habe, vor ihnen stand und mit großen Kinderaugen fragte: Und nu?

Er war ein Talent, und Talente durfte man in diesem Lande nicht vor die Hunde gehen lassen. Vom Dichten allein aber konnte dieses Talent noch nicht leben. Also legte man für Heinz ein Wort beim Universum-Verlag ein.

Unsere erste Aufgabe bestand darin, uns im Anfertigen von Klappentexten und Waschzetteln zu üben. Nach wenigen Wochen schon schmiß Heinz den Kram hin. Es sei eine unschöpferische Arbeit, bei der man sich unfruchtbar mache. Außerdem habe er keine Lust, sich hier im Hause gängeln zu lassen. Heinz ging dann als Meisterschüler zu Brecht ans Berliner Ensemble und entschied sich danach für den Status eines freischaffenden Schriftstellers.

Immer wenn wir einander begegneten – und das geschah ziemlich oft –, schüttelte er den Kopf und fragte: Steckst du immer noch in dieser Mühle? Warum schreibst du nicht selber?

Ich zuckte die Schultern: Und wovon soll ich leben?

Du Kleinbürger! Wer den Mut hat, ins Wasser zu springen, den trägt es auch.

Den Mut zum entscheidenden Sprung fand ich erst zehn Jahre später, aber da hatte ich schon das entsprechende Schwimmtraining hinter mir. Vorerst schrieb ich jedoch weiter Klappentexte.

Der Universum-Verlag brachte vorwiegend fortschrittliche Gegenwartsliteratur aus aller Herren Ländern in deutscher Übersetzung heraus. Dabei spielten solche Romane eine gewichtige Rolle, die sich mit dem Aufbau einer neuen Gesellschaftsordnung befaßten. Es waren nicht durchweg Kunstwerke, zuweilen eher Illustrationen einer vorgegebenen politischen These. Es gab gewisse Schwierigkeiten, solche Bücher an den Mann zu bringen. Daher waren wir gehalten, in den Klappentexten weniger die klassenkämpferische Thematik als vielmehr den poetischen Reiz der jeweiligen Liebesgeschichte hervorzuheben.

Auch die Titel sollten möglichst werbewirksam sein. In besonders schwierigen Fällen war Verlagsleiter Simon bereit, für einen zündenden neuen Titel eine Sofortprämie von fünfzig Mark zu zahlen. Das war ein Geld, für das man zu zweit in der *Pension Behnke* in der Friedrichstraße mindestens zehnmal markenfrei essen konnte. Einmal durfte ich den halben Hunderter einstreichen.

Der Originaltitel des Romans hieß: *Die ersten Schritte.* Er handelte von den Schwierigkeiten bei der Durchsetzung von Neuerermethoden in einer tschechischen Schamottefabrik. Bei der Titelkonferenz im kleinen Kreise wurde wie üblich erst mal herumgeblödelt. Es tauchten Vorschläge auf wie: *Schamotteken – ein Altberliner Roman aus dem Böhmischen, Das doppelte Schamottchen, Die Liebenden in der Schamottenkiste* oder *Gesang der drei Männer im Neuererofen.*

Ich hatte den Roman redigiert und zweierlei daraus gelernt: daß Schamotte aus Ton hergestellt wird und Parteisekretäre in Krisensituationen zur Geige greifen, um sich an der F-Dur-Romanze von Beethoven aufzurichten.

Der Roman kam also unter dem Titel *Auch dieser Ton muß klingen* in den Handel und soll ganz gut verkauft worden sein.

Der eigentliche Literaturbereich des Universum-Verlages war in zwei Unterabteilungen gegliedert: Lektorat und Redaktion. Die Lektoren fahndeten – wie allgemein und auch heute noch üblich – nach fremdsprachigen Büchern, die in das Verlagsprofil passen könnten und daher übersetzt werden sollten. Ihre Auffassung hatten sie in profunden Gutachten darzulegen. Sodann wurde das Werk einem freischaffenden Übersetzer anvertraut. Wenn dieser ein ziemlich unbeschriebenes Blatt war, ging man von der Möglichkeit aus, der Mann könne ja den größten Blödsinn zusammengesponnen haben. Also hatte ein Kontrollredakteur den Text zu überprüfen. Dann aber begann erst die eigentliche Arbeit. Der Stilredakteur mußte heran und aus der Übersetzung tunlichst ein Meisterwerk der deutschen Sprache formen. Nicht erforderlich, ja, eher verpönt war es, daß er die Originalsprache beherrschte. Es mag unglaublich klingen, aber im Prinzip funktionierte das hervorragend. Die Tätigkeit glich der eines blinden Restaurators, dem sein besonders ausgeprägter Tastsinn verrät, wo die Nase einer beschädigten Skulptur zu sitzen hat und wie sie ursprünglich beschaffen gewesen sein mag. Nur so war es mir möglich, Romane aus dem Tschechischen, Bulgarischen oder Polnischen zu redigieren. Man bekam da so etwas wie einen Instinkt für die fremde Sprache, unterhielt sich mit dem Übersetzer, äußerte den Verdacht, daß eine bestimmte Stelle im Original ganz anders lauten müsse – und behielt oft recht.

Seit vielen Jahren zählt das Haus in der Glinkastraße nahe dem U-Bahnhof Thälmannplatz zu den angesehensten und beliebtesten Verlagen unseres Landes. Für namhafte Literaten aus allen fünf Kontinenten gilt es über den geschäftlichen Aspekt hinaus als Ehre, dortselbst ihre Werke in deutscher Sprache erscheinen zu sehen.

Verlagsruhm wird stets im Kollektiv begründet. Irgendwo haben Hersteller, Buchhalter, sogar Kraftfahrer ihr Scherflein dazu beigetragen. Aber es muß mindestens ein Zugpferd dasein, eine Persönlichkeit, die dem Unternehmen Profil gibt und die Linie bestimmt.

So ein Zugpferd war im Universum-Verlag der fünfziger Jahre . . . nein, diesen Satz muß ich anders beginnen, sonst könnte mir Frau Dr. Viernauer noch aus dem Elysium lächelnd mit dem Finger drohen. Schließlich hat sie mich gelehrt, keine schiefen Bilder zu gebrauchen. Wie kann man ein zierliches, zerbrechliches, kapriziöses Persönchen, das bis ins hohe Alter stets eine Dame von Rang geblieben ist, mit einem Zugpferd vergleichen? Vielleicht war sie eher die Seele oder das Herz dieses Verlages.

Sie entstammte einer gutbürgerlichen jüdischen Wiener Familie, hatte eine gediegene Ausbildung genossen. Es ist zu spät für mich, sie zu fragen, wie sie zur Kommunistischen Partei gefunden hat. Damals wußten wir nur, daß sie zusammen mit unserem Verlagsleiter Simon und anderen Antifaschisten einige schlimme Jahre in einem Konzentrationslager in Shanghai zugebracht hatte. Es gehörte nicht zu ihrem Stil, sich öffentlich darauf etwas zugute zu tun. Aus dem befreiten China war sie in unser Land gekommen, hatte sich die Ärmel hochgekrempelt . . . stopp! Schon wieder ein schiefes Bild. Frau Dr. Viernauer trug weiße Spitzenblusen, dazu ein knappsitzendes Kostüm mit etwas zu kurzem Rock. Wenn sie kokett die wohlgeformten Beine übereinanderschlug, schien sie uns jungen Dachsen mitteilen zu wollen, daß sie einmal ein sehr schönes Käferl gewesen war.

Sie hatte in ihrem kleinen Finger mehr Gefühl für Sprache und Literatur als eine Reihe anderer weisungsberechtigter Persönlichkeiten, die ich im Laufe der Jahre kennenlernte, in ihrer markigen Leiterfaust.

Leider sind wir am Ende meiner siebenunddreißigmonatigen Tätigkeit nicht im guten voneinander geschieden, auch wenn wir später, als das alles ausgestanden war, noch manches freundliche Wort miteinander gewechselt haben.

Frau Dr. Viernauer trug den offiziellen Titel Cheflektor. Ihr unterstanden Lektorat und Redaktion samt den drei Mitarbeitern, die ihren Wohnsitz in den Westsektoren hatten. Ihrer Natur nach war sie kein Cheftyp. Es juckte sie wenig, ob einer von uns unpünktlich zur Arbeit kam. Wichtig war, daß er sie ordentlich tat. Organisationskrempel war ihr lästig, auch wenn sie ihn mit der ihr eigenen Gewissenhaftigkeit erledigte.

Im Bereich Redaktion hatte Hauptredakteur Manthey,

ihr Stellvertreter, das Sagen. Es ist mein persönliches Pech, daß ich meinen Ärger seltener mit den Chefs, meist aber mit den Stellvertretern bekam. Manthey war neun Jahre älter als ich, für heutige Verlagsverhältnisse ein blutjunger Kerl von neunundzwanzig also.

Er hatte die Selbstverpflichtung übernommen, den Kollegen Nikolai und mich zu qualifizieren. Erich Nikolai war damals schon Ende Dreißig, hatte eine Frau und zwei Kinder, beherrschte mehrere Sprachen und war von Haus aus Jurist. Seine Examenspapiere waren in den Kriegswirren verlorengegangen. Er mußte sich eine neue Laufbahn aufbauen und hatte als Rundfunkjournalist beim Sender Leipzig begonnen. Erich war von einer sagenhaften Dickfelligkeit. Mich behandelte er mit der Freundlichkeit eines älteren Bruders. Auch Mantheys Eifer nahm er gelassen hin. Ein einziges Mal ließ er sich zu einem Kraftwort hinreißen: Laß dich doch nicht von diesem Arschloch kaputtmachen, du bist doch auch wer!

Erich Nikolai wurde später ein namhafter Übersetzer. Als ich vor wenigen Jahren durch die Zeitung erfuhr, daß es ihn nicht mehr gebe, war ich traurig. Zum hundertsten Male nahm ich mir vor, hin und wieder zum Telefon zu greifen, solange noch ein Anschluß unter dieser oder jener Nummer zu gewärtigen ist.

Manthey war kein Mephisto, er sah nur so aus. Ich weiß bis heute nicht, woher er, der erklärte Autodidakt, sein Wissen bezogen hat. Es war jedenfalls erstaunlich. Manthey trank Kaffee, der höchstens zu einem Drittel aus Wasser bestand, und zündete eine Zigarette an der anderen an. Gefühle jeglicher Art lehnte er ab, soweit es die Produktion von Literatur betraf.

Als ich einmal das Wort Sprachgefühl gebrauchte, vereiste er geradezu. Was für ein Unsinn, Kollege Wiesner! Sprache ist nichts als Logik!

Der Unterricht bei Manthey war alles andere als langweilig. Wir sollten lernen, die Gesetzmäßigkeiten in allen Kunstwerken zu begreifen, um in der Lage zu sein, selber logisch und gesetzmäßig zu arbeiten.

Meine verworrene Gedankenwelt, die von Gefühlen geradezu überschwappte, wurde gründlich durcheinandergeschüttelt. Intuition, Schöpfertum, Naivität – alles unwissenschaftlicher Blödsinn, dozierte Manthey.

Als ich ihn fragte, ob nicht beispielsweise auch die Naturlyrik ihren Platz in unserer neuen Literatur finden müsse, grinste er: Naturlyrik, ein formalistischer, bürgerlicher Begriff! Der Mensch habe sich die Natur untertan zu machen. Sie zu bedichten sei nur dann sinnvoll, wenn der Werktätige aus dem Umgange mit der Natur neue Kräfte für den Aufbau des Sozialismus schöpfe.

Leichtfertigerweise hatte ich ihm einiges von meinen eigenen Schreibversuchen gezeigt. Er nahm sie erbarmungslos auseinander, recht überzeugend sogar. Ich beschloß, in den nächsten Jahren ein ordentlicher Lektor oder Redakteur zu werden und das Schreiben aufzugeben. Als ich dann doch wieder damit anfing, wußte ich schon nicht mehr, was aus Manthey geworden, nur daß er ins Lager der Freischaffenden übergewechselt war. Ich habe ihn gehaßt und bewundert. Erst Jahre später, als die literarischen Mißerfolge nachließen, habe ich begriffen, daß ich dem kleinen schwarzhaarigen Teufel Manthey zu Dank verpflichtet bin, ihm und der Viernauer. Die Schriftstellerei wollten sie mir austreiben, ahnten indessen nicht, daß sie mich mit solidem Rüstzeug dafür ausstatteten.

Beim Universum-Verlag wehte ein anderer Wind als bei Pestalozzis. Mein Gedächtnis mag lückenhaft sein, aber ich entsinne mich keiner einzigen FDJ-Veranstaltung dort. Im Haus in der Glinkastraße dagegen hieß es Farbe bekennen, und die war für mich Zwanzigjährigen wenn schon nicht rot, so doch zumindest blau. Die linke Hälfte meines gespaltenen Bewußtseins bekam einigen Aufwind: Ich wurde Mitglied der FDJ-Leitung und kümmerte mich um die Kulturarbeit, wie das klotzige Wort lautete, das wir bis zum heutigen Tage nicht durch ein besseres ersetzen konnten. Schulungen allein, so meinte ich, dürften nicht der Inhalt des vielzitierten frohen Jugendlebens sein. Die FDJ-Gruppe war ein sonderbares Konglomerat: Hier der Botenjunge, der nur sechs Schuljahre geschafft hatte, dort der Hochschulabsolvent mit dem stark durchgeistigten Blick.

Ich erfand eine neue Losung: Nur wer seine Heimat kennt, kann sie lieben und weiß, was er ihr schuldig ist.

Wir wollten jede Gelegenheit nutzen, uns gemeinsam in unserem Vaterlande umzuschauen.

Ein bißchen schlitzohrig war das schon. Für unsere Harzreise im Juni 1953 mußte uns der Verlag drei Tage frei geben und obendrein einen Teil der Reisekosten tragen. Dreiundzwanzig Köpfe zählte die Gruppe, mit der ich in die Blankenburger Jugendherberge fuhr, vierzehn Mädchen und neun Männer beziehungsweise Mannanwärter, der jüngste fünfzehn, der älteste dreißig: Toma Stójanov, den wir gnädigst als Freund der Jugend kooptierten, weil wir des frohen Jugendlebens halber sein Gitarrespiel nicht entbehren wollten.

Wir wanderten durch die Täler, durch die Auen, wovon die kleinen Mädchen Blasen an den Füßen und die fortgeschrittenen Jungintellektuellen lange Zähne bekamen, harrten im Harzer Bergtheater trotz strömenden Regens in der Stunden währenden Aufführung des *Götz von Berlichingen* genauso standhaft aus wie die bedauernswerten Mimen und erwärmten unser schlotterndes Gebein anschließend bei einigen Grogs in einem Wirtshaus zu Thale, wo man es mit dem Jugendschutzgesetz nicht so genau nahm.

Am vorletzten Reisetag, auf der Wanderung durch das Bodetal, kam es zu einem Zwischenfall. Während einer Rast an der Schurre, jenem Zickzackweg, der hinauf zur Roßtrappe führt, beobachteten wir durch das Fernglas, wie jenseits des Flüßchens ein ausgemachter Sonntagsalpinist ohne Bergsteigerausrüstung, dafür aber mit qualmender

Zigarette im Mund, einen besonders steilen Felsen zu erklimmen suchte, dabei den Halt verlor und abstürzte.

Zu dritt rannten wir los, über die Teufelsbrücke ans andere Ufer. Unser FDJ-Sekretär rief uns ein donnerndes Halt! zu. Er meinte es gut. Wir sollten uns nicht selber in Gefahr bringen.

Wir mißachteten seine ausdrückliche Anweisung und klommen den Steilhang hinan. Ein Menschenleben stand auf dem Spiel! Der Kletteraffe hatte Glück gehabt. Er war in eine moosbewachsene Spalte gestürzt, hatte sich nur das Hemd zerfetzt und den Rücken zerschunden.

Auf der Rückfahrt im Zuge herrschte Verstimmung zwischen der improvisierten Bergwacht und unserem Sekretär. Wir hatten seine Weisung mißachtet. Das hat Folgen, sprach er. Bis zu der entscheidenden Versammlung redeten wir kein Wort mehr miteinander.

Die fand am Tage nach der Rückkehr im Universum-Verlag statt. Der Sekretär hatte die Sache offensichtlich überschlafen und benahm sich uns gegenüber recht fair. Beide Seiten übten Selbstkritik, und wir gaben einander die Hand. Obwohl ihm damals das Wandern nicht so rechten Spaß machte, erklomm er dennoch Jahre danach die Höhen der Kultur. Als Direktor meines alten Universum-Verlages residiert er in seiner Gipfelbaude.

Unsere Sitzung, die gerade in schönster Harmonie beendet werden sollte, wurde rauh unterbrochen, als jemand die Tür aufriß und schrie: Ihr sitzt hier und quasselt! Unten auf der Straße ist der Teufel los.

Kleiner Seitenblick auf den Kalender: 17. Juni 1953.

Unter Ausnutzung der offenen Grenze zu Westberlin provozieren die aggressiven Kreise der USA, der Bundesrepublik und Westberlins mit Hilfe ihrer Agentenorganisationen einen konterrevolutionären Putschversuch im demokratischen Sektor von Berlin und in einigen anderen Städten der DDR.

(Deutsche Geschichte in Daten. Berlin, 1967)

Kein Wort an dieser Darstellung ist falsch. Wohl aber will sie mir etwas zu lakonisch, um nicht zu sagen unvollständig erscheinen.

Ich bin weder Historiker noch Gesellschaftswissenschaftler und würde mich hüten, mit solchen Fachleuten zu polemisieren, scheue dennoch nicht vor der Auffassung zurück, daß der 17. Juni für alle Beteiligten eine Niederlage gewesen ist, die härtere für die Fernsteuerleute auf der anderen Seite des Brandenburger Tores. Ihr Vorhaben, diesen neuen deutschen Staat, der sich nach seinen, nicht aber nach ihren Vorstellungen entwickelte, mit einem Handstreich, dazu noch unter Mithilfe seiner eigenen Bewohner aus den Angeln zu heben, es war auf der ganzen Linie gescheitert.

Wieso aber gleichzeitig eine Niederlage auf unserer Seite? Weil ein Vertrauensverlust offenbar geworden war.

In weiten Kreisen der Bevölkerung gingen Mißstimmung und Verdrossenheit um und wurden obendrein von meisterhaften Demagogen der westlichen Rundfunksender aufgeheizt. Da gab es zum Beispiel eine ständige Sendung, in der das Programm eines Westberliner Kabaretts ausgestrahlt wurde. Ein Komiker hatte einen kleinen Parteifunktionär unseres Landes zu verkörpern und karikierte dabei die dogmatische und sprachlich hilflose Redeweise, wie sie uns auf so mancher Versammlung tatsächlich begegnete.

Die Leute von drüben betrieben eben auch ihren Klassenkampf, auch wenn sie diesen Begriff ablehnten. Und sie betrieben ihn nicht ohne Erfolge, wenn man an die vielen Einwohner denkt, die damals und in den folgenden Jahren unser Land verließen in der oft trügerischen Hoffnung, ein paar Fettaugen von der Suppe des Wirtschaftswunders abzuschöpfen.

Unser Staat wollte möglichst schnell aus dem Dreck heraus, den der Krieg hinterlassen hatte. Nachdem unsere Repräsentanten in Bonn wie lästige Handlungsreisende an der Hintertür abgefertigt worden waren – sie hatten ja auch nichts Nebensächlicheres anzubieten als den Vorschlag der deutschen Wiedervereinigung –, mußten wir uns darauf einrichten, etwas Eigenes auf die Beine zu stellen, das tunlichst dem anderen Staatswesen um eine Nasenlänge voraus sein sollte. Die Moral von der Geschichte war, daß man mit dem vorrangigen Aufbau der Schwerindustrie die Grundlagen für künftigen Wohlstand schaffen wollte, nicht aber bedachte, wie verbreitet doch, zumindest dem Sinne nach, die Brechtsche Liedzeile im Volke war: *Erst kommt das Fressen, dann kommt die Moral.*

Die da drüben fraßen dank überseeischer Wirtschaftshilfe schon gar nicht schlecht, und zwar ohne darauf zu warten, daß ihnen die Moral käme. In unserem kleinen Lande aber litten wir spätestens seit der Jahreswende 52/53 unter zunehmenden Versorgungsschwierigkeiten. Den Satz *So wie wir heute arbeiten, werden wir morgen leben*, halte ich auch heute noch für eines der elementarsten Gesetze unserer Ökonomie, vielleicht nicht nur unserer, aber im Jahre 1953 vermochte er eine Hausfrau wenig zu trösten, wenn sie zuweilen nicht einmal alle Lebensmittel zu kaufen bekam, die ihr laut Kartenzuteilung zustanden.

Der Klassenkampf hatte sich wieder einmal verschärft, und die entsprechenden Maßnahmen ließen nicht auf sich warten. Gastwirten, Gemüsehändlern und Klempnermeistern wurde die Lebensmittelkarte entzogen. Jugendliche, die sich zur evangelischen Jungen Gemeinde bekannten, liefen Gefahr, von der Oberschule und von der Universität entfernt zu werden. Preise für Lebensmittel, Textilien, ja, sogar für Arbeiterrückfahrkarten wurden erhöht.

Dazu der Dauerbeschuß aus dem Äther: *Hier ist RIAS Berlin, eine freie Stimme der freien Welt . . .*

Die Zahl der S-Bahn-Fahrkarten, die in Velten, Oranienburg, Bernau, Strausberg, Königs Wusterhausen, Rangsdorf und Potsdam gelöst wurden, zeigte eine bedrohlich steigende Tendenz.

Im Frühsommer 1953 glaubten deutsche und sowjetische Politiker noch immer an den Sieg der Vernunft über die Dummheit, glaubten, daß es möglich sei, ein wiedervereinigtes Deutschland außerhalb aller Militärbündnisse zu schaffen.

Man ist versucht, den Gemeinplatz vom Treppenwitz der Weltgeschichte zu bemühen, aber all die überspitzten Maßnahmen, welche in besonderem Maße die Unzufriedenheit der Bevölkerung hervorgerufen hatten, waren schon am 9. und 11. Juni außer Kraft gesetzt worden. Partei- und Staatsführung hatten einen *Neuen Kurs* angekündigt, welcher die Realitäten mehr denn die Wunschvorstellungen berücksichtigen sollte. Aber da war die Lunte bereits angezündet worden, und die Kokler waren die letzten, die den Funken noch austreten wollten.

So ganz habe ich bis heute nicht begriffen, warum man in jener Situation eine zehnprozentige Erhöhung der Arbeitsnormen anordnen mußte. Ein beherztes Mitglied der Regierung, ein Arbeiterfunktionär der älteren Generation, stellte sich auf ein improvisiertes Podium und sprach zu den Leuten, von denen es vielen um Gerechtigkeit, einigen aber um Radau zu tun war. Die Normerhöhung werde zurückgenommen, und es wäre besser, nun endlich wieder an die Arbeit zu gehen.

Damit waren eigentlich die Dinge geklärt, wie es schien.

Der Tag X jedoch, so meinte die andere Seite, könne deshalb nicht verschoben werden.

Als ich am Vormittag des 17. Juni hörte, daß auf der Straße der Teufel los sei, war ich neugierig genug, dem Gottseibeiuns endlich mal von Angesicht zu Angesicht zu begegnen. Zusammen mit meinem Zimmernachbarn, dem Lektor Rudi Kübler, der einer Blockpartei angehörte, begab ich mich in das ungewohnte Getümmel, das in der Leipziger Straße herrschte. In ungeordneten Kolonnen zogen viele Menschen vor das Haus der Ministerien. Vorn schrien Ausrufer Losungen. Von freien Wahlen und Wiedervereinigung war zunächst die Rede.

Als einige Männer das Pflaster aufrissen und Steine in die Fenster warfen, fragte Rudi, wen sie wohl treffen wollten, vielleicht eine harmlose Stenotypistin? Außerdem wären sie es, die später die zertöpperten Scheiben zu bezahlen hätten. Sie ließen die Steine fallen und fragten uns politische Laienbrüder, was sie denn sonst tun sollten. Wir wußten es auch nicht.

Es gab drei Richtungen innerhalb der Demonstranten. Die ersten forderten, daß jemand von der Regierung zu ihnen spräche und ihnen sagte, daß man nun gemeinsam über alles, auch das Unerfreuliche reden könne. Ihnen gehörte unsere Sympathie.

Die zweite Gruppe trottete wie eine Herde Rindvieh zum Potsdamer Platz. Einige riefen: Los, in den Westen! Was sie da wollten, wußten sie selber nicht.

Die dritte Gruppe war gefährlich. Das merkten wir, als ein Kiosk und die Bude des Zolls in Flammen aufgingen, als sich die Losungen hysterisch bis zu Morddrohungen steigerten, als dem Kamerawagen der Westberliner Neuen Wochenschau frenetisch zugejubelt wurde, als die Plünderungen in einem Spirituosenlager der HO begannen.

Wir waren ratlos, liefen zurück zum Verlag. Dort tagte die Parteigruppe. Kommt mit runter, riefen wir, wir müssen doch was unternehmen! Aber die Tagung war noch nicht beendet. Etwas später stand sogar unsere kleine, zierliche Dr. Viernauer in der Leipziger Straße und stritt sich mit den aufgebrachten Arbeitern. Aber nicht alle Genossen des Verlages waren mutige Klassenkämpfer. Am nächsten Tag entdeckten wir einige weggeworfene Parteiabzeichen in der Dachrinne.

Rudi und ich kehrten noch einmal in das Zentrum des unüberschaubaren Treibens zurück.

Als die Fahnenmasten gekappt, angezündet und durch die Gitterstäbe des Regierungsgebäudes hindurchgestoßen wurden, fragten wir einen Major der Volkspolizei: Können Sie nicht veranlassen, daß jemand von oben mit den Leuten redet?

Er zuckte die Schultern: Wer weiß denn noch, wo jetzt

oben und unten ist? Wir werden, so leid es mir tut, Wasserwerfer einsetzen müssen.

Dann ging alles sehr schnell.

Zweimal in meinem Leben habe ich Todesangst empfunden. Das letzte Mal, als ich im Sommer 1982 leichtsinnigerweise einen Buhnenkopf an der Ostsee umschwamm und bei starker Brandung nur noch mit letzter Kraft aus der Strömung herausfand. Das erste Mal, als mich im Juni 1953 ein paar Fäuste an der Gurgel packten und der Ruf ertönte: Totschlagen! Der Hund steckt mit den Vopos unter einer Decke!

An die lustigen Augen eines jungen Mannes mit Baskenmütze erinnere ich mich noch. Er sah mich lächelnd an und sagte leise: Totschlagen is noch ville zu wenig, kick mal, an diese Laterne ziehn wir dir hoch, du Volksverräter!

Ich gebe zu, daß ich in dieser entsetzlichen Minute zu Gott gebetet habe. Aber Gott hatte keinen Nerv für derlei Radauszenen. Glücklicherweise war kein Strick zur Hand, dafür aber bald ein sonderbares Brummen in der Luft. Eigentlich haben uns die sechs sowjetischen Panzer, von denen der vorderste in der Höhe des heutigen Auto-Ersatzteil-Ladens zum Stehen kam, das Leben gerettet. Dennoch, ich habe viele Jahre gebraucht, um die Notwendigkeit einzusehen, daß jene unheimlichen Kriegsfahrzeuge den Frieden sichern halfen.

Da kein öffentliches Verkehrsmittel mehr fuhr, mußten Rapunzel und ich den weiten Weg von der Friedrichstraße nach Pankow zu Fuß zurücklegen. Unterwegs wurde uns ein Flugblatt in die Hand gedrückt, in dem vom Ausnahmezustand die Rede war. Unterzeichnet hatte es der Militärkommandant des Sowjetischen Sektors von Berlin. An dem Abend sahen wir uns außerstande, die Ereignisse des Tages richtig einzuordnen. Wir brieten uns ein Rührei in Frau Reimanns Pfanne und gingen schlafen. In jener Nacht war uns der Gott aus Boston (Massachusetts) ein schlechter Berater. Wir hielten uns lieber an jenen, welchen antike Vorväter in Knabengestalt und mit einem Flitzbogen bewaffnet dargestellt hatten.

Der Ausnahmezustand war von kurzer, die Politik des *Neuen Kurses* von langer Dauer. Luise und ich unternahmen mit einigen Freunden aus der Havelstadt eine Radtour durch Thüringen. Schon damals konnte ich feststellen, daß man aus einigen hundert Kilometern Entfernung manche Probleme nicht halb so verbissen sieht wie in der Hauptstadt. Rapunzel und ich waren nahe daran, in den Bezirk Suhl umzusiedeln und die Leitung einer Jugendherberge in Ilmenau oder Meiningen zu übernehmen. Wir fanden das Leben in unserem Lande wieder lebenswert. Aber dann ging der Urlaub zu Ende.

Im Zuge des *Neuen Kurses* hatten wir ein Betriebskabarett gegründet. Wir nannten uns *Die Sanftwütigen* und benutzten dieses Ventil, unseren Dampf gegen bürokratische Anordnungen, schlechtgewürztes Betriebsessen und gewisse Typen von Vorgesetzten abzulassen. Wenn die Dampfstrahlen dem Rohr unseres satirischen Geschützes entwichen, waren sie allerdings nur noch wohltemperierter Sprühregen, Verlagsleiter Simon hatte sich das Recht des Zensors vorbehalten; übermäßig streng war er nicht. Erstens lachte er selber gern, und zweitens hatten wir einen *Neuen Kurs*, der um diese Zeit herum sogar zur Gründung eines Hauptstädtischen Berufskabaretts, nahe dem Bahnhof Friedrichstraße, geführt hatte.

Erich Nikolai und ich schneiderten eine Ballade zusammen und trugen sie in unserem ersten Programm – anläßlich des Tages der Aktivisten – gemeinsam mit den anderen Mitgliedern unseres neuen Ensembles auf der Bühne des Speisesaals zur Klavierbegleitung vor. Wenns recht ist, zitiere ich einen Ausschnitt:

Doch Marie liebt einen andern,
schneller, als ein jeder denkt.
Sie hat dem Traktorenbauer
längst ihr kleines Herz geschenkt.
Doch sie sagt zu Andruschek:
Höre mich mal an!
Gerne werd ich deine Frau,

nehme dich zum Mann;
aber eines merke dir:
Hochzeit find't erst statt,
wenn dein zehnter Traktor
's Werk verlassen hat.
Eines Tags merkt Andruschek,
daß da was nicht stimmt,
denn es fehlt an Material,
und er ist ergrimmt.
Und auf der drittletzten Seite –
lieber Leser, staun und hör! –
da entdeckt Marie durch Zufall:
Der Direktor ist ein Saboteur.
Und Marie ruft Polizei,
's Gaunerspiel ist aus,
und der zehnte Traktor
rollt doch zum Tor hinaus.
Andruschek nimmt in den Arm
die Marie zum Schluß,
gibt ihr bei dem Traktorrasseln
einen Kuß.

Ja, Kollegen, der Roman
ward nicht lektoriert,
nein, er wurde uns vom Amt
freundlichst oktroyiert.

Der Gerechtigkeit halber sei vermerkt, daß wir nicht nur solche Bücher, sondern auch gute, nützliche und lesbare Werke herausgebracht haben. Der Nutzen wie auch der Schaden, der durch Literatur entstehen kann, wurde in jenen Jahren gewaltig überschätzt. Kein gewöhnlicher Parteisekretär hätte nach der Lektüre des Romans *Auch dieser Ton muß klingen* sich umgehend zum Erlernen des Geigenspiels entschlossen, genausowenig, wie ein Halbintellektueller nach dem Lesen Kafkascher Schriften spornstreichs zu einem überdimensionalen Käfer geworden wäre.

Kafka war in jenen Jahren der Inbegriff bürgerlicher

Dekadenz. Diese Auffassung lehrte ein Professor für Literatur an der Berliner Universität. Er hat viele Studenten auf dem Gewissen. Verschreckt von den dogmatischen Trompetenstößen, lösten sie die preiswerte S-Bahn-Fahrkarte. Eine Studentin, kurz vor dem Staatsexamen, wurde im Ernteeinsatz dabei erwischt, wie sie sich aus einer Niveacremedose die aufgesprungenen Hände einschmierte. Besagter Professor verfügte, daß dieses Mädchen – eine aktive und begeisterte Jugendfunktionärin – exmatrikuliert wurde.

Der Professor, ein Mann mit unbestrittenen Meriten im antifaschistischen Widerstand, verließ später seine Linie und sein Land. Jenseits des Großen Flusses betätigte er sich noch etliche Jahre als professioneller Antikommunist. Sein Ende war ruhmlos wie das der meisten Renegaten.

Bei einem meiner Texte, die ich Verlagsleiter Simon vorlegte, grinste er still in sich hinein und sagte: Irgendwo haben Sie ja recht. Erst dann knüllte er das Blatt zusammen und warf es in den Papierkorb. In meinen Aufzeichnungen habe ich jedoch noch die Abschrift gefunden. Es handelte sich um das Rezept zur Erstellung eines Gegenwartsromans: *Man nehme einen neuen Menschen (männlich, mit Wurzeln im Proletariat), einen noch etwas unreifen, aber saftig grünen weiteren neuen Menschen (weiblich, möglichst mit den Eierschalen des Kleinbürgertums behaftet), einen gut abgelagerten Gewerkschaftsfunktionär, einen schnittfesten Parteisekretär, zwei bereits von weitem übelriechende Sabogenten und strahlende und schwankende Zeitgenossen nach Bedarf, gebe alles in den Volkseigenen Betriebstopf, knete es zunächst mit sämtlichen aktuellen Leitartikelsprüchen durch, klopfe es ein wenig mit dem Holzhammer, füge einen kleinen Schuß Humor hinzu, denke aber dabei besonders an den Feldzug der strengsten Sparsamkeit, schneide einige Scheiben Liebe hinein, würze mit der Vermutung westlicher Machenschaften, drehe das*

Ganze durch die führende Rolle der Partei und schiebe es in die mit deutsch-sowjetischer Freundschaft gut eingefettete Auflaufform des Friedenskampfes. Nach dem Backen stürze man das Produkt dem werktätigen Leser auf die Nase und serviere mit lachenden Jungpionieren in Schönedeutscheheimatsoße!

Zweifellos war ich ungerecht, so ungerecht wie jeder, der einen Hang zur Satire in sich spürt. Jahre später erst durfte ich diesem frevelhaften Hang unbesorgt frönen und wurde dafür sogar noch bezahlt, und zwar vom Münchhausen-Verlag. Und der lag auch auf dem Territorium des Demokratischen Sektors von Groß-Berlin. Aber da hatte ich inzwischen den Satz von Erich Kästner gelesen: *Der Satiriker ist der gekränkte Moralist.* Und ausgiebig darüber nachgedacht.

Bis 1955 kamen die *Sanftwütigen* zu jedem Betriebsvergnügen mit einem neuen Programm heraus. Der Aktivsten einer war mein damaliger Freund Robert Tschernowitz. Er hätte ein Kabarettist von Rang werden können. Leider blieb ihm ein solcher Höhenflug versagt; Robert hat es nur zum Direktor eines namhaften Verlages und zum einfühlsamen Herausgeber berühmter Literaturleichen gebracht.

Das Jahr 1954 war von Staats wegen zum *Jahr der Großen Initiative* erklärt worden. Wir wollten so schnell wie möglich dahin gelangen, daß es allen Bürgern guten Willens besser gehen sollte denn je zuvor. *So wie wir heute arbeiten, werden wir morgen leben.*

Auch in der ideologischen Abteilung des Verlages, der ich angehörte, war von der Steigerung der Arbeitsproduktivität die Rede. Hauptredakteur Manthey ging wissenschaftlich an die stehende Frage heran. Er schlug vor, *technisch begründete Arbeitsnormen* auch in der Redaktion einzuführen, und erfand ein geniales Redigierschema. Es sah aus wie eine Generalstabskarte mit Planquadraten. Vertikal hießen Sie: A, B, C und D. Horizontal: I, II, III und IV.

Ich will den Leser nicht in jenen Zustand der Verwirrung versetzen, der uns bei der Bekanntgabe der *Großen Initiative* erfaßte. Die Buchstaben bedeuteten den literarischen Schwierigkeitsgrad des Werkes, die römischen Ziffern hingegen den prozentualen Anteil der Überarbeitung. Beides wurde vom Hauptredakteur und der Cheflektorin als sogenannter Index festgelegt.

Nehmen wir an, Hilfsredakteur Wiesner, dessen Gehalt mittlerweile auf sechshundert Mark erhöht worden ist, bekommt den Auftrag, einen rumänischen Roman zu redigieren, in dem es um die Errichtung einer Genossenschaft der Schilfmäher im Donaudelta geht. Die literarische Qualität ist mäßig, die Übersetzung ebenfalls. Aber das Thema hat unseren Werktätigen viel zu sagen. Also müssen pro Seite mindestens zwanzig Zeilen umgeschrieben werden, möglichst in hervorragendem Deutsch. Index II D.

Das bedeutet, daß ich, wie aus dem Schema ersichtlich, pro Stunde drei Seiten umfummeln muß und dafür soundsoviel Mark oder Pfennige bekomme. Na schön, krempeln wir uns die Ärmel hoch!

Im ersten Monat der *Großen Initiative* verdiente ich etwa zwölfhundert Mark und war meinem Lehrer und Schinder Manthey so richtig von Herzen dankbar, zumal meine Einnahmen eine steigende Tendenz zeigten. Ich begann endlich das Wesen der Aktivistenbewegung zu begreifen.

Im dritten Monat trat ein Notstand für den Verlag ein. Eine Kollegin war erkrankt, die mit einem sehr umfänglichen sowjetischen Roman zu tun gehabt hatte, einem sogenannten Schwerpunkttitel. Dem Verlag war sehr daran gelegen, ihn zum geplanten Zeitpunkt herauszubringen. Ich sprang in die Bresche und erklärte mich bereit, die kaum noch lösbar erscheinende Aufgabe zu bewältigen. Als einundzwanzigjähriger Flaps genoß ich es, der Cheflektorin und dem Verlagsleiter meine Bedingungen zu diktieren: einen Monat lang Hausarbeit. Der Kraftfahrer – damals waren solche Leute noch häufig in Verlagen anzutreffen – sollte mir nicht nur alle zwei Tage die fertigen Seiten unter den Fingern wegreißen, sondern mich auch mit frischgespitzten Bleistiften beliefern.

Mein Hochmut richtete sich weniger gegen meine eigentlichen Vorgesetzten als gegen den Kaderleiter. Ich wollte ihm im Namen vieler Kollegen beweisen, daß es wichtiger sei, effektiv zu arbeiten, als aus Prinzip um 7.55 Uhr an der Pförtnerloge vorbeizuschreiten. Diesem Beweis opferte ich viele Stunden meines Nachtschlafes, ja, sogar meines Liebeslebens.

Ich mochte den Kaderleiter so wenig, daß ich schon gar nicht mehr daran dachte, ihn als Wesen göttlicher Schöpfung zu betrachten, zumal ja meine Himmelskontakte ohnehin schon einer gewissen Abnutzung unterworfen waren. Auch diesen Kaderleiter mußte Gott, falls er überhaupt für so einen Teufelsbraten verantwortlich zeichnete, allenfalls in übelster Montagslaune, seiner siebentägigen Schöpfungsaktivitäten überdrüssig, irgendwie hinterhergekleckert haben.

Kaderleiter Voß, sechsundzwanzig Jahre alt, hatte die Pünktlichkeitsstatistik eingeführt. Darin wurde – per öffentlichem Aushang – verzeichnet, wer im letzten Monat wie oft und wie viele Minuten insgesamt zu spät an der Pförtnerloge vorbeigeschrammt war. Zuerst schämten wir Sünder uns ein wenig, dann aber studierten wir das System. Wer siebzehnmal durchschnittlich zwei Minuten zu spät gekommen war, avancierte zum Tabellenführer. Am unteren Ende aber tummelten sich die, welche nur dreimal die Zeit verschlafen, es aber damit auf neunzig Minuten Arbeitsausfall gebracht hatten. Fortan, wenn wir wirklich einmal das Weckerklingeln überhört hatten, rannten wir nicht mehr entnervt zur Haltestelle, sondern zogen uns seelenruhig die Decke übers Ohr in der Gewißheit, laut Tabelle noch nicht zu den Verkommensten zu gehören.

Als freischaffendes Subjekt, jenseits zumindest solcher

Zwänge, wage ich es auszusprechen: Es ist Quatsch, geistige Arbeit normieren zu wollen; es kommt vielmehr darauf an, daß sie gemacht, und zwar gut und im Ergebnis pünktlich gemacht wird.

In den fünfziger Jahren soll – so die Fama – zu Babelsberg ein Zettel am Schwarzen Brett gehangen haben: *Wir Dramaturgen der DEFA sind hier mit unserem Kopf, nicht aber mit unserem Arsch verpflichtet worden.*

Der Gerechtigkeit halber muß ich hinzufügen, daß ich bei diesem Filmbetrieb Dramaturgen kennenlernte, die mit ihrem Kopf weniger zuwege brachten als andere Leute mit ihrem Arsch.

Mein Alleingang hatte mehrere Folgen. Ich verdiente in einem Monat laut Norm zweitausend Mark, machte mir den Kaderleiter zum Feind und meine Chefs nachdenklich. Sie schafften zwar nicht das Redigieren nach Schema, wohl aber die Bezahlung danach ab und ernannten mich zum ordentlichen Redakteur mit einem Bruttogehalt von siebenhundertfünfzig Mark.

Wäre mir damals die Märchenfee erschienen und hätte mich gebeten, drei Wünsche zu artikulieren, so hätten sie wohl so gelautet:

Erstens: Die Einheit Deutschland in Frieden.

Zweitens: Gar bald die Kraft zum eigenen Schreiben zu finden.

Drittens: Eine kleine, bescheidene Hinterhofwohnung mit Außenklo, damit ich endlich Rapunzeln heiraten kann; liebe, gute Fee, wir wollen bittschön in dieser gespaltenen Stadt doch endlich wissen, wohin wir gehören.

Die Fee aber hätte ihr Haupt verhüllt und düster gemurmelt: Welch törichter dritter Wunsch, mein kleiner Spinner, du wirst dich noch wundern!

Im April 1954 war ich zum FDJ-Sekretär des Verlages gewählt worden. Fünf Monate später rasselte ich mit Verlagsleiter Simon, der Mitglied der Parteileitung war, heftig zusammen. Er warf mir vor, meine Jugendgruppe entfalte nicht genügend politische Initiative. Ich wunderte mich ein wenig. Wir hatten alle vorgegebenen Aufgaben pflichtgemäß absolviert und konnten da einiges abhaken. Genau darum ging es dem alten Genossen Simon: Ihr hakt nur ab, tut nicht mehr als notwendig. Es geht aber um mehr.

Taktische Erwägungen waren mir damals fremd, also widersprach ich, wo ich nur konnte: Wir müssen doch die jungen Leute vom Boten bis zum Lektor überhaupt erst mal zusammenbringen. Vielleicht schaffen wir es mit Lichtbildervorträgen, Tanzabenden, Theaterveranstaltungen und Wanderungen.

Vorsicht, warnte mich Simon, ihr seid die politische Kampfreserve der Partei, haltet euch nicht bei solchen Mätzchen auf!

Abermals regte sich mein Widerspruchsgeist: Kollege Simon, jeder soll in die FDJ hinein, ob er will oder nicht. Vielleicht ist das falsch. Vielleicht sollten wir nur die aufnehmen, die wirklich davon überzeugt sind.

Verlagsleiter Simon winkte ungehalten ab und sagte, er müsse zu einer Sitzung. Ich fühlte mich reichlich unberaten.

Wir fuhren zum Bahnhof Gesundbrunnen und verteilten Flugblätter gegen Adenauers Remilitarisierung. Ich wußte genau, wer aus meiner Gruppe das Papierbündel in die nächste Mülltonne werfen und anschließend das Grenzkino in der Brunnenstraße besuchen würde.

Mit meinem Stellvertreter Lutz Hase, der heute einer der bedeutendsten Buchgestalter des Landes ist, fuhr ich ins Bezirksjugendheim eines Westberliner Stadtbezirks. Wir wollten die Funktionäre der *Falken* dafür gewinnen, gemeinsam mit uns gegen die Pariser Verträge zu kämpfen. Es gelang uns mitnichten. Sie schimpften uns Russenknechte, und wir nannten sie Söldlinge des amerikanischen Monopolkapitalismus. Sie behaupteten, wir hätten keine Freiheit, und wir bezichtigten sie der Mitschuld an einem bevorstehenden neuen Weltkrieg. Nach etlichen Stunden waren beide Seiten etwas kampfesmüde. Gut, erklärten die

Falken, was ihr sagt, stimmt ja teilweise, aber ihr seid Ausnahmen, mit euch kann man reden.

Als wir aber um ein neues Treffen einkamen, wehrten sie ab und meinten, dieser Kontakt mit Kommunisten könne ihnen nur schaden. *Spielt nicht mit Nachbars Kindern*, notierte ich im Tagebuch, *sie könnten Flöhe haben.*

Die Pariser Verträge konnten wir beide, Lutz Hase und ich, nicht verhindern. Am 5. Mai 1955 traten sie in Kraft. Spitzenhit in der RIAS-Sendung Schlager der Woche war das schöne Lied: *Ganz Paris träumt von der Liebe, denn da ist sie ja zu Haus.*

Im Juli fand zu Genf eine Gipfelkonferenz der Großmächte statt. Sie brachte, gelinde gesagt, nichts anderes als absolut konträre Auffassungen in der umstrittenen Deutschlandfrage.

Beispielsweise erklärte der französische Ministerpräsident Faure: Auch ein wiedervereinigtes Deutschland gehöre selbstverständlich in die NATO.

Leicht entnervt von soviel Realitätsferne, beschlossen die sowjetischen Repräsentanten Marschall Bulganin und N. S. Chrustschow, erst einmal in der DDR Luft zu schnappen. Wir empfingen sie auf dem Marx-Engels-Platz mit dem Sprechchor:

Die deutsche Hauptstadt heißt Berlin.
Ihr bester Freund ist Bulganin.

1955 war es für mich nicht einfach, den Verlauf der Fronten zu unterscheiden. Den Kollegen Voß mochte wohl kaum einer im Universum-Verlag, sogar die alten Shanghai-Emigranten Simon und Dr. Viernauer gingen ihm aus dem Wege.

Mich widerte die überlegene, süffisante Art an, mit der er mir begegnete, aber ein bißchen feige war ich auch.

Während eines Betriebsfestes, ich war als Kabarett-Star gefeiert worden, schwoll mir der Kamm. Ich war stocksauer, aber das hatte andere Gründe. Luise hatte mich versetzt. Sie war entgegen ihrem Versprechen von ihrem eigenen Betriebsfest in der Jägerstraße (der heutigen Otto-Nuschke-Straße) nicht gekommen, um mich, wie vereinbart, abzuholen. Dreimal hatte ich vor den erleuchteten Fenstern gestanden, ferne Musik gehört ... Ich begann, meinen Gram, meine Enttäuschung im ungewohnten Alkohol zu ertränken. Dann suchte und fand ich ein Objekt für meinen Zorn: Kaderleiter Voß.

Robert Tschernowitz und andere Freunde rissen mich immer wieder vergeblich zurück und raunten mir zu: Du, der Kerl hat nicht einen Schluck getrunken!

Ich war nicht mehr zu bremsen, ich warf ihm alles an den Kopf, was mich an Doppelzüngigkeit, Unduldsamkeit und überhaupt ärgerte. Er schwieg und grinste mich nur an.

Auf den Rat meines Freundes Robert hin trat ich am nächsten Morgen den Canossagang an und entschuldigte mich.

Entweder du fährst zum Bahnhof Zoo, oder du tust den Fußfall, hatte mir Robert geraten.

Ich knirschte ein wenig mit den Zähnen, wollte jedoch nicht einer solchen Lappalie wegen zum Grenzüberschreiter auf Dauer werden. Voß grinste, erklärte die Angelegenheit für erledigt und bot mir eine Zigarette an, eine Westzigarette! Ich lehnte höflich ab.

Noch am selben Tag entließ er meinen Organisationsleiter Joachim fristlos, weil er nach dem Betriebsvergnügen mit einer Botin geschlafen hatte, die erst knappe sechzehn Jahre alt und nach den Buchstaben des Gesetzes noch nicht geschlechtsreif war. Das ungeratene Kind fuhr er mit einem verlagseigenen Auto in einen Jugendwerkhof. Ich weiß nicht, was aus dem bedauernswerten hübschen Mädchen geworden ist.

Joachim ging nach Westberlin und erhielt die Zulassung für das Fach Medizin.

Bald danach wurde Voß von der Parteigruppe als Doppelzüngler entlarvt und bekam die Auflage, sich zum Ehrendienst in der Kasernierten Volkspolizei zu melden.

Voß senkte, wie es die Genossen nicht anders von ihm erwartet hatten, pflichtschuldigst das Haupt, versprach umzukehren und Buße zu tun. Am Kasernenhoftor zu Potsdam oder Brandenburg ward er nie gesehen. Er hatte sich am Bahnhof Friedrichstraße – nicht für dreißig Silberlinge, eine S-Bahn-Fahrkarte der Preisstufe 1 kostete ja nur zwanzig Ostpfennige – eine neue Gesinnung gekauft und war ein politischer Flüchtling geworden, der die Zwangsmaßnahmen des Ulbricht-Regimes nicht mehr ertragen konnte. Wenige Jahre später erfuhr ich, daß Herr Voß es zum Personalchef eines bekannten Konzerns gebracht hatte.

1954 war ein Teil unserer Abteilung wieder einmal in einer Außenstelle untergebracht worden, in der Linkstraße, die es heute gar nicht mehr gibt. Links von uns lag die Ruine des alten Potsdamer Bahnhofs. Wir betraten das Gebäude durch die Hintertür. Die Vordertür war aus staatspolitischen Erwägungen zugemauert worden. Wenn wir den Kopf aus dem Fenster steckten, befanden wir uns mit diesem Körperteil unerlaubt im Westsektor und blickten auf die Budenstadt, in der zum Kurse eins zu fünf Heringe, Rasierklingen und Nietenhosen verhökert wurden.

Im Herbst bekam ich eine Prämie für vorbildiche Sichtwerbung. Ich hatte von innen ein Poster an die mit Ziegelsteinen verschlossene ehemalige Haustür geheftet: *Auch diese Mauer muß fallen! Denkt daran und wählt am 17. Oktober die Kandidaten der Nationalen Front!*

Ein halbes Jahr später erlitten die politischen Aktivitäten des FDJ-Sekretärs Schiffbruch. Nur noch einzelne Trümmer von Überzeugung trieben auf dem Seerosenteich seines Bewußtseins, strandeten schließlich auf der wüsten Insel Nirgendwo.

Was soll diese Elegie, mein Freund? Etwa wieder aus dem Tagebuch?

Du irrst. Um diese Zeit ist auch das nur noch ein Bruchstück.

Der Beschuldigte schweigt also vor sich hin, er verweigert die Aussage.

Wessen beschuldigst du ihn?

Des politischen Hornochsentums. Mit zweiundzwanzig Jahren muß man doch endlich einen Standpunkt gefunden haben. Wenn er schon meinte, nicht mehr hier leben zu können, hätte er die Konsequenzen ziehen sollen. Auf einen mehr oder weniger von der Sorte kam es nicht an.

Meinst du nicht, wir haben damals auch viele verloren, die wir – weniger unduldsam – hätten gewinnen können?

Unduldsam! Wir haben längst bewiesen, daß wir auch ohne sie ausgekommen sind. Der Weggang all jener zwielichtigen Elemente war so etwas wie eine Selbstreinigung für unseren Staat.

Und darum haben wir 1961 das Bauwerk errichtet, die Klagemauer, das überdimensionale Tränenkrüglein? Schon gut, wir wissen es beide. Unserem Ritter von der traurigen Gestalt stand im Frühjahr 1955 die Entscheidung frei, aber er hatte doch gar nicht die Absicht, seinen Wohnsitz zu verlegen.

So? Und was war an dem Tag, an dem die FDJ-Kreisleitung alle Gruppen-Sekretäre versammelte und ihnen klar und unmißverständlich einen Auftrag erteilte? Sämtliche männlichen Mitglieder des Jugendverbandes von achtzehn bis zweiundzwanzig Jahren sollten von der Notwendigkeit überzeugt werden, sich umgehend zum Ehrendienst in der Kasernierten Volkspolizei zu melden. Hat er an jenem Tage etwa nicht erwogen, sich die vielzitierte S-Bahn-Fahrkarte zu kaufen?

Was hast du von ihm erwartet? Er stand wie Buridans Esel zwischen der Bibel und dem Kommunistischen Manifest. Das einzige, was er wirklich begriffen hatte, war Brechts Satz: *Wenn die Deutschen nicht miteinander reden, werden sie aufeinander schießen.*

Der ausgestellte Pazifismus gehörte einfach zur selbst angeschafften Grundausstattung jenes kleinbürgerlichen

Snobs. Hat er nicht sogar auf dem Berliner Weihnachtsmarkt vor Kollegen erklärt, er würde nicht einmal eine Luftbüchse anrühren, um damit auf eine Papierblume zu zielen?

Jetzt finde ich doch noch eine Tagebuchnotiz: *Pazifismus ist nicht Frieden um jeden, aber Krieg um keinen Preis. Wenn der Staat meint, es geht nicht anders, soll er eine Wehrpflicht einführen. Wenn es bitterer Ernst wird, kann auch ich mich nicht weigern. Aber ich lasse mich nicht zwingen, mich freiwillig zu einem Ehrendienst zu melden, den ein mißratener Kaderleiter eben noch als Strafdienst absolvieren sollte.*

Nichts als Ausreden für einen Drückeberger. Obendrein hat er gleich noch seine Funktion als FDJ-Sekretär niedergelegt, hat einfach abgedankt wie ein regierensüberdrüssiger Kleinstaatfürst.

Was blieb ihm denn übrig in seiner Lage?

Das fragst du mich nach neunundzwanzig Jahren . . .

Meine Lage war nicht beneidenswert. Für die Parteileitung, die nun der Jugendgruppe eine besondere Aufmerksamkeit widmete, galt ich als Versager, ja, als Element. Mir war selber klar, daß ich für die andern kein Vorbild mehr sein konnte – mit diesem Pazifismus, der sich aus Feigheit, Überzeugung und Trotz zusammenfügte; die Erinnerung an das Grauen der letzten Kriegstage hatte ich noch nicht verdrängt.

Mir war hinterbracht worden, daß ich auf einer Art Schauveranstaltung als FDJ-Sekretär – wie man sich so schön ausdrückte – *notgeschlachtet* werden sollte. Ich hatte keine Neigung zum Masochismus. Deshalb zog ich die schmerzärmere Methode eines vorläufigen politischen Todes vor und trat zurück. Damit entging ich dennoch nicht weiteren Ärgernissen. Meine Nachfolgerin wurde Ilse Menzel, eine kleine pummlige Katze von zwanzig Jahren, die mich fortan mit zornigem Gefauch umkreiste. Mit eurem ganzen intellektuellen Mist, sagte sie mir, wird aufgeräumt! Wir brauchen keine Wanderwege und Liedersingerei, sondern eine politische Kampforganisation.

Eine Wandzeitungskampagne wurde entfaltet. Unversehens hatte unsere harmlose Betriebswandzeitung, an der sonst nur Bekanntmachungen der einzelnen Leitungen, Prämierungsvorschläge, der wöchentliche Speiseplan und die monatliche Liste mit den Namen zu spät gekommener Kollegen für mäßige Aufmerksamkeit gesorgt, eine Leserschaft wie ein Sensationsblättchen. Mitglieder der Parteileitung schalteten sich ein, um dem Jugendfreund Wiesner nachzuweisen, wie schädlich sein Kurs gewesen sei.

Inzwischen habe ich längst gelernt, daß es klüger ist, bei einem Streit im rechten Moment zu schweigen. Damals wollte ich nichts einstecken, aber ich kassierte ganz schöne Prügel.

Es hat keinen Sinn mehr, sagte Rapunzel, du ziehst den kürzeren. Willst du dich zwingen lassen, in die KVP einzutreten? Sie werden immer intoleranter. Was haben wir hier noch verloren?

Obwohl es nicht ihre Art war, hätte sie fast losgeheult.

Es ging mir gegen den Strich, mich auf diese Art aus dem Haus und vielleicht sogar aus dem Land hinausgeekelt zu sehen, zumal mir meine Freunde im Verlag, die sich — wenn auch nur unter vier Augen — zu mir bekannten, rieten: Zieh den Kopf ein! Irgendwann geht das Gewitter vorüber!

Sie hatten nicht unrecht. Selbst die kleinsten Kampagnen haben keinen langen Atem. Die Parteileitung empfahl mir, als Zeichen meiner Wehrbereitschaft wenigstens der Gesellschaft für Sport und Technik beizutreten. Bis dann und dann hätte ich von dort eine schriftliche Bestätigung meiner Aufnahme vorzulegen.

Als ich der Aufforderung pflichtgemäß nachkam, raffte sich Verlagsleiter Simon noch einmal zu einem Zornausbruch auf.

Sie sind ein gottverdammter Schweinehund und wissen genau, daß wir etwas anderes von Ihnen erwartet haben!

Das Zucken in seinen Mundwinkeln entging mir nicht. Ich wußte, daß er ein Mensch nicht ohne Humor war.

Da die Gesellschaft für Sport und Technik viele Möglichkeiten bot, hatte ich mich zur Jagdausbildung angemeldet. Ein weidgerechter Jäger bin ich nicht geworden. Als es an den Umgang mit Flinte und Büchse ging, merkte ich, daß es mir nicht das geringste Vergnügen bereiten würde, auf das scheue Reh oder den harmlosen Hoppelhasen zu schießen. Insofern habe ich es als Weidmann nur zum Teilfacharbeiter gebracht.

Ich nahm die Büchse, schlug sie an den Baum
und sprach: Das Leben ist ja nur ein Traum.

Ich habe als Kind dieses Lied, das mir meine Mutter vorsang, irgendwie mißverstanden und immer angenommen, der Jäger hätte aus Unlust an seinem Beruf das blöde Gewehr tatsächlich an einer knorrigen deutschen Eiche zerschmettert.

Auch für mich war das Leben in jenen Monaten nur noch wie ein Traum. Wenn ich zwischendurch wach wurde, überlegte ich verzweifelt, wo ich ihn denn nun weiterträumen sollte. Gott konnte und wollte ich nicht mehr fragen. Über seine Persönliche Referentin Mrs. Mary Baker-Eddy aus Boston (Massachusetts) wäre ich ohnehin nicht hinausgelangt, und die saß zur Zeit in Berlin-Zehlendorf; sie hatte die strengfreundlichen Züge meiner zukünftigen Schwiegermutter, der weißlockigen Frau Hartrampf angenommen.

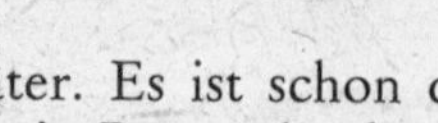

Zwanzig Jahre später. Es ist schon dunkel, als die Maschine der Interflug in Burgas landet. Paßkontrolle. Zollabfertigung. Wir führen weder Schußwaffen noch Rauschgift mit uns. Busfahrt. Ankunft im bulgarischen Ferienort Slantschev Brjag. Zimmerverteilung. Das Hotel *Mak*. Unser Zimmer liegt zu ebener Erde, hat eine Dusche und eine

Terrasse. Henriette und ich betten den schlaftrunkenen Dreizehnjährigen zur Ruhe und beschließen, den anstrengenden Reisetag stimmungsvoll ausklingen zu lassen. Wir setzen uns auf die Terrasse. Der Duft eines südländischen Strauches mit roten Blüten kitzelt unsere Nasen.

Von nebenan kommt eine weibliche Stimme in der Sprache unseres Heimatlandes: Habt ihr vielleicht 'n Taschenmesser oder so was? Mein Mann kriegt die Flasche nich auf.

Mein optisches Gedächtnis ist mehr als mangelhaft, aber das akustische funktioniert.

Dort nebenan verbringt Ilse Menzel, meine Feindin von damals, mit Mann und Kind ihren Auslandsurlaub.

Vielleicht haben wir es nur einem Umstand zu verdanken, daß aus ehemaligen Feinden dennoch späte Freunde werden: Dem Hotel *Mak* gegenüber liegt in Spucknähe das größte und lauteste Nachtlokal aller Zeiten. Uns bleibt nichts übrig, als die Nacht zum Tage zu machen. Lärmende Tanzmusik hindert uns am Schlafen. Des Morgens fühlen wir uns wie gerädert und sind nicht mal imstande, das uns laut Reisevertrag zustehende Frühstück einzunehmen.

Abend für Abend sitzen wir auf einer unserer beiden Terrassen und erwägen, das Nachtlokal in die Luft zu sprengen. Statt dessen retten wir uns in die Grundhaltung der Intellektuellen: Wir trinken und schwatzen miteinander, ohne dem Erdball entscheidende Impulse zu versetzen. Und dabei klären Ilse, inzwischen eine hervorragende Fernsehautorin, und ich die Klassenfrage von einst. Das Wort Notschlachtung, sagt Ilse, ist damals tatsächlich gefallen. Mir wird noch heute schlecht, wenn ich daran denke, daß man ausgerechnet mir Schaf das Messer in die Hand gedrückt hatte. Ich war vorher als achtzehnjährige Volontärin bei einem anderen Verlag selber in Ungnade gefallen.

Ich gieße ihr einen bulgarischen Weinbrand ein. Ausgerechnet du, Prototyp der Neuen Jugend? Dich hätte man doch als Idealbesetzung der jungen Kommissarin in der

Optimistischen Tragödie empfunden, hätte es damals schon den Bitterfelder Weg und Arbeitertheater gegeben. Worin bestand deine Sünde? Hast du mit dem falschen Mann geschlafen?

Welch uncharmante Frage, erwidert sie mit einem Seitenblick auf ihren stirnrunzelnden Gatten. Ich habe mich in einer politischen Veranstaltung danebenbenommen.

Drüben im Nachtlokal haben sie die Pop-Version von *Kalinka* beendet und spielen jetzt den neuesten Westschlager.

Daraufhin, fährt Ilse fort, haben sie mich rausgeschmissen. Mit Ach und Krach fand ich eine Anstellung als Hutverkäuferin im Warenhaus am Alex. Und ich wollte so gern Journalistin werden. Ehemalige Vorgesetzte machten sich einen Spaß daraus, sich von mir Hüte empfehlen zu lassen, die sie gar nicht kaufen wollten. Nur eine hat mich nicht im Stich gelassen. Sie ging zu einer Zeitschrift, die im Universum-Verlag herausgegeben wurde, nahm mich mit und gab mir eine Chance. Mein Bewährungsauftrag lautete, die indifferente FDJ-Leitung aus den Angeln zu heben.

Aus historischer Sicht wart ihr doch völlig im Recht.

Denkst du, ich hatte mit zwanzig eine historische Sicht? Ich war ja nicht mal Genossin.

Für mich warst du die Inkarnation einer praktizierenden Dogmatikerin.

Und du? Ilse sieht richtig feurig aus, wenn sie sich ereifert. Du, der Tschernowitz und all die andern, ihr wart für mich überhebliche Spinner, Intellektuelle! Das war ja damals ein Schimpfwort. Daß wir uns als Weiber fühlten und euch manchmal sogar bewunderten, das habt ihr mit eurem Spleen gar nicht gemerkt. Warum konnten wir nicht wie ganz normale junge Leute miteinander reden?

Gott, warum eigentlich nicht, denke ich und betrachte den Sternenhimmel von Slantschev Brjag, der viel südlicher auszusehen scheint als in unseren kühlen Breiten.

Drüben im Nachtlokal ist *Yesterday* an der Reihe. Der quäkende Knabe aus den Rhodopen erreicht nicht annähernd sein Vorbild Paul McCartney. Wir haben noch zwei Stunden Zeit, bis im Morgengrauen Pferdehufe über den Asphalt trappeln und die Droschken die letzten betrunkenen Valutagäste in ihre Hotels bringen.

Der Weinbrand ist alle, murmelt Ilses Mann.

Ich hab noch 'ne Flasche Sekt, sagt Henriette, wenn ihr roten mögt.

Wie ich zu meinem Burgentick kam

Als der alternde Dichterfürst von Weimar schon bei Lebzeiten zum Klassiker geworden war, äußerte er sich mißfällig über jüngere Kollegen, die der neuen Kunstrichtung Romantik anhingen und die Werte deutscher Vergangenheit höherschätzten als eine Sammlung von Gipsabgüssen antiker Plastik. Wie fern lagen nun dem greisen Olympier die Jugendjahre, da er selber für mittelalterliche Baukunst und die Ideale der alten Rittersleut geschwärmt hatte!

Mir stand mit einundzwanzig Jahren der junge Goethe näher als der reife Herr auf den Denkmalssockeln, den ich für einen Schulmeister und Kunstpapst hielt. Seine Iphigenie mochte mir gestohlen bleiben und die nackte Schöne aus Hellas erst recht. Meine Seele hatte anderes zu tun, als das Land der Griechen zu suchen. Heutzutage würde ich dort ganz gern mal hinreisen und wäre sogar bereit, meine flapsige Haltung von einst zu ändern, aber schon damals war das ein Reiseziel außerhalb der gängigen Möglichkeiten. So kommt einer zu verbohrten Haltungen.

In der Schulzeit hatte ich pflichtgemäß einen Herrn Odysseus auf seinen Irrfahrten begleitet und mich dabei so gelangweilt, daß mir beim ständigen Gähnen beinahe der Unterkiefer ausgehakt wäre.

Das Reich des Mittelalters hingegen stand mir wesentlich näher. Wenn man achtgab, begegnete man seinen Spuren in meiner tausendjährigen Heimatstadt auf Schritt und Tritt. Daß ich solchen Spuren bewußt nachging, hatte weniger mit dem Geschichtssinn zu tun, der sich durch ständige Vereinfachungen zum Widerspruch herausgefordert sah, mehr mit einer Fluchthaltung. Irgendwo in ferner Vergangenheit suchte ich eine heile Welt zu entdecken, viel später erst begreifend, daß es sie nie und nirgendwo gegeben hat.

Einmal nur ein paar Tage auf einer Burg leben wie ein richtiger Ritter statt eine halbe Stunde lang von einem textleiernden Museumsbediensteten in einer Menschentraube durch numerierte Räume geschleust zu werden – das war so einer von meinen kindlichen Träumen.

Als wir an einem Sommerabend des Jahres 1954 am Westufer der Müritz in unser Zelt krochen, sagte ich zu Luise: Vielleicht hat er es doch ernst gemeint.

Vielleicht, erwiderte sie schläfrig und kuschelte sich an. Manchmal redet einer nur so was daher. Der würde sich ganz schön wundern, wenn wir plötzlich vor seinem Tor stünden.

Der – der war Hans Lamprecht, Burgherr des Ulensteins, amtlich: Direktor des Staatlichen Museums Burg Ulenstein. Luise war ihm erst wenige Wochen vor unserem Urlaub auf einer Tagung begegnet.

Ein verrückter Kerl, hatte sie mir mit so leuchtenden Augen berichtet, daß ich den Teufel Eifersucht als irrige

Annahme des sterblichen Gemütes davonscheuchen mußte.

Die Aussicht, uns für die letzten Urlaubstage als Gäste auf Burg Ulenstein einzuquartieren, trieb mich, trotz Wind und Wogen das Pàddel immer schneller zu schwingen. Das demontierte Faltboot mochte mittels der Deutschen Reichsbahn auch ohne uns in den Havelstädtischen Heimathafen finden. Rapunzel und ich traten kurz entschlossen vom mecklenburgischen Plau am See die Reise in den ungewissen Süden an.

Die älteren Fahrgäste im Abteil musterten uns, als kämen wir von einem anderen Stern. Zu unseren kurzen Hosen trugen wir buntkarierte Hemden, westliche, am Gesundbrunnen illegal erworbene Anoraks, breitkrempige Strohhüte mit Seeadlerfedern und gewaltige Rucksäcke.

Diese mehrstündige Reise hat bei mir dazu geführt, daß ich mich auch in den folgenden Jahrzehnten nie zu Grundsatzurteilen hinreißen ließ, wenn junge Leute meinten, sich auffällig kleiden zu müssen.

Reifere Bürger bevorzugten damals für die Urlaubsreise Dirndlkleider und Sommeranzüge aus hellem, stark holzhaltigem Stoff, die genauso langweilig und zerknautscht aussahen wie die dunkleren Straßenanzüge.

Als einem verschwitzten Familienvater beim Anblick Rapunzels die Augen so heftig hervortraten, daß wir schon fürchteten, wir müßten sie ihm vom Boden auflesen, streckte sie ihm die Zunge heraus und rief vernehmlich: Kuckuck!

Er bekam einen knallroten Kopf und stieg auf der nächsten Station mit den Seinen in einen anderen Wagen um.

Irgendwie erreichten wir das schöne Städtchen Quedlinburg, bewunderten in den Fachwerkgassen und auf dem Schloßberg ein wenig das Mittelalter und fuhren mit der Kleinbahn weiter nach Bockstedt, wo uns des Harzes Bergwelt schon merklich nähergerückt schien.

Auf einer Vorkriegswanderkarte hatten wir uns den kürzesten Weg zur Burg Ulenstein herausgesucht. Im Laufe der Jahre habe ich mühsam begreifen gelernt, daß der kürzeste Weg nicht immer der günstigste ist, obwohl mich der natürliche Trieb, ebendiese kürzeste Verbindung zwischen zwei Punkten zu wählen, noch heute gelegentlich in Schwierigkeiten bringt.

Später erfuhren wir, daß wir nur zwei Bahnstationen hätten weiterfahren müssen, um von Amselsdorf auf bequemem Pfade entlang der lieblich sprudelnden Schilde bis kurz vors Ziel zu gelangen.

So aber erreichten wir erst nach beschwerlicher Bergwanderung das Tal des Harzflüßchens. Die Sonne war längst untergegangen, als wir uns den Lichtern des Gasthauses Ulenmühle näherten. Leicht erschöpft schlürften wir eine Süßstoffbrause, und Rapunzel bat den Wirt, zur Burg hinauftelefonieren zu dürfen. Obwohl ich zwei Meter entfernt stand, vernahm ich aus dem Hörer ein uriges Gelächter.

Wir sollen uns schleunigst raufscheren, verkündete Luise strahlend, in zwanzig Minuten sind wir oben!

Herr Lamprecht hatte uns den Aufstieg genau beschrieben. Trotzdem verfehlten wir ihn in der Dunkelheit. Von einem Weg konnte nicht mehr die Rede sein. Über Stock und Stein tasteten wir uns voran, ab und an vernehmlich fluchend, wiewohl der Allmächtige ausdrücklich geboten hatte, seinen Namen nicht unnützlich zu führen.

Die Burg kann nur weiter oben liegen, erklärte ich schließlich mit einem Rest von gesundem Menschenverstand.

Ich klemmte mir die Taschenlampe zwischen die Zähne und klomm, von Rapunzeln gefolgt, den felsigen Steilhang hinan. Nun hatten wir nicht mal mehr die Kraft zu fluchen, vermochten nur noch heiser unter der Last unserer Rucksäcke zu keuchen.

Da wir eine Stunde nach unserem Anruf aus der Ulenmühle noch immer nicht an der Burgpforte Einlaß heischten, hatte sich Hans Lamprecht mit seinen beiden Hunden sowie einigen wackeren Mannen im Schein etlicher Blendlaternen auf die Suche begeben. Als unsere hellen Strohhüte hinter dem Hang auftauchten und die Hunde zu kläffen anhuben, begriffen beide Seiten, daß in dieser Nacht kein Empfang nach den strengen Regeln diplomatischen Protokolls mehr möglich war.

Wie in einem effektvoll gemachten Film verzogen sich die Wolken, und im hellen Mondenschein – Sonne bei schwerem Rotfilter – wuchs über der gewaltigen Schildmauer der Bergfried des Ulensteins vor uns auf.

Wir waren für die nächsten Tage seine Gäste und bekamen den Willkommenstrunk kredenzt: einen Zinnbecher voll ungewohnten Getreidebranntweins. Den mußten wir, so wollte es der Burgbrauch jüngeren Datums, in einem Zuge austrinken.

Weder zuvor noch danach habe ich es je wieder erlebt, daß einem ein wildfremder Mensch so schnell vertraut wird, als hätte man ihn seit der Kindheit gekannt. So aber war das mit Hans Lamprecht.

Irgendwann und von irgendwem ist das Wort von der verlorenen Generation geprägt worden. Auf Hans Lamprecht trifft es zu.

Sohn eines kleinen Bockstedter Postbeamten, hatte er, der einmal was Besseres werden sollte, ein Biologiestudium begonnen. Schon nach wenigen Semestern wurde ihm amtlich klargemacht, daß das dritte Reich der Ostlandreiter dringender bedurfte denn künftiger Chromosomenforscher.

Als sich die Front den Harzer Bergen näherte, warf der Unteroffizier Lamprecht seine Maschinenpistole fort und beendete auf eigene Faust den Krieg, soweit er seine Person betraf.

Jugendfunktionär der ersten Stunde, trat er bald der Partei bei und folgte ihrem Rufe, als es hieß, die Burg Ulenstein wird ein volkseigenes Museum, und du wirst es aufbauen!

Der letzte Graf von Ulenstein war schon so klapprig gewesen, daß er nicht mal mehr den Weg in die gelobte Freiheit gefunden hatte. Armselig, aber friedsam war sein Geist vom ostzonalen Siechenbett hinaufgefahren zu den Heldenahnen, die als Königliche oder gar Kaiserliche Oberhofjägermeister den diversen Majestäten dereinst das Wildschwein am Spieß hatten servieren dürfen. Den Anblick der pöbelhaften Scharen, die fortan ungeniert und manchmal lärmend durch die einstigen Prunkgemächer flanierten, hatte ihm der Allerhöchste Burgherr gnädigst erspart.

Hans Lamprecht baute ein Burgmuseum auf, das ich selbst heute noch als vorbildlich bezeichnen möchte, obwohl ich inzwischen weiß, daß man da mit seinem Urteil nicht zurückhaltend genug sein kann. Die Museologen unseres Landes pflegen untereinander ein genauso herzliches Verhältnis wie die Theaterintendanten.

Eines Tages aber kam die Wissenschaft, der in solchen Fällen meistens auch noch die grämliche Sekretärin Bürokratie über die Schulter lugt, und heischte ein Papierchen.

Bist du Kunsthistoriker oder überhaupt Historiker?

Hans, der, solange ich ihn kenne, nie eine andere Kleidung besaß als die des Weidmanns, konnte nur die grünen Schultern zucken: Ich hab seinerzeit angefangen, Biologie zu studieren. Wie ihr wißt, kam etwas dazwischen.

Dann tu dich um auf deinem Gebiet! Auf die Burg gehört ein Fachmann.

Hans Lamprecht wohnte noch eine Zeitlang auf der Burg. Sie wurde kommissarisch von seinem Stellvertreter geleitet. Er war ebenfalls kein Fachmann und entfleuchte später unter mysteriösen Umständen in das Land jenseits des Großen Flusses.

Hans wurde Lehrer an der Erweiterten Oberschule zu Bockstedt, ein hochangesehener, weil unkonventioneller, wie mir einer seiner früheren Schüler einmal erzählt hat.

Aber auch hier wurde eines Tages die Frage nach dem Papierchen scharf und prinzipiell gestellt.

Hans Lamprecht war Jäger mit Leib und Seele und hatte sich zu einem Fachmann, einem Wildforscher in Sachen des vorwiegend in den Bergen des Schildetals heimischen Muffelwildes entwickelt. Aber er litt an einer Schwäche:

Er war von einer kaum zu überbietenden Gutgläubigkeit, wie sie so manchem Autodidakten eigen ist. Jahrelang versuchte er, als Externer – nun schon im reifen Alter des Ewigen Studenten – sein Biologiestudium zu Ende zu bringen, und merkte nicht, daß ihn diplomierte Fachleute nur als billigen Materiallieferanten ausnutzten.

Die Intervalle unserer Begegnungen wurden mit den Jahren immer länger. Als ich ihn das letzte Mal besuchte, war er Sicherheitsinspektor der Bockstedter Forstfachschule und auf dem Weg zum Invaliden. Bei einem nächtlichen Brand der Schule, die sich in den Gebäuden der ehemaligen Askanierstammburg Bockstedt befindet, war Hans Lamprecht als einer der ersten bei den Löscharbeiten zur Stelle gewesen und unterhalb der alten Burgmauern unglücklich gestürzt.

Ingenieure, Funktionäre, Schriftsteller können Fehler begehen und hinterher Selbstkritik üben, zumindest bei Fehlern mittlerer Art. Bei Ärzten nützt, obwohl sie mir berufsunüblich scheint, die aufrichtigste Selbstkritik nicht mehr.

Hans Lamprechts Hand haben sie so verpfuscht, daß er nie mehr eine Flinte abfeuern, ja, nicht einmal den Lenker seines Mopeds packen kann, mit dem er sonst zu den Ferienheimen der Umgebung fuhr, um Lichtbildervorträge zu halten, die selbst mich ewigen Spötter zu begeistern vermochten.

Mit der ungelenken Linken krakelt er mir seine Neujahrsgrüße. Kein Wort der Klage und des Selbstmitleids. Während ich dies aufschreibe, schäme ich mich, daß wir ihn so lange schon nicht mehr besucht haben. Verlorene Generation – nur wenige ihrer Vertreter haben es auf Dauer zu Kommandoposten in unserem Lande gebracht. Aber auch die Ordenlosen unter ihnen sind für unsere Entwicklung wichtig gewesen.

Im Sommer 1954 hatte Hans keine Ahnung von dem, was einmal auf ihn zukommen würde. Er war von einer überschäumenden Fröhlichkeit und einem geradezu ausufernden politischen Optimismus, wie er mir in den Korridoren unseres Verlagsgebäudes nie begegnet war.

Herr auf Burg Ulenstein! Einmal, als wir auf der Burgmauer saßen, sagte er: Wir sind noch nicht alt genug, um vierundzwanzig Stunden am Tag vernünftig zu sein. Die Welt gehört uns! Nicht mehr lange, und wir haben ein einheitliches sozialistisches Deutschland.

Die Welt im engeren Sinne, die uns, Hans Lamprecht, Rapunzeln, dem Dackel Lumpi und mir, gehörte, war schön und nahezu heil. Sie bestand aus der großartigsten Burg und der wundervollsten Landschaft, die Luise und ich je gesehen hatten – dem Ulenstein und dem Schildetal. Vielleicht wird eine Landschaft dann erst der Wunder voll, wenn da ein Mensch ist, der sie dir erschließt.

Nach jener für uns denkwürdigen Fünftagereise errechneten wir, daß wir täglich nur dreieinhalb Stunden auf der Burg geschlafen hatten.

Wir saßen im Erker des Biedermeierzimmers mit dem Blick auf das abendliche Schildetal und lasen mit verteilten Rollen sowie etlichen Bechern Rotwein Goethes Faust. Wenn uns die Augen zufielen, holte Hans seine Gitarre und sang das Vagantenlied:

Wilde Gesellen, vom Sturmwind durchweht,
Fürsten in Lumpen und Loden,
ziehn wir dahin, bis das Herze uns steht,
ehrlos bis unter den Boden.
Ob uns auch Spötter und Speier verlacht,
uns geht die Sonne nicht unter.

Luise und ich fielen so hundemüde in unser Bett, daß uns nicht mehr der Sinn nach minniglichem Tun stand.

Die Sonne war kaum hinter den Bergen hervorgekrochen, da weckte uns schon schallender Gesang unter dem Fenster:

Ich stand am Bergessaume,
besoffen wie ein Schwein.
Es ist so schön, so schön,
ein Jägersmann zu sein.

Flüchtig, da in Zeitnot, erledigten wir die Morgentoilette, bekamen von der Burgfrau ein kräftiges Jägerfrühstück – viel essen ersetzt fehlenden Schlaf! – serviert, und ab gings ins Revier.

Was wir damals trieben, war Hochleistungssport. Hans jagte uns die Steilhänge des Schildetals hinauf und hinunter, aber es hat sich gelohnt. Wer bekommt schon in fünf Tagen und Nächten das seltene Wildschaf Mufflon (Ovis ammon musimon), Meister Grimbart, den Dachs, und seinen Vetter Reineke, den Rotfuchs, dazu einen Platzhirsch mit sechzehn Enden, ja, sogar die scheue Wildkatze und den König der Nacht, den fast ausgestorbenen Uhu (Bubo bubo L.) in freier Wildbahn vorgeführt?

Eine prominente Dichterin unseres Landes sagte mir einmal: Wenn zwei Liebende zusammenbleiben wollen, dürfen sie nicht aufhören, einander unvergeßliche Erlebnisse zu schaffen.

Beim Aufenthalt auf dem Ulenstein waren zwei Tätigkeiten unerläßlich: Feiern und Spuken. Dazu war jeder Anlaß willkommen.

Am zweiten Tage unseres Burgaufenthaltes, am 4. Juli 1954, fand im Wankdorfstadion zu Bern das Endspiel um die Fußballweltmeisterschaft statt. Mit meinem Sportverständnis war es derzeit nicht weit her. Bevor ich Rapunzeln kannte, hatte ich ab und an als mäßig begeisterter Lokalfan Spiele meiner heimatlichen Sportgemeinschaft Motor Süd besucht, die nie über das niederklassige Niveau hinausgelangt ist, das unsere unglückliche Nationalmannschaft auf internationalem Felde immer wieder zu demonstrieren pflegt.

Alle Burgleute, zu denen außer Lamprechts und uns noch das Stellvertreterehepaar, etliche Handwerker, die was zu restaurieren hatten, und zwei hübsche Historikerstudentinnen namens Gerlinde und Marianne gehörten, die auf der Burg ein Praktikum absolvierten – wir alle scharten uns um das Radiogerät, so wie man heute bei solchen Ereignissen vor dem Fernseher sitzt.

Die westdeutsche Mannschaft schlug Ungarn in einem dramatischen Kampf mit 3 : 2 und wurde Weltmeister. Das Siegestor schoß, glaube ich, ein Herr Rahn. Rapunzeln und mir war das im Grunde schnurzpiepe, aber wir mochten keine Spielverderber sein. Da uns unser neuer Freund versichert hatte, daß auch über Köln und München demnächst rote Fahnen wehen würden, waren wir wie alle anderen bereit, den Sieg als einen deutschen in unserem Sinne zu feiern. Man wußte ja nicht so genau Bescheid. Vielleicht würde besagter Herr Rahn seinen nächsten saustarken Treffer demnächst im weltweiten Friedenskampf erzielen?

Wir machten uns gemeinsam an den Abstieg, diesmal unter sachkundiger Führung, und gossen in der Ulenmühle etliche Lagen Korn oder Harzer Berggeist – so genau weiß ich das wirklich nicht mehr – in uns hinein. Dann stiegen wir unter fröhlichen Gesängen wieder zur Burg hinan und machten uns daran, die phantastische Idee von Hans in die Tat umzusetzen: Gespensternacht auf Ulenstein! Die Spielregeln waren etwas wirr und wiederum doch sehr einfach: Die Aktion beginnt Schlag Mitternacht. Sämtliche elektrischen Sicherungen werden herausgeschraubt. Erlaubt sind nur Kerzenlicht oder in brandgefährdeten Zonen Taschenlampen. Ein jeglicher verwandle sich in ein Gespenst, und um ein Uhr verkünde das alte Nachtwächterhorn der Geisternacht Ende!

Rapunzel ließ sich von der Burgfrau irgendein mittelalterliches Gewand überstreifen und entschwand damit auf eine gewisse Zeit meinen eifersüchtigen Blicken.

Ich tat etwas, was ich noch heute im nüchternen Zustand nicht tun würde, denn die Burg hat es nun mal nächtlicherweile in sich mit ihrer natürlichen Grauligkeit: Ich ging in den Rittersaal und montierte mir die Reiterrüstung aus dem 16. Jahrhundert über meinen Trainingsanzug. Am alten Burgbrunnen stehend, hörte ich die zwölf Schläge der Glocke vom Treppenturm. Ich nahm einen Mutschluck aus dem Flachmann und überlegte, wie man denn nun eigentlich spuken sollte. Von irgendwoher drang ein Kreischen an mein Ohr. Ich begab mich in die Burgkapelle. Dort standen zwei Gestalten, die ich trotz ihrer Vermummung als die beiden Restauratoren identifizierte. Sie machten pflichtschuldigst Huuuh! Und ich ging ungerührt weiter.

Es war eine der mildesten Sommernächte, die ich je erlebt habe. Über dem Bergfried stand der Vollmond. Nachdem ich Rapunzeln lange vergeblich gesucht hatte, trat ich auf den Altan. Das war eine ehemalige Befestigungsanlage der Burg, eine Art vorgebauter Terrasse, von der aus man weit in das Harzer Land blicken und bei günstiger Witterung sogar den Brocken sehen konnte. Ich setzte mich auf eine Bank und war ratlos. Es duftete heftig von den Blüten jenes Rankelgewächses, das man Jelängerjelieber nennt. Ein altes Volkslied kam mir in den Sinn. Da hatte jemand die Treu gebrochen, und ein Ringlein brach entzwei.

Als ich mir gerade die vielleicht zehnte Zigarette meines Lebens anzünden wollte, umschlangen mich von hinten zwei Arme. Sie gehörten nicht Rapunzeln, sondern der Studentin Gerlinde aus Quedlinburg.

Ich machte – woran niemand anders schuld war als die verdammten Burggespenster – die erstaunliche Entdekkung, daß die Liebe für einen Einundzwanzigjährigen eben doch nicht personengebunden sei, daß ein anderer Mund anders küßt und sich andere Brüste anders anfühlen.

Das verabredete Hornsignal wurde in jener Nacht nie geblasen. Niemand war da, der es hören wollte.

Mein altes Tagebuch ist da schon sehr wortkarg geworden. Ein paar gereimte Zeilen finde ich noch:

Ein grauer Morgen kriecht ins Tal,
vom Nebel trüb verhangen.
Die frohen Stunden sind dahin,
sind gar zu bald vergangen.

Der Regen rinnt, ich sitz allein,
da wir zu zweit gewesen.
Vergiß, vergiß! Es war nur Traum!
Ich kann es nicht vergessen.

Gespensternacht auf Ulenstein –
und niemand soll es wissen,
daß die Gespenster dieser Burg
genau wie Menschen küssen.

Wie traurig war dein letzter Kuß.
Schlaf wohl, so du kannst schlafen!
Nun sitz ich hier, der Regen rinnt.
Mein Lieb, ich kann nicht schlafen.

Rapunzeln sah ich erst beim Frühstück wieder. Über Gott und die Welt redeten wir, nicht aber über die Gespensternacht. Es war keine unglückliche Liebe, aber es hatte im Gebälk geknistert. In meiner tumben Art brauchte ich noch ein ganzes Jahr, um zu begreifen, wie ernst Rapunzels Zweifel in jenen Traumtagen gemeint waren: Haben wir uns nicht zu früh aneinander gebunden?

Auf Burg Ulenstein spukte es unentwegt. Hans Lamprecht erzählte uns allen Ernstes von den schlürfenden Schritten, die man zur Nachtzeit aus dem ehemaligen Jagdsaal hören sollte, unter dem sich die Schlafgemächer der Burgherrenfamilie und unsere kleine Gästekammer befanden. Blieb der natürliche Spuk aus, und das war bei unsrem ersten Aufenthalt der Fall – auch Geister haben offenbar Anspruch auf Urlaub –, so wurde kräftig nachgeholfen. Unser Freund Hans, ein Meister seines Faches, war darin allerdings vorsichtig geworden. Als er einmal zur Mitternacht eine rasselnde Kette durch den Kamin gleiten ließ, der in eines der Gästezimmer führte, war er kopfüber hinuntergestürzt und hatte sich eine Gehirnerschütterung zugezogen. Seitdem beschränkte er sich darauf, in stürmischen Nächten seinen weißen Laborkittel an der Brüstung des Bergfrieds flattern zu lassen.

Rapunzel tat das ganze Spukgerede rundweg als törichten Aberglauben ab. Komischerweise benahm sie sich – wiewohl ihr christlicher Glaube doch so viel mit Metaphysik zu tun hatte – in diesen Dingen wie eine aufgeklärte Materialistin und machte sich obendrein über meinen Hang zur Spökenkiekerei lustig.

Und ich schwöre: Es spukte tatsächlich auf dem Ulenstein!

Einmal, als ich allein die Burg besuchte, hatten Hans, seine Frau Thea und ich des Abends stundenlang beieinandergesessen und über die unerklärbaren Erscheinungen in diesem Gemäuer gesprochen.

Auf dem Ulenstein befand sich eine Art Mini-Wetterstation, die vom Museumsdirektor betreut wurde.

Ein Tag im späten Februar. Am Mittag kommt die Sonne heraus. Ihre Strahlen haben schon Kraft genug, die dünne Schneedecke zum Tauen zu bringen. Gegen Abend beginnt es wieder zu schneien. Dann verziehen sich die Wolken über dem Bergfried. Der Mond tritt hervor. Sternenklare Winternacht. Das Thermometer sinkt noch einmal auf zehn Grad unter Null. Gegen Mitternacht fährt Frau Thea aus dem Schlaf. Sie hat drei hallende Schläge vernommen, als pochte jemand heftig gegen die dicken Eichenbohlen des Burgtores, das genau unter ihrem Schlafzimmer liegt. Hat sie geträumt? Sie schließt die Augen. Wenig später pocht es wieder. Dreimal! Hans fährt auf und rüttelt seine Frau. Beide gestehen einander, das Klopfen schon einmal vernommen zu haben.

An dieser Stelle der Erzählung unterbreche ich das Ehepaar. Warum habt ihr nicht rausgeschaut?

Beide sehen mich mit einem seltsamen Blick an. Um diese Zeit hättest du nachts auch nicht rausgeschaut.

Erst Jahre später vertraute mir Hans an, daß damals rund um den Ulenstein Dinge geschahen, die er sich bis heute nicht erklären kann.

Also schön, da hatte jemand nachts ans Burgtor geklopft. Niemand hatte ihm aufgetan. Da war er also wieder abgezogen.

Falsch, unterbricht mich Hans. Am Morgen bin ich vors Tor gegangen. Das Meßgerät sagte aus, daß der letzte Schnee am frühen Abend gefallen war. Also hätten sich vor dem Tor Spuren finden müssen. Es gab nicht eine einzige.

Nach dieser Erzählung graulte ich mich so heftig, daß ich die Gastgeber bat, den Dackel in meiner Kammer schlafen zu lassen. Lange lag ich wach. Die Mitternacht zog näher schon. Draußen heulte der Herbststurm. Ich hätte sonstwas darum gegeben, jetzt mit Rapunzeln zusammen in dem spuksicheren Zimmerchen ihrer Pankower Wirtin ruhen zu dürfen. Plötzlich sträubte sich mein damals noch vorhandenes Haupthaar. Über mir, im Jagdsaal, ging jemand umher. Auf und ab. Kleine Pause. Dann wieder. So, als zöge jemand schleppend den Fuß nach.

Ich knipste das Licht an. Na klar, Hans wollte mir beweisen, daß es allen Zweiflern zum Trotz auf der Burg spukte. Dann aber staunte ich erst mal über das sonderbare Verhalten des Dachshundes, der sonst beim geringsten ungewohnten Geräusch wachsam anschlug. Sein Rückenhaar bildete eine Bürste. Den Schwanz eingeklemmt, kroch er, eine feuchte Spur hinter sich herziehend, auf mein Bett zu und wimmerte in den höchsten Tönen.

Ich sprang aus dem Bett. Mein Herz wummerte wie wild. Ich nahm die Taschenlampe und schlich mich über den Flur in das Lamprechtsche Schlafzimmer. Das Burgherrenpaar schlummerte friedlich. Ich stieg zur Haustür hinunter. Der Schlüssel steckte von innen. Man möge mich nicht zum Feigling stempeln, wenn ich gestehe, daß ich nicht den Mut fand, auch noch den Jagdsaal über meinem gepeinigten Haupte zu untersuchen.

Im Oktober 1954 hatte uns Hans Lamprecht zu einem persönlichen Staatsakt auf den Ulenstein geladen. Sein zweites Kind sollte getauft werden. Eicke würde der Knabe heißen – nach jenem Ritter Eicke von Repgow, der einst unter der Schirmherrschaft eines Ulensteiners das erste Rechtsbuch in deutscher Sprache verfaßt hatte.

Fahr nur allein, sagte Luise, ich bin zu einem Naturschutzlehrgang an die Müritz delegiert.

Als wir uns seinerzeit verlobt, hatten wir uns geschworen, einander nie mit kleinlicher Eifersucht zu plagen. Jeder von uns sollte unbeschadet unseres Bündnisses seine Freiräume behalten dürfen. Die Vokabel Selbstverwirklichung war damals noch nicht im Schwange. Luise fuhr oft zu Lehrgängen und Tagungen. Mir blieb nichts übrig, als das Beste aus meiner Woche Herbsturlaub zu machen.

Die Hänge des Schildetals zeigten jeden Morgen eine neue Tönung. Ich habe nie wieder einen solchen Farbenrausch in der Natur erlebt wie in jenem Oktober. Hans wirkte damals schon als Lehrer an der Schule zu Bockstedt. Ich aber streunte mit Hans Lamprechts Dackel kreuz und quer durch die Harzer Berge und dankte – dafür reichte es gerade noch – im stillen meinem Schöpfer, daß ich mich in dieser herrlichen Landschaft tummeln durfte.

Wie unwiederbringlich solche Empfindungen sind, merkte ich erst viele Jahre später, da ich mit dem verbissenen Stolz des Kleinwagenbesitzers die gewundenen Straßen der deutschen Mittelgebirge durchkurvte und nur noch mit flüchtigen Seitenblicken das herbstliche Gold der Wälder zur Kenntnis nahm.

Um den heiligen Akt hatte es heiße Debatten in der Familie Lamprecht gegeben. Sollte der Knabe Eicke kirchlich getauft werden oder nicht? Wie oft in solchen Fragen, setzte sich die weibliche Seite durch. Der Protest des Genossen Hans blieb halbherzig. Im Grunde seines atheistischen Herzens war er selber für eine spektakuläre Burgtaufe; schließlich lebte man auf dem traditionsreichen Ulenstein.

Die heilige Handlung fand – wo sonst? – in der Burgkapelle statt. Der Pfarrer war aus dem nahe gelegenen Dorfe Ahrensfelde heraufgestiefelt und entledigte sich seiner geistlichen Handlung mit Anstand und ohne auffälliges Brimborium.

Das Taufwasser hatten wir mit der Winde aus dem Burgbrunnen heraufgeleiert. Zur festgesetzten Stunde hockte ich im Treppenturm und bearbeitete mit einem Hammer aus Hansens Handwerkskasten die Burgglocke. Dann eilte ich in den sogenannten Schiefen Saal, von dem aus man in das Schwalbennest, den Kirchensitz einstiger Feudalherren gelangte. Dort saßen schon in bequemen Polstersesseln, durch das Lindenholzschnitzwerk den Blikken der übrigen Taufgemeinde entzogen, mein Freund Hans und der Parteisekretär von Bockstedt.

Alles wäre gut gegangen, hätte nicht Kurt Picht, der ältliche Museumsführer aus Ahrensfelde, schon zuvor auf eine Lücke in der Festordnung hingewiesen: Ihr habt ja nich emal ne jeistliche Musik.

Der Parteisekretär war zwar des Akkordeonspiels mächtig, jedoch im Zweifel, ob der Herr Pastor seine Töne für passend gehalten hätte! Außer einigen Volksweisen beherrschte er nur die Aufbaulieder des Jugendverbandes.

Kurt Picht sprang flugs in die Bedarfslücke und erklärte sich bereit, ein beseeltes Solo zum besten zu geben.

Alles wäre noch immer gut gegangen, hätte die Knechtsempore nicht in unserem Blickwinkel gelegen. Herr Picht erklomm auf seinen Dackelbeinen die Stufen. In der Kapelle herrschte jenes Schweigen, von dem Herr Morgenstern so treffend bemerkt, daß es sich überschweigt. Herr Picht öffnete den Mund, nicht aber um zu singen. Er nahm seine dritten Zähne heraus, wickelte sie sorgsam in ein Taschentuch und legte sie behutsam auf die Emporenbrüstung. Erst dann hob er den Kopf und begann tremolierend

– unter Auslassung aller vorgeschriebenen S-Laute – den Herrn zu preisen.

Welch ein Glück, daß uns das lindenhölzerne Schnitzwerk den Blicken der Taufgemeinde entzog! Die doppelt vorhandene Partei der Arbeiterklasse im Bunde mit einem suchenden Halbintellektuellen lachte so heftig, daß es mir noch heute als ein Wunder der Statik erscheint: Das Schwalbennest des hochmütigen Ulensteiners von einst hätte eigentlich mit uns bösen Spöttern zusammenstürzen müssen.

Ein halbes Jahr später fuhr ich noch einmal allein in den Harz, und das ging so zu: Beim Kulturbund, dem die Zeitschrift *Zinne und Zaunkönig* angehörte, war ein Inder aufgetaucht, jawohl, ein Inder mit schwarzem Bart und grünem Turban. Professor Surindar Singh war so etwas wie ein akademischer Globetrotter, etwa Mitte Dreißig. Er hatte, Sohn wohlhabender Eltern, an verschiedenen westlichen Universitäten Economy, Public Relations, auch ein wenig Sprachen und Literatur studiert. Sein Deutsch war bruchstückhaft. Als er sich gerade in London aufhielt, hatte er von einem englischen Kommunisten erfahren, daß es neben der größten Bundesrepublik Konrad Adenauers noch einen zweiten deutschen Staat geben müsse.

How nice, hatte Surindar gespoken und war stehenden Fußes von der britannischen Insel nach Berlin East getravelt. Leichtfertig hatte er his very warm dufflecoat in London hanging gelassen und war nur mit einem Tweed-Sakko aus best homespun wool angereist. Die Überraschung, in einem high civilizated country eingetroffen zu sein, übermannte ihn schier, und als er zum ersten Male eine performance des Berliner Ensembles besuchte, in dem damals noch was losging, geriet Professor Singh ins Grübeln. Er beschloß at once, Stoff for a book zu sammeln. Seine Landsleute sollten sich in Zukunft kein falsches Bild mehr von dieser indeed very interesting German Democratic Republic machen.

Leider unterhielten wir – was nicht unsere Schuld war – noch keine diplomatischen Beziehungen zur Republik Indien. Unsere zuständigen Behörden zeigten Anzeichen einer leichten Verwirrung; so ein Fall war ihnen bisher nicht begegnet: Da kommt also mir nichts, dir nichts ein Inder daher, ohne Delegation und von keiner Institution eingeladen, und äußert ohne die geringsten Hemmungen, er möchte sich ein bißchen bei uns umschauen!

Wie sollte man diesen exotischen Vogel einordnen? Handelte es sich um einen Spion, einen Geistesgestörten oder wirklich um einen potentiellen Sympathisanten? Ausweisen, tolerieren oder gar fördern? So weltoffen wie heute waren wir noch nicht, und die Agentenfurcht grassierte.

Vermutlich beschäftigte Professor Singhs Auftauchen mehrere Ministerien zugleich. Als er ein Schreiben vom stellvertretenden Präsidenten der Republik Indien vorlegte, in dem dieser dem Landsmann bescheinigte, daß er sich mit seinen Studien in Europa für die spätere Übernahme eines Lehrstuhls an der Universität in New Delhi vorbereite, hielt man es für ratsam, dem ungebetenen Gast erst mal eine befristete Aufenthaltsgenehmigung zu erteilen und unauffällig zu beobachten, was er denn nun anstellen würde.

Professor Singh bezog ein Zimmer in einer der traditionellen Artistenpensionen in der Albrechtstraße, nahe dem Bahnhof Friedrichstraße. Dort hat er etliche Monate lang Tür an Tür mit Feuerfressern, Kautschukakten, Degenschluckern, Äquilibristen und Schlagersängern gelebt, die im benachbarten alten Friedrichstadtpalast auftraten.

Um dem Leser die Illusion zu ersparen, nun folge eine reißerische Agentenstory, gestatte ich mir einen kleinen Zeitschnitt: Professor Singh ist weder ein Finsterling noch ein Verrückter gewesen. Immer wieder bemühte er sich, zunächst mit Erfolg, seine Aufenthaltsgenehmigung verlängern zu lassen. Eines Tages aber war sie eben abgelaufen, ohne daß er seine Studien hatte beenden können. Trotz allem nahm er angenehme Eindrücke aus unserem Lande mit – und nicht nur die, auch die Frau seines Lebens, eine bildhübsche Abiturientin. Die hatte er rechtmäßig auf einem Standesamt in Berlin-Weißensee geheiratet. Viele, viele Jahre später richtete mir ein Dienstreisender der DDR Grüße von Professor Singh aus, dem er in New Delhi begegnet war. Singh hatte es tatsächlich zum Inhaber eines Lehrstuhls gebracht. Seiner Frau, Mutter von vier Kindern, könne man kaum noch glauben, daß sie mal eine Berliner Göre gewesen sei.

Heutzutage würden sich in unserem Lande einem solchen Mann fast alle Türen öffnen. Wer aber wollte damals die Verantwortung für ihn übernehmen? Wie er an den Kulturbund und ausgerechnet an die Jungjournalistin Luise Hartrampf geriet, ist mir noch immer ein Rätsel. Jemand aus der Gewerkschaftsleitung, der sie angehörte, hatte ihr den unbestimmten Hinweis gegeben, sich ein wenig um unseren indischen Gast zu kümmern und ihm dabei behilflich zu sein, unser Land kennenzulernen ...

Neugierig, aber auch ein bißchen ratlos, schleppten wir ihn bei denjenigen unserer Freundespaare umher, die schon glückliche Besitzer einer Wohnung waren. So richtig wollte die Sache am Anfang nicht laufen. Alle waren unsicher und verklemmt. Sie hatten schlichtweg Angst, in eine dunkle Affäre verwickelt zu werden.

Als Professor Singh den Wunsch äußerte, doch einmal außerhalb der Hauptstadt etwas mehr von Land und Leuten erleben zu wollen, nahm ich das Kümmern ernst und schmiedete einen kühnen Plan. Wie wäre es, wenn Rapunzel und ich mit dem Professor in den Harz reisten? Wir würden ihm eine charakteristische Landschaft, bemerkenswerte historische Bauten und sogar ein Provinztheater vorführen. Bei dem bloßen Wort Theater begannen seine Augen zu leuchten.

Mein Vorhaben war nicht ganz uneigennützig. Mir konnte jeder Anlaß recht sein, dem Verlagsalltag auf ein paar Tage zu entkommen. Verlagsleiter Simon, dem ich die Angelegenheit darlegte, gewährte mir nicht nur großzügig Sonderurlaub, sondern äußerte sich obendrein lobend über meine gesellschaftliche Aktivität. Er erbot sich sogar, mir in diesem besonderen Falle die Reisespesen zu ersetzen. Was wollte ich mehr?

Rapunzel hingegen hatte Pech. Ihre Vorgesetzten zeigten sich uneinsichtig. So wörtlich hatten sie das mit der Betreuung des zwielichtigen Inders nun auch wieder nicht gemeint. Die Reise war für drei Personen geplant. Aus diplomatischen, politischen und durchaus persönlichen Gründen mochte ich sie nicht mehr platzen lassen. Was hältst du davon, wenn ich Henriette mitnehme, fragte ich Rapunzel, die kann bestimmt ein paar Tage ihr Germanistikstudium schwänzen.

Luise hatte nichts gegen unsere gemeinsame Freundin Henriette, und mir war sie nicht gerade unsympathisch, sonst wäre ich wohl später nicht fünfzehn Jahre lang und vorwiegend glücklich mit ihr verheiratet gewesen. Damals allerdings befand sich Henriette in sogenannten festen Händen. Irgend so ein spinnerter Malerfritze jenseits der Sektorengrenze buhlte heftig und offenbar nicht ohne Erfolg um ihre Gunst. Sie hat ihn aber später sausen lassen, weil sie merkte, daß sie nie seinem frühbürgerlichen Frauenideal entsprechen würde: *Und drinnen waltet die züchtige Hausfrau . . .*

An einem kühlen Frühjahrsmorgen bestiegen wir selbdritt the train to Halberstadt und meldeten uns zu Quedlinburg im Hotel *Zur Sonne* an. Wir hatten ein Zweibett- und ein Einbettzimmer gebucht. Da ich mich in den Riten der Turbanträger nicht auskannte, nahm ich Henriette beiseite: Du, Jette, ich glaube, ihm kommt das Einbettzimmer zu, tut mir leid . . .

Sone prüde Ziege, wie du denkst, erwiderte sie, bin ich auch nicht. Aber bild dir bloß keine Schwachheiten ein!

Wenn heute, im Jahre 1984, der Ministerpräsident des Freistaates Bayern in Krachledernen, Trachtenjankerl und Sepplhut mit Gamsbart durch die Fachwerkgassen von Quedlinburg flanierte, würde er wesentlich weniger öffentliches Aufsehen erregen als wir dreißig Jahre zuvor mit unserem echten Inder. Ich besitze noch ein Foto, auf dem Professor Singh und ich vor dem Hotel *Zur Sonne* abkonterfeit sind, im Gespräch mit dem Lokalredakteur der Bezirkszeitung *Die Freiheit.* Wie ein Lauffeuer hatte sich die Kunde von der Anwesenheit eines berühmten indischen Gelehrten im Städtchen verbreitet, und der junge Mann mit der Baskenmütze war sehr stolz auf das Exklusiv-Interview, das ihm bei einem dünnen Kaffee im Hotelrestaurant gewährt wurde. Ob es jemals erschienen ist, weiß ich nicht.

Unser Anlaufpunkt war der Quedlinburger Kulturbund. Dort harrte der Museumsleiter schon unserer Ankunft, erkundigte sich, ob wir mit dem Quartier zufrieden seien, und stellte uns eine sachkundige Stadtführung in Aussicht. Mir schwoll immer mehr der Kamm. Stirnrunzelnd äußerte ich meinen Unmut über das Stadttheater, das nicht willens gewesen war, meine telefonischen Kartenwünsche aus Berlin entgegenzunehmen. Der Museumsleiter griff zum Hörer.

Welcher Hornochse, schrie er, hat das versaubeutelt? Genossen, wißt ihr denn gar nicht, wen wir hier zu Gast haben?!

An diesem Abend durften wir nicht einmal unsere Garderobengebühren entrichten; selbst das Programmheft war gratis. Vor der Vorstellung lud uns der Intendant in seinem Dienstzimmer zu Kaffee und Weinbrand ein.

Man gab den Grafen von Luxemburg. Mir war es unsagbar peinlich. Professor Singh indessen zeigte sich begeistert. Wonderful – this old German Musical! Als wir hinterher in der Theaterkantine zu Gast waren, küßte er immer wieder der Hauptdarstellerin, der Kokotte Angèle, zuerst die Hand, dann sogar verwegen die Schulter.

Es war ein harter Tag für ihn gewesen. Quedlinburg hatte sich von seiner unwirtlichsten Seite gezeigt, neblig, kalt und zu Nieselregen neigend. Singhs Tweed-Sakko war nicht wasserdicht.

Wir ließen uns durch die Quedlinburger Stiftskirche führen und betrachteten die sonst der Öffentlichkeit unzugängliche Geliebte Augusts des Starken in ihrer Gruft, die berühmte Aurora von Königsmarck, die schönste Frau ihres Zeitalters, wie es die Legende überlieferte. Angewidert wandte sich der Professor ab. I think, Lady Aurora was not very charming!

Indeed. So vergeht die Herrlichkeit der Welt. Ein pietätloser Käfer hatte sichtbare Gänge in den Schädel der Mumie gegraben.

Auch ein Kirchenkonzert nahmen wir noch mit. Es gehörte zu unserem Programm von Old Germany. Die Kirche war ungeheizt. Surindar Singh murmelte zitternd, er büße an this very day all the sins of his former life.

Willst du den armen Kerl umbringen? raunte mir Henriette mit ihrem Sinn für Realitäten zu.

Auf ihren Vorschlag hin bestellten wir im Hotel *Zur Sonne* eine Lage doppelten Grogs. Der Professor zierte sich ein wenig: I don't like any kind of alcohol.

Nonsens, Mr. professor, erwiderte Henriette resolut, this is no alcohol, this is a kind of medicine. Cheerio!

Einer der besten Gebräuche an euer schönes Land, erklärte Professor Singh später, ist to drink Grog bei jede opportunity.

Am nächsten Tag, nachdem wir auch noch die älteste romanische Kirche auf unserem Territorium besichtigt hatten, trafen wir mit der Kleinbahn in Bockstedt ein und bezogen in gewohnter Ordnung unsere Zimmer in einem Hotel, das inzwischen längst wegrationalisiert und daher abgerissen ist.

Hier waren wir mit Hans Lamprecht verabredet. Henriette stand mit dem indischen Gast noch in der Hotelhalle herum, während ich mich eines natürlichen Bedürfnisses halber auf einige Minuten entfernt hatte. Plötzlich sprang ein kleiner, dürrer Kerl im Weidmannsgrün auf den Professor zu, versuchte ihm den Bart abzureißen und krähte: Mensch, Ulli, du alter Halunke, mich legste doch nich mal mit dieser Maske rein!

Glücklicherweise gab es keine diplomatischen Verwicklungen. Professor Singh, das stellte sich auf dieser Reise heraus, empfing und sendete auf derselben Humorfrequenz wie Hans, Henriette und ich. Während der Sonderführung auf Burg Ulenstein fürchteten wir sehr um unseren internationalen Gast – so krümmte er sich vor Lachen. O what a lovely German Mittelalter!

Den Abend verbrachten wir bei Lamprechts Bekannten in Bockstedt. Meinen berühmten Gast vernachlässigte ich ein wenig, denn ich hatte zeitweise nur noch Augen für Henriette. Professor Singh unterhielt sich aber angeregt mit Schuldirektor Langnickel, obwohl der kaum Englisch sprach.

Der Stoff ging zur Neige. Komm, sagte Hans, ich weiß, wo wir noch ein paar Flaschen Schnaps kriegen!

Arm in Arm schwankten wir von dannen und fanden die Welt, besonders die des Harzes, verdammt in Ordnung.

An der Theke des kleinen Cafés tranken wir noch einen im Stehen. Ich wußte gar nicht, sagte Hans vorwurfsvoll, daß es aus ist mit Luise.

Rede nicht solchen Quatsch, erwiderte ich lauter als nötig. Wir wollen dies Jahr heiraten.

Als wir zurückkamen, war ich vor Schreck bereit, mit einem Schlage nüchtern zu werden. Schuldirektor Langnickel hieb meinem internationalen Schützling auf die schmächtige Schulter und röhrte: Also, Professerchen, ich heeße Rolf, und für den Weltfrieden sin mir doch alle!

Der Abend nahm ein nasses Ende. Henriette und ich schleiften den volltrunkenen Professor über die menschenleere Bockstedter Allee zum Hotel.

Das Leben ist verdammt kompliziert, murmelte Henriette, als wir nebeneinander in dem Hoteldoppelbett lagen. Nimm die Pfoten weg!

Ich hatte nicht mal mehr die Kraft, sie zum Gebet zu falten. Mrs. Mary Baker-Eddy aus Boston (Massachusetts) hätte sich ohnehin empört abgewendet.

Am anderen Morgen steckte Henriette eine Ansichtskarte in den Bockstedter Briefkasten, ohne sich Böses dabei zu denken:

Liebe Luise!

Sei froh, daß Du nicht mitfahren mußtest! Der Tag und die Nacht waren schlimm. Hans Lamprecht erzählte Witze, über die ich als werdende Dame nicht mal lächeln konnte. Dein Uli aber ist ein vorzüglicher Dolmetscher. Er hat sie dem Inder bestens übersetzt. Mündlich mehr!

Herzlichst Deine Henriette.

Der Professor erschien nicht zum Frühstück. Besorgt klopfte ich bei ihm an. Er hockte auf dem Bett und begann seinen meterlangen Turban zu wickeln. Zum ersten Mal sah ich, daß er darunter schwarzes Bürstenhaar trug. Sein Gesicht war graugrün.

What's the matter, Surindar? fragte ich. Are you ill?

Er lächelte schmerzlich. Man muß lernen Deutsch mit alle Mittels. Ich habe eine Katze, sagt man so?

Unglücklicherweise hatte Henriette die verhängnisvolle Postkarte nicht an Rapunzels Pankower, sondern an die Zehlendorfer Adresse ihrer Mutter geschickt, wo sich ja Luise häufig aufhielt. Wir hatten noch zwei Berlins, die uns uneingeschränkt zugänglich waren.

Von dem Tage an, da die Postkarte eintraf, wurde die arme Luise hin und her gerissen.

Ich dulde den Geist der Unreinheit in meinem Hause nicht, sprach die weißlockige Mutter Hartrampf und gab Rapunzeln zu verstehen, daß es ihr nicht entgangen sei, wie Luise und ich während des letzten Gottesdienstes am Nikolsburger Platz heimlich gekichert hätten. Die göttliche Harmonie in Berlin-Zehlendorf war gestört. Der Störfaktor war ich, der mit Luisens Bruder Fritz nach den Mahlzeiten verstohlen im Garten der Villa Zigaretten rauchte.

Der Ulenstein hat mich nicht losgelassen. In den siebziger Jahren schrieb ich ein Märchen für Kinder und Erwachsene, die sich ihr kindliches Gemüt bewahrt haben.

Den Verbrecher treibt es an den Tatort zurück. Vielleicht, wenn ich das Rentenalter erreichen sollte, werde ich trotzdem noch ein Buch schreiben, das auf dem Ulenstein spielt.

Es gibt da so viele Geheimnisse, die bis zum heutigen Tage nicht aufgeklärt sind.

Aber vorher werde ich erst mal Hans Lamprecht besuchen.

Warum alles seine Grenzen hat

Als die Menschen noch im Urzustand der Unschuld lebten, kannten sie den Begriff Grenze mitnichten. Er kann sich erst herausgebildet haben, als der Unterschied zwischen Mein und Dein so übermächtig wurde, daß sie seinetwegen begannen, einander die Köpfe einzuschlagen.

An einem Frühlingssonntag radelt Vater mit mir durch die Neustädtische Forst. Noch sitze ich zwischen ihm und dem Lenker auf dem Kindersattel. Aus einem Erdhaufen an der Chaussee wächst ein kantiger, bemooster Stein hervor.

Der Grenzstein, sagt Vater. Hier war früher die Grenze zwischen Brandenburg und Sachsen.

Vater, was ist eine Grenze?
Na, so eine Art Strich zwischen zwei Ländern.
Wozu brauchen die Leute den Strich?
Damit sie wissen, wo sie hingehören.

Manchmal schließt Hausmeister Untermann am Nachmittag das Hoftor der Rochowschule nicht ab. Die Kinder der Kleinen Gartenstraße nutzen die Gelegenheit und tummeln sich ohne die Aufsicht eines gestrengen Lehrers auf dem Schulhof.

Ich lungere mit meinen fünf Jahren in einer Ecke herum und schaue zu, wie die Größeren Länder-Erobern spielen. Mit den Absätzen malen sie nebeneinander quadratmetergroße, etwas schiefe Felder in den Sand. (Damals waren die Schulhöfe noch nicht betoniert.)

Jeder stellt sich in einem Feld auf und behauptet, ein Land zu sein. Herbert Polte ist Rußland, Dicker Schulle Amerika, der gefürchtete Straßenbengel Jensike Deutschland. Für die Mädchen bleiben England, Frankreich und Italien übrig.

Jensike, den Kopf der Läuse wegen kahlgeschoren, fängt an und schreit: Ich hasse und fluche auf das verdammte (hier muß eine Spannungspause eingelegt werden). . . Amerika!

Darauf rennt Dicker Schulle los, so schnell ihn seine kurzen Beine tragen. Erreicht er die Mauer des Friedhofs, der an das Schulgelände grenzt, eher als sein Verfolger Jensike, geschieht dem Mann aus Übersee nichts. Fängt ihn aber der glatzköpfige Deutsche vorher, so darf er mit dem Hacken seiner Holzpantine das Stück Land markieren, das er dem kurzatmigen Amerikaner aus seinem Territorium herausschneidet.

Als nächster, so will es die Spielregel, kann der Besiegte – in unserem Falle ist es natürlich Dicker Schulle – verkünden, auf wen er haßt und flucht. Vor übereiltem Revanchismus wird er sich hüten, weiß er doch, daß Jensike der Schnellere ist. Also sucht sich Amerika ein schwächeres Opfer aus, etwa das England der spillerigen Marlies Krüger.

Hin und her wogt das Kriegsgeschehen auf dem Schulhof. Immer wieder werden die Grenzen verrückt. Das Spiel ist erst aus, wenn es der Stärkste geschafft hat, die ganze Welt zu erobern.

Selbstverständlich siegt auch an diesem Nachmittag niemand anders als Jensike.

So üben sich die Kinder beizeiten in dem Spiel, das ihnen der Größte Feldherr aller Zeiten immer wieder vormacht. Er haßt und flucht auf das verdammte Frankreich und holt sich das Saarland zurück. Er haßt und flucht auf das verdammte Österreich, dessen Kanzler Schuschnigg vor Schreck gar nicht erst losrennt und sein Land gleich im ganzen abtreten muß. Nun hat es der stärkste Deutsche auf die Tschechoslowakei abgesehen. Präsident Beneš erreicht nicht rechtzeitig die Friedhofsmauer; das kostet die Böhmen zunächst das Sudetenland, später auf längere Sicht alles.

Jedes Jahr, bald sogar jeden Monat erscheinen neue Europakarten. Wie einstmals auf dem Schulhof in der Kleinen Gartenstraße werden die Grenzen des Erdteils mit Stiefelabsätzen markiert.

Bekanntlich blieb der Große Hasser und Flucher aus Braunau am Inn gegen Ende hin weniger erfolgreich als der Straßenjunge Jensike aus dem havelstädtischen Proletenviertel.

Als alles vorbei war, wurden von denen, die im Lauf der Geschichte unter anderem die schnelleren Beine gehabt hatten, abermals neue Grenzen gezogen.

Über die östliche war nicht mehr zu streiten, wenngleich jener Schnitt weh tat, vor allem den unmittelbar Betroffenen. Jede Operation hinterläßt Wundschmerz und später eine Narbe, auch wenn die Narbe eines Tages zur Friedensnarbe erklärt wird. Nur Schwachsinnige polken sich eine mählich verheilende Wundnarbe auf und fordern vom Chirurgen, er solle ihnen die verdorrte amputierte Hand, die Gallenblase oder den Wurmfortsatz wiedergeben. Man kann auch ohne das aus triftigem Grunde entfernte Körperzubehör weiterleben. Bis hierher mag das Bild noch stimmen. Wie aber ist es mit der nächsten Grenzziehung, die nur einer vorläufigen, einer Zonengrenze galt, einer Demarkationslinie, die beim Abschluß des irgendwann fälligen Friedensvertrages ausradiert werden sollte?

Noch im Sommer 1952 konnte man auf einer Schrifttafel in den Räumen der Wartburg die Worte lesen, die ein Doktor Franz Hegewisch einhundertfünfunddreißig Jahre zuvor an dieser Stätte beim Wartburgfest, jener nationalen Kundgebung fortschrittlicher bürgerlicher Hochschullehrer und Studenten, gesprochen hatte:

Die Lehre von der Spaltung Deutschlands ist irrig, die Lehre aus dem Munde eines bösen Feindes. Wir versprechen gegenseitig, das unsrige zu tun und diese falsche Lehre und alles, was die Teilung Deutschlands noch mehr befördern könnte, zu bekämpfen und zu unterdrücken . . .

1952 dachten die Parteien, die Regierung und die meisten Einwohner unseres Landes ähnlich wie jener Doktor Hegewisch. Zweifellos gab es auch jenseits des Großen Flusses Politiker, die den toten Akademiker gern zu ihrem Gewährsmann machen wollten. Aber sie haßten und fluchten auf das verdammte neue Staatsgebilde im Osten und lauerten nur darauf, uns kurz vor der Friedhofsmauer zu erwischen, um sich unser schiefes Feld einverleiben zu können.

Grenzen werden dort gesetzt, wo etwas aufzuhören hat oder wo ein Höchstmaß erreicht ist oder wo etwas Neues beginnt: Leistungsgrenze, Altersgrenze, Preisgrenze, Forstgrenze, Frostgrenze, Staatsgrenze . . . Wenn man will, daß Schlimmes nicht schlimmer werde, spricht man von Schadensbegrenzung.

Als die Deutschen im 13. Jahrhundert die Ländereien

benachbarter Slawen zu rauben begannen, schnappten sie ausgerechnet von ihnen die Vokabel *granica* auf, verformten sie zum Lehnwort *Grenze* und trieben fortan allerlei historischen Unfug damit.

Immer wenn ich mit Claudia den Zentralflughafen Schönefeld erreiche, um mit ihr in durchaus friedlicher Absicht ein neues östliches Gefilde auf Tage oder Wochen zu erobern, nerve ich sie mit einem Ohrwurm des bundesdeutschen Liedermachers Reinhard Mey:

Über den Wolken muß die Freiheit wohl grenzenlos sein.
Alle Ängste, alle Sorgen, sagt man,
blieben darunter verborgen, und dann
würde, was uns groß und wichtig erscheint,
plötzlich nichtig und klein.

Stimmt aber heute auch nicht mehr. Im Frühjahr 1984 geht die Furcht um, daß selbst der grenzenlose Raum über den Wolken zunehmender Militarisierung zum Opfer fallen könnte.

Wir hatten es schon einmal, zumindest in der Sage. Als im Jahre 451 die römischen, fränkischen und westgotischen Truppen das Hunnenheer König Attilas auf den Katalaunischen Feldern besiegt hatten, sollen hoch droben in den Lüften die Seelen der Getöteten versucht haben, einander ein zweites Mal zu erschlagen.

Lieber, verehrter Heinrich Heine, wir dürfen heutzutage den Himmel nicht den Spatzen überlassen und schon gar nicht den Leuten, die da oben so gerne herumkokeln möchten. Könnte sonst sein, daß nicht mal mehr Platz bliebe für die Insel der Seligen Geister oder die bescheidene Himmelsresidenz der Mrs. Mary Baker-Eddy aus Boston (Massachusetts), der wir nicht vorhalten würden, daß sie ihre gutgemeinte Lehre in einem Lande begründet hat, in dem heutzutage besonders leichtfertig gekokelt wird.

Bei Mittelschullehrer Flemming lernten wir einen Kanon:

Himmel und Erde müssen vergehn,
aber die Musici, aber die Musici, aber die Musici
bleiben bestehn.

Auch wieder so ein Unsinn, den man gedankenlos nachtrállert. Wenn es wirklich dahin käme (was die Seligen Geister von Jesus, Attila, Luther, Goethe, Brecht, meiner Oma Muschert und John Lennon oder doch besser die Lebenden verhindern mögen!) – für wen denn sollten die Musici noch musizieren?

Sommer 1955. Welten waren für mich eingestürzt. Warum hatte ich auch deren mehrere? Mit nur einer ließ es sich unkompliziert leben.

Als Jugendfunktionär war ich gestrandet.

Schriftsteller? Der Ofen war aus. Hauptredakteur Manthey hatte kübelweise Wasser auf das bißchen Glut geschüttet.

Christliche Wissenschaft als personengebundene Heilslehre, als gottbehütetes Eiland mitten im stürmischen Ozean weltweiter Klassenkämpfe? Mein Verstand war wacher und reizbarer geworden. Glauben und Wissen – wie sollte das auf die Dauer zusammengehen?

Einfamilienhaus mit Garten in der Schützallee zu Berlin-Zehlendorf, liebliches Dornröschenschloß im Märchenwald einer auffallend gutsituierten Wohngegend. Hier darf Luises Mutter frei von weltlichen Sorgen bei den Hausbesitzern, älteren Glaubensgenossen, einwohnen und sich fern aller Ängste der reinen Heilslehre weihen.

Brav und händchenhaltend trifft das junge Paar, sündigem Pankower Federbett entkrochen, auf dem S-Bahnhof Sundgauer Straße ein. Küßchen auf Frau Hartrampfs rosige Wange. Ist das schon der Judaskuß des Verräters? Kirchgang mit Beethovenscher Musik. Die F-Dur-Romanze in einer Klavierbearbeitung. Der Parteisekretär in der tschechischen Schamottefabrik und die

Pianistin am Nikolsburger Platz lieben diese Töne gleichermaßen.

Zu Mittag wärmt Luises Mutter ein vorbereitetes Gericht aus ihrer Heimat auf, köstliche holsteinische Speckbohnen, sauer und süß, mit Backpflaumen und Grießklößchen. Obwohl der materielle Leib nur eine falsche Annahme des sterblichen Gemütes ist, gewähren wir ihm mit großem Appetit das, was er ja offenbar nur scheinbar, wenn auch ziemlich heftig verlangt.

Luise und ich bleiben noch zum Kaffee. Der Prokurist einer Westberliner Firma und seine Gattin, beide natürlich ebenfalls christliche Wissenschafter, sind zur Erdbeertorte eingeladen. Angenehme Leute mit guten Umgangsformen. Obwohl mich die Gastgeberin gebeten hat, das Thema Politik beiseite zu lassen, bringe ich es nicht fertig, nur über die erbaulichen Heilungszeugnisse des heutigen Gottesdienstes und den blauen Sommerhimmel von Zehlendorf zu plaudern.

Da war also heute, sage ich, vom Prinzip Versorgung die Rede. Sorgen wird Gott für dich, was du brauchst, wirst du erhalten. Was soll denn ein Afrikaner damit anfangen, der mit seiner Familie dem Hungertod entgegengeht?

Luise stößt mich unter dem Tisch an.

Der Prokurist nickt freundlich. Berechtigte Frage eines jungen suchenden Menschen. Sehen Sie, materieller Mangel, Hunger und so weiter sind im göttlichen Sinne unwirklich. Wer das Wort der Schrift richtig versteht und der christlichen Lehre getreu lebt, wird nie mehr materielle Not zu leiden haben.

Gut, nehmen wir einmal an, die Christliche Wissenschaft setzt sich eines Tages in einem Lande als bestimmender Faktor durch, wie wollen Sie es denn rein praktisch erreichen, daß alle im Wohlstand leben?

Das, lieber Claus Ulrich, weist mich Frau Hartrampf zurecht, ist nicht unsere Sache, das wollen wir man schön der Göttlichen Führung überlassen.

Der Prokurist nickt dazu. Offenbar hat dieser Sozialismus von drüben doch schon ein wenig Besitz von Ihnen ergriffen. Kann ich verstehen, junger Mann. So sehr, wie Sie meinen, unterscheidet er sich gar nicht von unserer Anschauung. In meiner Straße wohnt ein mehrfacher Millionär, der könnte sich sonstwas an Personal leisten, aber was tut er? Jeden Morgen holt er zu Fuß für die ganze Familie die Brötchen vom Bäcker.

Es war gutgemeint, was der Herr Prokurist da von sich gab, aber mich traf es wie ein Schlag in den Magen. Selbst Luise bekam vor Peinlichkeit einen roten Kopf, während Frau Hartrampfs friedfertiges Lächeln zu besagen schien: Na also, alle Mißverständnisse lassen sich im erbaulichen Gespräch miteinander klären.

Es gibt einen Grad von Unsachlichkeit, der den Widerpart zur Sprachlosigkeit verdammt.

Ich habe in Zehlendorf oft, viel zu oft geschwiegen, aber immer gelang es mir nicht, den Mund zu halten.

Frau Hartrampf, die Zierliche, die Weißgelockte, weiblicher Erzengel der Mrs. Mary Baker-Eddy, muß mich zeitig durchschaut haben. Ich will ihr zugute halten, daß sie hart um meine vagabundierende Seele gerungen hat, aber Kompromisse, Halbherzigkeiten mag eine wahre Gottesstreiterin genausowenig wie ein im Klassenkampf gestählter Parteisekretär. Sie hat es nie ausgesprochen, aber in ihren blauen Augen war es immer wieder zu lesen: Entweder du bekennst dich voll und ganz zu uns, oder ich muß Rapunzeln das lange Haar abschneiden. Aus ihrer Sicht war sie im Recht, ich aber auch aus meiner: Ich wollte Rapunzeln und nicht die Christliche Wissenschaft.

Und was wollte Rapunzel?

Unsere Heimfahrten von Zehlendorf nach Pankow standen zunehmend im Zeichen heftiger Debatten. Einmal, ich glaube, wir sind auf dem Bahnhof Schöneberg umgestiegen, begann Luise heftig zu weinen.

Du weißt doch genau, sagte sie schluchzend, daß du bei uns nicht mehr auf die Beine kommst. (Bei uns, sagte sie, und meinte noch immer Pankow, Prenzlauer Berg und Stadtmitte.) Warum gehen wir nicht rüber?

Wir redeten elf S-Bahn-Stationen lang kein Wort mehr miteinander.

Kannst du auch nicht schlafen, flüsterte sie eine Stunde später. Doch, erwiderte ich mit hellwacher Stimme, aber was sollen wir drüben anfangen? Ich hab doch nicht mal ein richtiges Staatsexamen.

Ich wollte es dir eigentlich nicht erzählen, aber mein Vater hat Mutti einen Brief geschrieben, er will uns unterstützen, wenn wir ... übersiedeln.

Der Teufel sitzt auf einem Berge und zeigt dem mittellosen Jesus alle Schätze dieser Welt.

Du darfst nicht glauben, sagt Rapunzel, achtundzwanzig Jahre später am Schlachtensee, daß mein Vater das jemals ernst gemeint hat. Als ich ohne Arbeit in Hamburg saß und es mir ziemlich dreckig ging, hat er keine Hand für mich gerührt. Heute bin ich froh, daß ich ihm kein Dankeschön schulde.

Damals hatte ich vorgeschlagen, unseren Urlaub statt mit dem Faltboot auf einheimischen Gewässern mit den Fahrrädern in Westdeutschland zu verbringen. Ich traute keinem mehr und wollte, daß wir uns ein eigenes Bild von der anderen Welt machten, bevor Rapunzel und ich einen übereilten Entschluß faßten.

Ich wußte wirklich nicht mehr, Luise, wo oben und unten, wo vorn oder hinten war. Als es feststand, daß du nicht mitfahren würdest, hätte ich mich in meiner Untermieterbude vor Wut und Enttäuschung am liebsten gründlich besoffen.

Am 13. September 1983 überreichte man mir im Hause unseres Berufsverbandes zwei blaue Büchlein, die Claudia und mich berechtigten, zeitweilig jene Grenze zu überschreiten, die normalerweise nur für jene Bürger passierbar ist, die zuvor ihr Schreitvermögen an der Altersgrenze bewiesen haben.

September 1955. Ein Zweiundzwanzigjähriger besteigt auf dem Bahnhof Friedrichstraße den Interzonenzug. Rapunzel kann jetzt nicht weg aus Berlin. Sagt sie. Ich will die Fahrt nicht verschieben.

Ich bin kaum anders ausgerüstet als für die Radwanderung durch Thüringen vor zwei Jahren: Rucksack, zwei Packtaschen, Schlafsack am Lenker, Anorak, Lederhose, drei buntkarierte Sporthemden, dazu ein Konsumbrot, eine harte Wurst und zehn Päckchen der landeseigenen Zigarettenmarke *Carmen* sowie ein Briefumschlag ohne Anschrift und Absenderangabe. Darin steckt ein Geldschein – fünf Mark West. Die habe ich am Gesundbrunnen zum Schieberkurs eins zu sechs illegal eingetauscht. Ja, ich kann es nicht leugnen: Ich betätigte mich wissentlich als Devisenschieber, weil ich selbst um diesen Preis die Stadt München sehen will.

Auf der handgeschriebenen Fahrkarte steht: *Berlin–Lindau am Bodensee (über München).* Was geschieht, wenn die Zollorgane unseres Landes das Westgeld bei mir finden? Meine Reise könnte vorzeitig beendet werden. Aber ich bin listig, riegle mich auf der Zugtoilette ein, schraube mit dem Fahrtenmesser das Reklameschild der *Allianz-Versicherung* ab und erst wieder an, nachdem ich meine Devisen dahinter verborgen habe. Als der Zollmensch durch das Abteil schreitet, sitze ich auf meinem Fensterplatz und grinse dummpfiffig vor mich hin wie der dänische Stummfilmkomiker Harald Madsen in seiner Rolle als Patachon.

Eine Viertelstunde später, da befinden wir uns schon

nicht mehr in Thüringen, sondern in Franken, vergeht mir das Grinsen. Hinter dem Versicherungsschild, das ich neuerlich losgeschraubt habe, sehe ich nichts als die kahle Abortwand. *Non sputare nelle carozzi!* steht auf einem emaillierten Schild, als Abschreckung für all die leidenschaftliche Italiener, die bekanntlich andauernd in die Wagen der Deutschen Reichsbahn zu spucken pflegen. Ich kann es ihnen nicht verdenken. Moneten futschikato murmle ich in gebrochenem Italienisch. Es muß da Profis geben, die weit listiger sind als ich tumber Amateur. Von wegen Allianzversichert!

Der nächste Hammer Gottes trifft mich auf dem Hauptbahnhof München. Arglos trete ich an den Packwagen, mein Fahrrad in Empfang zu nehmen. Stück für Stück wird ausgeladen. Schauns selber. lädt mich der Bundesbahnbeamte ein, da is koa Radl net. Immer wenn ich den Hit einer bajuwarischen Dixieband höre: *Ja, mir san mitm Radl da,* muß ich an mein törichtes Gesicht von damals denken.

Wie ich amtlich auf dem Hauptbahnhof München erfahren habe, gleichen die Beförderungsbestimmungen der Deutschen Bundesbahn noch heute denen von einst und unterscheiden sich vermutlich nicht grundsätzlich von denen der Deutschen Reichsbahn. Schließlich können sich beide Einrichtungen auf die fast hundertfünfzigjährige deutsche Eisenbahnertradition berufen. Beförderungsbestimmungen sind für einen Bahner genauso unumstößliches Gesetz wie für den gläubigen Christen die Zehn Gebote.

Das Fahrrad nimmt den kürzesten Weg. Rechtens hätte ich mein Fahrrad auf dem Bahnhof Augsburg eigenhändig in den nächsten Zug nach Lindau am Bodensee umladen müssen.

Und wo ist der treue Gaul von Simson-Suhl nun? Das weiß der Fuchs. Entweder das Fahrrad wird nach Berlin zurückgeschickt, oder es dämmert auf dem Augsburger Bahnsteig vor sich hin wie Brechts kindlicher Elternmörder Jakob Apfelböck. Oder aber ein Bundesbahnbeamter tut nicht Dienst nach Vorschrift und setzt es mitleidig in den letzten Zug nach Lindau.

Koa Geld, koa Radl net! Grüaß Gott, o schönes Bayernland!

Ratlos schleppe ich Rucksack, Packtaschen und Schlafsack zur Gepäckaufbewahrung. Rechtzeitig noch fällt mir ein, daß ich ja keinen Pfennig der Landeswährung bei mir führe, die geforderte Aufbewahrungsgebühr zu entrichten. Früher hätte ich in einer solchen Zwangslage vielleicht gebetet und mich auf das göttliche Prinzip Versorgung berufen: Wessen ich bedarf, das wird mir gewährt. Doch meine Seele verharrt in verstocktem Schweigen.

Der Alte dort droben aber beschämt mich mit seiner grenzenlosen Barmherzigkeit und läßt mich vom Gepäckschalter her heimatliche Töne vernehmen: Gähmse mal den andrn Goffer ooch glei nieber, sagt das uniformierte Pummelchen zu einem Reisenden.

Es stammt aus Leipzig, und wir kommen miteinander ins Gespräch. Eens gennse mer gloom, schunger Mann, meint das Pummelchen, hier is ooch ni alles Gold, was glänsen dud.

Ich darf mein Gepäck gratis unterstellen und mir frei von aller Bürde, aber auch frei von allen Zahlungsmitteln die bayrische Metropole ansehen.

Was – hast – du – dir – denn – damals – in – München – angesehen? brüllt mir Claudia ins Ohr. Sie muß die Blasmusik der Trachtenkapelle überbrüllen, die unmittelbar vor unserem Tische Aufstellung genommen hat.

Wir haben uns mit unserer charmanten Gastgeberin Kiki vor dem pladdernden Landregen, der seit Stunden über Franz Josefens Hauptstadt herniedergeht, in das legendäre Hofbräuhaus geflüchtet und sind nach Landessitte zu Bier und Weißwürsten eingeladen worden. Daheim komme ich mir schon wie ein Säufer vor, wenn ich, um dem Kollegen Ober die ewige Rennerei zu ersparen, das Bier gleich halbliterweise bestelle. Hier aber wird mir ein Literglas vor die Nase gesetzt.

Nicht protestieren, rät mir Kiki, daran erkennt man hierzuland den Preußen!

Stammgast könnte ich hier nicht sein, ich möcht sonst leicht eine Sehnenscheidenentzündung davontragen.

Die Weißwürste schmecken wie HO-Bratwürste, die man, anstatt sie zu braten, in heißem Wasser erhitzt hat. Aber wer tut das schon bei uns zulande? Köstlich hingegen mundet uns der bayrische süße Senf: Mit der Zunge betätige ich mich als Spion. Wenn wir wieder in Berlin sind und ich habe einen brandeiligen Termin, werde ich ohne Lizenzen einen großen Topf bayrischen Senfes für unseren Haushalt herstellen.

Bis zum Anfang der sechziger Jahre gab es auf unserem Berliner Weihnachtsmarkt ein sogenanntes Oberbayern-Bierzelt, in dem es so ähnlich zuging wie im Hofbräuhaus. Da ich damals noch keine Nierensteine kannte und folglich kein Bier trank, überdies als Jungintellektueller beim Anhören volkstümlicher Blasmusik Pickel bekam, habe ich dort nur einmal kurz hineingeschaut. Unterschied: Bayern duzen gleich jeden, der mit ihnen am Tisch sitzt und Bier trinkt. Berliner tun das erst nach der dritten Lage Bier und Korn; sie drohen ihren Mittrinkern bei Meinungsverschiedenheiten schnell Prügel an, belassen es aber im allgemeinen bei der Drohung. Unter Bayern im Hofbräuhaus möchte ich es nicht darauf ankommen lassen. Die Leute wirken in ihren Trachten noch sehr urwüchsig.

Ja, was habe ich mir damals mit null Mark in der Tasche angesehen? Die Frauenkirche natürlich, vierhundert Stufen führen in eine der beiden Turmkuppeln, das Rathaus, die Feldherrnhalle, vor der am 9. November 1923 der erste, noch dilettantische Versuch des vierunddreißigjährigen Rechtsterroristen Hitler, die Macht an sich zu reißen, blutig scheiterte, ein Museum mit moderner Kunst, die ich nicht verstand, und viele, viele Schaufenster, in denen ein gut Teil Wirtschaftswunder zu besichtigen war. Jemanden, der sich weder ein Eis noch eine Wurst am Stand leisten konnte, vermochte das wenig zu begeistern.

Auch mein zweiter Münchenbesuch steht unter einem Unstern. St. Peter, dem die Bayern in ihrer Hauptstadt eine Kirche geweiht haben, scheint sich noch ein gut Teil jener altbajuwarischen Preußenfeindlichkeit bewahrt zu haben, die selbst der ungekrönte König Franz Josef neuerdings in Zweifel zu ziehen scheint. Petrus aber hat offenbar die Isar in den Himmel umgeleitet. Von dort rauscht sie Stunde um Stunde auf uns herab wie eine überdimensionale Klosettspülung. Nur durch dichte Wasservorhänge erblicken wir die Umrisse der Frauenkirche, des Rathauses, der Feldherrnhalle, des Schlosses Nymphenburg und anderer Sehenswürdigkeiten, die wir laut Reiseführer abzuhaken haben.

Claudia besteht mit Erfolg ihre zweite Fahrprüfung. Gegen das, was sich auf Münchens Straßen abspielt, wirkt unser Berliner Stadtzentrum, selbst zu Spitzenzeiten, wie ein Verkehrsgarten für Vorschulkinder.

Wir sind heilfroh, als wir unbeschadet der Großstadt entkommen und die kleine Randgemeinde erreichen, in der Kikis Mann Walter als Landarzt praktiziert. Die beiden gehören nicht zu den Verelendeten des Landes, aber ihr Dasein, unter heftigem Konkurrenz- und Leistungsdruck, erscheint uns ungleich härter als beispielsweise das unseres staatlichen Inseldoktors an der Ostsee, der sich neben seinen ärztlichen Pflichten der beschaulichen Freude an seinen Bienenstöcken hingeben kann.

Kiki und Walter haben nichts von jenem bornierten Bundesbürger an sich, der uns in mancherlei Gestalt schon auf Reisen ins sozialistische Ausland begegnet ist. (Alarm, Alarm, der Kolchos brennt! Bindet die Hühner an die Leine und rettet die Parteibücher, hahaha!) Die beiden wissen aus der Erfahrung eigener Besuche, daß bei uns die Pellkarfoffeln nicht mit dem Lasso gefangen werden, stellen gescheite Fragen und können zuhören. Solche Menschen sind uns unterwegs noch mehrfach begegnet. Ausnahmslos hatten sie Angst vor einem neuen Krieg, der ihnen nicht nur das mühselig Erschaffene, sondern auch ihr Leben und das ihrer Kinder nehmen könnte. Schuld an der Bedrohung gaben sie den Supermächten, den Russen und den Amerikanern. Einigen Gesprächspartnern vermochten wir zu erklären, daß in der Sowjetunion niemand am Rüstungswettlauf auch nur einen Rubel verdiene, sondern jeder einzelne nur zuzahle.

Anfang der sechziger Jahre wurde mir die Aufgabe zuteil, in meiner Eigenschaft als Redakteur der Zeitschrift Münchhausen eine slowakische Kollegin, Mitarbeiterin des Bruderblattes zu Bratislava, auf einer Reise durch den Südwesten unseres Staatswesens zu begleiten. Hanka war am ersten Tage auffallend wortkarg, um nicht zu sagen mufflig. Mir kam sie vor, als trüge sie wie die heilige Johanna eine Ritterrüstung, an der all mein bißchen Charme abprallen mußte. Am zweiten Tage fuhren wir kreuz und quer durch den Thüringer Wald und landeten am Abend in der Bar eines Erfurter Hotels.

Weißt du, sagte Hanka, daß ich mich geweigert habe, diese Reise anzutreten? Zuletzt haben mich die Genossen geschubst – mit Parteiauftrag. Aus freien Stücken wär ich nie in dieses Land gefahren. In meiner Vorstellung war es schmutzig, laut und von abstoßender Häßlichkeit.

Hanka! Wer hat dir diesen Unsinn eingeredet, fragte ich entsetzt. Niemand. Aber fast alle meine Verwandten sind in Buchenwald umgekommen, das wir gestern besichtigten.

Ich schwieg betroffen.

Sie streichelte meine Hand. Sei nicht böse, jetzt muß ich mich schämen. Euer Land – das ist auch Weimar, die Wartburg, der Inselsberg und der Rennsteig. Ich habe gelernt, daß es nichts Dümmeres gibt, als mit einem Koffer voll Vorurteilen in ein fremdes Land zu reisen.

An einem Septemberabend des Jahres 1955 trifft nach Einbruch der Dunkelheit der Zweiundzwanzigjährige auf dem Bahnhof Lindau ein. Ein Fahrrad aus Berlin? Bedauerndes Achselzucken. Kurz vor elf Uhr käme der letzte Zug aus Augsburg an. Man könne ja noch mal fragen.

An der Gepäckaufbewahrung ist die Gebühr im voraus zu entrichten. Der Mann, der mir das mitteilt, ist kein Sachse, sondern ein Schwabe. No chance! Sankt Peter ist ein notorischer Preußenfresser. In Lindau hat er für seine niederträchtigen Wettertaten den Bodensee, das schwäbische Meer, zur Verfügung, fünfhundertvierzig Quadratkilometer Wasserfläche, bis zu zweihundertfünfzig Meter tief. Ein Großteil dieser Flüssigkeitsmenge schüttet Petrus erbarmungslos auf mich herab, als ich in der Dunkelheit die Landstraße entlangwanke, die irgendwann einmal zur Jugendherberge führen soll.

Ich komme mir vor wie ein Ziethenhusar, dem man das Pferd unter dem Leibe weggeschossen hat und der dennoch heldenmütig dem Großen König den Siebenjährigen Krieg gewinnen helfen möchte. Rucksack, Packtaschen und Schlafsack erniedrigen mich zum Packesel in eigener Sache.

Die Jugendherberge ist überfüllt. Das müssens verstehn, unser Lindau ist schon eine echte Attraktion für die Touristen.

Und wo soll ich bleiben?

Sie kennsch versuche im Städtischen Übernachtungschheim.

Und wo ist das?

Gleich am Bahnhof.

Und der Regen durchrauschte die Straßen.

Einer aufgefischten Wasserleiche gleich, erreiche ich den düsteren grauen Kasten in der Zeppelinstraße. Käme jetzt eines der legendären Luftschiffe vom nahen Friedrichshafen herbei, ich würde mich trotz meiner Turnnote Mangelhaft an der Haltetrosse hinaufhangeln in die Gondel, wollte mich der Zeppelin nur auf kürzestem Wege nach Pankow bringen und meinetwegen über dem Schloßpark als Ballast abwerfen.

Zögernd drücke ich auf den Klingelknopf an dem wenig einladenden Hause. Knarrend öffnet sich die Tür. Der Mann, der mich mit ungutem Blick mustert, trägt gelbschwarzkarierte Hausschuhe, eine graue Joppe und sieht etwa so aus, wie ich mir den Eigentümer des berüchtigten Wirtshauses im Spessart vorstelle.

Nach längerem Nachdenken bedeutet er mir, ich könne hier übernachten. Die Gebühr betrage eine Mark. Glücklicherweise ist sie nicht im voraus zu entrichten.

Jahrzehnte später habe ich Claudia bei einem Lindauer Straßenhändler einen Plüschteddy für ihre Bärensammlung gekauft. Er trägt über seinem bloßen Fell ein schwarzes Weschtele und ein rotes Schleifele. Wir haben ihn Fritzele genannt und ihn zwischen zwei sozialistische Berliner Teddys plaziert. Fritzele fängt nie mit ihnen a Streitele an, brummt ab und an nur friedlich vor sich hin: Ha no!

Der Hausvater in der Zeppelinstraße war aus einem anderen Hölzele geschnitzet. Barsch unterwies er mich in der Hausordnungele. Um elf tät er mich einsperre. Vertrauensselig und an das Gute selbst im verstocktesten Schwabenherzele glaubend, erläuterte ich ihm mein Programm: Gegen elf sollte ich noch einmal auf dem Bahnhof nachfragen, ob vielleicht doch mein Fahrrad aus Augsburg angekommen sei. Der Bahnhof war nur fünf Minuten von der Herberge zur Heimat entfernt. Der Hausvater ließ einige dumpfe Redensärtle auf mich niederprasseln, denen ich entnahm, daß ihn mein Problem a Scheißele interessiere und daß er zuasperre tät, so ich net um elf zuruckle sei.

Die Schlafräume waren weiß gekalkt, die Wände zum Teil mit unanständigen Sprüchen und einschlägigen Piktogrammen verziert wie ein öffentliches Pissoir. An der Decke schaukelte eine kahle Glühlampe. In irgendeinem Roman – Fallada, Döblin oder? – war mir so eine Herberge schon einmal geschildert worden. Das Publikum hier in Lindau entsprach nicht jener Literatur der zwanziger

Jahre. Alles Wanderbürschle wie ich, die woanders nicht untergekommen waren.

Verdrossen, aber hungrig zückte ich mein Fahrtenmesserle, säbelte mir einen Kanten heimischen Konsumbrotes herunter, dazu ein paar Scheiben Berliner Mettwurst und immer noch ein paar. Der Student aus Freiburg und der Gymnasiast aus Basel wollten auch einmal kommunistische Dauerfleischware verkosten. Dafür konnte ich einen Ranken Schwarzwälder Schinken und eine Ecke Emmentaler in meinen gefräßigen Schlund stopfen.

Anschließend ging ich flanieren. Lindau und der Bodensee bei Nacht. Die Regenwolken haben sich verzogen. Angestrahlt der gewaltige steinerne Löwe und der Leuchtturm, die berühmte Hafeneinfahrt, die ich bisher nur von Vaters Postkartensammlung her kenne. Ein hellerleuchtetes Schiff kommt herein – aus Bregenz in Österreich, das am anderen Ufer liegt. Die Bordkapelle spielt *Arrivederci Roma.*

Ich schleiche vorbei an den Luxusrestaurants, auf deren Terrassen Kapitalisten mit ihren Lebedamen gelangweilt ihre Cocktails schlürfen. Verderbte westliche Welt! Sie sieht haargenauso aus, wie sie sich der gescheiterte FDJ-Sekretär des Universum-Verlages vorgestellt hat. Ich stecke mir eine Zigarette der Marke *Carmen* an – mit einem Sicherheitszündholz aus dem Volkseigenen Betrieb in Coswig an der, nein, an unserer Elbe.

Wenn ich jemals dumpfen Klassenhaß verspürt habe, so ist es an jenem Abend in Lindau. Lenin hat uns gelehrt, daß individueller Terror abzulehnen sei, da er der Sache nicht nütze, sondern schade. Kuck mal 'n Moment beiseite, großer Wladimir Iljitsch, möchte ich jetzt sagen, ich will nur schnell ein kleines Bombele auf das Terrassele werfe, dann helf ich meinetwegen wieder mit, die Grundlagen des Sozialismus zu errichten. Ha no, glücklicherweise habe ich gerad kein Bombele zur Hand.

Trotzdem entging es mir weder an diesem Abend noch in den nächsten beiden Tagen, auch nicht auf der nächsten Reise nach überlangem Intervalle, daß der Bodensee wohl das schönste Fleckle sein müsse, daß unser liebes Herrgöttle von Biberach in einer Sonntagslaune erschaffen habe – sieht man mal vom Breitlingssee nahe meiner Heimatstadt ab oder dem Ostufer der Müritz oder dem Hochland auf der Insel Hiddensee oder dem Karpfenteich im herbstlichen Treptower Park oder gar dem Schildetal mit der Burg Ulenstein im Harz.

Am anderen Morgen wieherte mir auf dem Lindauer Bahnhof meine treue Rosinante aus dem Gestüt von Simson-Suhl entgegen. Es schlug mein Herz. Geschwind zu Pferde!

Auf dem Postamt konnte ich das von Mutter Hartrampf gestiftete Zehrgeld – fünfzig Mark West – in Empfang nehmen. Die Welt war wieder in Ordnung. Fast hätte ich ein Dankgebet verrichtet. Es dauert lange, bis die Gewohnheit stirbt. (Kann sein, daß ich den Satz von Cocteau aufgeschnappt habe. War das nicht eine der existentialistischen Spruchweisheiten, die Jean Marais als Dichter Orphé seinem jenseitsgeschalteten Autoradio entnommen hat?

Als ich dem schwäbischen Teufele in der Herberge mein Markstückle hinreiche, tut mich das Bosheitle packe.

Zuerst schaue ich um mich, ob es mir auch nicht an Publikum fehle. Ein Dutzend Wandersbürschle ist dabei, genau wie ich das Roß – Fahrrad oder Motorroller – zu schirren.

Sagen Sie mal, krähe ich den Herbergsvater an, berechtigt Sie die Übernachtungsgebühr von einer Mark, Ihre Gäste zu behandeln wie den letzten Abschaum?

Verständnislos rollt er die Äugele. Was willschd denn, Biable? Mach mi bloß net narred! Hoschd schlecht gschlofe?

So gut oder schlecht, wie man für eine Mark schläft. Aber Ihr Kommißton paßt mir nicht. Ich komm aus einem Land, da haben wir sone Scheiße abgeschafft, aus der

Deutschen Demokratischen Republik komm ich, wenn Ihnen das was sagt!

Werd mir nur net politisch, sonst muß i de Polizei rufe! Wenns genau wissa willsch: I war zwelf Johr beim Barras, und do war i zehn Johr Feldwebel.

Das erklärt alles, rief ich unter dem Gelächter der deutschsprachigen Wanderburschenschaft.

Er lief krebselerot an und schrie: Daube Sau, jetzt schauschd, daß weider kommschd!

Ich hatte ja nichts anderes vor, schon weil ich noch ein weiteres Stückle vom lieben Schwabenländle zu sehen gedachte.

Claudia und ich haben dem erleuchteten Löwen am Hafen unsere Aufwartung gemacht und trinken im Zimmer des Fremdenheims ein Fläschele Rotwein. Das ist erstens im Süden stilreiner und zweitens billiger als das Bier im Restaurant.

Herr Grübele, unser Wirt, der eine beklemmende Ähnlichkeit mit dem Herbergsvater von damals hat, erzählte uns, jenes Haus sei nun schon seit Jahren städtisches Jugendheim. Schlimm tuts da zugehe, murmelt er düster, du tunse nix wie saufe und hasche.

Leider können wir das nicht mehr überprüfen. Das Heim ist an diesem und auch am nächsten Tage geschlossen.

Ich weiß ja, sagt Claudia, daß es hier eine Inflation gibt. Aber fünfzig Westmark waren doch schon 1955 kein Vermögen. Wie bist du damit über die Runden gekommen, wenn du acht Tage unterwegs warst?

Ich hab mir in Lindau einen Jugendherbergsausweis geholt. Da kosteten mich eine Übernachtung und ein Mittagessen genau eine Mark. Als mein Konsumbrot und die Berliner Mettwurst aufgezehrt waren, ernährte ich mich wie ein Rennfahrer von Milch und Schokolade. Ereilte mich dennoch ein Hungerast, so reichte meine Kraft gerade noch aus, mir von der nächsten Plantage eine halbe Packtasche voll Äpfel zu klauen. So gesund wie auf jener Reise habe ich mich später nie wieder ernährt. Das meiste Bargeld gab ich für die Besichtigung von Burgen und für Ansichtskarten aus, die noch heute Vaters Sammlung zieren.

Von Meersburg aus setzen wir mit der Fähre über ans andere Ufer des Bodensees. Damals hielt ich mein ärmliches Stahlroß aus östlichem Gestüt im Arm. Heute schauen wir von der Fährbrücke hinunter auf unser kleines Automobil, welches das Schild mit den drei Buchstaben DDR am Ärschle trägt.

Wohlmeinende Bekannte, die dienstlich ab und an in den Westen reisen, haben uns geraten, das Nationalitätenkennzeichen gleich hinter dem Grenzübergang zu entfernen, wir würden sonst nur angepöbelt werden. Genossin Claudia, als Kraftfahrer der proletarische Teil unserer Mini-Reisegruppe, tippt sich an die Stirn. Wer sind wir denn? Sie behält wie meistens recht. Niemand pöbelt uns an. Wir werden auf dieser Reise behandelt, wie man Österreicher, Schweizer und andere deutschsprechende Ausländer behandelt: höflich und sachlich. Hauptsache, man zahlt sein Geld. Geschäftsleute sehen die Dinge nun mal anders als romantische Politiker von vorgestern.

Ein einziges Mal dachten wir: Jetzt gehts schief. Auf der Fahrt von München nach Lindau wollten wir uns die Wieskirche, eines der bedeutendsten Barockdenkmäler Bayerns, ansehen. Das Wallfahrtskirchlein hat der berühmte Baumeister Dominikus Zimmermann mitten in die fast unwirklich schöne Voralpenlandschaft hineingepflanzt wie ein empfindsamer Kleingärtner den seltenen Tulpenbaum zwischen die Himbeeren und die Sommerazaleen. Die geschäftssinnige Gegenwart konnte nicht umhin, ein Restaurant und mehrere Buden mit erschröcklichem Kitschangebot hinzuzufügen – und natürlich einen ausgedehnten Parkplatz.

Wir stellen unser Fahrzeug ab. Meine Faust umklammert gewohnheitsmäßig das Zweimarkstück mit dem Bundesadler auf der Rückseite. Der Zerberus des Parkplatzes naht. Er sieht haargenau aus, wie mein zeichnender Satirikerkollege Louis Rauwolf einen Urbayern darzustellen pflegt: weiße Stutzen mit Bommeln, Krachlederne mit Hosenträgern, Sepplhut mit allerlei silbrigem Schnickschnack unterm Gamsbart. Vermutlich heißt er auch noch Xaver.

Das Xaverl starrt mich an, dann den Oarsch von unserm Auto, beginnt zu buchstabieren, starrt wieder mich an, senkt den Kopf wie der Zuchtstier auf der Hochalp von Garmisch. Was nun? Wird er mich zum Fingerhakeln herausfordern?

Vorsichtshalber sag ich: Grüaß Gott! Soviel Bayrisch hab ich inzwischen gelernt. Als wir in ein Geschäft eintraten und arglos die Tageszeit entboten, belehrte uns die Inhaberin höflich, aber bestimmt: Bei uns soagt man Grüaß Gott!

Andere Länder, andere Sitten. In Kasachstan ißt man Pferdeschaschlik. Im Erzgebirge darf man nicht über den Stülpner-Karl witzeln. Warum sollte da unsereins im Bayernlande nicht den lieben Gott grüßen? Schließlich sind wir von früher her gute Bekannte.

Xaver aber grinst mich an, deutet auf das Nationalitätenkennzeichen und sagt: A Kapitalistensau bist gwiß net. Wo du herkimmst, sans schon weiter. Bei mi host Gratisparken. Pfüat di!

Am Konstanzer Ufer legt die Fähre an. Nur jeweils zwei Zentimeter trennen unser Fahrzeug von dem hinteren und vorderen Nachbarn. Schwierige Rangierprobleme überlasse ich großzügig meinem Kraftfahrer.

Wie nun weiter? fragt Claudia ungeduldig an der nächsten Kreuzung. Wir haben eine Autokolonne im Nacken.

Rechts, glaub ich.

Wie soll man sich nach achtundzwanzig Jahren erinnern, wo die Jugendherberge Konstanz lag, damals der modernsten eine in Europa? Mein Erinnerungsvermögen hat mich getäuscht. Wir stehen kurz vor der berühmten Insel Mainau im Bodensee. Damals verzichtete ich schweren Herzens aus Geld- wie Zeitgründen darauf, sie zu betreten.

Sie gehört dem Grafen Lennart Bernadotte af Wisborg, einem Abkömmling des schwedischen Königshauses. Auch die Inselbahn gehört ihm, eine Art kleiner Schienenbus ohne Schienen. In der Saison fährt er alle fünf Minuten vom Festland über die Brücke zur Insel hinüber. Jeder Zug faßt 39 Personen. Die Hinfahrt dauert drei Minuten und kostet inklusive Eintritt 7,50 DM. Die beiden noblen Gaststätten gehören dem Grafen genauso wie die Andenkenbuden. Adel verpflichtet, und der Graf muß ganz gut zurechtkommen.

Die Insel ist eine Art Naturwunder. Hier gedeihen Palmen, Bananen, Orangen und Zitronen.

Der Graf läßt sich nicht lumpen und hat aus seiner Insel ein blühendes, duftendes Märchenreich geschaffen beziehungsweise von seinen Arbeitskräften schaffen lassen. Südliches Italien mitten im Schwabenland. Am gepflegten Barockschloß lesen wir auf einem Schild, der Bau sei nicht zu besichtigen. Die Besucher mögen Verständnis dafür haben, daß die gräfliche Familie ungestört zu bleiben gedenke. Schon gut, wir hatten nicht die Absicht, sie in Verlegenheit zu bringen. Wer fällt schon wildfremden Leuten ungebeten auf die Mittagstafel?

Nach langem Suchen finden wir endlich die richtige Jugendherberge.

Ich frage den Hausmeister nach dem damaligen Herbergsleiter Buchenmüller. Er bekleidet noch heute diese Funktion, erfahre ich, hat es aber darüber hinaus zum Stadtjugendpfleger von Konstanz gebracht. Derzeit liegt er auf dem Krankenbett, hat sich den Fuß gebrochen. Schade, Herrn Buchenmüller hätte ich mir gern noch einmal angesehen.

Damals hatte er den seltenen Vogel, der sich aus östlichem Gefilde hierher verflogen, jovial zu einem Schwätzchen am Abend in sein Büro eingeladen.

Der studierte Sozialpädagoge, nur wenige Jahre älter als ich, bot mir ein Glas Wein und eine dicke Zigarre an und war bereit, mir eine Art Exklusiv-Interview zu gewähren...

Herr Buchenmüller, können Sie mir, bitte, einmal den Begriff Abendland definieren?

Abendland ... tja, so einfach ist das nicht. Ohne Metaphysik kann man ihn gar nicht voll erfassen. Und da, wo Sie herkommen, lehnt man ja die Metaphysik ab, stimmt's?

Stimmt. Bitte, versuchen Sie es trotzdem!

Zwei Gemeinsamkeiten gehören dazu: Erstens der gemeinsame christliche Glaubenskreis.

Ein Sozialdemokrat, der keine Kirchensteuern mehr zahlt, wäre also kein Abendländer?

So genau kann man das nicht nehmen. Im kulturellen Sinne gehören auch Sozialdemokraten zu unserem Glaubenskreis.

(Hätte ich jetzt gefragt: Und deutsche Kommunisten? wäre das Gespräch beendet gewesen.) Aha! Und zweitens?

Das gemeinsame Germanentum.

(Ich mußte heftig husten, das kann aber an dem Zigarrenrauch gelegen haben, den ich verschluckt hatte.)

Herrn Buchenmüller veranlaßte mein Anfall zu einer leichten Kurskorrektur. Ich meine, im Sinne des Indogermanischen.

Dann wären also die Perser und Inder Abendländer, nicht aber die Finnen und Ungarn, da sie ja nicht zur indogermanischen Sprachenfamilie gehören?

Herr Buchenmüller musterte mich gereizt. Ich habe ja gleich gesagt, ohne Metaphysik erfassen Sie den Begriff Abendland nicht.

(Er ahnte nicht, wie vorzüglich er meine Frage beantwortet hatte.)

Die deutsche Teilung ist nicht so tragisch, wie manche Leute uns glauben machen wollen, fuhr er fort. Eigentlich hätte man sogar den protestantischen Norden Deutschlands auch noch den Russen überlassen können. Er stört uns nur bei der Neuordnung Europas.

Und wie stellen Sie sich die vor?

In den Grenzen des alten karolingischen Kaiserreiches. Südwestdeutschland, die Schweiz, Frankreich, eventuell Österreich. Das ist keine Spinnerei von mir. Hinter diesen Auffassungen stehen namhafte Großindustrielle und Vertreter unseres Hochadels. Mögen Sie noch ein Glas Wein?

Ich dankte höflich. Ein anstrengender Reisetag stünde mir bevor.

Am nächsten Morgen überschritt ich die Schweizer Grenze, fuhr am Oberrhein entlang, stahl eidgenössische Äpfel und sann darüber nach, wer die Spalter Deutschlands seien. Herr Buchenmüller hatte ohne seinen Willen mehr für mein politisches Bewußtsein getan als ein halbes FDJ-Studienjahr mit seinen Sprüchen. Ich sah mir den Rheinfall von Schaffhausen an, ohne von seinem Anblick überwältigt zu sein, und erreichte unweit Stühlingens wieder bundesdeutsches Territorium. Eine freundliche Schwarzwaldbäuerin im Dorfe Wellendingen hatte nach Einbruch der Dunkelheit Mitleid mit mir und quartierte mich in der Kammer ihres aushäusigen Sohnes ein.

In Wellendingen stoßen wir wieder auf meine alte Fahrradroute, die am Schluchsee und am Titisee entlang in die Schwarzwälder Hauptstadt Freiburg führt.

Claudia schaut auf den Kilometerzähler und mich alten Glatzkopf nicht ohne Bewunderung an. Wie hast du das geschafft damals? Es waren doch ziemlich harte Tagesetappen, und bei diesen Steigungen muß sogar ich dauernd schalten.

Sechshundertfünfzig Kilometer, erwidere ich stolz, in acht Fahrttagen. Mann, war ich in Hochform! Leider hat mich keiner für unsere Friedensfahrtmannschaft entdeckt.

Wir fahren bei mäßigem Landregen nördlich von Freiburg durch den Schwarzwald.

Mühsam hatte ich mich damals gegen Abend zu einem Orte hinaufgequält, in dem es laut Verzeichnis eine Jugendherberge geben sollte. Es gab sie nicht mehr.

Die Schatten wurden länger. Mich hätte es nicht gewundert, wäre mir jetzt der Holländermichel mit seiner Flößerstange begegnet, um mir eine Herztransplantation anzubieten. Oder das Glasmännlein würde unter einer Tanne am Wege sitzen und ich riefe ihm zu:

Schatzhauser im grünen Tannenwald,
bist schon viele hundert Jahre alt.
Dir gehört all Land, wo Tannen stehn.
Läßt dich nur Sonntagskindern sehn.

Immerhin bin ich laut Kalender ein echtes Sonntagskind. Der erste Mensch, der mir kurz vor dem Flecken Wolfach begegnete, war kein Hauffscher Geist, sondern ein echter Schwarzwaldbauer.

Auf seinem Ochsenkarren vor sich hin dösend, fuhr er hangwärts dem uralten Schwarzwaldgehöft zu. Höflich kam ich um ein Nachtquartier ein. Er grunzte und zischelte in einem Dialekt vor sich hin, von dem ich allenfalls jedes zehnte Wort verstand.

Ich bin, was fremde Zungen angeht, nicht gänzlich unbegabt. In den siebziger Jahren vermochte ich, das sage ich nicht unüberheblich, mich sogar in Ungarn ohne Dolmetscher zu verständigen.

Bauer, Ochse und ich hatten mittlerweile das Anwesen am Hang erreicht, und mein Sprachempfinden sagte mir unmißverständlich, daß der Altbauer nicht gesonnen war, mich lederhosigen Springer zu hausen.

Dann sah ich das Kruzifix am Eingang und beging Gesinnungslumperei. Die Nachgeborenen mögen mich tadeln, aber es war ein kühler Septemberabend. Mir zitterten die Knie von der Bergetappe. Mein ewig hungriger Magen war auf ein Minimum geschrumpft.

Ich bekreuzigte mich angesichts des hölzernen Heilands, und meine durchaus berechnete Aktion weckte den Altbauern aus seiner Lethargie. Er stellte eine Frage. Wie man denn überhaupt so leben könne – da im Osten? Ich zuckte die Schultern und murmelte düster: Ach, die vielen Gottlosen . . .

Noch heute lege ich Wert auf die Feststellung, daß ich damit keine verleumderische Äußerung getan habe.

Ich bekam ein Nachtquartier im Heuschober, ein bescheidenes Abendbrot, ein ebensolches Frühstück und hielt es meiner Kenntnis heimischen Brauchtums zugute, daß ich mich beim Abschied zu einem Vergelts Gott! hinreißen ließ.

Achtundzwanzig Jahre später ist es mir nicht geglückt, das Gehöft wiederzuentdecken. Der Berghang bei Wolfach ist vollgebaut mit Einfamilienhäusern. Schaffe, schaffe, Häusle baue. So ganz fremd ist uns inzwischen dies Wörtle ja auch nicht mehr.

Unser Rallye-Team findet an diesem Abend Unterkunft bei Frau Häberle in einem Luftkurort des nördlichen Schwarzwaldes. Wir hatten vorher keine Ahnung davon, daß der landschaftlich reizvolle Südwesten der Bundesrepublik fast in solchem Maße vom Fremdenverkehr lebt wie etwa die Adriaküste Jugoslawiens. Die Notwendigkeit, ein Häusle zu bauen, ergibt sich zwingend. Mieten wachsen schwindelnd in die Höhe. Eigentumswohnungen werden unerschwinglich. In der *Süddeutschen Zeitung* lasen wir einige Tage zuvor ein Wohnungsangebot im Nymphenburger Viertel von München. Vier Zimmer. Hundertzwanzig Quadratmeter für achthundertfünfzigtausend Mark.

Man kann kreuz und quer durch dieses Land fahren ohne Sorge, wohin man zur Nacht sein müdes Haupt bettet. Es gibt meistens mehr Quartiere als Reisende.

Familie Häberle gehört, wissenschaftlich gesehen, zur Arbeiterklasse, aber sie weiß es nicht. Das Zimmer, das uns Frau Häberle, relativ gesehen, preiswert vermietet, ist attraktiver als beispielsweise ein Gemach im Interhotel Warnow zu Rostock. Der Ausbau war teuer.

Die näschsde dreißisch Johr hen mir zu schlecke, sagt die Wurstverkäuferin Häberle.

Wer Geld mit dem Vermieten machen will, muß mithalten. Ohne Komfort gehts net. Im letzten Jahre betrugen die Kreditzinsen sechzehn Prozent. Herr Häberle arbeitet als Werkzeugmacher. Von dieser Zunft gab es bis vor kurzem zwanzig in der Firma. Inzwischen hat sie vierzehn entlassen. Wenn es auch den Herrn Häberle trifft, kommt sein schmuckes Anwesen, soweit es ihm überhaupt noch gehört, unters Hämmerle. Häberles sind für den Frieden, sind bereit, ihn mit Gott und dem Teufele zu machen, wenn man ihnen nur das Häusle net wegnimmt.

Wimpfen am Berg. Hoch über dem Neckarufer. Dichtgeschachtelt, auf engstem Raume, eine einzigartige Ansammlung mittelalterlicher Stein- und Fachwerkbaukunst. Wer sich jemals mit deutscher Geschichte befaßt hat, bekommt beim Gang durch diese Gäßchen unweigerlich feuchte Augen.

Damals habe ich in der romanischen Kaiserpfalz des Friedrich Barbarossa genächtigt, in deren Mauern sich eine Jugendherberge befindet.

Der Tankstellenbesitzer kurz vor Wimpfen, den wir nach einem erschwinglichen Quartier ausforschen, empfiehlt uns den Gasthof *Grüner Baum.* Der Wirt, ein junger schwarzhaariger Schwabe, dirigiert unser Auto in eine Gesetzeslücke der Innenstadt, in der sonst überall Parkverbot besteht.

Nachdem wir uns viele Stunden lang im Reiche der Stauferkaiser und in der ehemaligen Freien Reichsstadt umgesehen haben, reißt mich Claudia brutal aus meinen nostalgischen Träumen: Mann, jetzt hab ich genug von deinen Heinrichen und Friedrichen! Mir knurrt der Magen.

Wir stehen gerade vor dem Restaurant *Klosterkeller.* Schon von außen wirkt es einladend und von innen erst recht. Gediegene Holztäfelung, an den Wänden alte Stiche, Ritterhelme und Schwerter. Wollte ein Filmregisseur eine Stammtischszene mit Kleinstadthonoratioren der Spitzwegzeit drehen, so brauchte er in dieser Dekoration kaum etwas zu verändern.

Vergleichbare Etablissements bei uns sind zu jeder Jahres- und Tageszeit bis auf den letzten Stuhl besetzt. Vor dem gebieterischen Hinweis *Sie werden plaziert!* harrt brav und geduldig, ohne unziemlich zu blöken, die Herde der Freßlustigen aus.

Im Wimpfener *Klosterkeller* sitzen an der Bar seitab zwei jüngere Leute und rauchen, offensichtlich die Besitzer der Gaststätte. Der Mann, er trägt eine kleine Schürze, verschwindet in der Küche. Die Frau zündet die fünf Kerzen des Zinnleuchters auf unserem Tisch an und legt uns zwei ledergebundene Folianten vor: Wein- und Speiseangebot. Dann entfernt sie sich diskret.

Das kann doch nicht wahr sein, flüstert Claudia.

Aber es stimmt: Wir sind die einzigen Gäste in dieser Dekoration. Vielleicht hat der Bus mit den Kleindarstellern, die hier Esser und Trinker mimen sollen, unterwegs eine Panne gehabt.

Ich komme mir vor wie in einem Spukschloß, meint Claudia. Hier kriege ich keinen Happen runter!

Wir belassen es bei einem Schoppen Rotwein. Mannhaft verbirgt die hübsche junge Wirtin ihre Enttäuschung und bedankt sich lächelnd, als wir zahlen. Im Hinausgehen sehen wir noch, wie sie die fünf Kerzen ausbläst.

Noch in drei andere Restaurants schauen wir hinein, angelockt von den lukullische Genüsse verheißenden Speisekarten. Keine Gäste, keine Gäste . . . Es würde uns wenig wundern, wenn da Spinnennetze zwischen den Stühlen hingen und Fledermäuse um die Kronleuchter flatterten. Hier scheint die Saison Ende September vorbei zu sein.

Schließlich landen wir in der Gaststätte unseres *Grünen Baumes*. Sie ist weniger vornehm als die vier anderen, dafür aber viel gemütlicher, zumal hier wenigstens eine

Handvoll Biertrinker und Skatspieler sitzt. Der schwarzhaarige Wirt ist gar kein Schwabe, sondern ein Türke namens Mustafa. Seit neunzehn Jahren lebt er in diesem Land, hat hier studiert, bekam aber als Bauingenieur keine Arbeit.

Wer nichts wird, wird Wirt, sagt er.

Mustafa hat in den *Grünen Baum* eingeheiratet. Ein Mann seines Namens wird von den alteingesessenen Patriziern der ehrwürdigen ehemaligen Reichsstadt geschnitten. Er sagt, das mache ihm gar nichts.

Der Hotel- und Gaststättenbetrieb wird von nur drei Personen aufrechterhalten, von Mustafa, seiner deutschen Frau und deren Mutter. Sechzehn Arbeitsstunden hat der Tag. An Urlaub ist nicht zu denken. In zehn Jahren sind wir schuldenfrei, erklärt Mustafa und fügt hinzu: Wenns gut geht.

Er setzt sich zu uns und stellt eine Flasche Wein auf den Tisch, eine Marke, die nicht auf der Karte steht.

Mustafa will etwas über unser Land wissen, vor allem, wie die Gastronomen bei uns leben.

Wir erzählen ihm von der Gaststätte in unserm Pankower Eckhaus. Öffnungszeit von 17 bis 24 Uhr. Zwei Ruhetage in der Woche. Vier Wochen wegen Urlaub geschlossen. Da kann man doch zu nichts kommen, sagt Mustafa fassungslos, entweder sind eure Gastwirte stinkfaul, oder ihr habt wirklich schon das sozialistische Paradies.

Claudia und ich sind Patrioten genug, uns auf fremdem Boden sehr zurückhaltend über unser Gaststättenwesen zu äußern.

Wer heutzutage in Europa mehr als zwei Gläser Wein miteinander trinkt, kommt schon an der Frage Krieg oder Frieden nicht mehr vorbei.

Gar nicht sehr weit von der lieblichen Spielzeughäuserschachtel Wimpfen sollen in Bälde amerikanische Raketen stationiert werden.

Mustafa mag Raketen genausowenig wie wir, aber sein Horizont reicht nicht weit über das Weichbild des Neckarstädtchens hinaus.

Der eine trinkt Whisky, sagt Mustafa, der andere trinkt Krimsekt. Die Politik machen sie ohne uns.

Ich fange an, mir den Mund fusselig zu reden, obwohl mich Claudia unter dem Tisch anstößt.

Was willst du? sage ich etwas später oben im Zimmer. Er hat mir sogar in einigen Punkten recht gegeben.

Claudia tippt sich an die Stirn. Darauf kannst du aber stolz sein! Gastwirte und Frisöre geben jedem Kunden recht.

An einem ungewöhnlich heißen Septembertag des Jahres 1955 strampelte ich von Wimpfen bis Heidelberg den Neckar entlang. So wie ein Teckelrüde, der auf sich hält, an keinem respektablem Baum vorbeikommt, ohne das Bein zu heben, hätte ich es nicht über mich gebracht, eine der bedeutenden Neckarburgen, die oberhalb meines Weges lagen, unbesichtigt zu lassen. Da es deren fünf waren, wurde dies der strapaziöseste Tag meiner Fahrradreise.

Auf der Burg Hornberg hat der legendäre Götz von Berlichingen die zweite Hälfte seines zweiundachtzig Jahre währenden Lebens verbracht. Der junge Goethe nahm sich die literarische Freiheit heraus, den schwäbischen Schlagetot zum edelmütigen Ritter, zum wohlmeinenden Selbsthelfer zu transformieren. Der historische Götz aber dürfte ein übler Vogel gewesen sein, nicht übler, doch auch nicht besser als seine art- und zeitgenössischen adligen Kollegen Wegelagerer.

In meinen kurzen Lederhosen erklomm ich den Bergfried der Burg und stand unversehens vor Götzens Originalrüstung mit der eisernen Hand. Da mich das Pappschild *Fotografieren verboten!* beim Fotografieren störte, drehte ich es um. Dabei bemerkte ich, daß eine dünne Rostschicht auf dem historischen Eisen lag. So etwas mußte mir als bewährtem Amateur-Denkmalsschützer die Zornesröte ins verschwitzte Antlitz treiben. Ich suchte den Burgverwalter auf und stellte ihn zur Rede.

Sagen Sie mal, wem gehört diese Burg?
Dem Herrn Grafen von Gemmingen-Hornberg.
Kann ich den Herrn Grafen mal sprechen?
Nein. Was wollen Sie von ihm?
Ich will ihn fragen, warum er die wertvolle Rüstung des Götz von Berlichingen so schändlich vergammeln läßt. Der Rost muß mit Petroleum entfernt werden. Dann kommt ein Ölfilm drauf ...
Was geht Sie das an? Auch die Rüstung gehört dem Herrn Grafen. Er kann damit machen, was er will.
Irrtum. Die Rüstung ist gesamtdeutsches Kulturerbe!
Woher kommen Sie denn, Sie Lümmel, Sie?!
Aus der Deutschen Demokratischen Republik. Da hat man so was wie Ihren Grafen längst zum Teufel gejagt.
Wenn Sie nicht augenblicklich unser Gelände verlassen, mach ich das Tor vom Hundezwinger auf. Unsere Tiere sind auf den Mann abgerichtet! Ich zähle bis drei ...
Im Davonrennen fiel mir nichts Stilreineres ein, als dem Wüterich das volkstümlichste Zitat des ehemaligen Burgherrn zuzurufen.

Du warst aber ein ganz schöner Krawallheini, sagt Claudia kopfschüttelnd, als wir auf dem Bergfried der Burg Hornberg stehen.
Hat doch genützt, erwidere ich grinsend, hast du nicht gesehen, wie die Rüstung wieder blinkt. Ich hab sie angefaßt. Ein hauchdünner Ölfilm auf dem Eisen.
Er muß schon ziemlich ranzig riechen, sagt sie, nach achtundzwanzig Jahren ...
Der Graf von Gemmingen-Hornberg ist heutzutage wie viele der adligen Burgherren in diesem Lande so nebenbei ein cleverer Geschäftsmann. Den Schafstall hat er zum Burghotel, den Pferdestall zum exquisiten Burgrestaurant umbauen lassen. Über die Preise wollen wir lieber nicht reden. Wir haben darauf verzichtet, den edlen Tropfen vom

gräflichen Weingut zu kosten. Die Trauben waren uns zu sauer.

Ein paar Stunden später sitzen wir beide in der Abenddämmerung auf einer Bank des spätsommerlichen Schloßparks zu Heidelberg. Wieder, wie schon im September 1955, habe ich es versäumt, mir das berühmte Große Faß anzusehen. Vor unserer Nase haben sie die Kellertür zugesperrt. Ich kaufe schnell noch ein paar Ansichtskarten für meinen Vater und werde an der Bude in englischer Sprache bedient. Man ist es offenbar gewöhnt, daß von zehn Touristen in Heidelberg neun Amerikaner sind. Wie friedlich wäre diese Welt, kämen sie eines Tages nur noch als Touristen oder Geschäftsleute nach Europa!

Könntest du dir vorstellen, fragt mich Claudia, für immer hier zu leben?

Ja, antworte ich, aber nur in einem Ausnahmefall: Ich müßte als Markgraf von Baden geboren sein und auf der Burg Zwingenberg leben, die wir vorhin gnädigst besuchen durften. Mir müßten neben den vier Autos, den Ländereien, Waldungen und Sägewerken die entsprechenden Aktienpakete gehören. Und in jedem Jahr würde ich die große Herbstjagd veranstalten. Unter den illustren Gästen wäre mein Onkel Philipp von Mountbatton, Gemahl der englischen Königin . . . Claudia feixt. Du mit deiner lahmen Hüfte, entschuldige! Aber ich hab mir grade vorgestellt, wie dich zur Parforcejagd die Domestiken auf den Gaul hieven müssen.

Nein, es geschieht kein Wunder. Ungedruckt bleiben wird der Sensationsbericht in der Bild-Zeitung: Namenloser DDR-Schriftsteller bei der Geburt mit badischem Markgrafen vertauscht! Eine neue Kaspar-Hauser-Story wird es nicht geben. Gut, sagt Claudia, darüber lache ich beim ersten Frühstück in unserer Pankower Küche, wenn wir wieder zu Hause sind. Aber du wolltest mir erzählen, wie es damals weitergegangen ist mit Rapunzeln und dir.

Es ging nicht weiter, es ging zu Ende. Als ich zurückkam, sagte ich ihr, daß ich nicht gedächte, meinen Wohnsitz zu verlegen, und schlug ihr vor, im kommenden Januar zu heiraten. Es war alles andere als eine tragische Liebesgeschichte von Weltrang, auch wenn ich es mit meinem Hang zur Dramatik damals so sah. Es war alles viel trivialer. Sie bat sich Bedenkzeit aus. Genaugenommen ließ sie in dem hübschen Haus in Zehlendorf nachdenken, unter Aufsicht der seligen Mrs. Mary Baker-Eddy aus Boston (Massachusetts). In ihrem Abschiedsbrief schrieb mir Luise: *Meine Liebe zu Dir reicht nicht mehr aus. Ich brauche die Kirche mehr als Dich.*

Der Himmel über mir war endgültig entzweigerissen.

Als wir den Grenzübergang Helmstedt/Marienborn hinter uns haben und uns der Elbe nähern, sagt Claudia: Es muß verdammt schwer gewesen sein für dich, wieder Boden unter die Füße zu kriegen. Die Rapunzelgeschichte, dazu der Ärger im Universum-Verlag.

Denk an das Grimmsche Märchen: Der Prinz war vom Turm gestürzt, hatte sich im Dornengestrüpp die Augen zerstochen und irrte blind im Walde umher. Plötzlich aber bemerkte er einen Lichtschein.

Konnte er doch nicht, wenn er blind war!

So blind war er nun auch wieder nicht. Und der Sturz war auch nicht ganz so heftig wie im Märchen. Der Lichtschein erwies sich als das Angebot, beim Münchhausen-Verlag, der sich mit Humor und Satire befaßte, mit optimistischen Dingen also, ein neues Leben anzufangen. Da wurde das traurige Prinzlein bald wieder sehend und fröhlich, und wenn es nicht gestorben ist, schreibt es heute noch für diesen Verlag.

Alter Märchenerzähler, sagt Claudia. Rapunzel, Rapunzel, laß dein Haar herunter!

Kunststück. Ihr Haar ist silbergrau und kurzgeschnitten. Meinst du nicht, daß hundertzwanzig etwas zu schnell ist? Wir sind zu Hause und müssen wieder gesitteter fahren.

Inhalt

ISBN 3-359-00211-3

2. Auflage

Lizenz-Nr.: 540/83/87 · LSV 7001
Umschlag- und Einbandzeichnung: Manfred Bofinger
Printed in the German Democratic Republic
Gesamtherstellung: Karl-Marx-Werk Pößneck V 15/30
620 728 5

01350